DELICES
DE TOUS LES JOURS

DELICES

DE TOUS LES JOURS

ÉDITIONS
VINCENSINI

Direction générale
Philippe Auzou

Conception et réalisation
Alain da Cunha

Photographies et stylisme
Christian Géber (Pixel Phot)

Recettes
Francis Delage

Conseils culinaires
Gisèle Vivier

Secrétariat de rédaction
Marion Quentin
Emmanuelle de Villedary

Remerciements
Nous tenons à remercier chaleureusement toutes les entreprises qui nous ont aidés à réaliser les recettes :

Moulinex. 22, place des Vosges, La Défense 5 - 92979-Paris-La Défense Cedex
Magimix Électro-ménager. 5, rue Félix-Fort, 94305-Vincennes
Révol La porcelaine. 3, rue Hector-Révol, 26240 Saint-Uze
Sima-Jacquemin-Flo France. Parc d'Activités du Pont-Blanc, 14, rue Henri-Becquerel 93275-Sevran Cedex
Robotcoupe-France. 18, rue Clément-Vienot, BP 157, 94305-Vincennes Cedex
Villeroy & Boch. 21, rue Royale, 75008-Paris
Villeroy & Boch, 38, rue Saint-Sulpice 75006-Paris
Équip'pro. Zone industrielle de Jarry, voie principale, 97197-Jarry (Guadeloupe)
Équip'pro. Zone industrielle «Petite cocotte», 97224-Ducros (Martinique)
Francis Delage, stylisme. «La Route des Boucaniers», rue du Bord-de-Mer, 97133-Gustavia (Saint-Barthélémy)
Alpeninox - Électrolux - Molteni - Therma - Zanussi. 43, avenue Félix-Louat, 60300-Senlis
Tefal. Zone industrielle des Granges, B.P. 89, 74156-Rumilly Cedex
Seb. 21261-Selongey Cedex
Porcelaine de Sologne. 98, avenue de Vierzon, 41600-Lamotte-Beuvron
Manufacture de porcelaines Robert Haviland et C. Parlon. 23, rue Hyacinthe-Faure, 87100-Limoges
Porcelaine Yves Deshoulières. Boutique, 101, rue du Bac; 75007-Paris
Le Creuset. 02230-Fresnoy-le-Grand

Nouvelle édition corrigée : mars 2004
Imprimé et relié en France par Partenaires-Livres

SOMMAIRE GÉNÉRAL

LES ENTRÉES

LES VIANDES

LES POISSONS

LES DESSERTS

SOMMAIRE THÉMATIQUE

Dans les pages qui suivent, nous avons classé les recettes par thème pour que, dans chaque circonstance, vous puissiez trouver la préparation qui vous convient.

DES PLATS CHICS ET PAS CHERS

LES ENTRÉES

Entrées froides

Entrées chaudes

Soupes

Tartes salées

Légumes, riz et pâtes

LES VIANDES

Bœuf

Porc

Agneau-mouton

Veau

Volaille

LES POISSONS

Poissons de mer

Poissons d'eau douce

Coquillages et crustacés

LES DESSERTS

Gâteaux, crêpes et beignets

DES PLATS POUR CUISINIERS PRESSÉS

LES ENTRÉES

LES VIANDES

UN BON PETIT PLAT FACILE

LES ENTREES

Entrées froides

Entrées chaudes

Soupes

Tartes salées

Légumes, riz et pâtes

LES VIANDES

Bœuf

Porc

Agneau-mouton

Veau

Volaille

LES POISSONS

Poissons de mer

Poissons d'eau douce

Coquillages et crustacés

LES DESSERTS

Gâteaux, crêpes et beignets

Tartes et feuilletés

Entremets, desserts aux fruits

Desserts glacés

DES PLATS ALLÉGÉS

UN DERNIER PLUS : LE FONDS DE MAISON

Avec cette liste d'ingrédients toujours disponibles chez vous, vous ne serez jamais pris au dépourvu quelle que soit la recette que vous préparez.

DANS VOS PLACARDS

Produits salés : farine, riz, pâtes, Maïzena, chapelure, cacahuètes, bouillon de volaille, huile d'olive, vinaigre, moutarde, ketchup, oignons, ail, échalotes, thym, feuilles de laurier, herbes séchées, noix de muscade, concentré de tomate, olives, thon au naturel, maïs en boîte, anchois, câpres, cornichons, épices (piment de Cayenne, curry, Tabasco), haricots blancs, lentilles, champignons, pois chiche

Produits sucrés : sucre, chocolat, gélatine, raisins de Corinthe, pruneaux, amandes, noix, lait, crème UHT, cannelle, vanille en gousse, sucre vanillé, sirop d'érable, confitures, miel

AU FRAIS

Au réfrigérateur : œufs, lait, yaourt nature, margarine, beurre, crème fraîche, fromage blanc, emmental, parmesan, gruyère râpé, lard de poitrine fumé, jambon, aubergines, concombres, courgettes, poivrons, persil, brocolis, citrons, tomates, salade

Au congélateur : petits pois, haricots verts, ratatouille, marrons, filets de poisson, fruits de mer, crevettes, lardon, pâte feuilletée, sorbets

CAVE À LIQUEURS

Alcool de prune ou de poire, armagnac, bière, calvados, cognac, kirsch, madère, marc, rhum, vin blanc sec, vin rouge, whisky, xérès

À LA CAVE

Bananes, carottes, pommes de terre, pommes, poires, poireaux, navets, noix, ail, échalotes, oignons,

LÉGENDE DES SYMBOLES

Pour vous permettre de connaître en un clin d'œil la difficulté de la recette, le temps nécessaire à son élaboration et à sa cuisson mais aussi son coût, nous avons imaginé un ensemble de symboles très explicites.

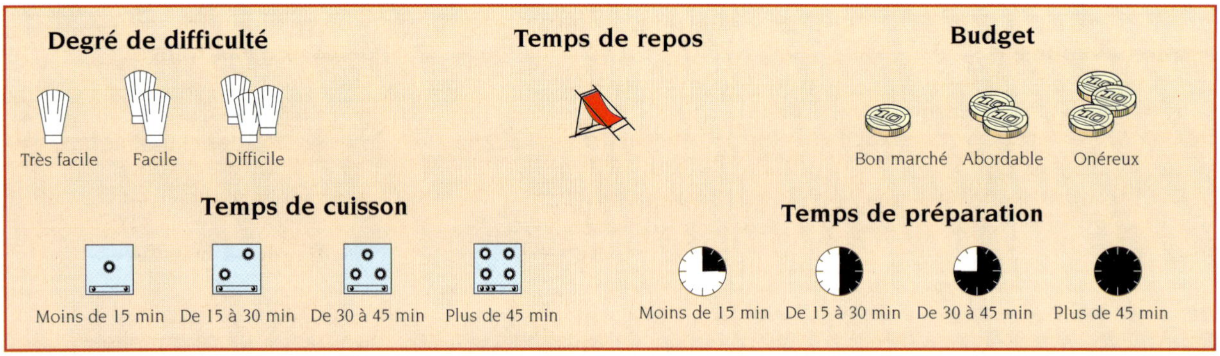

Nous avons également créé des symboles représentant les types de verres, à vins et autres boissons que nous vous conseillons d'utiliser pour accompagner vos recettes.

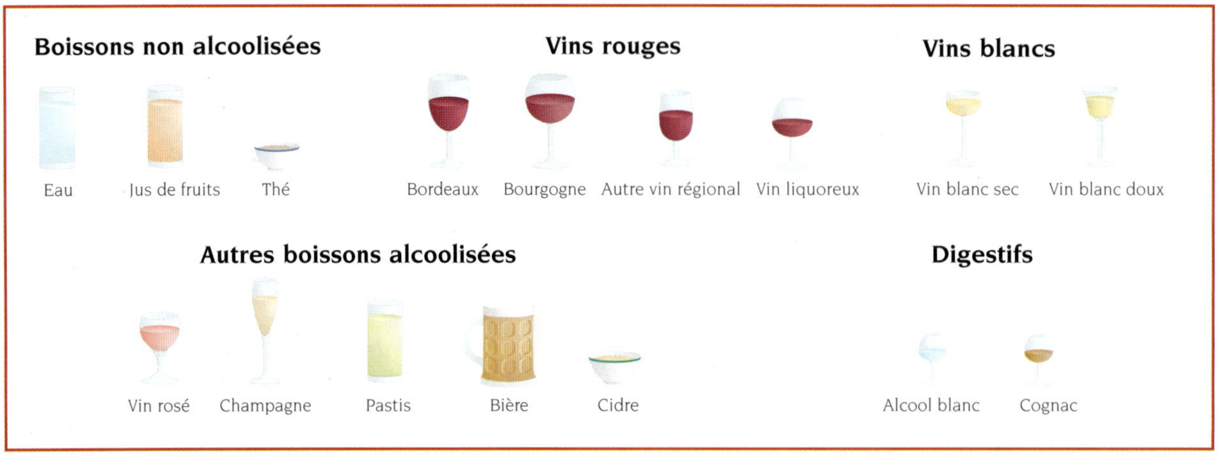

Les entrées

CHAMPIGNONS À LA GRECQUE

INGRÉDIENTS POUR 4 PERSONNES

- 450 g de champignons de Paris
- 100 g de petits oignons blancs (grelots)
- 3 tomates bien fermes
- 4 feuilles de brick
- 2 gousses d'ail
- 1 oignon
- 1 citron
- 20 cl de vin blanc sec
- 10 cl d'huile d'olive
- 1 branche de céleri
- 1 branche de thym
- 2 feuilles de laurier
- 10 grains de poivre
- 1 branche de persil
- 1 demi-cuillerée à café de grains de coriandre
- 1 cuillerée à café de concentré de tomate
- Sel

20 min

20 min

2 h

LES CONSEILS DU CHEF

Vous pouvez également réaliser cette recette en confectionnant un bouillon avec l'ensemble des ingrédients, et pocher les champignons à la dernière minute. Pour ma part, je préfère cette méthode qui donne un bien meilleur résultat.

VARIANTE

Pour donner un léger goût anisé à vos champignons à la grecque, vous pouvez ajouter du fenouil coupé en dés.

LES VINS OU LES BOISSONS

Un gros plant

LA RECETTE

1. Coupez la queue terreuse des champignons, puis lavez-les successivement dans plusieurs eaux afin d'extraire le sable. Coupez-les en quartiers, puis hachez finement l'oignon et l'ail. Dans une cocotte contenant l'huile d'olive, faites revenir à feu doux les oignons. Lorsque ceux-ci sont translucides, ajoutez les champignons coupés en cubes et laissez revenir à feu doux. **(A)**

2. Incorporez maintenant un bouquet garni composé du laurier, du thym, du persil, ajoutez les tomates préalablement épépinées et coupées finement, ainsi que l'ail haché et la branche de céleri émincé. Salez légèrement, poivrez. **(B)**

3. Incorporez le concentré de tomate, la coriandre, le poivre en grains et le jus du citron, remuez délicatement l'ensemble. **(C)**

4. Versez le vin blanc, les petits oignons grelots et laissez cuire une bonne quinzaine de minutes à feu doux. En fin de cuisson, rectifiez l'assaisonnement si nécessaire. Laissez refroidir deux heures. Déposez les feuilles de brick dans des moules, puis passez-les au four chaud pour leur donner une forme. Au moment de servir, garnissez la feuille de brick de trois cuillerées à soupe de champignons à la grecque refroidis, décorez selon votre inspiration et servez. **(D)**

A

B

C

D

CÉLERI RÉMOULADE AUX CERVELAS

INGRÉDIENTS POUR 6 PERSONNES

- 1 céleri-rave (800 g environ)
- 1 cervelas de Lyon
- 1 cuillerée à soupe de moutarde
- 2 jaunes d'œufs
- 1 citron
- 15 cl d'huile
- Sel, poivre

LA RECETTE

1. Déposez dans un saladier les deux jaunes d'œufs, ajoutez la cuillerée à soupe de moutarde, une pincée de sel et de poivre, puis versez progressivement l'huile. Fouettez avec un batteur pour faire monter la mayonnaise. À la dernière minute, ajoutez la valeur d'une demi-cuillerée à soupe de jus de citron. Fouettez de nouveau énergiquement la mayonnaise et réservez. Épluchez le céleri-rave. **(A)**

2. Frottez le céleri-rave épluché avec le reste du citron pour éviter qu'il ne noircisse, puis râpez-le avec un robot et réservez. **(B)**

3. Coupez l'ensemble du cervelas en fines rondelles en prenant soin de conserver une dizaine de rondelles pour la décoration ; taillez le reste en petits dés. **(C)**

4. Versez les petits dés de cervelas sur le céleri-rave râpé. Ajoutez la mayonnaise, rectifiez l'assaisonnement si nécessaire, mélangez l'ensemble. Dressez dans le saladier de service, décorez de fines lamelles de cervelas, laissez rafraîchir l'ensemble 30 minutes au réfrigérateur et servez. **(D)**

LES CONSEILS DU CHEF

Pour la réussite de cette recette, frottez le céleri avec du citron pour éviter qu'il ne noircisse.

N'omettez pas de mettre un petit filet de citron dans la sauce. Servez cette recette fraîche mais non glacée.

VARIANTE

Faute de cervelas, vous pouvez remplacer par de la mortadelle coupée en petits dés. Les amateurs rajouteront une pointe de piment de Cayenne dans la mayonnaise.

15 min

30 min

LES VINS OU LES BOISSONS

Un tavel

ŒUFS MIMOSA

Entrée froide

INGRÉDIENTS POUR 5 PERSONNES

- 6 gros œufs bien frais
- 1 petite boîte de macédoine de légumes
- 100 g de petites queues de crevettes roses décortiquées
- 1 salade verte
- 1 cuillerée à café de moutarde
- 1 citron
- 15 cl d'huile
- Sel, poivre

15 min

10 min

20 min

LES CONSEILS DU CHEF

Pour vous faciliter la tâche, il est possible de faire cuire les œufs la veille et de les réserver au réfrigérateur.

VARIANTE

Faute de queues de crevettes, vous pouvez les remplacer par quelques fruits de mer finement hachés (langouste, langoustines, crabe). Vous pouvez également, pour les amateurs, rajouter à votre préparation un peu de ciboulette finement hachée.

LES VINS OU LES BOISSONS

Un bourgogne rosé

LA RECETTE

1. Portez une casserole d'eau à ébullition et faites durcir cinq œufs. Clarifiez le sixième et déposez le jaune dans un saladier. Ajoutez la moutarde, une pointe de sel et de poivre puis, à l'aide d'un fouet, émulsionnez en versant progressivement l'huile pour réaliser une sauce mayonnaise. À la fin pressez le jus d'un demi-citron dans la mayonnaise. Égouttez la macédoine de légumes et incorporez-la à la mayonnaise. **(A)**

2. Coupez les œufs durs, et refroidis, en deux dans le sens de la longueur, retirez les jaunes, réservez les blancs et hachez finement le jaune de l'œuf. **(B)**

3. Incorporez à la macédoine de légumes les queues de crevettes décortiquées ainsi que les trois quarts des jaunes d'œufs hachés. Mélangez l'ensemble. **(C)**

4. Lavez soigneusement votre salade dans plusieurs eaux, égouttez-la et tapissez le fond du plat de service. Garnissez les alvéoles d'œufs avec la préparation précédente, saupoudrez du reste de jaune d'œuf, décorez selon votre inspiration et servez votre préparation fraîche mais non glacée. **(D)**

A

B

C

D

ŒUFS EN GELÉE NORDIQUE

INGRÉDIENTS POUR 3 PERSONNES

- 3 petites tranches de saumon fumé
- 1 petit pot d'œufs de saumon (50 g)
- 3 œufs frais
- 1 sachet de gelée
- 3 petits cornichons
- 1 branche d'estragon
- 10 cl de vinaigre blanc
- 10 cl de vin blanc sec
- Sel fin

LA RECETTE

1. Préparez la gelée en vous conformant aux indications portées sur le sachet. Remplacez toutefois 10 cl d'eau par 10 cl de vin blanc sec, portez à ébullition et passez-la au tamis fin, puis réservez. Versez au fond de chaque moule la valeur d'un demi-centimètre de gelée et laissez durcir. **(A)**

2. Portez une grande casserole d'eau à ébullition, salez légèrement, ajoutez le vinaigre blanc, cassez les œufs dans un bol et versez dans l'eau bouillante pour réaliser les œufs pochés. Laissez cuire 3 à 4 minutes, puis à l'aide d'une écumoire déposez les œufs sur un papier absorbant. Laissez refroidir. **(B)**

3. Une fois la gelée durcie, décorez le fond de chaque ramequin avec quelques feuilles d'estragon, déposez la valeur d'une cuillerée à café d'œufs de saumon, disposez sur le pourtour de chaque moule de fines tranches de saumon fumé, et réservez. **(C)**

4. Déposez maintenant au centre de chaque ramequin un œuf poché refroidi. Coupez le reste du saumon en petits cubes, que vous disposez dans chaque ramequin, ajoutez les cornichons coupés en petits dés, quelques feuilles d'estragon et recouvrez le tout de gelée. Laissez durcir une bonne heure au réfrigérateur avant de démouler. Servez accompagné d'une petite salade frisée. **(D)**

LES CONSEILS DU CHEF

Cette recette peut être préparée la veille pour être servie le lendemain.

VARIANTE

Vous pouvez également remplacer le saumon fumé par du filet d'espadon ou de thon fumé, avec les mêmes proportions. Les amateurs peuvent rajouter une pointe de vinaigre de xérès dans la gelée. Surtout déposez l'œuf au centre une fois bien refroidi.

LES VINS OU LES BOISSONS

Un brouilly

A

B

C

D

40 min

10 min

1 h

SALADE LYONNAISE

INGRÉDIENTS POUR 4 PERSONNES

- 1 pied de veau
- 4 belles pommes de terre
- 1 oignon
- 1 carotte
- 2 tomates
- 2 œufs durs
- 2 gousses d'ail
- 1 branche de thym
- 2 feuilles de laurier
- 4 branches de persil
- 3 clous de girofle
- 1 demi-cuillerée à café de poivre en grains
- Sel

Sauce
- 15 cl d'huile d'arachide
- 1 cuillerée à soupe de moutarde
- 1 jaune d'œuf
- Sel, poivre

LES CONSEILS DU CHEF

Il est préférable de faire cuire le pied de veau dans une Cocotte-Minute, ce qui accélérera la cuisson. Vous pouvez tout aussi bien cuire le pied de veau la veille et le réserver au réfrigérateur. Vous n'aurez qu'à le réchauffer le lendemain pour en faciliter le découpage et le désossage. Il importe de cuire les pommes de terre en robe des champs la veille. Mélangez délicatement l'ensemble de la salade pour ne pas écraser les pommes de terre.

40 min

1 h 30

LES VINS OU LES BOISSONS

Un sylvaner

LA RECETTE

1. Nettoyez soigneusement le pied de veau, passez-le dans du vinaigre. Portez une marmite d'eau à ébullition, déposez le pied dans la marmite, ajoutez oignon, carotte émincée, thym, laurier et deux branches de persil. Incorporez clous de girofle, poivre en grains, salez légèrement, couvrez et laissez cuire à feu doux pendant environ une heure. **(A)**

2. Dans un saladier, déposez le jaune d'œuf, ajoutez la moutarde, salez légèrement, poivrez, puis incorporez progressivement l'huile pour réaliser la sauce mayonnaise. Écalez les deux œufs durs, hachez-les finement et incorporez-les à cette sauce. Réservez l'ensemble. **(B)**

3. Dans une casserole d'eau salée, faites cuire les pommes de terre en robe des champs, épluchez-les et coupez-les en petits dés. Épépinez les tomates, coupez-les également en petits dés, hachez deux gousses d'ail et réservez. Une fois cuit, égouttez le pied de veau, désossez-le et coupez-le en petits dés. **(C)**

4. Incorporez à la mayonnaise : le pied de veau, les pommes de terre et les tomates coupées en petits cubes. Ajoutez une pointe d'ail haché, du persil haché, mélangez l'ensemble, dressez dans le plat de service et servez votre salade à température ambiante. **(D)**

A

B

C

D

SALADE DE CHOU AU LARD FUMÉ

INGRÉDIENTS POUR 6 PERSONNES

- 1 demi-chou rouge
- 1 demi-chou vert
- 6 fines tranches de poitrine fumée
- 2 branches d'estragon
- 1 petit bouquet d'aneth
- 1 petit paquet de ciboulette
- 3 œufs durs

Sauce vinaigrette

- 1 cuillerée à soupe de moutarde
- 3 cuillerées à soupe de vinaigre
- 1 gousse d'ail
- 1 citron
- 10 cl d'huile
- Sel, poivre

LA RECETTE

1. Retirez les feuilles abîmées des choux, faites-les tremper dans l'eau pour les nettoyer soigneusement, coupez-les en morceaux puis râpez-les dans votre robot. Séparez bien le chou rouge du chou vert. **(A)**

2. Dans une poêle sans corps gras, faites cuire 2 à 3 minutes de chaque côté les tranches de poitrine fumée que vous réservez puis versez le vinaigre dans la même poêle et portez-le à ébullition. **(B)**

3. Hachez finement l'ail et incorporez-le au vinaigre. Versez la moitié du vinaigre sur le chou rouge et l'autre moitié sur le chou vert, que vous aurez pris le soin de presser pour en extraire le maximum d'eau. Mélangez bien l'ensemble et laissez reposer une bonne demi-heure en remuant de temps à autre. **(C)**

4. Déposez dans un fond de saladier la moutarde, salez légèrement, poivrez, ajoutez le jus d'un citron et versez progressivement l'huile en émulsionnant votre sauce. À la fin, incorporez l'ensemble des herbes: estragon, aneth et ciboulettes hachés. Mélangez. Versez la moitié de la vinaigrette dans chaque bol, assaisonnez et dressez selon votre inspiration en ajoutant des quartiers d'œufs durs et vos tranches de poitrine fumée chaudes de préférence.**(D)**

LES CONSEILS DU CHEF

Vous pouvez râpez vos choux la veille et les réserver au réfrigérateur ; vous pourrez même verser le vinaigre la veille et laisser macérer une nuit. Il est important surtout de bien égoutter vos choux une fois qu'ils auront macérés avec le vinaigre, n'omettez pas de bien réchauffer les tranches de poitrine fumé, votre salade n'en sera que meilleure. Vous pouvez également rajouter quelques croûtons de pains frottés d'ail dans votre

VARIANTE

Vous pouvez aussi remplacer le jus de citron par un vinaigre de Xérès.

LES VINS OU LES BOISSONS

Un anjou rouge

30 min

4 min

30 min.

A

B

C

D

SALADE THAÏ

INGRÉDIENTS POUR 5 PERSONNES

- 500 g de germes de soja frais
- 250 g de queues de crevettes roses décortiquées
- 1 beau poivron vert
- 1 petite boîte de maïs poché
- 10 olives noires dénoyautées
- 2 tomates
- 1 œuf dur
- 1 cuillerée à café de moutarde forte
- 2 cuillerées à soupe de vinaigre de vin
- 5 cuillerées à soupe d'huile
- Sel, poivre

30 min

30 sec

30 min

LES CONSEILS DU CHEF

Vous pouvez, faute de soja frais, utiliser du soja en boîte pour réaliser cette recette.

VARIANTE

Vous pouvez remplacer les queues de crevettes par n'importe quel type de crustacés (langouste, homard, langoustines). Les amateurs pourront remplacer l'huile d'arachide par de l'huile d'olive et éventuellement ajouter une goutte de niocman dans la sauce vinaigrette.

LES VINS OU LES BOISSONS

Un rosé de Provence

LA RECETTE

1. Coupez le poivron en deux, retirez les graines et coupez-le en petits dés. Coupez également les tomates en deux, épépinez-les puis coupez-les en petits dés. Séparez maintenant le jaune du blanc d'œuf dur puis hachez-les séparément. Réservez l'ensemble. **(A)**

2. Lavez les germes de soja dans plusieurs eaux, puis plongez-les 20 à 25 secondes dans une marmite d'eau bouillante. Égouttez-les dans une passoire, rafraîchissez-les à l'eau froide et réservez. **(B)**

3. Versez la moutarde dans le fond d'un saladier, ajoutez sel, poivre, vinaigre, huile et fouettez énergiquement l'ensemble. Incorporez les germes de soja. **(C)**

4. Ajoutez le maïs, l'œuf haché, le poivron, puis les tomates et les queues de crevettes décortiquées, incorporez les olives noires émincées, mélangez l'ensemble, dressez dans un saladier, et servez votre préparation bien fraîche. **(D)**

A

B

C

D

SALADE PÉRIGOURDINE

INGRÉDIENTS POUR 6 PERSONNES

- 1 magret de canard fumé tranché
- 300 g de gésiers de canard confit
- 6 tranches de pain de mie
- 100 g de germes de soja frais
- 2 cuillerées à soupe de pignons de pin
- 600 g de mâche

Sauce vinaigrette

- 4 cuillerées à soupe d'huile d'arachide
- 2 cuillerées à soupe de vinaigre de vin
- 6 cuillerées à soupe d'huile de noix
- 1 cuillerée à café de moutarde
- Sel, poivre

LA RECETTE

1. Coupez les tranches de pain de mie en petits dés. Chauffez une poêle avec l'huile d'arachide et faites frire les petits croûtons de pain en remuant délicatement. Une fois bien dorés, égouttez-les et réservez-les. **(A)**

2. Dans la même poêle, faites revenir avec quelques gouttelettes d'huile les gésiers en les remuant délicatement, et réservez-les. **(B)**

3. Dans un saladier, confectionnez votre sauce vinaigrette en incorporant progressivement : sel, poivre, vinaigre, moutarde. Fouettez bien la préparation, puis versez l'huile de noix en émulsionnant la préparation. Incorporez enfin les pignons de pin. **(C)**

4. Ajoutez votre mâche, les germes de soja, mélangez la préparation, dressez sur la surface de la salade les tranches de magret de canard fumé, les lamelles de gésiers chaudes, les croûtons de pain. Mélangez et servez la préparation à température ambiante. **(D)**

LES CONSEILS DU CHEF

Pour une question de temps, vous pouvez réchauffer vos gésiers au micro-ondes si vous le souhaitez et rajouter dans votre salade quelques grains de raisins rouges frais.

VARIANTE

Pour les amateurs, remplacez le vinaigre par un vinaigre de framboise. Faute de mâche, vous pouvez réaliser cette recette avec de la frisée.

LES VINS OU LES BOISSONS

Un beaujolais

20 min

10 min

A

B

C

D

SALADE AUX NOIX

INGRÉDIENTS POUR 6 PERSONNES

- 1 belle chicorée frisée
- 150 g de cerneaux de noix
- 1 pomme acidulée
- 2 branches de thym vert
- 3 endives
- 3 tomates
- 1 œuf dur

Sauce vinaigrette

- 150 g de fromage blanc
- 1 cuillerée à soupe de vinaigre
- 1 cuillerée à café de sauce anglaise
- 1 cuillerée à soupe de crème fraîche épaisse
- Sel, poivre

20 min

30 min

LES CONSEILS DU CHEF

Les amateurs pourront ajouter une pointe d'ail hachée à cette recette ainsi que quelques croûtons de pains grillés.

VARIANTE

Faute de chicorée frisée, vous pouvez remplacer par de la scarole.

LES VINS OU LES BOISSONS

Un morgon

LA RECETTE

1. Effeuillez le thym vert, hachez finement l'œuf dur, épluchez la pomme et coupez-la en petits dés, épépinez les tomates et coupez-les en morceaux. Épluchez l'oignon. Nettoyez soigneusement les endives et coupez-les en tronçons de 2 à 3 cm. Faites tremper et lavez soigneusement la chicorée puis coupez-la également en morceaux. **(A)**

2. Dans un saladier, versez le fromage blanc, ajoutez la crème fraîche, émulsionnez l'ensemble, salez légèrement et poivrez. **(B)**

3. Ajoutez à cette préparation la tomate (coupée en morceaux), les cerneaux de noix, l'œuf haché, le vinaigre et la sauce anglaise, émulsionnez bien l'ensemble. **(C)**

4. Émincez finement l'oignon et incorporez-le à la sauce. Ajoutez la chicorée, les endives, les brindilles de thym, la pomme coupée en morceaux ; mélangez l'ensemble, laissez rafraîchir un moment au réfrigérateur avant de servir. **(D)**

A

B

C

D

SALADE D'ÉPINARDS AU ROQUEFORT

INGRÉDIENTS POUR 5 PERSONNES

- 500 g de jeunes pousses d'épinard crus
- 100 g de roquefort
- 3 pommes de terre
- 3 œufs durs
- 2 tomates
- 1 gousse d'ail
- 1 oignon

Sauce vinaigrette
- 1 cuillerée à café de moutarde forte
- 2 cuillerées à soupe de vinaigre
- 6 cuillerées à soupe d'huile d'arachide
- Sel, poivre

LA RECETTE

1. Faites cuire les pommes de terre en robe des champs dans une casserole d'eau légèrement salée. Une fois cuites, rafraîchissez-les, épluchez-les et coupez-les en quartiers. Épluchez l'oignon et coupez-le en fines lamelles. Réservez l'ensemble. **(A)**

2. Versez la moutarde dans le fond d'un saladier. Ajoutez le sel, le poivre puis le roquefort que vous aurez soigneusement écrasé à l'aide d'une fourchette. Versez le vinaigre, mélangez l'ensemble pour bien dissoudre celui-ci. Versez progressivement l'huile sur la préparation en fouettant énergiquement pour obtenir une vinaigrette crémeuse. Ajoutez l'ail haché. **(B)**

3. Incorporez à la vinaigrette les tomates épépinées et coupées en petits cubes, les pommes de terre puis les épinards soigneusement lavés (que vous ajoutez au dernier moment), mélangez et dressez votre salade. **(C)**

4. Déposez à la surface de votre salade l'ensemble des œufs durs coupés en quartiers, décorez de quelques rondelles d'oignons et servez. **(D)**

LES CONSEILS DU CHEF

Je vous conseille d'utiliser des jeunes pousses d'épinard : votre salade sera beaucoup plus tendre. Vous pouvez néanmoins utiliser des feuilles d'épinard classiques. Assaisonnez votre salade à la dernière minute pour ne pas laisser le vinaigre cuire les feuilles d'épinard.

VARIANTE

Vous pouvez ajouter sur cette salade quelques cerneaux de noix et remplacer l'huile d'arachide de la vinaigrette par de l'huile de noix.

15 min

20 min

30 min

LES VINS OU LES BOISSONS

Un juliénas

A

B

C

D

SALADE DE CHAMPIGNONS AU CRABE

INGRÉDIENTS POUR 4 PERSONNES

- 400 g de beaux champignons de Paris frais
- 200 g de chair de crabe
- 1 morceau de poivron rouge
- 2 petites branches d'estragon
- 1 petit bouquet de cerfeuil
- 1 gousse d'ail
- 1 citron

Sauce vinaigrette
- 1 cuillerée de crème épaisse
- 100 g de tarama
- Sel, poivre

20 min

LES CONSEILS DU CHEF

Il est important de bien laver les champignons dans plusieurs eaux pour éliminer toutes les particules de sable. N'omettez pas de verser du jus de citron pour éviter que vos champignons ne noircissent.

VARIANTE

Les amateurs rajouteront dans la vinaigrette une pointe de sauce anglaise et une demi-cuillerée à café de moutarde.

LES VINS OU LES BOISSONS

Un côtes-du-rhône

LA RECETTE

1. Coupez la queue terreuse des champignons, puis lavez-les successivement dans deux ou trois eaux afin d'éliminer tout le sable, émincez-les finement et réservez. Émincez le cerfeuil et l'estragon. **(A)**

2. Pressez le jus d'un demi-citron, versez sur les champignons et mélangez bien afin qu'ils ne noircissent pas. Réservez l'autre moitié de citron. **(B)**

3. Hachez finement l'ail, versez dans un saladier contenant la crème fraîche, ajoutez les herbes hachées, le tarama, salez légèrement, poivrez. Incorporez le jus du demi-citron restant, fouettez énergiquement. **(C)**

4. Versez la chair de crabe, le poivron préalablement coupé en petits dés, les champignons et mélangez l'ensemble. Dressez dans le plat de service, déposez quelques brins de cerfeuil et servez à température ambiante. **(D)**

A

B

C

D

SALADE DE CHOU À LA CALIFORNIENNE

INGRÉDIENTS POUR 4 PERSONNES

- 1 chou vert
- 2 oranges
- 2 bananes
- 100 g de raisins secs
- 1 citron

Sauce vinaigrette

- 1 cuillerée à soupe de jus de citron
- 1 cuillerée à soupe de jus d'orange
- 5 cuillerées à soupe d'huile
- Sel, poivre

LA RECETTE

1. Coupez le chou en deux, retirez les feuilles vertes que vous ne conservez pas, puis lavez soigneusement les autres feuilles du chou. Portez une marmite d'eau légèrement salée à ébullition, émincez le chou et faites-le légèrement blanchir dans l'eau en ébullition pendant 2 minutes environ. Dans une casserole, faites gonfler les raisins avec un peu d'eau. **(A)**

2. Cannelez une orange que vous coupez en tranches, pressez le jus de citron, épluchez la deuxième orange à vif et retirez les quartiers à l'aide d'un petit couteau. Épluchez les bananes, coupez-les en rondelles et arrosez-les d'un peu de citron pour éviter qu'elles noircissent. **(B)**

3. Versez le jus d'orange et le jus de citron dans un saladier, ajoutez les raisins secs gonflés et refroidis, salez très légèrement, poivrez, versez l'huile pour émulsionner votre sauce. **(C)**

4. Incorporez à la vinaigrette le chou blanchi et refroidi, ajoutez les bananes coupées en rondelles, les quartiers d'orange, les rondelles d'orange, mélangez et dressez harmonieusement dans le plat de service. **(D)**

LES CONSEILS DU CHEF

Il est important de blanchir le chou pendant 2 à 3 minutes, de l'égoutter et de bien le rafraîchir, ceci rendra le chou beaucoup plus digeste. Prenez des oranges bien fermes afin de lever plus facilement les quartiers.

VARIANTE

Les amateurs pourront faire gonfler les raisins dans un peu de vin blanc. N'omettez pas de verser un peu de jus de citron sur les bananes pour éviter qu'elles noircissent. Servez votre salade fraîche mais non glacée.

LES VINS OU LES BOISSONS

Un muscadet

20 min

3 min

30 min

A

B

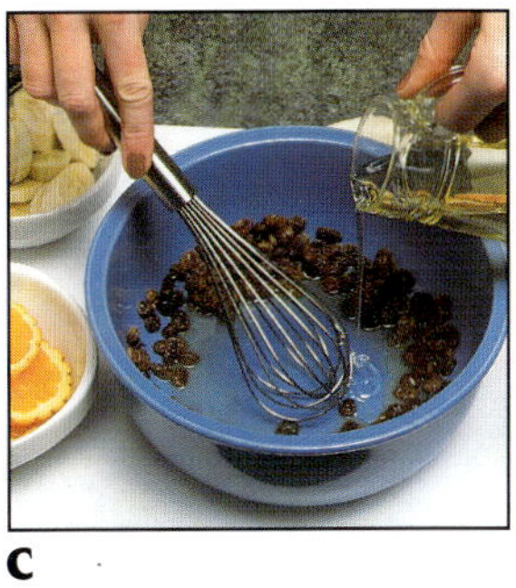

C

D

SALADE CHINOISE AUX CREVETTES

INGRÉDIENTS POUR 6 PERSONNES

- 1 chou chinois (800 g)
- 600 g de crevettes décortiquées
- 1 demi-oignon
- 2 gousses d'ail
- 2 tomates
- 1 avocat

Sauce vinaigrette
- 1 cuillerée à soupe de raifort râpé
- 1 cuillerée à soupe de sauce soja
- 5 cuillerées à soupe d'huile d'arachide
- 2 cuillerées à soupe de vinaigre de vin
- Sel, poivre

LES CONSEILS DU CHEF

L'important pour la réussite de cette recette est d'émincer très fin le chou chinois. Mélangez bien tous les ingrédients que vous incorporez à la sauce et laissez quand même macérer une quinzaine de minutes avant de servir votre salade.

20 min

20 min

VARIANTE

Vous réalisez le même type de recette avec le chou blanc traditionnel. Si vous le souhaitez, vous pouvez écraser un morceau d'avocat dans la vinaigrette, ce qui permettra de lier votre sauce.

LA RECETTE

1. Effeuillez le chou et lavez soigneusement chaque feuille, essuyez-les dans du papier absorbant, puis émincez-les finement. **(A)**

2. Coupez l'avocat en deux puis taillez-le en lanières. Coupez également les tomates en quartiers, hachez l'ail et l'oignon. **(B)**

3. Dans un bol, versez le raifort râpé, salez légèrement, poivrez, ajoutez l'oignon et l'ail hachés, le vinaigre, la sauce soja, puis versez l'huile et émulsionnez votre sauce vinaigrette. **(C)**

4. Dans un grand saladier, versez le chou chinois, ajoutez les crevettes décortiquées, les lamelles d'avocats, les quartiers de tomates. Incorporez la vinaigrette et mélangez l'ensemble. Dressez dans le plat de service, décorez selon votre inspiration et servez frais. **(D)**

LES VINS OU LES BOISSONS

Un chinon rosé

A

B

C

D

SALADE DE CONCOMBRE À L'ORIENTALE

INGRÉDIENTS POUR 6 PERSONNES

- 2 concombres
- 150 g de poutargue (œufs de poisson pressés en saucisses)
- 100 g d'olives vertes pimentées
- 50 g d'olives noires
- 1 piment fort
- 1 poivron
- 2 tomates
- 1 citron
- 100 g de mozzarella
- 5 cuillerées à soupe d'huile d'olive
- 10 cl de crème fraîche
- Sel, poivre

30 min

15 min

LA RECETTE

1. Coupez la poutargue en fines lamelles, puis retirez la peau et la paraffine, et réservez dans un ramequin. **(A)**

2. Épluchez les concombres, retirez les graines et taillez-les en bâtonnets. Faites la même chose avec le poivron, puis ciselez le piment fort. **(B)**

3. Coupez la mozzarella en petits cubes dans un saladier, versez le jus d'un citron, ajoutez le sel, le poivre et l'huile d'olive. Émulsionnez l'ensemble puis ajoutez la crème fraîche et fouettez énergiquement. **(C)**

4. Versez dans un saladier les concombres, la mozzarella, les olives noires, les olives vertes, le poivron, le piment fort; ajoutez la poutargue et remuez l'ensemble. Dressez sur un plat de service et décorez de quelques rondelles de tomates. **(D)**

LES CONSEILS DU CHEF

Si vous le souhaitez, saupoudrez les concombres d'un peu de gros sel, pour les faire dégorger avant de les mettre dans l'assaisonnement. Cette salade de concombre à l'orientale se consomme fraîche, mais pas glacée.

VARIANTE

Les amateurs pourront rajouter une cuillerée de moutarde à la sauce vinaigrette et pourquoi pas quelques pois chiches dans la salade. Il est possible de remplacer la crème fraîche par une cuillerée de fromage blanc pour lier votre sauce vinaigrette.

LES VINS OU LES BOISSONS

Un côtes-de-provence rosé

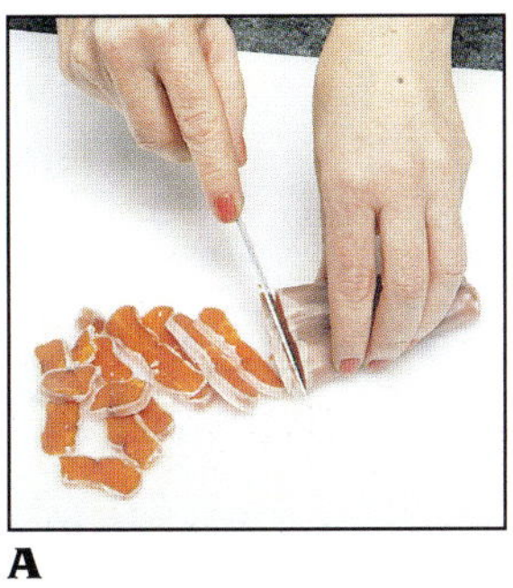

A

B

C

D

SALADE CONCOMBRE ET FROMAGE BLANC

INGRÉDIENTS POUR 3 OU 4 PERSONNES

- 1 beau concombre
- 1 petite salade (feuille de chêne)
- 1 bouquet de ciboulette
- 2 branches de persil
- 1 piment doux
- 1 gousse d'ail
- 2 échalotes

Sauce vinaigrette

- 1 cuillerée à café de moutarde
- 3 cuillerées à soupe de fromage blanc épais
- 1 cuillerée à soupe de crème fraîche épaisse
- Sel, poivre

15 min

LES CONSEILS DU CHEF

Si vous le souhaitez, dégorgez les concombres avec un peu de gros sel; il vous faudra cependant doubler la quantité de concombre. Cette recette s'accompagne parfaitement d'un peu de paprika.

LES VINS OU LES BOISSONS

Un pinot noir d'Alsace

LA RECETTE

1. Épluchez le concombre, striez-le à l'aide d'un canneleur pour plus d'esthétisme, émincez-le finement et réservez. Épluchez les échalotes, hachez-les finement et ciselez la ciboulette et le persil. Réservez l'ensemble. **(A)**

2. Déposez dans le fond d'un saladier le fromage blanc, la crème épaisse, la moutarde ; ajoutez les échalotes et les herbes finement hachées, puis émulsionnez l'ensemble pendant 2 à 3 minutes. Salez et poivrez très légèrement. **(B)**

3. Ajoutez la gousse d'ail hachée puis incorporez le concombre émincé et la moitié du piment doux finement émincé. **(C)**

4. Rectifiez l'assaisonnement si nécessaire, incorporez le reste du piment doux, mélangez soigneusement l'ensemble. Disposez au fond du plat de service les feuilles de chêne soigneusement lavées, garnissez le plat de votre préparation et servez frais. **(D)**

A

B

C

D

SALADE DE CREVETTES

INGRÉDIENTS POUR 6 PERSONNES

- 300 g de queues de crevettes roses décortiquées
- 300 g de salade mélangée (mesclun)
- 6 fonds d'artichauts
- 2 pommes
- 2 œufs durs

Sauce vinaigrette

- 5 cuillerées à soupe d'huile
- 1 cuillerée à soupe d'œufs de saumon
- 1 cuillerée à soupe de vinaigre de cidre
- 1 cuillerée à soupe de tarama
- 1 petit paquet de ciboulette
- 1 bouquet d'aneth
- Sel, poivre

LA RECETTE

1. Coupez les pommes en deux, retirez le cœur, cannelez les pommes et coupez-les en fines lamelles. Égouttez et rincez les fonds d'artichauts, coupez-les en quartiers et réservez. **(A)**

2. Dans un saladier, versez le tarama, ajoutez la cuillerée à soupe d'œufs de saumon, salez légèrement, poivrez, ajoutez le vinaigre et remuez la préparation. **(B)**

3. Versez l'huile et émulsionnez soigneusement votre sauce vinaigrette pour obtenir une sauce mousseuse. **(C)**

4. Incorporez les crevettes à la sauce, ajoutez la salade, les fonds d'artichauts, les lamelles de pommes, mélangez l'ensemble. Ajoutez les œufs durs coupés en quartiers. Dressez dans votre saladier, décorez de quelques brindilles d'aneth et de ciboulette hachés. Servez frais. **(D)**

VARIANTE

Si vous le souhaitez, remplacez les queues de crevettes par des queues de langoustines, du crabe ou du homard. Vous pouvez aussi remplacer l'huile d'arachide par de l'huile d'olive et rajouter quelques olives dénoyautées à votre préparation.

20 min

30 min

LES VINS OU LES BOISSONS

Un rosé de Loire

A

B

C

D

SALADE DE FOIES DE VOLAILLE

INGRÉDIENTS POUR 4 PERSONNES

- 400 g de cresson bien vert
- 250 g de foies de volaille
- 1 poignée de croûtons de pain frits
- 8 œufs de caille
- 8 cl d'huile

Sauce vinaigrette

- 1 cuillerée à soupe de raisins secs
- 1 cuillerée à soupe de vinaigre de framboise
- 4 cuillerées à soupe d'huile d'olive
- Sel, poivre

20 min

7 min

LES CONSEILS DU CHEF

Vous pourrez également déglacer, c'est-à-dire verser en fin de cuisson quelques gouttes de vinaigre sur vos foies lorsqu'ils seront bien revenus. Je vous conseille de servir cette salade dès que les foies sont bien saisis : dans le cas contraire, ils seraient durs.

VARIANTE

Vous pouvez réaliser le même type de salade avec de la mâche ou de la salade frisée, par exemple. Les amateurs rajouteront une pointe de moutarde à la vinaigrette.

LES VINS OU LES BOISSONS

Un saumur champigny

LA RECETTE

1. Triez, lavez et égouttez soigneusement votre cresson ; réservez-le au réfrigérateur. Dans un saladier, déposez les raisins secs, salez légèrement, poivrez puis versez le vinaigre et émulsionnez avec l'huile d'olive. Réservez. **(A)**

2. Dans une poêle contenant un soupçon d'huile, faites cuire à point les œufs de caille au plat, sans les saler ni les poivrer. Réservez. **(B)**

3. Dans la même poêle, rajoutez le reste de l'huile et faites saisir à feu vif les foies de volaille préalablement coupés en petits morceaux, salez et poivrez, Laissez-les revenir 2 à 3 minutes de chaque côté puis réservez. **(C)**

4. Mélangez la salade de cresson dans la vinaigrette, dressez-la sur le plat de service, déposez les œufs de caille, les croûtons de pain. Au moment de servir votre salade, ajoutez-y les morceaux de foies de volailles. **(D)**

A

B

C

D

SALADE FRISÉE AUX LARDONS

INGRÉDIENTS POUR 6 PERSONNES

- 1 grosse salade frisée bien blanche
- 6 œufs frais
- 300 g de petits dés de poitrine de porc fumé
- 1 grosse poignée de croûtons de pain
- 10 cl de vinaigre blanc
- 1 petit bouquet d'aneth
- 1 gousse d'ail

Sauce vinaigrette
- 1 cuillerée à soupe de moutarde
- 2 cuillerées à soupe de vinaigre
- 5 cuillerées à soupe d'huile
- Sel, poivre

LA RECETTE

1. Portez une casserole d'eau légèrement salée à ébullition, versez le vinaigre blanc, cassez les œufs dans un bol, versez-les délicatement dans l'eau en ébullition et laissez cuire 3 à 4 minutes à feu doux. Égouttez les œufs à l'aide d'une écumoire, déposez-les sur un papier absorbant et réservez. **(A)**

2. Nettoyez et lavez soigneusement votre salade frisée, frottez vos petits croûtons de pain grillés avec une gousse d'ail. Déposez la cuillerée de moutarde dans votre saladier, ajoutez le vinaigre, le sel, le poivre, versez progressivement l'huile et fouettez l'ensemble pour émulsionner votre vinaigrette. **(B)**

3. Dans une poêle bien chaude sans corps gras, versez les croûtons et faites-les soigneusement revenir en remuant délicatement à l'aide d'une cuiller en bois. Une fois bien colorés, réservez-les. **(C)**

4. Mélangez votre salade frisée à la vinaigrette. Déposez à la surface les œufs pochés, les croûtons de pain grillés, et, au moment de servir, versez les petits lardons chauds. Décorez de quelques brindilles d'aneth et servez accompagné d'un vin rouge fruité. **(D)**

LES CONSEILS DU CHEF

La partie délicate consiste à faire pocher les œufs : il importe, pour la réussite de vos œufs pochés, d'utiliser des œufs bien frais et de mettre du vinaigre dans l'eau de cuisson.

VARIANTE

Vous pouvez remplacer dans cette recette la moutarde par un petit morceau de roquefort que vous écrasez finement et rajouter dans la salade quelques cerneaux de noix.

LES VINS OU LES BOISSONS

Un brouilly

25 min

15 min

A

B

C

D

SALADE DE HARICOTS VERTS-LANGOUSTINES

INGRÉDIENTS POUR 4 PERSONNES

- 20 belles langoustines
- 400 g de haricots verts frais
- 2 pamplemousses roses
- 1 petite salade
- 1 bouquet garni (laurier, thym, persil)
- 1 petit bouquet de cerfeuil
- 1 demi-cuillerée à café de moutarde
- 1 cuillerée à soupe de vinaigre de vin
- 5 cuillerées à soupe d'huile
- 1 pincée de piment de Cayenne
- Sel, poivre

35 min

20 min

30 min

VARIANTE

Vous pouvez réaliser le même type de recette avec des grosses crevettes ou des gambas. Remplacez le jus de pamplemousse par un jus d'orange amer et rajoutez dans votre salade quelques quartiers d'œufs durs et de tomates.

LES VINS OU LES BOISSONS

Un chiroubles

LA RECETTE

1. Portez une marmite d'eau à ébullition, salez, ajoutez une pincée de piment de Cayenne, un bouquet garni. Lorsque l'eau arrive à ébullition, plongez les langoustines, laissez-les cuire 4 à 5 minutes, puis égouttez-les et réservez-les. **(A)**

2. Portez une autre marmite d'eau à ébullition, salez légèrement. Équeutez les haricots verts, faites-les cuire en les conservant légèrement croquants. Égouttez-les, rafraîchissez-les sous le robinet d'eau froide ; réservez. Épluchez les pamplemousses à vif puis retirer les quartiers. Pressez soigneusement la pulpe restante et réservez d'un côté les quartiers et de l'autre le jus. **(B)**

3. Dans un saladier, déposez la moutarde, le vinaigre, la valeur de 3 cuillerées à soupe de jus de pamplemousse; salez légèrement, poivrez, émulsionnez l'ensemble puis versez de l'huile en remuant énergiquement la préparation. Décortiquez les queues de langoustine refroidies. **(C)**

4. Mélangez les haricots verts à la vinaigrette précédente, ajoutez les queues de langoustines et les quartiers de pamplemousses. Déposez au fond du plat garni de salade préalablement nettoyée, saupoudrez de cerfeuil et servez frais. **(D)**

A

B

C

D

SALADE DE HARENGS SAURS

INGRÉDIENTS POUR 4 PERSONNES

- 3 beaux filets de harengs saurs
- 3 belles pommes de terre
- 2 petites betteraves rouges cuites
- 2 pommes acides
- 1 cornichon au vinaigre
- 1 demi-oignon
- 20 cl de lait

Sauce vinaigrette

- 1 cuillerée à café de moutarde forte
- 2 cuillerées à soupe de vinaigre de vin
- 5 cuillerées à soupe d'huile
- 1 grosse cuillerée de crème fraîche
- Ciboulette fraîche
- Sel, poivre

LA RECETTE

1. Déposez les filets de harengs saurs dans un plat creux, recouvrez-les de lait et laissez-les tremper 2 à 3 heures pour les dessaler et les faire gonfler. Pendant ce temps, faites cuire les pommes de terre, avec la peau, en robe des champs dans une casserole d'eau légèrement salée. Une fois cuites, égouttez-les et laissez-les refroidir. **(A)**

2. Épluchez les pommes acides, retirez le cœur, coupez-les en petits dés, hachez finement l'oignon, épluchez et coupez les betteraves en petits dés. Réservez l'ensemble. **(B)**

3. Épluchez les pommes de terre, coupez-les en fines lamelles. Égouttez les filets de harengs du lait, essuyez-les à l'aide d'un papier absorbant et coupez-les également en petits cubes. Procédez de même avec le cornichon et réservez l'ensemble. **(C)**

4. Versez dans le fond d'un saladier la moutarde, le sel, le poivre, le vinaigre, fouettez l'ensemble, ajoutez la crème fraîche et versez progressivement l'huile tout en fouettant pour bien émulsionner votre sauce. Ajoutez ensuite les pommes acides, l'oignon haché, les dés de cornichons, les filets de harengs saurs, la betterave, les pommes de terre et mélangez l'ensemble. Réservez une petite demi-heure au réfrigérateur, dressez sur le plat de service, décorez selon votre inspiration et saupoudrez à la dernière minute d'un peu de ciboulette fraîche hachée et servez. **(D)**

VARIANTE

Vous pouvez pour agrémenter votre salade, ajoutez des petits croûtons de pains grillés frottés d'ail.

LES VINS OU LES BOISSONS

Un sylvaner

25 min

20 min

30 min + 3 h

A

B

C

D

SALADE DE LÉGUMES À L'ANCHOÏADE

INGRÉDIENTS POUR 6 PERSONNES

- 1 petite botte de radis
- 3 demi-poivrons rouge, jaune, vert
- 100 g de champignons de Paris
- 1 quart de chou-fleur
- 1 demi-concombre
- 1 demi-céleri branche
- 3 tomates
- 1 fenouil
- 2 carottes
- 2 endives

Sauce vinaigrette

- 10 filets d'anchois à l'huile
- 2 cuillerées à soupe de vinaigre de vin
- 6 cuillerées à soupe d'huile d'olive
- Sel, poivre

25 min

30 min

VARIANTE

Votre salade peut être accompagnée avec une vinaigrette au roquefort. Vous pouvez la servir comme une fondue en utilisant plusieurs petites sauces, notamment une mayonnaise au ketchup bien relevée ou une sauce tartare. Vous pouvez substituer aux légumes crus certains légumes légèrement pochés comme des haricots, des asperges ou tout autre légume de ce genre.

LES VINS OU LES BOISSONS

Un sancerre

LA RECETTE

1. Épluchez le concombre, les carottes, et taillez-les en bâtonnets. Détachez le chou-fleur en petites pommes, épluchez et quadrillez les radis. **(A)**

2. Coupez la queue des champignons et lavez-les soigneusement dans plusieurs eaux. Nettoyez le céleri branche et coupez-le en bâtonnets. Tranchez le fenouil en quartiers, coupez les poivrons en lamelles, ainsi que les endives et les tomates. **(B)**

3. À l'aide d'une fourchette, écrasez finement les filets d'anchois au fond du saladier. Ajoutez une pincée de sel, le poivre, le vinaigre puis délayez l'ensemble. Versez maintenant progressivement l'huile d'olive tout en fouettant pour émulsionner votre sauce. Réservez-la. **(C)**

4. Une fois l'ensemble des légumes taillés et soigneusement lavés, dressez les légumes de façon harmonieuse sur votre plat de service. Recouvrez-les de film étirable et réservez-les au réfrigérateur. Au moment de servir, donnez un dernier coup de fouet à votre sauce vinaigrette aux anchois, versez-la dans une saucière et servez avec vos légumes crus. **(D)**

A

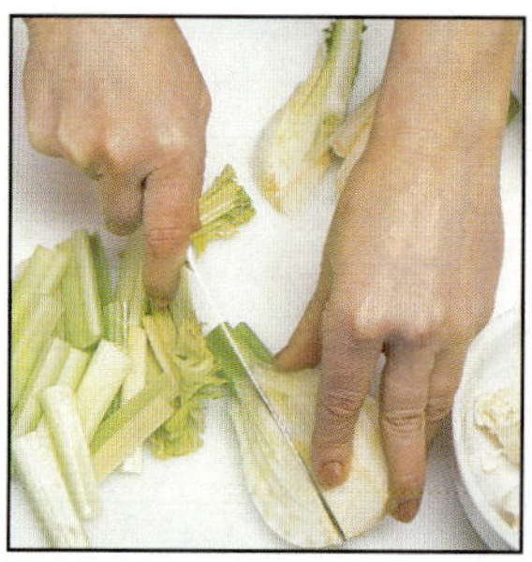

B

C

D

SALADE DE LENTILLES VERTES «DU PUY»

INGRÉDIENTS POUR 6 PERSONNES

- 300 g de lentilles vertes du Puy
- 200 g de poitrine de porc fumé
- 150 g de champignons de Paris frais
- 1 petit bouquet de cerfeuil
- 2 branches d'estragon
- 2 feuilles de laurier
- 4 échalotes
- 1 oignon
- 1 branche de thym
- 3 clous de girofle

Sauce vinaigrette

- 1 cuillerée à café de moutarde forte
- 2 cuillerées à soupe de vinaigre de xérès
- 6 cuillerées à soupe d'huile d'arachide
- Sel, poivre

LA RECETTE

1. Triez soigneusement les lentilles pour éliminer les éventuels petits graviers. Lavez-les soigneusement, versez-les dans une casserole, couvrez d'eau, ajoutez l'oignon piqué des clous de girofle, le thym, le laurier et faites cuire à feu doux. À mi-cuisson, salez légèrement, poivrez. Une fois cuites, égouttez-les et réservez-les. **(A)**

2. Dans une poêle sèche, versez la poitrine de porc préalablement coupée en lardons et faites cuire à feu doux en remuant régulièrement. Une fois les lardons colorés, égouttez-les. **(B)**

3. Coupez la queue terreuse des champignons, lavez-les soigneusement dans plusieurs eaux, puis émincez-les. Ciselez finement l'estragon et le cerfeuil. Confectionnez votre vinaigrette en incorporant successivement moutarde, vinaigre, sel, poivre. Émulsionnez la sauce avec l'huile. Ajoutez les échalotes finement hachées et les herbes. **(C)**

4. Incorporez maintenant les lardons, les champignons émincés, les lentilles vertes égouttées et refroidies; mélangez soigneusement l'ensemble et réservez au réfrigérateur une trentaine de minutes avant de servir. **(D)**

LES CONSEILS DU CHEF

Vous pouvez bien sûr réaliser cette recette avec des lentilles ordinaires. Je vous conseille de faire cuire les lentilles la veille et de les réserver au réfrigérateur. Il est important d'émincer les champignons à la dernière minute pour les incorporer à la salade, sinon ils noirciraient. Émincés à l'avance, versez un petit jus de citron et mélangez bien pour éviter ce problème.

20 min

30 min

30 min

LES VINS OU LES BOISSONS

Un saumur champigny

A

B

C

D

SALADE DE PÂTES « ARC-EN-CIEL »

INGRÉDIENTS POUR 6 PERSONNES

- 300 g de pâtes
- 1 tranche de jambon de Paris épaisse
- 1 petit morceau de chorizo
- 2 cuillerées à soupe de raisins secs
- 15 olives noires dénoyautées
- 2 poivrons, vert et rouge
- 1 branche de céleri
- 1 demi-concombre
- 1 oignon

Sauce vinaigrette

- 1 jaune d'œuf
- 1 cuillerée à café de moutarde
- 1 cuillerée à soupe de ketchup
- 15 cl d'huile
- Sel, poivre

1 h

20 min

30 min

LES CONSEILS DU CHEF

Vous pourrez utiliser pour cette recette tous types de pâtes, de préférence macaroni ou courtes et épaisses.

VARIANTE

Pour les amateurs, ajoutez une pointe d'ail et un peu de sauce anglaise dans votre mayonnaise. Il est important d'incorporer la mayonnaise au moment de servir, en réservant votre salade au réfrigérateur.

LES VINS OU LES BOISSONS

Un pouilly fumé

LA RECETTE

1. Déposez le jaune d'œuf dans un saladier, ajoutez la moutarde, salez légèrement, poivrez, puis à la l'aide d'un fouet, confectionnez la mayonnaise en incorporant progressivement l'huile. Une fois la mayonnaise terminée, ajoutez le ketchup, mélangez énergiquement et réservez. **(A)**

2. Coupez les poivrons rouge et vert en fines lamelles, puis taillez-les en petits cubes. Faites la même chose avec le concombre, le chorizo, la tranche de jambon ainsi que le céleri. **(B)**

3. Coupez les olives noires en petits cubes, hachez finement l'oignon et incorporez l'ensemble des garnitures aux pâtes préalablement cuites. Mélangez soigneusement puis ajoutez les raisins secs. **(C)**

4. Au moment de servir, versez la sauce mayonnaise au ketchup sur la salade, remuez à nouveau délicatement. Décorez selon votre inspiration et servez frais mais non glacé. **(D)**

A

B

C

D

SALADE DE MORTADELLE

INGRÉDIENTS POUR 6 PERSONNES

- 6 belles pommes de terre
- 2 tranches de mortadelle épaisses
- 12 petits oignons blancs au vinaigre
- 2 cornichons aigres-doux
- 2 pommes
- 1 petite boîte de maïs
- 2 œufs durs
- 4 tomates
- 1 oignon
- 1 citron

Sauce vinaigrette

- 4 cuillerées à soupe de mayonnaise
- 1 cuillerée à café de sauce anglaise
- 1 cuillerée à café de moutarde
- 2 cuillerées à soupe de vinaigre
- 3 cuillerées à soupe d'huile
- Sel, poivre

LA RECETTE

1. Faites cuire les pommes de terre en robe des champs. Une fois refroidies, épluchez-les et taillez-les le plus finement possible. Coupez également la mortadelle en petits cubes, épluchez les pommes et taillez-les également en petits dés. **(A)**

2. Dans un saladier, versez la cuillerée à café de moutarde, la sauce anglaise, le vinaigre, l'huile, le sel et le poivre, fouettez énergiquement. Incorporez le cornichon coupé en fines lamelles, les petits dés de pommes, les pommes de terre et la moitié des œufs durs hachés, ajoutez l'oignon haché très finement. Remuez l'ensemble. **(B)**

3. Ajoutez à la préparation la moitié de la mayonnaise et la mortadelle coupée en petits dés, mélangez l'ensemble. Ajoutez le jus d'un citron, rectifiez l'assaisonnement si nécessaire, et réservez au réfrigérateur pour rafraîchir la préparation. **(C)**

4. Mélangez le maïs égoutté avec la mayonnaise restante, coupez les tomates en dents de loup, retirez les pépins et garnissez-les de maïs assaisonné. Confectionnez des boules à l'aide d'une cuiller à glace avec votre préparation de pomme de terre et mortadelle. Disposez ces boules au milieu du plat de service. Décorez le pourtour du plat en intercalant une tranche de tomate, de pomme, une lamelle de cornichon. Agrémentez de quelques petits oignons au vinaigre, des lamelles d'œufs durs restants, servez frais. **(D)**

VARIANTE

Vous pourrez également, pour réaliser cette recette, hacher les pommes de terre ou les passer au mixer, le but étant d'obtenir une pâte très compacte afin de confectionner des boules bien homogènes. Pressez un petit jus de citron sur les pommes coupées en dés afin qu'elles ne noircissent pas. Si possible, préparez votre appareil à pommes de terre et mortadelle la veille et réservez au réfrigérateur, ce qui vous permettra de terminer votre salade le lendemain. Et pour agrémenter le décor de votre plat, cannelez la moitié d'une pomme que vous disposerez autour du plat.

1 h

25 min

2 h

LES VINS OU LES BOISSONS

Un juliénas

A

B

C

D

SALADE DE MOULES AU CURRY

Entrées froides

INGRÉDIENTS POUR 4 PERSONNES

- 1 kg de moules
- 1 salade (feuille de chêne)
- 50 g de beurre
- 3 feuilles de brick
- 1 carotte
- 1 branche de thym
- 2 feuilles de laurier
- 1 gousse d'ail
- 1 demi-oignon
- 3 cl de vinaigre
- 1 demi-cuillerée à café de curry

Sauce

- 1 jaune d'œuf
- 2 cuillerées à café de moutarde
- 1 petit bouquet de ciboulette
- 1 petit bouquet d'aneth
- 15 cl d'huile
- Sel, poivre

LES CONSEILS DU CHEF

Vous pouvez réaliser le même type de recette avec des moules déjà décortiquées, il vous suffira de rajouter un peu de poudre de curry dans la sauce mayonnaise. Je vous conseille de faire ouvrir les moules la veille ; n'omettez surtout pas de bien réduire la cuisson de vos moules, qui parfumera votre sauce mayonnaise. Incorporez la cuisson à la sauce mayonnaise quand celle-ci est froide.

30 min

6 min

1 h

LES VINS OU LES BOISSONS

Un gros plant

LA RECETTE

1. Nettoyez soigneusement les moules et réservez-les. Émincez l'oignon, la carotte, que vous faites revenir dans une cocotte avec le beurre, ajoutez le thym, le laurier, l'ail ; dès que la préparation devient translucide, versez le curry, mélangez et laissez étuver le tout 2 à 3 minutes. **(A)**.

2. Versez les moules préalablement nettoyées, le vinaigre, mélangez l'ensemble, couvrez et laissez ouvrir les moules à feu vif en remuant de temps à autre. **(B)**

3. Pendant la cuisson des moules, dans un saladier, déposez le jaune d'œuf et la moutarde, salez, poivrez puis incorporez progressivement l'huile pour monter la mayonnaise. Réservez. Une fois légèrement refroidies, décortiquez les moules et réservez. Passez l'eau de cuisson au tamis fin et faites-la réduire de trois quarts. Quand elle est froide, ajoutez-la à la mayonnaise puis incorporez les moules. Mélangez l'ensemble. **(C)**

4. Déposez les feuilles de brick dans une casserole allant au four en leur donnant la forme d'un saladier. Faites-les sécher 3 à 4 minutes à four chaud. Une fois refroidies, déposez au fond les feuilles de salade préalablement nettoyées. Garnissez la préparation avec les moules, assaisonnez, saupoudrez de ciboulette et d'aneth finement hachés et servez aussitôt. **(D)**

A

B

C

D

SALADE DE PISSENLITS AU LARD

INGRÉDIENTS POUR 4 PERSONNES

- 600 g de pissenlits
- 300 g de poitrine de porc fumée
- 4 tranches de pain de mie
- 1 cuillerée à soupe d'huile
- 30 g de beurre
- 2 œufs

Sauce vinaigrette
- 2 échalotes
- 1 gousse d'ail
- 2 cuillerées à soupe de vinaigre de vin
- 1 cuillerée à café de moutarde forte
- 5 cuillerées à soupe d'huile d'arachide
- Sel, poivre

LA RECETTE

1. Retirez la partie terreuse de vos pissenlits et lavez-les successivement dans au moins cinq eaux, réservez-les. Coupez la poitrine fumée en lardons, puis faites-les revenir dans une poêle avec une goutte d'huile. Une fois colorés, égouttez et réservez. **(A)**

2. Dans la même poêle, ajoutez le beurre et faites revenir les tranches de pain de mie préalablement coupées en petits cubes. Donnez-leur une bonne coloration avant de les égoutter et de les réserver avec les lardons. **(B)**

3. Faites cuire les deux œufs durs, écalez-les puis hachez-les finement. **(C)**

4. Dans un saladier, versez la moutarde, le vinaigre, salez légèrement, poivrez, ajoutez la gousse d'ail et les échalotes finement hachées puis versez l'huile et fouettez pour bien émulsionner votre sauce. Incorporez les pissenlits, lardons, croûtons. Mélangez l'ensemble, saupoudrez votre salade d'œufs durs hachés et servez. **(D)**

LES CONSEILS DU CHEF

Après le troisième lavage des pissenlits, mettez un peu de vinaigre dans l'eau et laissez-les tremper quelques minutes et renouvelez l'opération une seconde fois pour bien éliminer toutes les particules de sable. Il est important de bien faire revenir les lardons : qu'ils soient légèrement croquants dans la salade. Servez la salade avec les lardons et les croûtons de préférence chauds.

20 min

10 min

LES VINS OU LES BOISSONS

Un gaillac rouge

A

B

C

D

SALADE DE POISSONS À LA TAHITIENNE

INGRÉDIENTS POUR 4 PERSONNES

- 800 g de filet de perche du Nil ou filet de rascasse, ou cabillaud frais
- 3 cives ou verts d'échalotes
- 1 boîte de lait de noix de coco non sucré
- 1 morceau de piment fort
- 3 gousses d'ail
- 1 oignon
- 2 carottes
- 4 citrons verts
- Sel, poivre

LES CONSEILS DU CHEF

Pour cette recette, il faut utiliser de préférence des poissons de mer chaude comme le filet de perche du Nil, le filet de rascasse ou de vivaneau pour les Caraïbes. Il est important de ne pas trop laisser mariner le poisson dans le citron pour éviter qu'il ne cuise entièrement. C'est une salade à consommer fraîche. Pour un peu d'originalité, vous pouvez la servir dans une demi-noix de coco.

30 min

20 min

LA RECETTE

1. Épluchez et lavez soigneusement les cives, épluchez l'oignon, l'ail et hachez finement l'ensemble des épices ainsi que le piment fort. **(A)**

2. Coupez le poisson en fines lamelles, lavez-le soigneusement dans un bol avec de l'eau légèrement salée ; égouttez et réservez. Épluchez les carottes et râpez-les finement. **(B)**

3. Déposez les filets de poisson émincés dans un bol, ajoutez les cives, l'oignon, l'ail et le piment hachés, salez légèrement, poivrez. Pressez le jus des citrons et versez sur le poisson, mélangez l'ensemble et réservez environ 15 minutes au réfrigérateur. **(C)**

4. Ajoutez maintenant les carottes râpées, mélangez l'ensemble, retirez la moitié du jus de citron, versez le lait de noix de coco, mélangez de nouveau. Votre salade est prête à servir. **(D)**

LES VINS OU LES BOISSONS

Un gros plant

A

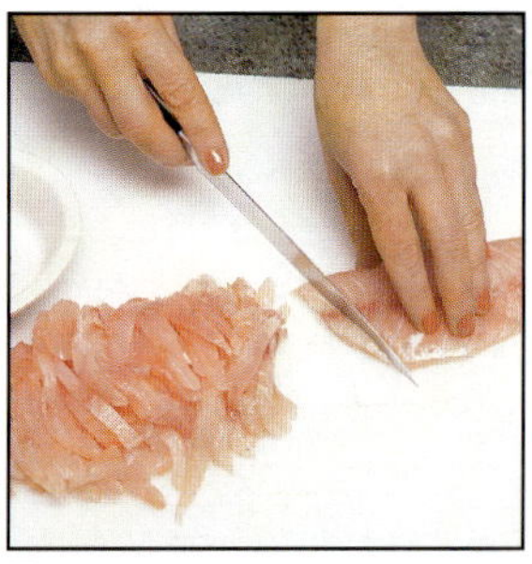

B

C

D

SALADE DE RIZ AU SAFRAN

INGRÉDIENTS POUR 6 PERSONNES

- 250 g de riz cuit à l'eau (créole)
- 1 saucisse de Strasbourg
- 150 g de crevettes roses décortiquées
- 3 morceaux de poivrons rouge, jaune et vert
- 1 petite boîte de germes de soja
- 100 g de petits pois
- 1 demi-botte de radis
- 1 oignon
- 1 petite boîte de maïs en grains
- 15 olives noires dénoyautées

Sauce vinaigrette

- 1 cuillerée à soupe de sauce soja
- 2 cuillerées à soupe de vinaigre de vin
- 6 cuillerées à soupe d'huile
- 2 g de safran
- Sel, poivre

LA RECETTE

1. Coupez en tout petits dés le poivron rouge, jaune et vert, coupez également la saucisse de Strasbourg en rondelles et réservez l'ensemble. **(A)**

2. Dans un saladier, versez le vinaigre de vin, la sauce soja, les 2 g de safran, salez légèrement, poivrez et remuez énergiquement. Ajoutez l'huile pour bien émulsionner votre sauce vinaigrette. **(B)**

3. Déposez dans un grand bol le riz préalablement poché, ajoutez successivement les crevettes décortiquées, le soja, les petits pois, le maïs, les poivrons rouge, jaune et vert, et la saucisse de Strasbourg. **(C)**

4. Incorporez maintenant les radis finement émincés, les olives noires dénoyautées émincées ainsi que la moitié de l'oignon finement haché. Remuez l'ensemble puis versez la vinaigrette au safran. Mélangez de nouveau délicatement la préparation et réservez une trentaine de minutes au frais avant de servir. **(D)**

LES CONSEILS DU CHEF

Si vous le souhaitez, saupoudrez de safran lorsque vous pochez votre riz. Vous pourrez réaliser la salade de riz avec un reste de riz, par exemple.

VARIANTE

Pour les amateurs, rajoutez une pointe d'ail haché dans la préparation et éventuellement remplacez les poivrons par des petits dés de concombre et par quelques filets d'anchois hachés.

1 h

20 min

30 min

LES VINS OU LES BOISSONS

Un bordeaux entre-deux-mers

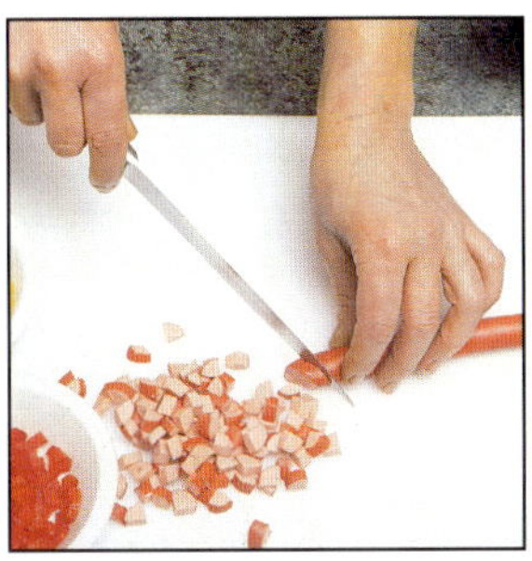

A

B

C

D

SALADE MONÉGASQUE

INGRÉDIENTS POUR 6 PERSONNES

- 200 g de thon à l'huile
- 4 belles tomates
- 2 pommes de terre
- 1 poivron rouge
- 6 tranches de pain de mie
- 20 g de beurre
- 1 belle salade
- 1 oignon
- Ciboulette

Sauce vinaigrette
- Le jus d'un citron
- 1 cuillerée à café de sauce anglaise
- 5 cuillerées à soupe d'huile d'olive
- Sel, poivre

LES CONSEILS DU CHEF

Commencez votre recette en faisant cuire d'abord les pommes de terre en robe des champs ; vous les laisserez refroidir avant de les couper en petits cubes. Vous pouvez également utiliser une partie de l'huile du thon pour assaisonner votre salade ou faire revenir les petits croûtons. Les amateurs rajouteront une pointe d'ail haché dans la salade.

20 min

20 min

30 min

LES VINS OU LES BOISSONS

Un bandol rosé

LA RECETTE

1. Égouttez le thon, réservez l'huile et concassez-le grossièrement. Coupez les tranches de pain de mie en petits cubes, épépinez les tomates, coupez-les en petits dés, puis émincez le poivron après avoir retiré l'ensemble des graines. Faites cuire deux pommes de terre en robe des champs. **(A)**

2. Faites tremper la salade dans un grand bol d'eau, nettoyez-la soigneusement, égouttez-la ; réservez. Dans une poêle contenant le beurre, faites dorer les petits croûtons de pain, puis égouttez-les. **(B)**

3. Versez dans un saladier la valeur de deux cuillerées de thon, émiettez-le finement avec une fourchette, salez légèrement et poivrez ; ajoutez la sauce anglaise, le jus du citron puis émulsionnez la préparation avec l'huile d'olive. **(C)**

4. Incorporez progressivement les pommes de terre préalablement cuites en robe des champs, épluchées et coupées en petits dés ; ajoutez les tomates, le poivron émincé, les morceaux de thon, les croûtons de pain ; ajoutez la salade, mélangez maintenant l'ensemble et dressez dans le plat de service. Saupoudrez d'un peu de ciboulette hachée et rondelles d'oignon avant de servir votre salade fraîche, mais non glacée. **(D)**

A

B

C

D

SALADE DE TOMATES À LA MOZZARELLA

INGRÉDIENTS POUR 4 PERSONNES

- 4 grosses tomates bien mûres
- 400 g de mozzarella
- 1 bouquet de feuilles de basilic
- 2 cuillerées à soupe de vinaigre balsamique
- 5 cuillerées à soupe d'huile d'olive
- 1 cuillerée à soupe de câpres
- 1 oignon
- Sel, poivre

LA RECETTE

1. Lavez soigneusement les feuilles de basilic et réservez-les. Coupez en fines tranches la mozzarella. **(A)**

2. Coupez vos tomates en lamelles, épluchez l'oignon et émincez-les. **(B)**

3. Ciselez finement le basilic, et réservez. **(C)**

4. Dans un saladier déposez un peu de sel, de poivre, le vinaigre balsamique, les câpres, mélangez l'ensemble, émulsionnez la sauce en versant l'huile d'olive, rajoutez le basilic ciselé et réservez. Dressez dans un plat de service en intercalant une tranche de tomate, une tranche de mozzarella, nappez de la sauce vinaigrette. Décorez de rondelles d'oignon et de câpres, et servez bien frais. **(D)**

LES CONSEILS DU CHEF

Utilisez des tomates bien mûres pour ce type de recette. C'est un plat idéal par temps chaud. Vous pouvez le préparer d'avance et mettre la sauce vinaigrette à la dernière minute sur la salade, voire servir telle quelle avec la vinaigrette à part.

10 min

30 min

LES VINS OU LES BOISSONS

Un bandol rosé

A

B

C

D

SALADE DU MAGHREB

INGRÉDIENTS POUR 4 PERSONNES

- 1 petite boîte de cœurs d'artichauts
- 1 concombre
- 3 tomates
- 2 oignons verts
- 2 branches de menthe
- 2 petits poivrons
- 50 g d'olives noires
- 50 g d'olives vertes
- 1 oignon
- 1 gousse d'ail

Sauce vinaigrette

- 5 cuillerées à soupe d'huile d'olive
- 1 cuillerée à soupe de raisins secs
- 1 cuillerée à soupe de pignons de pin
- 1 cuillerée à café de moutarde
- 2 cuillerées à soupe de jus de citron
- Sel, poivre

LES CONSEILS DU CHEF

Flambez sur la flamme de la gazinière les poivrons afin d'éliminer la petite peau. N'omettez pas de saler légèrement les concombres pour les faire dégorger avant de les incorporer à la salade.

VARIANTE

Les amateurs pourront remplacer le jus de citron par du vinaigre. Cette salade doit être servie fraîche, mais non glacée.

20 min

20 min

LA RECETTE

1. Coupez les poivrons en deux, retirez l'ensemble des graines, émincez-les finement. Épluchez puis émincez également le concombre, coupez les tomates en quartiers et les cœurs d'artichauts en deux. **(A)**

2. Dans un saladier, versez la moutarde, ajoutez le jus de citron, le sel, le poivre, une pointe d'ail hachée, un peu d'oignon haché, puis versez l'huile d'olive et émulsionnez l'ensemble. **(B)**

3. Ajoutez à la vinaigrette les olives noires, les olives vertes, les raisins secs, les pignons de pin ; coupez les oignons verts en quartiers et ciselez la menthe fraîche. **(C)**

4. Versez l'ensemble des ingrédients : concombres, poivrons, artichauts, quartiers de tomates, oignons verts ; mélangez puis dressez harmonieusement et laissez rafraîchir une quinzaine de minutes au réfrigérateur avant de servir frais, mais non glacé. **(D)**

LES VINS OU LES BOISSONS

Un rosé de Corse

A

B

C

D

SALADE DU VIGNERON

INGRÉDIENTS POUR 4 PERSONNES

- 4 cailles
- 1 grosse salade
- 4 champignons de Paris
- 1 grappe de raisins noirs
- 1 grappe de raisins blancs
- 60 g de cerneaux de noix
- 2 tomates
- 2 œufs

Sauce vinaigrette
- 6 cuillerées à soupe d'huile
- 2 cuillerées à soupe de vinaigre
- 1 cuillerée à café de moutarde
- 1 cuillerée à café de crème
- Sel, poivre

LA RECETTE

1. Videz, flambez et nettoyez soigneusement vos cailles. À l'aide d'un couteau, désossez-les en les conservant par moitié. Lavez soigneusement les champignons, puis émincez-les. Faites cuire les deux œufs durs, laissez-les refroidir et écalez-les ; coupez les tomates en quartiers, et réservez. **(A)**

2. Dans un saladier, versez la moutarde, la crème fraîche, le vinaigre, salez légèrement, poivrez et ajoutez quatre cuillerées à soupe d'huile en fouettant énergiquement. **(B)**

3. Dans une poêle contenant le reste de l'huile bien chaude, faites saisir vos cailles préalablement salées et poivrées. Faites-les cuire 3 à 4 minutes de chaque côté puis réservez-les. **(C)**

4. Disposez la salade préalablement lavée dans un fond de saladier, ajoutez les champignons émincés, les œufs durs et les tomates en quartiers, les raisins, les cerneaux de noix. Mélangez le tout. Disposez les cailles encore chaudes à la surface de la salade, juste au moment de servir. Arrosez de la vinaigrette et servez. **(D)**

LES CONSEILS DU CHEF

Il est important de couper les cailles en deux et de retirer le maximum d'os pour faciliter la dégustation de la salade. Il est préférable de saisir les cailles à la dernière minute comme un steak et de les déposer encore chaudes sur la salade.

VARIANTE

Les amateurs remplaceront l'huile d'arachide par de l'huile d'olive. Servez la salade aussitôt les cailles rôties et conservez-les légèrement rosées.

LES VINS OU LES BOISSONS

Un saint-émilion

40 min

15 min

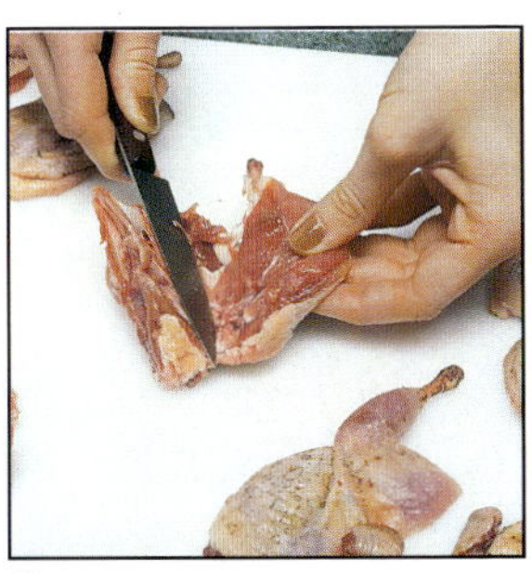
A

B

C

D

SALADE MEXICAINE

INGRÉDIENTS POUR 6 PERSONNES

- 1 gros ananas pas trop mûr
- 1 petite boîte de maïs en grains
- 250 g de crevettes roses décortiquées
- 100 g de haricots rouges pochés
- 1 avocat
- 2 tomates
- 1 banane

Sauce
- 1 jaune d'œuf
- 15 cl d'huile
- 1 cuillerée à soupe de moutarde
- 2 cuillerées à soupe de ketchup
- Sel, poivre

35 min

30 min

LES CONSEILS DU CHEF

Vous pourrez bien sûr servir cette salade dans un saladier et utiliser de l'ananas en boîte pour réaliser cette recette. Il est important d'utiliser de préférence un ananas pas trop mûr. La partie délicate consiste à vider l'intérieur de l'ananas, aidez-vous pour cela d'une cuiller et d'un petit couteau.

VARIANTE

Les amateurs pourront également rajouter une pointe de piment dans la salade et un petit jus de citron dans la sauce.

LES VINS OU LES BOISSONS

Une bière mexicaine

LA RECETTE

1. Découpez l'ananas en enlevant une calotte dans le sens de la longueur, puis videz-le et coupez la chair en dés. Conservez l'écorce du fruit. Épluchez et coupez également l'avocat en petits cubes. Épépinez les tomates que vous coupez en dés, et réservez. **(A)**

2. Déposez le jaune d'œuf dans un saladier, ajoutez la moutarde, fouettez puis versez progressivement l'huile jusqu'à parvenir à une sauce mayonnaise; salez légèrement, poivrez, ajoutez le ketchup et mélangez énergiquement l'ensemble. **(B)**

3. Versez sur la mayonnaise au ketchup les dés d'ananas, l'avocat, le maïs en grains, les crevettes, les haricots rouges, et mélangez. Ajoutez la banane coupée en fines rondelles et les tomates. **(C)**

4. Garnissez l'écorce de l'ananas avec la préparation précédente. Décorez selon votre inspiration, réservez au réfrigérateur avant de servir votre salade mexicaine bien fraîche. **(D)**

A

B

C

D

SALADE NIÇOISE

INGRÉDIENTS POUR 6 PERSONNES

- 1 belle salade
- 150 g de haricots verts
- 2 pommes de terre
- 2 œufs
- 4 tomates
- 1 poivron
- 15 olives noires
- 1 oignon
- 1 cuillerée à soupe de câpres
- 200 g de thon à l'huile
- 18 filets d'anchois à l'huile

Sauce vinaigrette
- 1 cuillerée à café de moutarde
- 2 cuillerées à soupe de vinaigre de vin
- 6 cuillerées à soupe d'huile d'olive
- Sel, poivre

LA RECETTE

1. Faites cuire les deux œufs et les pommes de terre en robe des champs. Une fois les œufs cuits durs, laissez-les refroidir et écalez-les. Émincez le poivron, faites cuire les haricots verts en les conservant légèrement croquants, puis coupez les tomates et les œufs en quartiers. **(A)**

2. Lavez soigneusement la salade, essorez-la et réservez-la au réfrigérateur. Une fois cuites, pelez et coupez les pommes de terre en rondelles puis émincez finement l'oignon. **(B)**

3. Dans un saladier, versez la moutarde, le sel, le poivre et le vinaigre puis commencez à fouetter votre sauce en incorporant progressivement l'huile d'olive. Concassez le thon en morceaux. **(C)**

4. Dans le saladier, déposez la salade, les tomates en quartiers, le poivron, les haricots verts, les pommes de terre, les œufs durs, les olives noires, les filets d'anchois, le thon à l'huile, les câpres, l'oignon émincé ; mélangez soigneusement l'ensemble, laissez rafraîchir quelques minutes au réfrigérateur avant de servir frais. **(D)**

LES CONSEILS DU CHEF

Faites cuire les pommes de terre et les œufs durs la veille ainsi que les haricots verts et réservez au réfrigérateur jusqu'au lendemain.

VARIANTE

Les amateurs peuvent rajouter dans la recette quelques rondelles de radis et un peu de céleri en branche. Pour la sauce, ajoutez une petite pointe d'ail et quelques olives vertes. C'est une recette à servir lors des grosses chaleurs...

LES VINS OU LES BOISSONS

Un vin rouge de Provence

25 min

20 min

30 min

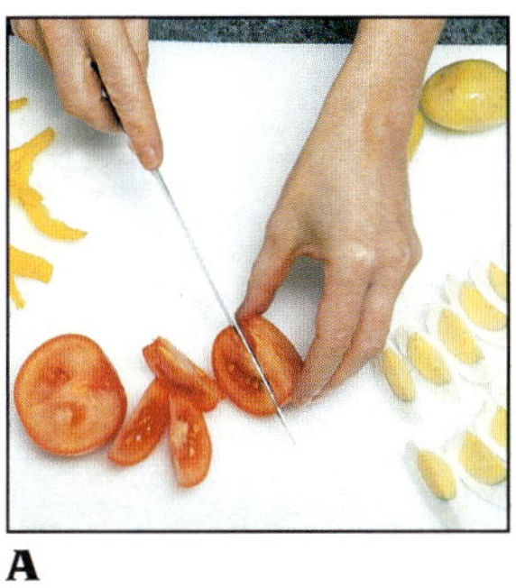

A

B

C

D

SALADE ORIENTALE

INGRÉDIENTS POUR 4 PERSONNES

- 400 g de pois chiches en boîte
- 3 demi-poivrons rouge, jaune et vert
- 1 petite botte de radis
- 3 oignons verts
- 50 g d'olives noires
- 50 g d'olives vertes
- 1 piment fort
- 3 tomates
- 2 branches de menthe
- 1 demi-oignon rouge
- 1 gousse d'ail

Sauce vinaigrette
- 5 cuillerées à soupe d'huile d'olive
- 2 cuillerées à soupe de vinaigre
- 1 cuillerée à café de moutarde
- Sel, poivre

LES CONSEILS DU CHEF

Utilisez des pois chiches en boîte et lavez-les bien sous l'eau froide. Grillez les poivrons pour enlever la petite peau qui rendra votre salade beaucoup plus digeste. Vous pouvez supprimer le piment si vous n'aimez pas ça. N'omettez surtout pas de bien laver les feuilles de menthe avant de les ciseler et de les incorporer à la salade.

15 min

20 min

LA RECETTE

1. Retirez les graines des poivrons puis émincez-les finement, ciselez également le piment fort et coupez les tomates en quartiers. **(A)**

2. Nettoyez les oignons verts et coupez-les; hachez finement un demi-oignon rouge; hachez finement l'ail. **(B)**

3. Dans un saladier versez la moutarde, ajoutez le vinaigre, le sel, le poivre et émulsionnez la vinaigrette avec l'huile d'olive. Ajoutez piment fort, oignons verts, ail haché. **(C)**

4. Incorporez progressivement dans votre vinaigrette : pois chiches, olives vertes, olives noires, poivrons rouge, jaune et vert, oignon, feuilles de menthe ciselées, radis coupés en rondelles et tomates en quartiers. Mélangez l'ensemble et dressez de façon harmonieuse dans votre saladier. Laissez rafraîchir 20 minutes au réfrigérateur. **(D)**

LES VINS OU LES BOISSONS

Un côtes-de-provence rouge

A

B

C

D

SALADE PÉRUVIENNE AUX ANCHOIS

INGRÉDIENTS POUR 5 PERSONNES

- 2 avocats
- 3 tomates
- 150 de champignons de Paris
- 1 boîte et demie de cœurs de palmiers
- 1 poivron
- 1 salade
- 1 oignon

Sauce vinaigrette
- 10 filets d'anchois
- 2 cuillerées à soupe de vinaigre
- 1 demi-cuillerée à café de moutarde forte
- 5 cuillerées à soupe d'huile
- Sel, poivre

LA RECETTE

1. Piquez le poivron au bout d'une fourchette et faites-le griller sur la flamme de la gazinière. Une fois noirci, déposez-le dans un bol d'eau et retirer la fine pellicule brûlée à l'aide d'un couteau. **(A)**

2. Coupez les cœurs de palmiers en fines rondelles. À l'aide d'une cuiller à pommes parisienne, confectionnez des petites boules dans l'avocat ; réservez la pulpe restante. Émincez le poivron, épépinez les tomates et coupez-les en petits dés. **(B)**

3. Dans une jatte, déposez la moutarde, les filets d'anchois que vous écrasez finement à l'aide d'une fourchette. Retirez la pulpe restante des avocats à l'aide d'une cuiller, et mélangez-la à la purée d'anchois. **(C)**

4. Ajoutez le vinaigre, salez légèrement, poivrez, émulsionnez votre sauce avec l'huile, ajoutez successivement l'ensemble des ingrédients : cœurs de palmiers, avocats, tomates, poivron, champignons soigneusement lavés puis émincés, ainsi que la salade verte. Mélangez l'ensemble, émincez l'oignon, disposez à la surface et servez votre salade péruvienne fraîche. **(D)**

LES CONSEILS DU CHEF

Grillez le poivron pour éliminer la petite peau souvent indigeste. Grattez-la à l'aide d'un couteau sous un filet d'eau. Lorsque vous confectionnez les petites billes d'avocat, prenez soin de garder la pulpe restante que vous allez bien mélanger aux filets d'anchois, l'avocat ayant pour effet d'adoucir le sel des filets d'anchois et de donner l'aspect crémeux à votre vinaigrette.

30 min

5 min

30 min

LES VINS OU LES BOISSONS

Un muscadet-sur-lie

A

B

C

D

SALADE PICARDE

INGRÉDIENTS POUR 4 PERSONNES

- 3 poireaux
- 3 tomates
- 2 poivrons
- 1 petite salade (feuille de chêne)
- 2 œufs
- 2 g de safran

Sauce vinaigrette
- 1 cuillerée à café de moutarde
- 2 cuillerées à soupe de jus de citron
- 5 cuillerées à soupe d'huile
- 2 cuillerées à soupe de noisettes
- Sel, poivre

25 min

20 min

30 min

LES CONSEILS DU CHEF

Je vous conseille de faire cuire les poireaux la veille et de les réserver au réfrigérateur. Les amateurs pourront rajouter une pointe d'ail hachée et la valeur d'un demi-oignon haché dans la sauce vinaigrette.

VARIANTE

Vous pouvez également remplacer le citron par un vinaigre balsamique.

LES VINS OU LES BOISSONS

Un sancerre blanc

LA RECETTE

1. Nettoyez soigneusement les poireaux puis tronçonnez-les en morceaux d'environ deux centimètres de long. Coupez les poivrons en deux, retirez le cœur et les graines et taillez-les en petits cubes. Épépinez les tomates et coupez-les également en dés. **(A)**

2. Portez une casserole d'eau à ébullition, versez-y le safran, salez, puis faites cuire les tronçons de poireaux dans l'eau pendant environ 15 minutes. Dans une autre casserole, faites durcir les deux œufs. **(B)**

3. Une fois cuits, égouttez les poireaux et laissez-les refroidir. Dans un saladier, versez la moutarde, salez, poivrez, ajoutez le jus de citron puis émulsionnez votre vinaigrette avec l'huile. Ajoutez les noisettes. **(C)**

4. Incorporez la salade préalablement nettoyée, les poireaux, les tomates, les poivrons, les œufs durs. Mélangez l'ensemble, et servez. **(D)**

A

B

C

D

SALADE PRINTANIÈRE

INGRÉDIENTS POUR 6 PERSONNES

- 100 g de pois gourmands
- 200 g de haricots verts
- 6 petits oignons verts
- 12 asperges
- 2 carottes
- 1 concombre
- 3 petites tomates
- 1 botte de radis
- 1 petite courgette
- 1 poignée de jeunes pousses d'épinard
- 100 g de petits pois frais
- 3 morceaux de poivrons rouge, jaune et vert
- 3 beaux champignons de Paris
- 150 g de fèves

Sauce
- 1 orange
- 1 cuillerée à café de sauce anglaise
- Sel, poivre
- 1 cuillerée à soupe de vinaigre de vin
- 6 cuillerées à soupe d'huile d'arachide

LA RECETTE

1. Équeutez les haricots verts, écossez les petits pois et les fèves. Coupez les carottes en bâtonnets, ainsi que les poivrons, le concombre et la courgette. Épluchez et ciselez les oignons verts, et coupez les tomates en rondelles. **(A)**

2. Dans plusieurs casseroles contenant de l'eau salée, faites pocher successivement : carottes, petits pois, courgette, fèves, haricots verts, asperges, pois gourmands, etc. Une fois cuits, égouttez, rafraîchissez et réservez. **(B)**

3. Pressez l'orange, versez le jus dans un saladier; ajoutez la sauce anglaise et le vinaigre; salez légèrement, poivrez, versez l'huile et émulsionnez votre sauce vinaigrette aux fruits. Terminez la préparation de vos légumes. Nettoyez les radis, lavez soigneusement les jeunes pousses d'épinard en retirant les queues. Émincez les champignons après les avoir soigneusement lavés. **(C)**

4. Sur un grand plat, disposez au centre le bouquet de jeunes pousses d'épinard soigneusement nettoyées, les champignons émincés et disposez de façon harmonieuse, en jouant avec les couleurs, l'ensemble de vos légumes. Nappez d'une cuillerée de sauce et servez votre salade fraîche. **(D)**

LES CONSEILS DU CHEF

Pour réussir cette recette, utilisez des légumes frais printaniers. Ces légumes varieront selon le marché évidemment... L'important est de bien émulsionner votre sauce vinaigrette avec le jus d'orange.

VARIANTE

Les amateurs pourront remplacer le jus d'orange par du jus de citron et écraser un morceau d'avocat dans la vinaigrette pour la rendre plus moelleuse.

LES VINS OU LES BOISSONS

Un beaujolais

45 min

10 min

15 min

A

B

C

D

TARAMA

INGRÉDIENTS POUR 6 PERSONNES

- 250 g d'œufs de cabillaud (salés et fumés)
- 5 tranches de pain de mie
- 4 cuillerées à soupe de crème liquide
- 1 cuillerée à soupe de crème épaisse
- 5 cl d'huile d'arachide
- 5 cl d'huile d'olive
- 2 citrons
- Olives noires

LES CONSEILS DU CHEF

Émulsionnez bien le tarama au mixer pour le rendre plus léger. Il est important de retirer la fine pellicule de peau qui enveloppe les œufs de cabillauds salés et fumés. Les amateurs rajouteront un peu plus de citron.

Pressez bien la mie de pain pour extraire le maximum de crème avant de l'incorporer aux œufs de tarama.

15 min

30 min

LA RECETTE

1. Épluchez et retirez la fine peau qui enveloppe les œufs de cabillaud ; écrasez-les soigneusement à l'aide d'une fourchette, puis incorporez les jus de citron et remuez énergiquement. Laissez blanchir pendant 5 à 6 minutes. **(A)**

2. Retirez le bord des tranches de pain de mie. Réservez la mie. Écrasez les bords grossièrement, puis incorporez-y la crème liquide ; laissez tremper et malaxez pour obtenir une purée de pain. **(B)**

3. Extrayez le maximum de purée de pain, incorporez-la avec la mie de pain émiettée grossièrement dans les œufs. Remuez très énergiquement. **(C)**

4. Ajoutez progressivement les 5 cl d'huile d'olive, émulsionnez à l'aide d'un fouet électrique l'huile d'arachide puis la crème épaisse. Mixez votre préparation, dressez dans un saladier, accompagnez d'olives noires et servez frais. **(D)**

LES VINS OU LES BOISSONS

Un sancerre blanc

A

B

C

D

TABOULÉ DU CHEF

INGRÉDIENTS POUR 6 PERSONNES

- 1 tranche de jambon de Paris
- 10 olives noires dénoyautées
- 150 g de semoule moyenne
- 1 saucisse de Strasbourg
- 1 petit morceau de chorizo
- 1 morceau de concombre
- 10 branches de persil plat
- 6 filets d'anchois
- 1 branche de céleri
- 100 g de cocktail de fruits de mer
- 100 g de petits pois
- 1 petit bouquet de menthe fraîche
- 1 cuillerée à soupe de pignons de pin
- 3 morceaux de poivrons rouge, vert et jaune, 1 oignon
- 100 g de queues de crevettes roses décortiquées

Sauce vinaigrette

- 1 cuillerée à soupe de vinaigre
- 1 cuillerée à soupe de sauce soja
- 6 cuillerées à soupe d'huile d'olive
- Le jus d'un citron
- Sel
- Poivre

LA RECETTE

1. Faites gonfler la semoule en vous conformant aux indications portées sur le sachet, versez de l'eau légèrement salée, remuez pour bien gonfler la semoule et laissez refroidir. Pendant ce temps, coupez le jambon, le chorizo et la saucisse de Strasbourg en petits morceaux. Coupez également les morceaux de poivrons rouge, jaune et vert ainsi que le concombre en petits dés. Réservez l'ensemble. **(A)**

2. Lavez soigneusement le persil et effeuillez-le, faites la même opération avec la menthe, puis ciselez l'ensemble finement. Hachez également l'oignon et les filets d'anchois. **(B)**

3. Coupez les olives noires en petits dés ainsi que la branche de céleri. Dans un bol, versez le jus de citron, le vinaigre, la sauce soja, salez très légèrement, poivrez et émulsionnez votre sauce avec l'huile d'olive. Ajoutez les pignons de pin et réservez. **(C)**

4. Versez dans un grand saladier la semoule refroidie ainsi que l'ensemble de la garniture de votre taboulé sans oublier les crevettes, le cocktail de fruits de mer, les petits pois et l'ensemble des légumes coupés en petits dés. Versez la vinaigrette, mélangez soigneusement l'ensemble et laissez reposer une bonne demi-heure avant de servir frais, mais non glacé. **(D)**

LES CONSEILS DU CHEF

Préparez l'ensemble de vos garnitures la veille et réservez-les au réfrigérateur. Le lendemain, vous n'aurez plus qu'à tout mélanger pour réaliser votre taboulé. Il est important de bien mettre du persil plat qui va donner tout le parfum et la texture à votre taboulé. Pour plus de commodité, vous pourrez mettre une pointe d'huile dans l'eau chaude lorsque vous ferez gonfler la semoule. Ne salez pas trop le taboulé, les filets d'anchois et la sauce soja étant déjà salés.

1 h

10 min

30 min

LES VINS OU LES BOISSONS

Un sauvignon blanc

A

B

C

D

BOUCHÉES DE LANGOUSTINES

INGRÉDIENTS POUR 4 PERSONNES

- 28 belles langoustines
- 30 cl de vin blanc sec
- 1 oignon
- 1 carotte
- 1 branche de thym
- 2 feuilles de laurier
- 1 branche de persil
- 3 clous de girofle
- 1 demi-cuillerée à café de poivre en grains
- 1 boîte de feuilletés tout prêts

Sauce

- 30 g de beurre
- 1 échalote
- 200 g de champignons de Paris
- 1 cuillerée à soupe de farine
- 20 cl de crème fraîche
- 5 cl de cognac
- Sel, poivre

LES CONSEILS DU CHEF

Vous pouvez réaliser le même type de recette avec des gambas. Il importe surtout de réserver les queues une fois décortiquées et de faire réduire les carapaces dans un bouillon de cuisson afin d'obtenir un fumet bien corsé, réduit, qui parfumera allègrement votre sauce. Garnissez les croûtes de feuilleté à la dernière minute afin qu'elles ne ramollissent. Décorez d'un brin de cerfeuil et servez.

45 min

30 min

LES VINS OU LES BOISSONS

Un chablis

LA RECETTE

1. Épluchez l'oignon, la carotte, coupez-les en fines rondelles, déposez dans une cocotte, ajoutez le thym, le laurier, la branche de persil, les clous de girofle, le poivre et salez légèrement. Versez le vin blanc, un verre d'eau, portez à ébullition et faites pocher les langoustines pendant 5 à 6 minutes. **(A)**.

2. Une fois les langoustines pochées, égouttez-les et réservez-les. Décortiquez les queues de langoustines, déposez les carapaces dans l'eau de cuisson, couvrez et faites réduire aux trois quarts à feu doux. Dans une casserole, faites fondre le beurre, ajoutez l'échalote finement hachée, incorporez les champignons coupés en quartiers et soigneusement lavés. **(B)**

3. Laissez revenir les champignons, ajoutez la cuillerée à soupe de farine, mélangez l'ensemble et laissez cuire quelques minutes. Versez la crème fraîche, fouettez énergiquement la préparation. **(C)**

4. Une fois l'eau de cuisson des langoustines réduite de trois quarts, versez le reste du jus obtenu sur la préparation précédente, fouettez énergiquement, portez à ébullition pendant 3 à 4 minutes. Rectifiez l'assaisonnement si nécessaire, ajoutez les queues de langoustines, mélangez, versez le cognac, et portez de nouveau à ébullition. Garnissez vos feuilletés de cette préparation. Servez chaud. **(D)**

A

B

C

D

CASSOLETTES D'ESCARGOTS

INGRÉDIENTS POUR 4 PERSONNES

- 40 escargots de Bourgogne en boîte
- 250 g de poitrine de porc salée
- 200 g de champignons de Paris
- 80 g de morilles
- 50 g de beurre
- 1 œuf
- 200 g de pâte feuilleté
- 50 cl de vin rouge
- 2 gousses d'ail
- 2 échalotes
- Sel, poivre

LA RECETTE

1. Épluchez les échalotes, l'ail et hachez finement. Taillez la poitrine de porc en lardons, versez le beurre dans une casserole puis faites-les revenir à feu doux pendant 3 à 4 minutes pour leur donner une belle coloration. Ajoutez l'échalote hachée, remuez et laissez étuver à feu doux. **(A)**

2. Coupez la queue terreuse des champignons puis lavez-les successivement dans plusieurs eaux avant de les couper en quatre ; incorporez-les à la préparation précédente puis ajoutez les morilles soigneusement nettoyées. Remuez et laissez étuver 5 à 6 minutes. **(B)**

3. Ajoutez les escargots préalablement égouttés et bien lavés, laissez revenir ; ajoutez une pointe d'ail, versez le vin rouge, salez très légèrement, poivrez, et laissez cuire à feu doux et à couvert pendant environ 20 minutes. **(C)**

4. En fin de cuisson, garnissez vos cassolettes d'escargots et laissez refroidir la préparation. Cassez un œuf, badigeonnez le pourtour de vos cassolettes à l'œuf battu, puis déposez à la surface un disque de pâte feuilletée ; badigeonnez la surface à l'œuf battu et faites cuire à four chaud (environ 180 °C) pendant une vingtaine de minutes. À la sortie du four, servez vos cassolettes. **(D)**

LES CONSEILS DU CHEF

La partie délicate consiste bien sûr à mettre le disque de feuilleté sur le ramequin. Il importe donc de bien badigeonner le pourtour du ramequin à l'œuf battu et de mettre le disque de feuilleté quand votre cassolette est bien froide. Faites-les cuire ensuite au four chaud (environ 180°C). Si le feuilletage prenait trop de coloration, mettez à la surface un papier aluminium pour l'empêcher de brûler. Ne salez pas trop la préparation d'escargots car la poitrine de porc dégagera son sel en cours de cuisson.

30 min

50 min

LES VINS OU LES BOISSONS

Un saint-julien

A

B

C

D

CUISSES DE GRENOUILLES À LA PROVENÇALE

INGRÉDIENTS POUR 4 PERSONNES

- 28 cuisses de grenouilles
- 2 tomates
- 4 gousses d'ail
- 4 branches de persil
- 2 échalotes
- 1 citron
- 40 g de beurre
- Farine
- Sel, poivre

LES CONSEILS DU CHEF

Lavez bien les cuisses de grenouilles, farinez-les bien et extrayez le surplus de farine. Attention : ne pas trop cuire le beurre qui donnerait un goût de brûlé à votre préparation. En fin de cuisson, incorporez d'abord les échalotes hachées, puis l'ail haché, et terminez par le persil et le jus de citron.

15 min

15 min

LA RECETTE

1. Coupez les tomates en deux, épépinez-les et coupez-les en petits dés. Épluchez l'ail, les échalotes et hachez-les finement. Lavez soigneusement le persil, pressez-le puis hachez-le. Réservez l'ensemble. **(A)**

2. Lavez soigneusement les cuisses de grenouilles, essuyez-les dans un torchon sec ou un papier absorbant, salez, poivrez, et saupoudrez-les de farine. Mélangez bien et tapez-les pour enlever le surplus de farine. **(B)**

3. Dans une poêle contenant le beurre, faites saisir les cuisses de grenouilles, retournez-les régulièrement en leur laissant prendre une légère coloration. **(C)**

4. En fin de cuisson des grenouilles, ajoutez les échalotes et l'ail, laissez revenir à feu doux. Incorporez ensuite les dés de tomates, le persil, faites revenir l'ensemble. Ajoutez le jus d'un citron et servez les cuisses de grenouilles. **(D)**

LES VINS OU LES BOISSONS

Un beaujolais blanc

A

B

C

D

CUISSES DE GRENOUILLES AU BEURRE BLANC

INGRÉDIENTS POUR 4 PERSONNES

- 28 cuisses de grenouilles fraîches
- 1 carotte
- 1 oignon
- 3 gousses d'ail
- 1 demi-piment fort
- 1 citron
- 1 branche de thym
- 2 feuilles de laurier
- 2 branches de persil
- 4 clous de girofle
- 1 bouquet d'aneth
- 1 demi-cuillerée à café de poivre en grains
- Quelques feuilles d'estragon
- Sel

Sauce

- 2 échalotes
- 15 cl de vinaigre blanc
- 10 cl de crème fraîche
- 100 g de beurre
- Sel,
- Poivre

20 min

6 min

LA RECETTE

1. Épluchez oignon, carotte, ail. Cannelez le citron puis coupez-le en fines rondelles. Ficelez le bouquet garni : thym, laurier et persil. **(A)**

2. Versez un litre d'eau dans une marmite et portez-la à ébullition. Salez, ajoutez du poivre en grains, les clous de girofle et l'ensemble de la garniture : bouquet garni, oignon, piment fort, ail, carotte, et rondelles de citron. **(B)**

3. Portez votre préparation à ébullition, plongez les cuisses de grenouilles soigneusement nettoyées et passées au vinaigre, laissez bouillir environ 4 minutes et arrêtez la cuisson. **(C)**

4. Préparez maintenant le beurre blanc. Pour ce faire, hachez finement les échalotes, déposez-les dans une casserole, versez le vinaigre blanc et laissez réduire aux trois quarts. Ajoutez ensuite la crème fraîche, laissez réduire de moitié puis incorporez le beurre en fouettant énergiquement, salez et poivrez. Dressez les grenouilles sur le plat de service, décorez de feuilles d'estragon et brins d'aneth, et servez vos grenouilles accompagnées de ce beurre blanc. **(D)**

LES CONSEILS DU CHEF

L'important est de préparer une garniture que vous laissez cuire 2 à 3 minutes avant de plonger les grenouilles.

VARIANTE

Le plat terminé, décorez de quelques feuilles d'aneth, de cerfeuil et d'estragon. Vous accompagnerez éventuellement ce plat de pommes de terre pochées à l'anglaise.

LES VINS OU LES BOISSONS

Un pouilly fumé

A

B

C

D

ESCARGOTS À LA BOURGUIGNONNE

INGRÉDIENTS POUR 4 PERSONNES

- 48 beaux escargots de Bourgogne frais
- 1 poignée de gros sel
- 15 cl de vinaigre
- 15 cl de vin blanc sec
- 1 oignon
- 1 carotte
- 4 clous de girofle
- 2 feuilles de laurier
- 1 branche de thym
- 1 demi-cuillerée à café de poivre en grains
- Sel, poivre

Beurre d'escargots

- 150 g de beurre
- 5 gousses d'ail
- 1 échalote
- 5 branches de persil
- 4 cl de marc de Bourgogne
- Sel, poivre

45 min

30 min

LES CONSEILS DU CHEF

La partie délicate consiste à bien nettoyer les escargots. Pour cela, il faudra les faire dégorger avec le sel et le vinaigre, et les laver correctement dans plusieurs eaux. Vous pouvez préparer vos escargots la veille et les réchauffer le lendemain.

LES VINS OU LES BOISSONS

Un bourgogne rouge

LA RECETTE

1. Saupoudrez les escargots de Bourgogne de gros sel, arrosez-les de vinaigre, mélangez et laissez-les dégorger pendant une heure avant de les laver soigneusement dans cinq ou six eaux. Égouttez et réservez. Épluchez oignon et carotte ; déposez dans une casserole avec le vin blanc et de l'eau. Ajoutez : clous de girofle, poivre, laurier, thym ; salez légèrement et portez à ébullition ; faites pocher les escargots pendant environ 20 minutes. **(A)**

2. Une fois cuits, égouttez les escargots, retirez-les de leur coquille à l'aide d'une aiguille, rincez et réservez. Lavez soigneusement les coquilles. Épluchez l'ail, l'échalote, hachez-les finement. Hachez également le persil. **(B)**

3. Faites ramollir 150 g de beurre, puis incorporez-y : persil, échalote, ail. Salez légèrement, poivrez. Videz le marc de Bourgogne et fouettez énergiquement pour obtenir un beurre bien homogène. Garnissez les coquilles avec les escargots. **(C)**

4. Garnissez l'intérieur des coquilles avec le beurre d'escargots, déposez sur le plat de service et passez dix minutes à four chaud avant de servir. **(D)**

A

B

C

D

ESCARGOTS À LA MODE DE L'ABBAYE

INGRÉDIENTS POUR 4 PERSONNES

- 40 escargots de Bourgogne en boîte ou surgelés
- 200 g de champignons de Paris
- 100 g de petits oignons blancs grelots
- 1 cuillerée à soupe de pignons de pin
- 2 échalotes
- 2 gousses d'ail
- 5 cl de cognac
- 20 cl de vin blanc
- 40 g de beurre
- 20 cl de crème fraîche
- 4 tranches de pain de mie
- Sel, poivre

LA RECETTE

1. Épluchez et hachez finement les échalotes. Dans une casserole contenant le beurre, faites revenir à feu doux les escargots préalablement décongelés et égouttés. Salez et poivrez légèrement. **(A)**

2. Coupez la queue terreuse des champignons, lavez-les successivement dans plusieurs eaux puis coupez-les en quartiers. Ajoutez les échalotes finement hachées sur les escargots, laissez revenir à feu doux puis flambez la préparation avec le cognac. **(B)**

3. Faites blanchir les petits oignons blancs avant de les incorporer aux escargots avec les champignons et la moitié des pignons de pin ; salez légèrement et poivrez. Versez le vin blanc et laissez réduire de moitié. **(C)**

4. Ajoutez maintenant la crème fraîche à la préparation, l'ail haché, laissez cuire de nouveau quelques minutes, rectifiez l'assaisonnement. Coupez vos tranches de pain de mie en triangles et en quatre, faites-les griller sous le grilloir de votre four. Dressez les escargots sur le plat de service, accompagnez des croûtons de pain grillés et servez bien chaud. **(D)**

LES CONSEILS DU CHEF

Utilisez des escargots en boîte pour réaliser ce type de recette. L'important est de bien laisser revenir les escargots, qu'ils soient légèrement colorés.

VARIANTE

N'omettez pas de flamber avec le cognac, qui donnera un excellent parfum à votre recette. Vous pouvez accompagner cette recette avec des épinards au beurre par exemple.

15 min

15 min

LES VINS OU LES BOISSONS

Un chinon rouge

A

B

C

D

PETITS FARCIS VÉGÉTARIENS

INGRÉDIENTS POUR 5 PERSONNES

- 5 petites tomates bien fermes
- 5 têtes de champignons
- 3 oignons
- 1 courgette
- 1 aubergine
- 5 petits navets
- 200 g de riz cuit à l'eau
- 1 branche de thym
- 2 échalotes
- 2 gousses d'ail
- 1 pincée de muscade
- 1 œuf
- 4 tranches de pain de mie
- 100 g de fromage râpé
- 8 cl d'huile d'olive
- Sel, poivre

LES CONSEILS DU CHEF

Vous pouvez réaliser cette recette avec tout type de légume printanier. L'important est de prendre des courgettes et des aubergines de taille moyenne, mais plutôt longues. Videz bien les légumes, puis hachez grossièrement l'intérieur.

VARIANTE

Les amateurs rajouteront juste avant de servir, un petit filet d'huile d'olive. Ce plat peut se consommer aussi bien chaud que froid.

45 min

20 min

LES VINS OU LES BOISSONS

Un cahors

LA RECETTE

1. Coupez la courgette en cinq tronçons ainsi que l'aubergine, les petits navets ; coupez les oignons en deux, retirez la queue des champignons soigneusement nettoyés. À l'aide d'une cuiller à pommes parisienne ou d'un petit couteau, videz soigneusement l'ensemble des légumes en conservant l'intérieur de ceux-ci. Faites la même chose avec les tomates. **(A)**

2. Versez l'huile d'olive dans une casserole, ajoutez les échalotes hachées et faites-les revenir à feu doux ; ajoutez ensuite l'intérieur de l'ensemble des légumes préalablement vidés. Laissez cuire à feu doux cette préparation, salez et poivrez légèrement. **(B)**

3. Ajoutez l'ail haché, la branche de thym effeuillée, le riz et les tranches de pain de mie finement émiettées. Mélangez l'ensemble, ajoutez le fromage râpé et laissez cuire de 3 à 4 minutes en remuant régulièrement. **(C)**

4. Rectifiez l'assaisonnement si nécessaire, ajoutez un œuf et une pointe de muscade, mélangez énergiquement. Garnir l'ensemble de vos légumes de cette préparation et faites cuire une dizaine de minutes à four moyen avant de servir bien chaud. **(D)**

A

B

C

D

FEUILLETÉ AU ROQUEFORT ET AUX NOIX

INGRÉDIENTS POUR 6 PERSONNES

- 400 g de pâte feuilletée
- 200 g de roquefort
- 100 g de cerneaux de noix
- 30 cl de crème liquide
- 40 g de beurre
- 2 cuillerées à soupe de farine
- 1 pincée de muscade
- 2 œufs
- Sel, poivre

LA RECETTE

1. Faites fondre le beurre dans une casserole, ajoutez la farine et laissez cuire deux minutes à feu doux sans laissez prendre de coloration. Versez la crème liquide, fouettez énergiquement jusqu'à l'obtention d'une sauce très épaisse, salez très légèrement, poivrez puis ajoutez le roquefort émietté. Remuez de nouveau énergiquement. **(A)**

2. Hachez l'ensemble des cerneaux de noix puis incorporez-les à la préparation précédente, ajoutez maintenant un jaune d'œuf, la muscade, fouettez énergiquement et laissez refroidir votre préparation. **(B)**

3. Étalez la pâte feuilletée et découpez à l'aide d'un emporte-pièce des cercles d'environ 8 à 10 cm de diamètre. Badigeonnez le pourtour des cercles de pâte feuilletée à l'œuf battu. Disposez au centre une grosse cuillerée à soupe de farce au roquefort complètement refroidie. **(C)**

4. Refermez le chausson sur lui-même et pincez les bords pour que la farce ne s'échappe pas en cours de cuisson. Badigeonnez-les à l'œuf battu. Laissez reposer vos chaussons une demi-heure au réfrigérateur avant de les faire cuire à four moyen pendant environ vingt minutes. Servez chaud. **(D)**

LES CONSEILS DU CHEF

Il est important pour la réussite de cette recette que votre appareil au roquefort soit complètement froid. Vous pouvez aussi le passer au congélateur pour qu'il soit relativement ferme. N'omettez surtout pas de badigeonner le pourtour de votre feuilleté pour bien fermer la pâte. Je vous conseille également de bien badigeonner votre feuilleté à l'œuf battu pour obtenir une couleur dorée.

30 min

40 min

30 min

LES VINS OU LES BOISSONS

Un vin rouge de l'Hérault

A

B

C

D

FEUILLETÉ AU POISSON

INGRÉDIENTS POUR 4 PERSONNES

- 400 g de pâte feuilletée
- 300 g de filet de rascasse
- 200 g de champignons de Paris
- 2 échalotes
- 2 gousses d'ail
- 1 bouquet de cerfeuil
- 10 cl de vin blanc
- 10 cl de crème fraîche
- 20 g de beurre
- 3 jaunes d'œufs
- 1 demi-cuillerée à soupe de farine
- 1 pointe de piment de Cayenne
- Sel, poivre

45 min

40 min

3 h

LES CONSEILS DU CHEF

Il est très important de laisser complètement refroidir la préparation avant de la mettre dans la pâte feuilletée.

Pincez soigneusement les bords pour que la farce ne s'échappe pas en cours de cuisson.

Servez les friands tièdes accompagnés d'un petit beurre fondu, par exemple.

VARIANTE

Faute de rascasse, vous pouvez remplacer par tout autre poisson.

LES VINS OU LES BOISSONS

Un pinot noir d'Alsace

LA RECETTE

1. Épluchez l'ail, les échalotes et hachez-les finement. Retirez les pieds terreux des champignons, lavez-les soigneusement et hachez-les. Coupez les filets de rascasse en petits dés. **(A)**

2. Dans une casserole contenant le beurre, faites revenir à feu doux les échalotes. Ajoutez l'ail haché, puis incorporez les champignons. Portez à ébullition et laissez évaporer l'eau des champignons puis ajoutez les dés de filets de rascasse. Salez, poivrez, ajoutez une pointe de piment de Cayenne. Laissez étuver 2 minutes, saupoudrez de farine puis ajoutez les 10 cl de vin blanc. Mélangez puis laissez cuire 15 minutes à découvert. **(B)**

3. Une fois le vin blanc réduit aux trois quarts, ajoutez la crème fraîche, portez à ébullition et laissez épaissir à feu doux. Avant de retirer du feu, rectifiez l'assaisonnement, ajoutez 2 jaunes d'œufs, fouettez énergiquement et laissez complètement refroidir la préparation avant de mettre le cerfeuil haché. **(C)**

4. Étalez la pâte feuilletée et coupez huit petits rectangles. Badigeonnez le pourtour avec le reste de jaune d'œuf battu. Déposez au centre une cuillerée à soupe de farce de poisson complètement refroidie. Refermez les bords, pincez-les bien, badigeonnez à l'œuf battu et faites cuire une vingtaine de minutes à four moyen. **(D)**

A

B

C

D

FICELLES PICARDES

INGRÉDIENTS POUR 4 PERSONNES

Pâte à crêpes
- 125 g de farine
- 2 œufs
- 2 verres de lait
- Sel

Farce
- 10 cl de crème fraîche
- 150 g de gruyère râpé
- 25 cl de lait
- 100 g de beurre
- 4 tranches de jambon
- 2 cuillerées à soupe de farine
- 400 g de champignons de Paris
- 3 échalotes
- Muscade
- Sel, poivre

LA RECETTE

1. Confectionnez la pâte à crêpe en tamisant la farine, ajoutez les œufs, le lait, le sel, et fouettez énergiquement. Laissez reposer deux bonnes heures avant de confectionner huit fines crêpes. Pendant ce temps, hachez les échalotes, faites-les revenir avec une noisette de beurre à feu doux, ajoutez le jambon coupé en petits morceaux et laissez étuver l'ensemble. **(A)**

2. Incorporez les champignons équeutés, soigneusement nettoyés et coupés en petits dés. Laissez revenir à feu doux en remuant de temps à autre. Salez-les, poivrez-les et incorporez une pincée de muscade. **(B)**

3. Dans une casserole, faites fondre le reste du beurre, ajoutez la farine, remuez énergiquement puis versez le lait, la crème fraîche, salez légèrement et portez votre béchamel à ébullition. Réservez-la. **(C)**

4. Mélangez la moitié de la béchamel avec la farce. Déposez au centre de chaque crêpe, une cuillerée à soupe de cette farce, roulez la crêpe sur elle-même et déposez-la au fond d'un plat à gratin préalablement beurré. Nappez les crêpes du reste de la sauce béchamel, saupoudrez de fromage râpé et passez sous le grilloir de votre four pendant une dizaine de minutes avant de servir bien chaud. **(D)**

LES CONSEILS DU CHEF

Vous pouvez confectionner vos crêpes la veille et les réserver au réfrigérateur, et réaliser votre recette le lendemain.

Si toutefois la béchamel est trop épaisse, rajoutez un peu de lait. Par contre, si elle est trop liquide, rajoutez un peu de farine.

VARIANTE

Les amateurs pourront y ajouter une pointe de paprika pour la relever. Ils pourront également ajouter un peu d'ail dans la farce au jambon et aux champignons.

LES VINS OU LES BOISSONS

Un beaujolais blanc

40 min

40 min

A

B

C

D

FONDUE AUX TROIS FROMAGES

INGRÉDIENTS POUR 6 PERSONNES

- 300 g de beaufort
- 300 g de comté
- 300 g d'emmental
- 50 cl de vin blanc sec
- 5 cl de kirsch
- 1 gousse d'ail
- 1 cuillerée à soupe de fécule de pommes de terre
- 1 pain de campagne légèrement rassi
- Sel, poivre

20 min

10 min

LES CONSEILS DU CHEF

Pour réussir cette recette, remuez bien le fromage et maintenez-le à la même température.

Du pain déjà rassi et légèrement grillé rendra votre fondue plus digeste.

LA RECETTE

1. Épluchez et pilez l'ail, frottez-en le fond de la casserole, ajoutez le vin blanc, portez à ébullition. **(A)**

2. Retirez la croûte des trois fromages, coupez-les en tout petits dés ou râpez-les, puis versez-les dans le vin blanc et tournez à l'aide d'une cuiller en bois jusqu'à la fonte intégrale des fromages. **(B)**

3. Baissez le feu, ajoutez le kirsch ainsi que la fécule de pommes de terre délayée avec 5 cl de vin blanc, versez, continuez de remuer la fondue en la portant légèrement à ébullition, et versez dans votre bol à fondue. **(C)**

4. Coupez le pain en petits cubes, faites-le un peu griller et servez. Salez et poivrez votre fondue, si nécessaire. **(D)**

LES VINS OU LES BOISSONS

Un vin blanc de Savoie

A

B

C

D

FEUILLETÉ AU JAMBON

INGRÉDIENTS POUR 4 PERSONNES

- 400 g de pâte feuilletée
- 4 tranches de jambon
- 400 g de champignons de Paris
- 2 échalotes
- 2 gousses d'ail
- 30 g de beurre
- 1 branche d'estragon
- 2 branches de persil
- 1 jaune d'œuf
- Sel, poivre

35 min

40 min

LA RECETTE

1. Épluchez les échalotes et hachez-les finement. Coupez le jambon en petits cubes, retirez les pieds terreux des champignons, lavez-les soigneusement et hachez-les finement. **(A)**

2. Dans une poêle contenant le beurre, faites fondre à feu doux les échalotes puis ajoutez le jambon. Laissez-les prendre un peu de coloration avant d'incorporer les champignons. Salez légèrement, poivrez et laissez cuire quelques minutes, puis incorporez la gousse d'ail hachée ainsi que la branche d'estragon et le persil finement hachés. **(B)**

3. Coupez la pâte feuilletée en deux, étalez deux bandes régulières, disposez une bande de feuilletage sur la plaque du four, badigeonnez le pourtour de jaune d'œuf battu. Déposez au centre la préparation au jambon refroidie. Recouvrez votre pâte feuilletée à l'aide d'une seconde bande de feuilletage que vous aurez incisée. **(C)**

4. Fermez hermétiquement votre feuilletage, badigeonnez la surface d'œuf battu avant de faire cuire une vingtaine de minutes à four moyen. **(D)**

LES CONSEILS DU CHEF

Vous pouvez confectionner plusieurs feuilletés à l'aide de petits rectangles que vous garnissez et refermez.

L'important est de bien badigeonner la pâte feuilletée de l'œuf battu pour permettre à la pâte, lors de la cuisson, de bien se souder.

LES VINS OU LES BOISSONS

Un rosé de Touraine

A

B

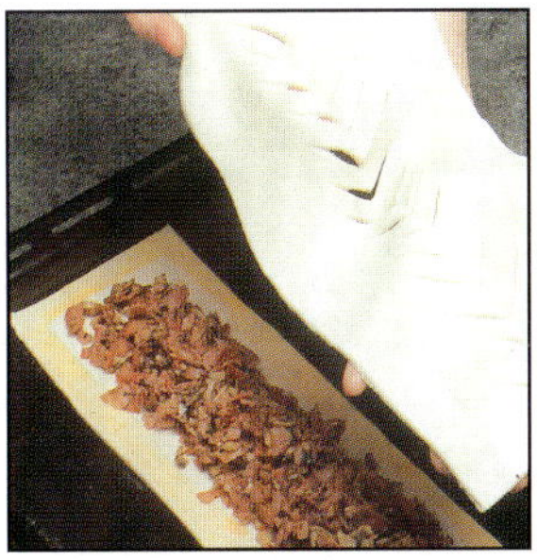

C

D

GALETTES BRETONNES FORESTIÈRE

INGRÉDIENTS POUR 4 PERSONNES

- 400 g de champignons assortis
- 4 tranches de jambon de Bayonne
- 1 boîte de tomates pelées
- 100 g de fromage râpé
- 20 g de beurre
- 2 échalotes
- 2 gousses d'ail
- 3 branches de persil

Pâte

- 125 g de farine complète (sarrasin)
- 2 œufs
- 1 verre de lait
- 1 bière
- 2 cuillères à soupe d'huile
- Sel

LES CONSEILS DU CHEF

Je vous conseille bien évidemment de réaliser vos galettes de sarrasin la veille et de les réserver au réfrigérateur.

Il est surtout très important, une fois égouttées, de concasser les tomates et les laisser cuire une bonne quinzaine de minutes avant de napper le fond du plat de service.

Vous pouvez également réaliser cette recette avec des champignons frais en utilisant le même procédé.

40 min

25 min

2 h

LES VINS OU LES BOISSONS

Un graves

LA RECETTE

1. Dans un saladier tamisez le farine complète, ajoutez les œufs, l'huile, le sel, versez-y un verre de lait. Mélangez bien puis incorporez la bière jusqu'à l'obtention d'une pâte homogène. Laissez reposer deux heures avant utilisation. **(A)**

2. Dans une poêle, confectionnez vos galettes au sarrasin et réservez-les. Épluchez l'ail, les échalotes et hachez-les finement ainsi que le persil. Dans une casserole contenant le beurre, faites revenir les échalotes puis ajoutez le jambon de Bayonne coupé en fines lanières et l'ensemble des champignons. Salez très légèrement, poivrez et laissez revenir l'ensemble. **(B)**

3. Égouttez les tomates, concassez-les légèrement et faites-les réduire dans une deuxième casserole. Salez-les, poivrez-les légèrement. Ajoutez maintenant le persil et l'ail hachés sur les champignons, mélangez bien l'ensemble. **(C)**

4. Versez sur la préparation aux champignons le fromage râpé et chauffez pour que le fromage fonde. Disposez une grosse cuillerée de champignons au centre d'une galette, refermez-la, tapissez le fond du plat avec la concassée de tomate. Déposez les galettes et faites chauffer une dizaine de minutes avant de servir. **(D)**

A

B

C

D

GOUGÈRE AU SAUMON FUMÉ

INGRÉDIENTS POUR 4 PERSONNES

Pâte à choux
- 25 cl d'eau
- 150 g de farine
- 80 g de beurre
- 4 œufs
- Sel, poivre

Garniture
- 300 g de saumon fumé
- 1 noisette de beurre
- 20 cl de crème fraîche
- 1 bouquet d'aneth
- 1 grosse cuillerée à soupe de raifort râpé
- 1 demi-botte de ciboulette
- 1 œuf (dorure)
- 1 cuillerée à soupe de fromage râpé

LA RECETTE

1. Déposez une casserole sur le feu, versez l'eau, ajoutez les 80 g de beurre, une pincée de sel, et portez à ébullition. Lorsque le beurre est fondu, incorporez rapidement la farine et mélangez énergiquement à l'aide d'une cuiller en bois. Vous devez obtenir une boule de pâte qui se décolle de la casserole. Travaillez de nouveau une minute sur le feu pour bien dessécher votre pâte. Éteignez le feu. **(A)**

2. Incorporez à la préparation précédente, hors du feu, les œufs, un à un, en remuant très énergiquement pour éviter de les cuire. Une fois les œufs incorporés, laissez reposer. **(B)**

3. Beurrez délicatement la plaque de votre four, puis confectionnez à l'aide d'une poche et d'une douille des petits choux en laissant suffisamment d'espace. Badigeonnez d'œuf battu la surface des petits choux. Saupoudrez d'un peu de fromage râpé et faites cuire à four moyen pendant une vingtaine de minutes. **(C)**

4. Montez la crème fraîche en chantilly. Incorporez-y le saumon fumé coupé en morceaux. Salez, poivrez, ajoutez le raifort râpé, la ciboulette et l'aneth hachés. Remplissez une poche à douille de la préparation au saumon et à l'aide de cette douille, faites un trou dans les petits choux afin de les garnir. **(D)**

LES CONSEILS DU CHEF

Remplissez les choux de crème au saumon lorsque ceux-ci ont complètement refroidi.

Pour la réussite de votre crème, il importe de la fouetter lorsqu'elle est bien glacée.

La pâte à choux étant une pâte délicate, l'opération essentielle consiste, surtout au départ, à bien incorporer la farine dans l'eau et le beurre bien chaud et à fouetter énergiquement afin d'éliminer l'ensemble des grumeaux.

25 min

25 min

LES VINS OU LES BOISSONS

Un verre de vodka

A

B

C

D

MOUSSE DE BROCHET SAUCE PASSION

INGRÉDIENTS POUR 4 PERSONNES

- 500 g de filet de brochet
- 5 œufs
- 60 cl de crème fraîche
- 1 pointe de muscade
- Sel, poivre

Sauce passion

- 4 fruits de la passion
- 3 jaunes d'œufs
- 10 cl de crème fraîche
- 150 g de beurre
- Sel

20 min

20 min

LES CONSEILS DU CHEF

Vous pouvez réaliser ce type de recette en ramequin individuel ou pourquoi pas dans une terrine que vous couperez en tranches par la suite.

La partie délicate de cette recette consiste à bien émulsionner les jaunes d'œufs de la sauce sans trop donner de chaleur afin d'éviter qu'ils ne cuisent. Vous pouvez accompagner ce plat d'un riz à la créole.

VARIANTE

Les amateurs pourront rajouter à l'intérieur de la mousse la valeur d'un fruit de la passion qui la parfumera.

Vous pouvez remplacer la sauce passion par une sauce Mornay. Pour la préparer, il vous faut une cuillerée à soupe de farine, 30 g de beurre, trois verres de lait, un jaune d'œuf, 50 g de gruyère râpé, du sel et du poivre.

LES VINS OU LES BOISSONS

Un bourgogne aligoté

LA RECETTE

1. Coupez les fruits de la passion en deux, retirez les graines à l'intérieur et réservez. Coupez les filets de brochet en petits cubes. **(A)**

2. Dans un mixeur, déposez les filets de brochet, ajoutez les œufs, salez légèrement, poivrez, ajoutez une pointe de muscade et mixez abondamment la préparation. **(B)**

3. Dès que la mousse de brochet est bien lisse, incorporez la crème fraîche, mixez à nouveau pendant deux minutes environ jusqu'à l'obtention d'une pâte très homogène. Beurrez vos ramequins et garnir l'intérieur avec la mousse. Faites cuire au bain-marie pendant une quinzaine de minutes à four moyen. **(C)**

4. Pour la sauce passion, déposez les jaunes d'œufs dans une casserole, émulsionnez-les au bain-marie pendant deux minutes. Ajoutez la crème fraîche, faites fondre le beurre que vous incorporez progressivement en fouettant énergiquement. Ajoutez les fruits de la passion, fouettez à nouveau, salez très légèrement, démoulez vos mousses de brochet. Nappez de sauce aux fruits de la passion et servez. **(D)**

A

B

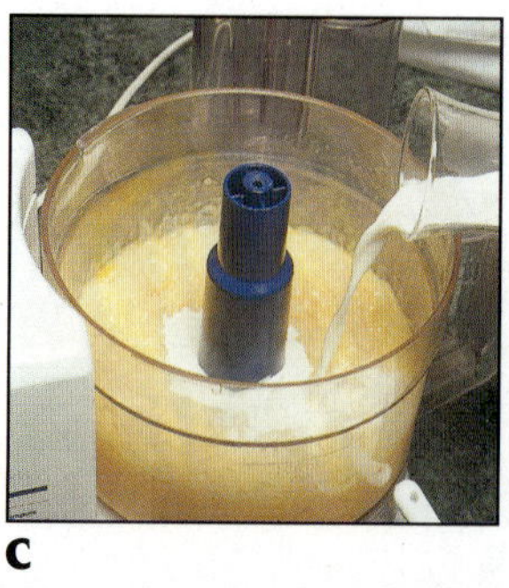

C

D

OMELETTE AUX TROMPETTES DE LA MORT

INGRÉDIENTS POUR 6 PERSONNES

- 300 g de trompettes de la mort
- 150 g de lard maigre salé
- 2 échalotes
- 2 gousses d'ail
- 2 branches de persil
- 30 g de beurre
- 10 œufs
- Sel, poivre

LA RECETTE

1. Nettoyez soigneusement les trompettes de la mort et lavez-les successivement dans plusieurs eaux afin d'éliminer tout le sable. Épluchez l'ail, les échalotes et hachez-les finement. Coupez le lard maigre en lardons et hachez finement le persil. **(A)**

2. Dans une poêle contenant le beurre, faites revenir à feu doux les lardons, poivrez-les légèrement. Remuez régulièrement pour bien faire fondre la graisse. **(B)**

3. Ajoutez maintenant aux lardons les trompettes de la mort, et faites-les cuire à l'étouffée en remuant régulièrement pendant cinq à six minutes. En fin de cuisson, ajoutez les échalotes et l'ail hachés et laissez revenir encore deux minutes. **(C)**

4. Cassez les œufs dans un bol puis battez-les en omelette. Ajoutez le persil, versez les œufs dans la poêle et confectionnez votre omelette en la gardant légèrement baveuse. **(D)**

LES CONSEILS DU CHEF

L'important est de bien faire fondre le lard et de laisser étuver les échalotes.

Accompagnez cette recette de pommes de terre sautées par exemple.

VARIANTE

Vous pouvez remplacer les trompettes de la mort par des morilles. Faute de lard maigre, utilisez de la poitrine fumée pour réaliser cette recette.

15 min

15 min

LES VINS OU LES BOISSONS

Un madiran rouge

A

B

C

D

PÂTÉ DE BAR EN CROÛTE

INGRÉDIENTS POUR 4 PERSONNES

- 350 g de pâte feuilletée surgelée
- 300 g de filet de bar
- 5 œufs
- 30 cl de crème fraîche
- 2 branches d'estragon
- 1 demi-paquet de cerfeuil
- 1 demi-paquet d'aneth
- 1 pointe de muscade
- Sel, poivre

30 min

30 min

LES CONSEILS DU CHEF

L'important est d'avoir une mousse de poisson bien homogène.

Je vous conseille d'utiliser le filet de poisson bien froid ainsi que la crème fraîche bien glacée, cela facilite l'émulsion de votre mousse de bar.

N'omettez pas de badigeonner le pourtour de la mousse de poisson à l'œuf battu pour permettre aux deux feuilletage de bien adhérer.

Découpez ensuite le feuilleté en forme de poisson.

Badigeonnez à l'œuf battu pour obtenir un feuilleté brillant.

LES VINS OU LES BOISSONS

Un pouilly fumé

LA RECETTE

1. Coupez les filets de bar en petits morceaux. Après avoir retirer les arêtes, déposez-les dans le bol mixeur. Ajoutez quatre œufs, salez légèrement, poivrez, ajoutez une pointe de muscade et mixez abondamment l'ensemble. **(A)**

2. Incorporez maintenant la crème fraîche, mixez à nouveau deux minutes jusqu'à l'obtention d'une pâte très homogène. Ciselez l'aneth, le cerfeuil, et les feuilles d'estragon que vous incorporez à la mousse de bar. **(B)**

3. Séparez la pâte feuilletée en deux parties égales, étalez deux bandes de feuilletage, dessinez sur la bande un poisson et déposez au centre de votre feuilletage à l'aide d'une poche à douille votre mousse de bar. Badigeonnez le pourtour à l'œuf battu. **(C)**

4. Étalez le reste du feuilletage, recouvrez la mousse de bar avec la pâte feuilletée restante, pincez hermétiquement les bords, découpez la forme d'un poisson, passez la surface à l'œuf battu. Faites cuire une vingtaine de minutes à four moyen et servez chaud. **(D)**

A

B

C

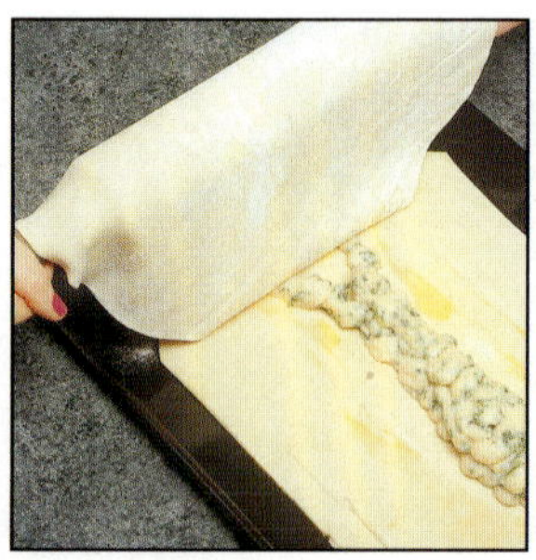

D

SALADE DE CHÈVRE CHAUD

INGRÉDIENTS POUR 4 PERSONNES

- 2 beaux fromages de chèvre (crottin)
- 400 g de salade mesclun
- 3 tomates
- 50 g de farine
- 150 g de chapelure
- 80 g de noisettes hachées
- 1 pincée de poudre de curry
- 30 g de beurre
- 2 œufs

Sauce vinaigrette

- 1 demi-cuillerée à café de moutarde
- 2 cuillerées à soupe de vinaigre balsamique
- 5 cuillerées à soupe d'huile
- 1 pincée de poudre de curry
- 1 gousse d'ail hachée
- Sel, poivre

20 min

4 min

LA RECETTE

1. Coupez les fromages de chèvre en deux, battez les œufs en omelette, salez légèrement, poivrez, ajoutez une pincée de poudre de curry. Passez successivement les fromages de chèvre coupés en deux dans la farine, roulez-les ensuite dans l'œuf battu, puis roulez-les de nouveau dans un mélange noisettes hachées/chapelure et réservez. **(A)**

2. Versez la moutarde dans un saladier. Ajoutez le vinaigre, le sel, le poivre, la gousse d'ail hachée, puis versez l'huile. Fouettez énergiquement pour bien émulsionner votre sauce vinaigrette, ajoutez la pincée de poudre de curry et réservez. **(B)**

3. Au moment de servir la salade, déposez une poêle sur le feu, ajoutez le beurre et faites rôtir vos fromages de chèvre deux minutes de chaque côté en les retournant délicatement de temps à autre. **(C)**

4. Mélangez la salade mesclun dans la vinaigrette, déposez-la sur le plat de service, décorez avec les tomates coupées en quartiers, déposez à la surface les fromages de chèvre chauds et servez. **(D)**

LES CONSEILS DU CHEF

Il est important de bien rouler les fromages de chèvre dans la farine, puis dans l'œuf battu pour que les noisettes collent bien sur la préparation.

Conservez les fromages panés au frigo et faites-les rôtir à la dernière minute.

VARIANTE

Les amateurs pourront rajouter un peu d'oignon haché dans la salade et quelques lardons.

LES VINS OU LES BOISSONS

Un bordeaux blanc sec

A

B

C

D

SALADE DE POMMES DE TERRE À LA MORTEAU

INGRÉDIENTS POUR 6 PERSONNES

- 6 belles pommes de terre
- 1 saucisse de Morteau

Cuisson de la saucisse
- 1 oignon
- 1 carotte
- 1 branche de thym
- 2 feuilles de laurier
- 2 clous de girofle
- Sel

Sauce vinaigrette
- 2 cuillerées à soupe de vinaigre de vin vieux
- 1 cuillerée à café de moutarde forte
- 6 cuillerées à soupe d'huile d'arachide
- 1 oignon
- 2 gousses d'ail
- 3 branches de persil
- Sel, poivre

LES CONSEILS DU CHEF

Il est préférable de servir cette salade tiède ou à température ambiante. Vous pouvez cuire les pommes de terre la veille et les réserver au réfrigérateur pour le lendemain. Vous avez la possibilité de tiédir cette salade au micro-ondes.

20 min

30 min

20 min

VARIANTE

Faute de saucisse de Morteau, utilisez un saucisson de Lyon.

LES VINS OU LES BOISSONS

Un côtes-du-rhône

LA RECETTE

1. Dans une grande casserole d'eau salée, faites cuire les pommes de terre en robe des champs. Une fois cuites, égouttez-les et réservez-les. Pour la cuisson de la saucisse, épluchez et émincez l'oignon et la carotte, déposez l'ensemble dans une casserole contenant de l'eau. Ajoutez le thym, le laurier, les clous de girofle, salez légèrement, et faites pocher pendant environ vingt minutes à feu doux la saucisse de Morteau. **(A)**

2. Épluchez et hachez finement l'ail, le persil et la moitié de l'oignon. **(B)**

3. Déposez dans un saladier la moutarde, le vinaigre ; salez légèrement, poivrez, incorporez l'huile et émulsionnez votre sauce vinaigrette. Ajoutez l'oignon, l'ail et le persil hachés. Mélangez le tout et réservez. **(C)**

4. Pelez et coupez les pommes de terre en rondelles, pelez la saucisse de Morteau, coupez-la également en fines rondelles et intercalez sur votre plat de service : une rondelle de pomme de terre, une rondelle de saucisse de Morteau. Décorez de quelques rondelles d'oignon, de brins de persil, arrosez votre salade de la vinaigrette et servez. **(D)**

A

B

C

D

SOUFFLÉ AU ROQUEFORT ET AUX NOIX

INGRÉDIENTS POUR 4 PERSONNES

- 200 g de roquefort
- 100 g de beurre
- 75 g de farine
- 5 œufs
- 75 cl de lait
- 150 g de cerneaux de noix
- Sel, poivre

LA RECETTE

1. Faites fondre le beurre dans une casserole, ajoutez la farine, mélangez et laissez cuire pendant une minute en remuant sans cesse. Versez ensuite le lait, fouettez énergiquement jusqu'à l'obtention d'une sauce Béchamel très épaisse. **(A)**

2. Salez, poivrez, ajoutez le roquefort, fouettez de nouveau énergiquement pour bien faire fondre le roquefort. Incorporez les cerneaux de noix et mélangez. **(B)**

3. Cassez les œufs, versez les jaunes dans la préparation précédente et conservez les blancs. Remuez de nouveau énergiquement et laissez refroidir votre préparation à soufflé. **(C)**

4. Montez les blancs en neige et incorporez-les à l'aide d'une cuiller en bois à votre préparation précédente refroidie. Beurrez délicatement votre moule à soufflé, saupoudrez-le de farine, tapotez-le pour en extraire le surplus. Garnissez le moule aux trois quarts avec la préparation à soufflé et faites cuire à four moyen pendant environ vingt minutes. **(D)**

LES CONSEILS DU CHEF

Il importe de bien beurrer le moule à soufflé pour qu'en cours de cuisson le soufflé puisse monter sans s'accrocher le long du moule.

Mélangez bien les blancs d'œufs en neige lorsque votre préparation au roquefort est aux trois quarts refroidi.

Servez immédiatement.

20 min

30 min

LES VINS OU LES BOISSONS

Un savigny-lès-beaune

A

B

C

D

SOUFFLÉ AUX DEUX SAUMONS

INGRÉDIENTS POUR 4 PERSONNES

- 250 g de saumon frais
- 250 g de saumon fumé
- 80 g de beurre
- 70 g de farine
- 5 œufs
- 1 demi-litre de lait
- Sel, poivre

15 min

25 min

20 min

LES CONSEILS DU CHEF

Vous pouvez réaliser ces soufflés en ramequins ou dans un grand moule.

L'important est de bien mélanger le saumon à la sauce Béchamel lorsque celle-ci est aux trois quarts refroidie.

VARIANTE

Vous pouvez remplacer le saumon par n'importe quel type de poisson.

LES VINS OU LES BOISSONS

Un sylvaner

LA RECETTE

1. Faites fondre le beurre dans une casserole, ajoutez la farine, fouettez bien et laissez cuire une minute à feu doux. Ajoutez ensuite le lait, fouettez très énergiquement jusqu'à l'obtention d'une sauce Béchamel très épaisse. **(A)**

2. Dans votre robot, hachez finement le saumon frais mélangé au saumon fumé. Salez légèrement, poivrez puis ajoutez les jaunes d'œufs. **(B)**

3. Incorporez le saumon haché à la béchamel légèrement refroidie. Salez, poivrez l'ensemble puis mélangez énergiquement. **(C)**

4. Montez les blancs d'œufs en neige puis incorporez-les à la préparation précédente. Beurrez soigneusement vos moules à soufflé, tapissez-les d'une fine couche de farine, garnissez-les de votre préparation et faites cuire une bonne vingtaine de minutes à four moyen. **(D)**

A

B

C

D

BISQUE D'ÉCREVISSES

INGRÉDIENTS POUR 4 PERSONNES

- 30 petites écrevisses
- 1 carotte
- 1 oignon
- 2 gousses d'ail
- 1 branche de thym
- 2 feuilles de laurier
- 2 branches de persil
- 3 clous de girofle
- 5 cl d'huile d'olive
- 1 noisette de beurre
- 20 cl de crème fraîche
- 40 cl de vin blanc sec
- 1 cuillerée à soupe de concentré de tomates
- 1 cuillerée à soupe de farine
- 5 cl de cognac
- Petits croûtons de pain grillés
- Sel, poivre

LA RECETTE

1. Lavez soigneusement les écrevisses, coupez-en la queue et tirez le filament noir. Dans une cocotte, mettez à chauffer l'huile et le beurre et faites saisir les écrevisses à feu vif. Laissez-les prendre une bonne coloration en remuant régulièrement. Pendant ce temps, épluchez oignon, carottes, ail et coupez-les en morceaux. Une fois les écrevisses bien revenues, réservez-en quelques-unes pour la décoration. Ajoutez au reste les oignons, les carottes et l'ail puis la branche de thym et les feuilles de laurier. **(A)**

2. Continuez de faire revenir la préparation. Ajoutez les branches de persil et les clous de girofle. Versez le cognac et flambez la préparation. Ajoutez la farine, mélangez le tout. **(B)**

3. Versez le concentré de tomates, le vin blanc, salez légèrement, poivrez, recouvrez d'eau et laissez cuire une bonne trentaine de minutes à feu doux. **(C)**

4. En fin de cuisson, mixez les écrevisses dans le potage, passez le bouillon au tamis fin, puis portez-le à ébullition. Versez la crème fraîche, rectifiez l'assaisonnement si nécessaire et servez votre bisque bien chaude accompagnée des écrevisses restantes et de petits croûtons de pain grillés. **(D)**

LES CONSEILS DU CHEF

Utilisez de petites écrevisses pour ce type de préparation.

Vous pouvez aussi, sans écraser les écrevisses, récupérer les queues, les décortiquer et les mettre dans le potage.

VARIANTE

Les amateurs rajouteront une pointe de piment de Cayenne pour relever cette bisque d'écrevisses.

LES VINS OU LES BOISSONS

Un sylvaner

20 min

40 min

A

B

C

D

CRÈME DE LÉGUMES AU CERFEUIL

INGRÉDIENTS POUR 4 PERSONNES

- 3 pommes de terre
- 1 poireau
- 1 oignon
- 20 g de beurre
- 1 cube de bouillon de volaille
- 20 cl de crème fraîche
- 1 petit bouquet de cerfeuil
- Sel, poivre

15 min

30 min

3 h

LES CONSEILS DU CHEF

Ne pas trop laisser colorer l'oignon et le poireau, ce qui donnerait une vilaine couleur à votre potage.

Faites bien cuire le potage pour que les ingrédients s'incorporent correctement.

Il est important de passer le potage au mixeur une dernière fois avant de servir.

Ce potage froid est également appelé « vichyssoise ».

LES VINS OU LES BOISSONS

Un bandol rosé

LA RECETTE

1. Épluchez l'oignon et le poireau préalablement nettoyés, épluchez les pommes de terre et coupez l'ensemble en morceaux. **(A)**

2. Dans une cocotte contenant le beurre, faites revenir à feu doux pendant 3 ou 4 minutes les poireaux et les oignons. Une fois qu'ils sont translucides, ajoutez les pommes de terre. **(B)**

3. Délayez le cube de volaille dans un verre d'eau et versez sur la préparation précédente. Mouillez à hauteur avec de l'eau, salez légèrement, poivrez et laissez cuire au moins 30 minutes à couvert et à feu doux. **(C)**

4. Mixez finement votre potage, incorporez la crème fraîche, mixez de nouveau et portez à ébullition. Rectifiez l'assaisonnement si nécessaire et laissez refroidir pendant au moins 3 h. Quand il est froid, passez-le de nouveau au mixeur et servez-le bien glacé. Décorez de feuilles de cerfeuil, ce qui relèvera le goût de votre potage. **(D)**

A

B

C

D

BOURRIDE PROVENÇALE

INGRÉDIENTS POUR 4 PERSONNES

- 1 quart de litre de moules
- 2 carottes
- 2 oignons
- 1 branche de céleri
- 1 poireau
- 2 gousses d'ail
- 2 tomates
- 1 branche de thym
- 2 feuilles de laurier
- 5 cl d'huile d'olive
- 3 g de safran
- 3 clous de girofle
- 1,3 kg de poisson blanc de la Méditerranée
- Sel, poivre

Aïoli

- 1 citron
- 6 gousses d'ail
- 2 jaunes d'œufs
- 15 cl d'huile d'olive
- Sel, poivre

LA RECETTE

1. Confectionnez l'aïoli. Hachez finement les six gousses d'ail, déposez-les dans le fond d'un saladier, ajoutez les deux jaunes d'œufs et commencez à fouetter énergiquement en incorporant progressivement l'huile d'olive, comme pour une mayonnaise. À mi-parcours, versez une cuillerée à soupe de jus de citron. Salez légèrement, poivrez et continuez d'émulsionner votre sauce jusqu'à épuisement de l'huile d'olive. Réservez l'aïoli. **(A)**

2. Videz, écaillez et nettoyez soigneusement vos poissons. Coupez-les en morceaux et réservez-les. Épluchez oignons, carottes, ail, poireau, céleri, émincez l'ensemble finement et faites revenir dans une cocotte contenant 5 cl d'huile d'olive. Lorsque les légumes sont bien revenus, incorporez les morceaux de poisson et remuez délicatement. **(B)**

3. Ajoutez les tomates coupées en quartiers, le laurier, le thym, le safran, les clous de girofle, salez légèrement, poivrez et recouvrez à hauteur avec de l'eau. Remuez délicatement et laissez cuire une quinzaine de minutes à feu doux. Ajoutez les moules que vous aurez fait cuire à part, après les avoir bien nettoyées. Laissez de nouveau cuire deux minutes puis déposez la préparation au poisson dans un plat de service. **(C)**

4. Récupérez une partie de l'aïoli pour servir votre plat. Portez le contenu de la cocotte à ébullition. Laissez le jus de cuisson réduire d'un quart, passez le contenu de la cocotte au tamis fin et versez le liquide bouillant sur le reste de l'aïoli en fouettant énergiquement. Transvasez le tout dans une casserole, mettez sur le feu et fouettez énergiquement pendant une minute sans laisser bouillir. Versez cette soupe sur la préparation au poisson et le reste dans une soupière. **(D)**

LES CONSEILS DU CHEF

Demandez à votre poissonnier les poissons qui se prêtent le mieux à ce type de préparation ; choisissez de préférence les poissons de la Méditerranée.

Il est important de ne pas trop laisser cuire les poissons dans le bouillon sinon ils se détacheraient.

La partie délicate consiste à verser la soupe de poisson sur l'aïoli en fouettant énergiquement afin d'éviter les grumeaux et, surtout de ne pas laisser bouillir cette préparation.

LES VINS OU LES BOISSONS

Un vin blanc de Corbières

35 min

30 min

A

B

C

D

GRATINÉE À L'OIGNON

INGRÉDIENTS POUR 4 PERSONNES

- 400 g d'oignons
- 60 g de beurre
- 2 petites branches de thym
- 2 feuilles de laurier
- 2 branches de persil
- 3 clous de girofle
- 1 cube de bouillon de bœuf
- 2 gousses d'ail
- 20 cl de vin blanc sec
- 1 petite cuillerée à café de farine
- 1 demi-baguette de pain
- 100 g de fromage râpé
- Sel, poivre

30 min

45 min

LES CONSEILS DU CHEF

Votre soupe à l'oignon peut également être servie dans une grosse soupière.

VARIANTE

Les amateurs pourront rajouter une pointe de piment de Cayenne.

Pour mouiller votre soupe à l'oignon, vous pouvez utiliser un bouillon de volaille ou un reste de consommé de bœuf.

LES VINS OU LES BOISSONS

Un bourgogne rouge

LA RECETTE

1. Épluchez les oignons, coupez-les en deux, émincez-les finement. Hachez les deux gousses d'ail. Dans une cocotte, mettez le beurre à chauffer et faites fondre les oignons à feu doux en remuant régulièrement à l'aide d'une cuiller en bois. **(A)**

2. Une fois les oignons légèrement colorés, ajoutez un bouquet garni composé du thym, du laurier et du persil ficelés. Ajoutez une cuillerée à café de farine et mélangez l'ensemble. Laissez cuire une minute puis incorporez l'ail haché. **(B)**

3. Ajoutez à la préparation précédente les clous de girofle, le vin blanc et le cube de bouillon délayé dans un litre et demi d'eau. Mélangez l'ensemble, salez légèrement, poivrez et laissez cuire à feu doux et à couvert une vingtaine de minutes. **(C)**

4. Rectifiez l'assaisonnement de votre soupe si nécessaire, amenez une dernière fois à ébullition, retirez le bouquet garni et les clous de girofle et déposez deux bonnes louches de soupe à l'oignon dans chaque bol. Disposez à la surface des tranches de baguette de pain préalablement grillées, saupoudrez de fromage râpé et passez sous le grill de votre four pendant 3 à 4 minutes. Servez bien chaud. **(D)**

A

B

C

D

GASPACHO

INGRÉDIENTS POUR 6 PERSONNES

- 1 concombre
- 1 demi-poivron rouge
- 1 demi-poivron jaune
- 1 demi-poivron vert
- 2 oignons verts
- 6 belles tomates
- 1 citron
- 1 branche de céleri
- 1 gousse d'ail
- 5 cl d'huile d'olive
- 1 bouquet de cerfeuil
- Sel, poivre

LA RECETTE

1. Retirez les côtes blanches des poivrons, enlevez les pépins, et coupez-les en petits morceaux. Épluchez l'ail, les oignons et hachez-les finement. Épluchez le concombre et coupez-le en gros morceaux. Conservez une partie de ces ingrédients que vous coupez en petits dés et qui vous serviront pour la garniture de votre potage. **(A)**

2. Coupez les tomates en deux, épépinez-les et coupez-les grossièrement, ainsi que le céleri. **(B)**

3. Versez dans le bol du mixeur les poivrons, les oignons et l'ail, et mixez le tout. Incorporez maintenant le concombre et les tomates. Salez légèrement, poivrez. Ajoutez le jus de citron, l'huile d'olive et mixez de nouveau. Passez au tamis fin et laissez refroidir au réfrigérateur. Au moment de servir, dressez dans votre soupière, incorporez au potage la garniture de petits légumes crus et servez tel quel accompagné de branches de cerfeuil. **(C)**

LES CONSEILS DU CHEF

Préparez l'ensemble des légumes la veille, conservez-les au réfrigérateur et mixez le potage le lendemain juste avant de servir.

Il s'agit d'un potage froid à consommer le jour même, car il ne se conserve pas.

VARIANTE

Les amateurs ajouteront une pointe de Tabasco dans ce potage.

20 min

30 min

LES VINS OU LES BOISSONS

Un rosé de Touraine

A

B

C

POTAGE SAINT-GERMAIN

INGRÉDIENTS POUR 6 PERSONNES

- 200 g de pois cassés verts
- 3 belles pommes de terre
- 1 oignon
- 1 cube de fond de volaille
- 1 poireau
- 60 g de beurre
- 15 cl de crème fleurette
- Sel, poivre blanc

20 min

40 min

LES CONSEILS DU CHEF

Si votre potage est trop épais, n'hésitez pas à rajouter de l'eau pour l'éclaircir.

VARIANTE

Vous pouvez réaliser le même type de recette en utilisant des petits pois frais.

Vous pouvez aussi accompagner ce potage de petits croûtons de pain grillés, il n'en sera que meilleur.

LES VINS OU LES BOISSONS

Un muscadet

LA RECETTE

1. Coupez le poireau en quatre dans le sens de la longueur, lavez-le soigneusement et émincez-le. Épluchez et émincez l'oignon. Dans une cocotte contenant le beurre, faites revenir à feu doux les oignons et les poireaux pendant 3 à 4 minutes sans laisser prendre de coloration. **(A)**

2. Incorporez à la préparation précédente les pommes de terre préalablement épluchées et coupées en petits dés ainsi que les pois cassés débarrassés des éventuels petits graviers ou particules sèches. Mélangez l'ensemble. **(B)**

3. Recouvrez votre potage d'un litre d'eau, ajoutez le cube de fond de volaille, salez légèrement, poivrez, mélangez le tout et laissez cuire une demi-heure en remuant régulièrement la préparation pour qu'elle n'accroche pas. **(C)**

4. Si votre potage est trop épais, rajoutez un peu d'eau. Puis mixez-le soigneusement, ajoutez la crème fraîche et donnez une légère ébullition. Rectifiez l'assaisonnement si nécessaire et servez votre potage bien chaud. **(D)**

A

B

C

D

MINESTRONE

INGRÉDIENTS POUR 6 PERSONNES

- 30 g de spaghettis
- 60 g de saindoux
- 1 petit poireau
- 2 carottes
- 1 branche de céleri
- 2 tomates
- 2 pommes de terre
- 1 oignon
- 2 gousses d'ail
- 2 feuilles de laurier
- 1 branche de thym
- 100 g de haricots verts
- 1 poignée de petits pois
- 1 poignée de haricots rouges
- 1 poignée de haricots blancs
- 2 cubes de bouillon de volaille
- 3 petites branches de basilic
- Sel, poivre

LA RECETTE

1. Portez deux casseroles d'eau à ébullition. Dans l'une, faites cuire aux trois quarts (environ 20 minutes) les haricots rouges et les haricots blancs. Dans l'autre, faites cuire les haricots verts et les petits pois (environ 10 minutes). Pendant ce temps, épluchez carottes, ail, oignon, pommes de terre et coupez-les en petits dés. Émincez finement le poireau et le céleri. Coupez les tomates en petits morceaux et réservez l'ensemble. **(A)**

2. Dans une cocotte, faites fondre la moitié du saindoux, ajoutez l'oignon et laissez revenir à feu doux en remuant régulièrement. Ajoutez ensuite les poireaux, puis, lorsque l'ensemble est translucide, la branche de céleri et les carottes. Laissez revenir quelques instants. **(B)**

3. Ajoutez les haricots rouges, les haricots blancs, les haricots verts, les petits pois, les tomates. Salez légèrement et poivrez. **(C)**

4. Mouillez la préparation avec les cubes de bouillon de volaille délayés dans deux litres et demi d'eau. Ajoutez la gousse d'ail hachée, les feuilles de laurier, le thym et laissez cuire à feu doux. Aux trois quarts de la cuisson, ajoutez les pommes de terre coupées en petits dés et les spaghettis cassés en petits morceaux. Mélangez le basilic finement haché avec le reste de saindoux et versez sur votre potage. Rectifiez l'assaisonnement. Laissez cuire une quinzaine de minutes et servez bien chaud. **(D)**

LES CONSEILS DU CHEF

Préparez l'ensemble de vos légumes la veille pour réaliser le potage.

C'est un potage très nourrissant ; servez-le en plat unique, avec des tranches de pain grillé frottées d'ail, saupoudrées de parmesan.

VARIANTE

Vous pouvez remplacer les spaghettis par du riz préalablement cuit.

LES VINS OU LES BOISSONS

Un châteauneuf-du-pape

45 min

1 h

A

B

C

D

SOUPE CHINOISE AUX CHAMPIGNONS NOIRS

INGRÉDIENTS POUR 4 PERSONNES

- 1 filet de porc
- 1 branche de céleri
- 1 carotte
- 1 bouquet de ciboulette
- 1 grosse poignée de germes de soja
- 2 échalotes
- 1 pointe de piment
- 5 cl d'huile
- 1 cube de bouillon de bœuf
- 200 g de champignons noirs
- 1 cuillerée à soupe de sauce soja
- Sel, poivre

20 min

20 min

LES CONSEILS DU CHEF

Il importe surtout de bien faire revenir le filet de porc, car il parfumera votre soupe.

VARIANTE

Les amateurs pourront ajouter dans la soupe chinoise quelques gouttes de sauce d'huîtres (vous en trouverez dans les épiceries asiatiques). Elle n'en sera que meilleure.

Vous pouvez aussi la préparer avec du vermicelle, ou des nouilles chinoises.

LA RECETTE

1. Dégraissez votre filet de porc puis coupez-le en très fines lamelles. Épluchez les échalotes et hachez-les finement ; épluchez la carotte et coupez-la en bâtonnets ainsi que la branche de céleri. **(A)**

2. Dans une cocotte contenant l'huile très chaude, faites revenir le filet de porc émincé, salez, poivrez puis ajoutez les échalotes. **(B)**

3. Une fois les échalotes bien revenues, incorporez les bâtonnets de carotte, le céleri, les champignons noirs, les germes de soja. Mélangez et laissez étuver deux minutes. **(C)**

4. Ajoutez maintenant une pointe de piment, la sauce soja et le cube de bouillon de bœuf délayé dans un litre et demi d'eau. Laissez frémir avant de servir votre soupe accompagnée de ciboulette hachée. **(D)**

LES VINS OU LES BOISSONS

Un sauvignon blanc

A

B

C

D

SOUPE D'OSEILLE AU LARD

INGRÉDIENTS POUR 6 PERSONNES

- 1 kg de feuilles d'oseille
- 1 bouquet de ciboulette
- 150 g de poitrine fumée
- 1 cube de bouillon de volaille
- 40 g de beurre
- 4 pommes de terre
- 25 cl de crème épaisse
- 1 jaune d'œuf
- Sel, poivre

20 min

40 min

LA RECETTE

1. Lavez soigneusement l'oseille dans plusieurs eaux, égouttez-la et ciselez-la. Coupez la poitrine fumée en petits dés et réservez. **(A)**

2. Dans une cocotte contenant le beurre, faites revenir les lardons de poitrine fumée. Dès qu'ils ont atteint une belle coloration, incorporez les feuilles d'oseille ciselées, laissez étuver l'ensemble. **(B)**

3. Mouillez votre potage avec un litre et demi d'eau, ajoutez les pommes de terre coupées en dés ainsi que le cube de bouillon de volaille délayé dans 50 cl d'eau, salez, poivrez et laissez cuire à couvert une bonne demi-heure à feu doux. **(C)**

4. En fin de cuisson, ajoutez la crème fraîche, amenez une dernière fois à ébullition, rectifiez l'assaisonnement. Ciselez la ciboulette, versez-la dans le potage, ajoutez le jaune d'œuf, fouettez énergiquement et servez aussitôt. **(D)**

LES CONSEILS DU CHEF

Lavez soigneusement les feuilles d'oseille pour en retirer tous les grains de sable. Les pommes de terre seront coupées en tout petits dés.

VARIANTE

Vous pouvez mixer l'ensemble afin d'obtenir un potage velouté, tout en conservant le principe d'incorporer la crème fraîche à la fin.

LES VINS OU LES BOISSONS

Un saint-véran

A

B

C

D

SOUPE DE MOULES AU SAFRAN

INGRÉDIENTS POUR 6 PERSONNES

- 1,5 litre de moules bien fraîches
- 2 gousses d'ail
- 1 branche de thym
- 1 oignon
- 1 carotte
- 1 poireau
- 50 g de beurre
- 20 cl de vin blanc
- 3 g de safran
- 20 cl de crème fraîche
- Sel, poivre

20 min

20 min

LES CONSEILS DU CHEF

L'important est d'incorporer le safran dès le départ afin de bien parfumer les moules et leur court-bouillon pendant la cuisson.

Si votre soupe est trop liquide, vous pouvez l'épaissir en délayant une petite cuillerée à café de farine dans un peu d'eau. Versez-la dans la soupe et portez à ébullition pour la faire réduire.

Vous pouvez également servir cette soupe de moules avec quelques petits croûtons de pain frits.

LES VINS OU LES BOISSONS

Un chablis

LA RECETTE

1. Nettoyez soigneusement les moules et lavez-les dans plusieurs eaux successivement. Hachez finement l'oignon, mettez le beurre dans une cocotte et faites rissoler l'oignon à feu doux. **(A)**

2. Ajoutez la branche de thym, l'ail haché puis les moules. Ajoutez le safran, versez le vin blanc, poivrez très légèrement. Mélangez l'ensemble et laissez ouvrir les moules à feu vif. **(B)**

3. Nettoyez soigneusement le poireau, épluchez la carotte. Coupez poireau et carotte en fines juliennes. Dans une casserole d'eau salée que vous portez à ébullition, faites pocher les morceaux de carotte et de poireau en les conservant légèrement croquants. **(C)**

4. Une fois les moules ouvertes, versez un litre d'eau dans la cocotte, amenez à ébullition, égouttez les moules et décortiquez-les. Réservez la chair. Passez le jus de cuisson au tamis fin, faites-le réduire à feu doux, ajoutez la crème fraîche, portez à ébullition quelques instants et rectifiez l'assaisonnement si nécessaire. Ajoutez les moules décortiquées, les morceaux de poireau et de carotte et servez votre soupe de moules bien chaude. **(D)**

A

B

C

D

SOUPE DU PÊCHEUR

INGRÉDIENTS POUR 4 PERSONNES

- 1 kg de poissons de roche
- 1 carotte
- 1 poireau
- 1 oignon
- 2 gousses d'ail
- 1 branche de céleri
- 1 branche de thym
- 2 feuilles de laurier
- 2 branches de persil
- 3 tomates
- 2 pommes de terre
- 40 cl de vin blanc sec
- 1 cuillerée à soupe de concentré de tomates
- 5 cl d'huile d'olive
- 2 g de safran
- 2 clous de girofle
- Sel, poivre

LA RECETTE

1. Épluchez la carotte, l'oignon, l'ail ; émincez-les finement. Nettoyez soigneusement le poireau, émincez-le ainsi que la branche de céleri. Dans une cocotte contenant l'huile d'olive, faites revenir l'ensemble des légumes, remuez. **(A)**

2. Ajoutez le laurier, le thym, le persil puis le poisson soigneusement vidé et lavé. Laissez revenir en remuant, ajoutez les tomates coupées en quartiers, le concentré de tomates et les pommes de terre préalablement épluchées et coupées en petits dés. **(B)**

3. Salez, poivrez, ajoutez les clous de girofle, délayez le safran dans deux litres d'eau et versez sur la préparation ainsi que le vin blanc. Remuez, portez à ébullition et laissez cuire à feu doux pendant une bonne demi-heure. **(C)**

4. En fin de cuisson, mixez l'ensemble de votre soupe, passez au tamis fin dans une casserole et servez bien chaud. Rectifiez l'assaisonnement si nécessaire. **(D)**

LES CONSEILS DU CHEF

Demandez à votre poissonnier les poissons du jour pour réaliser cette soupe ; il pourra éventuellement vous donner quelques têtes ou arêtes de poissons, ce qui diminuera le coût de la recette.

Si vous préférez une soupe plus épaisse, rajoutez-y, juste avant de mettre l'eau et le vin blanc, une demi-cuillerée à soupe de farine pour la lier.

Vous accompagnerez cette soupe de poissons de petits croûtons frottés d'ail, de fromage râpé et d'une bonne rouille.

20 min

35 à 40 min

LES VINS OU LES BOISSONS

Un bordeaux blanc

A

B

C

D

VELOUTÉ DE CHOU-FLEUR AUX CROÛTONS

Soupes

INGRÉDIENTS POUR 6 PERSONNES

- 1 chou-fleur (400 g environ)
- 4 pommes de terre
- 1 oignon
- 1 blanc de poireau
- 60 g de beurre
- 4 tranches de pain de mie un peu épaisses
- 10 cl d'huile
- 15 cl de crème fraîche
- 1 petit bouquet de cerfeuil
- Sel, poivre blanc

LES CONSEILS DU CHEF

Veillez à ne pas utiliser le vert de poireau et à ne pas laisser prendre de coloration pour obtenir un potage bien blanc.

Évitez également le poivre noir.

VARIANTE

Vous pouvez ajouter un demi-cube de volaille pour donner plus de parfum à votre potage.

Faute de pain de mie, utilisez un sachet de petits croûtons que vous ferez frire dans un peu d'huile.

35 min

30 min

LES VINS OU LES BOISSONS

Un chinon

LA RECETTE

1. À l'aide d'un petit couteau, détaillez le chou-fleur en bouquets, éliminez la partie dure du centre et réservez-les. Épluchez les pommes de terre, coupez-les en petits cubes. Retirez la croûte des tranches de pain de mie et coupez-les en petits dés. Réservez-les. Épluchez puis émincez l'oignon et le blanc du poireau. **(A)**

2. Dans une cocotte, faites fondre le beurre, ajoutez les oignons et les poireaux, mélangez et laissez cuire 3 à 4 minutes sans laisser prendre de coloration. Ajoutez ensuite le chou-fleur et les pommes de terre. **(B)**

3. Recouvrez la préparation d'un litre et demi d'eau, remuez, salez légèrement, poivrez. Couvrez et laissez cuire à feu doux en remuant de temps à autre pendant vingt minutes. **(C)**

4. En fin de cuisson, mixez soigneusement votre potage, ajoutez la crème fraîche, mixez de nouveau, rectifiez l'assaisonnement si nécessaire et portez à ébullition. Passez votre potage au tamis fin et servez bien chaud accompagné de cerfeuil et de petits morceaux de pain de mie que vous aurez fait frire dans l'huile. **(D)**

A

B

C

D

VELOUTÉ CRESSON-MÂCHE AUX ST-JACQUES

INGRÉDIENTS POUR 6 PERSONNES

- 1 petite botte de cresson
- 1 sachet de mâche
- 2 oignons
- 30 g de beurre
- 4 pommes de terre
- 6 noix de coquilles Saint-Jacques
- 20 cl de crème liquide
- Sel, poivre

LA RECETTE

1. Triez et lavez soigneusement dans plusieurs eaux le cresson et la mâche. Hachez finement les oignons et faites-les revenir dans une cocotte contenant le beurre. Incorporez ensuite le cresson et la mâche et remuez régulièrement avec une cuiller en bois. **(A)**

2. Mouillez votre préparation avec deux litres d'eau et laissez cuire pendant 5 à 6 minutes avant d'incorporer les pommes de terre préalablement épluchées et coupées en petits dés. Salez, poivrez. **(B)**

3. Une fois cuit, mixez finement le potage, incorporez la crème fraîche et portez de nouveau à ébullition. Mixez le potage encore une fois et passez-le au tamis fin. Au moment de servir, coupez les noix de Saint-Jacques en deux, salez-les, poivrez-les et faites-les cuire dans une poêle antiadhésive à sec une minute de chaque côté. Déposez deux noix de Saint-Jacques dans chaque assiette, versez le potage et servez chaud. **(C)**

LES CONSEILS DU CHEF

Vous pouvez réaliser cette recette avec uniquement de la mâche ou du cresson, mais le mélange est harmonieux et se marie très bien avec les Saint-Jacques .

Après avoir mixé le potage, il est important de le passer au tamis fin pour obtenir une mousseline crémeuse.

15 min

30 min

LES VINS OU LES BOISSONS

Un sauvignon blanc

A

B

C

VELOUTÉ AUX ASPERGES

INGRÉDIENTS POUR 4 PERSONNES

- 1 botte d'asperges vertes
- 1 poireau
- 1 oignon
- 3 pommes de terre
- 1 cube de bouillon de volaille
- 30 g de beurre
- 20 cl de crème liquide
- Sel

LES CONSEILS DU CHEF

Pour la réussite de cette recette, il est important d'éplucher les asperges afin d'éviter toutes les particules de peau dans le potage.

Pour éviter de laisser des fibres désagréables dans le potage, il est préférable de le passer au tamis fin avant de le servir.

Vous pouvez l'accompagner de pointes d'asperges vertes ou de petits croûtons de pain frits.

C'est un potage qui se réchauffe très bien le lendemain,

20 min

35 min

LA RECETTE

1. Nettoyez le poireau, fendez-le en quatre, lavez-le soigneusement et émincez-le. Épluchez, émincez l'oignon et faites revenir le tout au beurre dans une cocotte sans laisser prendre de coloration. Mouillez avec deux litres d'eau, ajoutez le cube de bouillon de volaille et portez à ébullition. **(A)**

2. Épluchez soigneusement les asperges, lavez-les et incorporez-les à la préparation précédente. Salez très légèrement et portez à ébullition. **(B)**

3. Ajoutez les pommes de terre préalablement épluchées et coupées en petits dés, couvrez et laissez cuire le potage à feu doux pendant une trentaine de minutes. **(C)**

4. Mixez finement le potage, incorporez la crème fraîche, rectifiez l'assaisonnement si nécessaire. Portez une dernière fois à ébullition avant de servir bien chaud accompagné de cerfeuil. **(D)**

LES VINS OU LES BOISSONS

Un beaujolais blanc

A

B

C

D

VELOUTÉ DE POTIRON AUX CREVETTES ROSES

INGRÉDIENTS POUR 6 PERSONNES

- 1 potiron (2 kg environ)
- 300 g de queues de crevettes roses
- 1 poireau
- 1 oignon
- 40 g de beurre
- 2 pommes de terre
- 25 cl de crème liquide
- Sel, poivre fin gris

30 min

40 min

LA RECETTE

1. Fendez le poireau en quatre, lavez-le soigneusement puis émincez-le. Émincez également l'oignon, épluchez les pommes de terre et coupez-les en petits cubes ; réservez-les dans de l'eau. Découpez un chapeau dans le haut du potiron, retirez les graines, et à l'aide d'une cuiller, creusez l'intérieur en récupérant le maximum de chair. Gardez l'écorce du potiron, elle vous servira de soupière. **(A)**

2. Dans une cocotte, faites fondre le beurre, ajoutez le poireau émincé, l'oignon et laissez revenir 4 à 5 minutes à feu doux. Ajoutez ensuite les crevettes roses, mélangez, laissez cuire 2 à 3 minutes, puis incorporez la chair du potiron. **(B)**

3. Salez le potage, poivrez, ajoutez les pommes de terre ; recouvrez à hauteur avec de l'eau, couvrez et laissez cuire à feu doux en remuant régulièrement pendant une trentaine de minutes. **(C)**

4. En fin de cuisson, versez la crème liquide, mixez finement le potage et passez-le ensuite au tamis fin. Amenez-le une dernière fois à ébullition, puis versez-le dans l'écorce du potiron, et servez-le bien chaud. **(D)**

LES CONSEILS DU CHEF

L'opération délicate consiste à creuser le potiron. Veillez à ne pas percer l'écorce pour pouvoir l'utiliser comme soupière.

Évitez le poivre noir qui, dans cette recette, serait désagréable à l'œil.

VARIANTE

Vous pouvez faire le même type de recette en remplaçant les crevettes par des gambas et en confectionnant un fumet avec les carapaces de gambas. Mouillez le potage avec ce fumet, il n'en sera que meilleur.

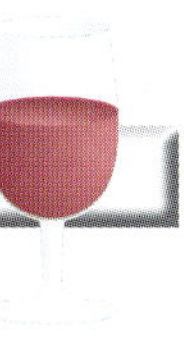

LES VINS OU LES BOISSONS

Un pinot noir d'Alsace

A

B

C

D

CHICKEN PIE

INGRÉDIENTS POUR 4 PERSONNES

- 1 poulet
- 1 gros oignon
- 3 tranches de jambon
- 200 g de champignons
- 1 cube de bouillon de volaille
- 3 œufs
- 1 noisette de beurre
- Sel, poivre

Pâte

- 250 g de farine
- 200 g de beurre
- 4 œufs
- Cumin
- Sel

45 min

40 min

2 h pour la pâte

LES CONSEILS DU CHEF

Préparez la pâte la veille et laissez-la reposer une nuit au réfrigérateur, elle n'en sera que meilleure.

Vous pouvez également réaliser la préparation au poulet la veille et cuire l'ensemble le lendemain.

Il importe de laisser refroidir votre volaille avant de mettre la pâte à la surface du plat.

Vous n'oublierez pas de badigeonner la surface de votre pâte à l'œuf battu afin que le «chicken pie» soit bien doré.

Pour maintenir le trou au centre de votre pâte, vous pouvez confectionner une petite cheminée avec du papier sulfurisé.

LES VINS OU LES BOISSONS

Un pinot noir d'Alsace

LA RECETTE

1. Épluchez et hachez finement l'oignon. Coupez le jambon en petits cubes. Faites cuire deux œufs durs. Désossez le poulet et coupez-le en morceaux. Retirez les pieds terreux des champignons, lavez-les soigneusement et coupez-les en morceaux. **(A)**

2. Dans une cocotte contenant le beurre, faites revenir l'oignon haché. Une fois légèrement coloré, ajoutez le poulet, salez, poivrez et laissez revenir à feu doux. Pendant ce temps, avec un batteur, confectionnez votre pâte en incorporant : farine, œuf, beurre, sel, cumin ; réservez votre boule de pâte au réfrigérateur pendant deux heures avant l'utilisation. **(B)**

3. Ajoutez à la volaille, préalablement revenue, les champignons, les tranches de jambon, salez légèrement, poivrez. Délayez le cube de volaille dans environ 50 cl d'eau, mouillez et laissez cuire une quinzaine de minutes à feu doux. **(C)**

4. Déposez la préparation précédente totalement refroidie dans un plat de service allant au four, ajoutez les œufs durs coupés en rondelles. Avec l'œuf restant, badigeonnez le pourtour du plat, et déposez à la surface une couche de pâte. Pincez hermétiquement les bords. Réalisez un trou au centre de votre pâte et faites cuire une vingtaine de minutes à four moyen. **(D)**

A

B

C

D

CRÊPES AUX CHAMPIGNONS

INGRÉDIENTS POUR 4 PERSONNES

Pâte à crêpes
- 120 g de farine
- 3 œufs
- 10 cl de lait
- 20 cl de bière blonde
- 2 cuillerées à soupe d'huile
- 1 pointe de muscade
- Sel

Garniture
- 1 noisette de beurre
- 100 g d'emmental
- 10 cl de crème fraîche
- 2 oignons
- 2 gousses d'ail
- 1 pointe de muscade
- 1 pointe de paprika
- 500 g de champignons de Paris
- 1 jaune d'œuf
- 2 branches de persil
- 1 botte de cresson
- Sel, poivre

LA RECETTE

1. Hachez finement les oignons, déposez-les dans une casserole avec une noisette de beurre et faites-les revenir à feu doux. Une fois légèrement colorés, ajoutez les champignons débarrassés de leur pied, soigneusement lavés et finement hachés. Laissez revenir à feu doux. **(A)**

2. Ajoutez la gousse d'ail hachée, la muscade, le paprika, remuez énergiquement la préparation, salez légèrement et poivrez. Ajoutez la crème fraîche, amenez à ébullition puis incorporez le cresson finement ciselé. Laissez cuire l'ensemble à feu doux quelques minutes. **(B)**

3. Confectionnez la pâte à crêpes en tamisant 120 g de farine, ajoutez les œufs, le lait, le sel, l'huile, une pointe de muscade. Fouettez énergiquement puis ajoutez la bière jusqu'à l'obtention d'une pâte homogène. Laissez reposer deux bonnes heures avant de confectionner les crêpes. **(C)**

4. Ajoutez dans la préparation aux champignons, l'emmental préalablement râpé et le persil finement haché. Portez une dernière fois à ébullition, ajoutez le jaune d'œuf. Déposez au centre de chaque crêpe une grosse cuillerée à soupe de farce aux champignons, roulez la crêpe sur elle-même et servez bien chaud. **(D)**

LES CONSEILS DU CHEF

Vous pouvez réaliser cette recette avec des crêpes au sarrasin, et rajouter avec les champignons une tranche de jambon de pays finement hachée.

VARIANTE

Les amateurs pourront également dresser ces crêpes dans un plat à gratin, les arroser d'un peu de crème fraîche et de fromage râpé pour les faire gratiner.

LES VINS OU LES BOISSONS

Un brouilly

45 min

30 min

2 h pour la pâte

A

B

C

D

CREVETTES AUX NOUILLES CHINOISES

INGRÉDIENTS POUR 4 PERSONNES

- 1 kg de crevettes entières
- 1 gros oignon
- 1 carotte
- 1 bouquet garni
- 1 bouquet de ciboulette
- 1 poireau
- 1 demi-céleri
- 1 citron
- 5 cl d'huile
- 200 g de nouilles chinoises
- 1 cuillerée à soupe de sauce soja
- 1 pincée de piment (facultatif)
- Sel, poivre

25 min

20 min

LES CONSEILS DU CHEF

Vous pouvez utiliser du piment en pâte pour assaisonner vos nouilles, elles n'en seront que meilleures.

Le fait de cuire les nouilles dans le court-bouillon des crevettes parfume vos pâtes, et relève le goût de votre préparation.

VARIANTE

Pour cette recette, il est possible de remplacer les nouilles par du vermicelle chinois, par exemple.

LES VINS OU LES BOISSONS

Un pouilly-fuissé

LA RECETTE

1. Épluchez l'oignon, la carotte et émincez-les. Portez une casserole d'eau à ébullition, ajoutez la carotte et l'oignon émincés, le bouquet garni et le jus du citron. Salez et poivrez. Plongez-y les crevettes et laissez cuire 4 minutes à feu vif. Égouttez-les, retirez les têtes et décortiquez-les. Passez le court-bouillon des crevettes au tamis fin et réservez. **(A)**

2. Fendez le poireau en quatre, lavez-le soigneusement et émincez-le finement. Faites la même chose avec le céleri. Mettez l'huile à chauffer dans une cocotte et faites-y revenir l'ensemble à feu vif. Salez légèrement et poivrez. **(B)**

3. Faites pocher les nouilles chinoises dans le court-bouillon des crevettes tamisé. Une fois cuites, égouttez-les et réservez-les. **(C)**

4. Ajoutez aux poireaux les queues de crevettes ; saupoudrez-les d'une pointe de piment, ajoutez la sauce soja, la ciboulette hachée et les nouilles ; faites revenir l'ensemble. Dressez et servez chaud. **(D)**

A

B

C

D

CROQUE EXOTIQUE

INGRÉDIENTS POUR 4 PERSONNES

- 8 tranches de pain de mie
- 4 tranches de poitrine fumée
- 2 tomates
- 1 avocat
- 8 feuilles de salade
- 20 cl de crème épaisse
- 120 g de fromage râpé
- 20 g de beurre
- Cannelle
- Muscade
- Sel, poivre

LA RECETTE

1. Épluchez l'avocat, coupez-le en fines rondelles. Faites la même chose avec les tomates. Émincez la salade. Dans une poêle, faites revenir les tranches de poitrine fumée et réservez-les. Dans un bol, mélangez la crème fraîche et le fromage râpé, ajoutez une pointe de cannelle et de muscade, une pincée de sel et de poivre, mélangez l'ensemble et réservez. **(A)**

2. Coupez le bord des tranches de pain de mie. Beurrez légèrement le toast devant être posé sur la plaque du four. Disposez sur chaque toast un peu de salade et des rondelles de tomate. **(B)**

3. Ajoutez maintenant une pincée de sel et de poivre sur les tomates ; déposez les tranches d'avocat et les lamelles de poitrine fumée. **(C)**

4. Déposez une grosse cuillerée à soupe du mélange fromage-crème sur chaque tranche de pain de mie, puis étalez-le sur toute la surface. Passez cinq à six minutes au four très chaud et servez sans attendre. **(D)**

LES CONSEILS DU CHEF

Préparez les croques exotiques la veille et passez-les au four le lendemain.

VARIANTE

Les amateurs pourront rajouter également une pointe de piment à l'intérieur des croques exotiques.

LES VINS OU LES BOISSONS

Une bière

15 min

6 min

A

B

C

D

CROQUE MADAME

INGRÉDIENTS POUR 4 PERSONNES

- 8 tranches de pain de mie
- 4 tranches de jambon de Paris
- 100 g de gruyère
- 150 g de fromage râpé
- 60 g de beurre
- 4 œufs
- 20 cl de crème épaisse
- Sel, poivre

20 min

10min

LES CONSEILS DU CHEF

Vous pouvez préparer les croque-madame la veille, les envelopper dans du film étirable et les faire cuire le lendemain.

VARIANTE

Les amateurs pourront ajouter une pointe de ketchup pour accompagner ces croque-madame.

LES VINS OU LES BOISSONS

Un pinot noir d'Alsace

LA RECETTE

1. Coupez légèrement le bord des tranches de pain de mie. Tartinez-les d'un peu de beurre. Coupez de fines tranches de gruyère et déposez-les sur le pain. Ajoutez la tranche de jambon de Paris pliée en deux. Recouvrez avec une autre tranche de pain de mie préalablement beurrée. **(A)**

2. Dans un bol, versez le fromage râpé, ajoutez la crème épaisse, une pincée de poivre et de sel et mélangez. **(B)**

3. Déposez sur les croque-madame une grosse cuillerée à soupe du mélange de fromage râpé et de crème. Étalez-le délicatement sur la tranche de pain de mie, et réservez. Préchauffez votre four à 180 °C. Au moment de servir, passez les croque-madame au four pendant trois à quatre minutes, puis sous le grill du four pour qu'ils soient bien gratinés. **(C)**

4. Dans une poêle, faites cuire les œufs au plat avec le reste du beurre. Déposez un œuf sur chaque croque-madame et servez bien chaud. **(D)**

A

B

C

D

FLAMICHE AUX POIREAUX

INGRÉDIENTS POUR 6 PERSONNES

Pâte
- 250 g de farine
- 150 g de beurre
- 2 œufs entiers
- Sel

Garniture
- 50 g de beurre
- 1,5 kg de poireaux
- 20 cl de crème fraîche
- 3 jaunes d'œufs
- 1 pointe de muscade
- Sel, poivre

20 min

40 min

2 h pour la pâte
30 min pour les poireaux

LA RECETTE

1. Nettoyez les poireaux, fendez-les en quatre et lavez-les soigneusement ; égouttez-les et émincez-les finement. Dans une casserole contenant 50 g de beurre, faites fondre à feu doux les poireaux. Salez-les légèrement, poivrez-les, incorporez la muscade, remuez, laissez étuver à couvert et à feu doux pendant une vingtaine de minutes, en remuant régulièrement. **(A)**

2. Pour confectionner votre pâte, tamisez la farine, incorporez les œufs, le sel, le beurre et malaxez. Laissez reposer la pâte deux bonnes heures avant de l'utiliser. Foncez votre moule à tarte et confectionnez des petites bandes avec le reste de la pâte. Une fois les poireaux refroidis, incorporez la crème fraîche, deux jaunes d'œufs et remuez énergiquement. **(B)**

3. Piquez le fond de votre moule à tarte à l'aide d'une fourchette puis versez la préparation aux poireaux dans le moule à tarte. Égalisez. **(C)**

4. Disposez en croisillons des petites lanières de pâte et coupez le pourtour. Battez le jaune d'œuf restant et badigeonnez les lanières de pâte. Faites cuire une vingtaine de minutes à four moyen. **(D)**

LES CONSEILS DU CHEF

Lavez bien les poireaux pour extraire le maximum de sable.

Vous pouvez faire revenir les poireaux la veille et les réserver au réfrigérateur.

Vous pouvez accompagner votre flamiche aux poireaux d'un peu de crème fouettée.

VARIANTE

Les amateurs pourront ajouter une pointe d'ail dans la préparation aux poireaux.

LES VINS OU LES BOISSONS

Un saumur champigny

A

B

C

D

FLAN AUX TROIS LÉGUMES

INGRÉDIENTS POUR 8 PERSONNES

- 400 g d'épinards en branches
- 4 belles carottes
- 1 demi-chou-fleur
- 6 cuillerées à soupe de mousseline de pommes de terre lyophilisée
- 6 œufs
- 60 cl de crème liquide
- 1 noisette de beurre
- Sel, poivre

1 h

40 min

30 min

LES CONSEILS DU CHEF

Pour savoir si la terrine est cuite, plantez-y la lame d'un couteau : si elle ressort sèche, votre terrine est cuite.

Pour éviter le mélange des trois couleurs, faites précuire la couche d'épinards et la couche de carottes, et terminez par les choux-fleurs.

Laissez légèrement refroidir la terrine avant de la démouler.

N'omettez pas de beurrer la terrine, elle se démoulera beaucoup mieux et vous pourrez alors couper des tranches sans difficulté.

Cette terrine accompagne les grillades ou les poissons.

LES VINS OU LES BOISSONS

Un crozes hermitage

LA RECETTE

1. Nettoyez soigneusement les épinards, retirez la queue dure et lavez-les soigneusement. Détaillez le chou-fleur en petits bouquets. Épluchez les carottes et coupez-les en petits cubes. **(A)**

2. Faites cuire séparément, dans de l'eau légèrement salée, les carottes, le chou-fleur ainsi que les épinards. Une fois cuits, égouttez-les, rafraîchissez-les et réservez. **(B)**

3. Dans le bol de votre mixeur, déposez les épinards, ajoutez deux œufs, une pincée de sel et de poivre puis 20 cl de crème liquide. Mixez soigneusement la préparation, ajoutez 2 cuillerées à soupe de mousseline de pommes de terre et versez la préparation obtenue dans une terrine préalablement beurrée. Faites cuire au bain-marie à four chaud pendant environ 4 minutes. Sortez la terrine du four et réservez. **(C)**

4. Mixez maintenant les carottes, ajoutez 20 cl de crème, deux œufs, une pincée de sel et de poivre ainsi que 2 cuillerées à soupe de mousseline de pommes de terre. Une fois l'ensemble bien émulsionné, versez sur les épinards précuits. Remettez la terrine au four pendant 3 à 4 minutes, sortez et renouvelez l'opération avec le chou-fleur. Couvrez d'un papier aluminium et poursuivez la cuisson à four moyen pendant environ 25 minutes. **(D)**

A

B

C

D

PISSALADIÈRE

INGRÉDIENTS POUR 4 PERSONNES

- 200 g de pâte à pain ou de pâte à pizza ou de pâte brisée salée
- 5 oignons
- 8 cl d'huile d'olive
- 2 tomates
- 8 filets d'anchois
- 1 gousse d'ail
- 20 olives noires
- 1 branche de thym
- Sel, poivre

LA RECETTE

1. Épluchez les oignons, coupez-les en deux puis émincez-les finement. Mettez l'huile d'olive à chauffer dans une poêle et faites revenir les oignons à feu doux en les remuant régulièrement. Salez et poivrez. **(A)**

2. Dès que les oignons ont pris une belle couleur ambrée, effeuillez le thym sur les oignons et laissez de nouveau revenir quelques minutes en surveillant leur cuisson. Laissez refroidir les oignons. Coupez les tomates en deux, retirez les graines et coupez-les en petits dés. **(B)**

3. Étalez la pâte à pizza au fond d'un grand moule à tarte, piquez la pâte puis versez les oignons entièrement refroidis. Ajoutez l'ail haché. **(C)**

4. Alignez les filets d'anchois sur les oignons, déposez les olives noires, parsemez avec les dés de tomate et faites cuire une dizaine de minutes à four chaud avant de servir arrosé d'un filet d'huile d'olive. **(D)**

LES CONSEILS DU CHEF

Vous pouvez réaliser cette recette avec tous types de pâte salée.

L'important est de disposer les oignons sur la pâte lorsque ceux-ci sont complètement refroidis.

Vous pouvez décorer de rondelles de tomate.

VARIANTE

Vous pouvez supprimer l'ail et la tomate : la recette niçoise ne comporte que des oignons, des anchois et des olives noires.

LES VINS OU LES BOISSONS

Un côtes-de-provence rosé

15 min

25 min

A

B

C

D

PIZZA AU GORGONZOLA & ŒUFS DE CAILLE

INGRÉDIENTS POUR 4 PERSONNES

- 300 g de pâte à pizza
- 1 boîte de tomates pelées
- 1 poivron
- 1 demi-chorizo
- 100 g de mozzarella
- 100 g de gorgonzola
- 20 olives noires
- 14 œufs de caille
- 1 oignon
- 1 gousse d'ail
- 5 cl d'huile d'olive
- 1 cuillerée à soupe de pignons de pin

LES CONSEILS DU CHEF

Il est important de déposer la tomate concassée sur la pâte lorsqu'elle est complètement froide. Il est donc préférable de préparer la concassée de tomates la veille.

Lorsque vous aurez déposé tous les ingrédients, faites cuire la pizza ; ce n'est que deux minutes avant la fin de la cuisson qu'il faudra ajouter les œufs de caille.

20 min

20 min

VARIANTE

Les amateurs rajouteront un peu d'huile au piment pour relever la pizza au gorgonzola.

LA RECETTE

1. Épluchez l'oignon, hachez-le finement, faites-le revenir à l'huile d'olive. Hachez la gousse d'ail. Mettez une pointe d'ail de côté et ajoutez le reste aux oignons, ainsi que les tomates pelées égouttées et concassées. Laissez cuire à feu doux une dizaine de minutes puis réservez. Émincez le poivron, coupez la mozzarella en petits dés et le chorizo en rondelles. **(A)**

2. Étendez la pâte à pizza sur la plaque du four, nappez de la préparation à la tomate préalablement refroidie. **(B)**

3. Disposez à la surface le poivron, le chorizo, le gorgonzola et la pointe d'ail haché que vous avez réservée. **(C)**

4. Ajoutez maintenant les pignons de pin, les dés de mozzarella, les olives noires, et faites cuire sept à huit minutes à four chaud. Sortez la pizza du four, cassez les œufs de caille à la surface et remettez au four deux à trois minutes avant de servir bien chaud. **(D)**

LES VINS OU LES BOISSONS

Un sancerre rouge

A

B

C

D

PIZZA BRETONNE

INGRÉDIENTS POUR 4 PERSONNES

- 350 g de pâte à pizza
- 4 fonds d'artichaut
- 1 poivron
- 1 boîte de tomates pelées
- 1 oignon
- 10 olives noires
- 100 g de mozzarella
- 2 gousses d'ail hachées
- 1 branche de thym
- 2 feuilles de laurier
- 10 cl d'huile d'olive
- 2 tranches de jambon de Paris
- 2 saucisses de Strasbourg
- Sel

LA RECETTE

1. Déposez une casserole sur le feu, versez-y la moitié de l'huile, ajoutez l'oignon haché, laissez revenir. Ajoutez les tomates pelées égouttées et concassées, le thym, le laurier. Salez très légèrement, poivrez et laissez cuire une quinzaine de minutes à feu doux en remuant de temps à autre. Retirez les tomates et laissez refroidir. Étalez la pâte à pizza sur la tôle de votre four puis recouvrez-la de concassée de tomate entièrement refroidie. **(A)**

2. Déposez sur la tomate les tranches de jambon de Paris coupées en lamelles, ajoutez les fonds d'artichaut coupés en morceaux et le poivron émincé. **(B)**

3. Ajoutez maintenant les saucisses de Strasbourg coupées en rondelles et la mozzarella coupée en petits cubes. **(C)**

4. Ajoutez les olives noires, parsemez d'ail haché, arrosez d'un filet d'huile d'olive et faites cuire environ 6 à 8 minutes à four chaud. **(D)**

LES CONSEILS DU CHEF

Préparez la sauce tomate la veille afin qu'elle soit refroidie pour réaliser votre recette.

VARIANTE

Si vous ne trouvez pas de mozzarella, vous pouvez la remplacer par du gruyère râpé.

Vous pouvez également ajouter quelques olives vertes pour agrémenter votre recette.

30 min

20 min

LES VINS OU LES BOISSONS

Un chinon rouge

A

B

C

D

PIZZA DES QUATRE SAISONS

INGRÉDIENTS POUR 4 PERSONNES

- 350 g de pâte à pizza
- 1 boîte de tomates pelées
- 1 demi-oignon
- 5 cl d'huile d'olive
- 2 gousses d'ail
- 1 poivron
- 2 tranches de jambon de Parme
- 4 merguez
- 150 g de mozzarella
- 20 olives noires
- Sel, poivre

20 min

20 min

LES CONSEILS DU CHEF

La concassée de tomates doit être entièrement refroidie avant d'être étalée sur la pâte.

C'est une pizza qui se déguste bien cuite de préférence.

VARIANTE

Les amateurs pourront rajouter du jambon de Paris et des champignons.

LES VINS OU LES BOISSONS

Un brouilly

LA RECETTE

1. Hachez finement l'oignon, faites-le revenir avec l'huile, ajoutez les deux gousses d'ail hachées puis les tomates pelées égouttées et concassées. Salez, poivrez légèrement et laissez cuire une dizaine de minutes en remuant régulièrement. Étalez la pâte à pizza sur la plaque de votre four, puis versez la concassée de tomates complètement refroidie sur la pâte. **(A)**

2. Ajoutez maintenant le poivron coupé en rondelles etdisposez-le sur toute la pizza. **(B)**

3. Faites précuire les merguez dans une poêle puis laissez-les refroidir légèrement. Disposez sur la pizza le jambon de Parme coupé en lamelles, ainsi que les merguez coupées en morceaux. **(C)**

4. Ajoutez la mozzarella coupée en petits cubes, les olives noires, enfournez et laissez cuire pendant sept à huit minutes. Servez bien chaud. **(D)**

A

B

C

D

PIZZA OCÉANE

INGRÉDIENTS POUR 4 PERSONNES

- 250 g de farine
- 15 g de levure de boulanger
- 6 cuillerées à soupe d'huile d'olive
- 2 gousses d'ail
- 100 g d'emmental
- 1 oignon
- 1 demi-poivron
- 5 champignons
- 10 olives noires
- 10 olives vertes
- 1 boîte de tomates pelées
- 150 g de crevettes décortiquées
- 1 cuillerée à soupe de câpres
- Sel, poivre

LA RECETTE

1. Confectionnez la pâte en diluant les 15 g de levure de boulanger dans un demi-verre d'eau tiède. Faites un trou au milieu de la farine, versez l'eau avec la levure, salez, et mélangez. Incorporez deux cuillerées d'huile d'olive, mélangez jusqu'à obtention d'une boule de pâte et laissez-la reposer une heure. Épluchez et hachez la moitié de l'oignon et coupez le reste en rondelles. Faites revenir l'oignon avec un peu d'huile d'olive, ajoutez la boîte de tomates pelées et concassées et l'ail haché. Salez très légèrement, poivrez et laissez cuire. Étalez la pâte à pizza, disposez à la surface la tomate refroidie. **(A)**

2. Épluchez et coupez le demi-poivron en petits dés. Nettoyez soigneusement les champignons et émincez-les. Disposez les poivrons et les champignons sur la tomate, puis ajoutez les crevettes. **(B)**

3. Disposez ensuite les olives noires, les olives vertes, les rondelles d'oignon et les câpres. **(C)**

4. Saupoudrez d'emmental râpé, ajoutez un filet d'huile d'olive et faites cuire une dizaine de minutes à four très chaud. **(D)**

LES CONSEILS DU CHEF

Préparez la pâte à pizza la veille et réservez-la au réfrigérateur ; faites de même avec la préparation à la tomate. Le lendemain, vous n'aurez plus qu'à monter votre pizza.

VARIANTE

Vous pouvez remplacer l'emmental râpé par de la mozzarella coupée en petits dés.

20 min

25 min

1 h pour la pâte

LES VINS OU LES BOISSONS

Un côtes-de-provence rosé

A

B

C

D

QUICHE AU JAMBON DE BAYONNE

INGRÉDIENTS POUR 6 PERSONNES

- 300 g de pâte brisée
- 4 tranches de jambon de Bayonne
- 2 échalotes
- 1 noisette de beurre
- 3 branches de persil
- 2 gousses d'ail
- 100 g de fromage râpé
- 4 œufs
- 30 cl de crème liquide
- Poivre

LES CONSEILS DU CHEF

Il est important de ne pas saler votre préparation car le jambon et le fromage contiennent suffisamment de sel.

Prenez soin de mettre le jambon sur la pâte brisée lorsque celui-ci est complètement froid.

20 min

30 min

VARIANTE

Vous pouvez saupoudrer la surface d'un peu de fromage râpé.

LES VINS OU LES BOISSONS

Un pinot noir d'Alsace

LA RECETTE

1. Foncez votre moule à tarte avec la pâte brisée. Épluchez l'ail et hachez-le. Faites de même avec les échalotes. Hachez également le persil et coupez le jambon de Bayonne en petits morceaux. **(A)**

2. Dans une casserole contenant le beurre, faites revenir à feu doux les échalotes. Lorsqu'elles sont translucides, incorporez le jambon de Bayonne et laissez revenir à feu doux. Ajoutez l'ail et laissez refroidir. **(B)**

3. Cassez les œufs dans un saladier, ajoutez la crème liquide, fouettez énergiquement puis ajoutez le fromage râpé et le persil haché, poivrez. **(C)**

4. Piquez le fond de la tarte à l'aide d'une fourchette. Disposez au fond le jambon de Bayonne revenu et refroidi. Recouvrez avec la préparation à base d'œufs et de crème et faites cuire environ vingt minutes à four moyen. **(D)**

A

B

C

D

QUICHE AUX TROIS FROMAGES

INGRÉDIENTS POUR 6 PERSONNES

- 100 g de gorgonzola
- 2 saint-marcellin
- 150 g d'emmental râpé
- 1 demi-cuillerée à café de paprika
- 3 œufs
- 25 cl de crème fleurette
- 10 cl de vin blanc sec
- 2 cuillerées à soupe de pignons de pin

Pâte

- 250 g de farine
- 125 g de beurre
- 1 œuf
- 5 cl d'eau
- Sel

LA RECETTE

1. Tamisez la farine dans un saladier, ajoutez l'œuf, le beurre, une pincée de sel, l'eau et pétrissez la pâte jusqu'à obtention d'une boule homogène. Laissez-la reposer une demi-heure environ avant de foncer votre moule à tarte. **(A)**

2. Dans une assiette, à l'aide d'une fourchette, écrasez le saint-marcellin et le gorgonzola préalablement saupoudrés de paprika. **(B)**

3. Dans un saladier, mélangez le gorgonzola, le saint-marcellin et le fromage râpé ; ajoutez les trois œufs, la crème, le vin blanc et remuez énergiquement. **(C)**

4. Versez la préparation obtenue dans le fond de tarte préalablement piqué à l'aide d'une fourchette, saupoudrez de pignons de pin et faites cuire une bonne vingtaine de minutes à four moyen. **(D)**

LES CONSEILS DU CHEF

Vérifiez l'assaisonnement de votre préparation avant de la verser dans le moule à tarte, car le gorgonzola est salé ; vous ne devriez pas avoir besoin d'ajouter du sel.

Accompagnez cette tarte d'une salade à l'huile d'olive.

VARIANTE

Ajoutez aux pignons de pin quelques graines de cumin qui parfumeront votre tarte.

Vous pouvez servir cette tarte accompagnée d'une cuillerée de crème fraîche.

LES VINS OU LES BOISSONS

Un sancerre blanc

20 min

20 min

30 min pour la pâte

A

B

C

D

QUICHE AUX MOULES

INGRÉDIENTS POUR 4 PERSONNES

- 250 g de pâte brisée surgelée
- 1 litre de moules
- 150 g de queues de crevettes décortiquées
- 150 g de champignons de Paris
- 1 oignon
- 1 branche de thym
- 2 feuilles de laurier
- 5 cl d'huile
- 1 noisette de beurre
- 4 œufs
- 40 cl de crème liquide
- Sel, poivre

LES CONSEILS DU CHEF

Veillez à bien recouvrir les moules du mélange œufs-crème, afin qu'elles ne se dessèchent pas à la cuisson.

Piquer plusieurs fois le fond de la tarte à l'aide d'une fourchette avant de mettre les moules et les champignons.

40 min

35 min

VARIANTE

Les amateurs pourront saupoudrer cette quiche aux moules d'un peu de fromage râpé.

LES VINS OU LES BOISSONS

Un vin blanc de Moselle

LA RECETTE

1. Coupez le pied terreux des champignons, lavez-les soigneusement, puis coupez-les en petits dés. Épluchez et hachez finement l'oignon. Faites-le revenir dans une cocotte avec un peu d'huile. Ajoutez le thym, le laurier puis versez les moules préalablement nettoyées. Laissez cuire cinq minutes à feu vif. Égouttez les moules, décortiquez-les et faites réduire de trois quarts leur jus de cuisson. **(A)**

2. Dans une casserole contenant le beurre, faites revenir les champignons à feu vif, salez-les très légèrement et poivrez-les. Ajoutez les queues de crevettes décortiquées et les moules décortiquées. Mélangez l'ensemble et laissez refroidir. **(B)**

3. Cassez les œufs dans un saladier, salez très légèrement, poivrez, ajoutez la crème, et remuez énergiquement. Versez ensuite le jus de cuisson des moules réduit et refroidi, fouettez énergiquement et réservez. Étalez la pâte dans le moule à tarte et versez la garniture à base de champignons, de moules et de crevettes. **(C)**

4. Versez maintenant sur les moules la préparation à base d'œufs, de crème et de jus de cuisson des moules. Faites cuire à four moyen pendant environ 20 à 25 minutes. Décorez selon votre inspiration et servez. **(D)**

A

B

C

D

TARTE AUX AUBERGINES

INGRÉDIENTS POUR 6 PERSONNES

- 250 g de pâte brisée salée
- 2 belles aubergines
- 150 g de fromage blanc
- 3 œufs
- 8 cl d'huile d'olive
- 1 pointe de cannelle
- 1 pointe de muscade
- Sel, poivre

LA RECETTE

1. Foncez votre moule à tarte avec la pâte brisée puis piquez le fond ; réservez au réfrigérateur. Épluchez les aubergines puis coupez-les en petits cubes. **(A)**

2. Dans une cocotte contenant l'huile d'olive bien chaude, faites cuire les aubergines, salez légèrement, poivrez, ajoutez une pointe de cannelle, une pointe de muscade et laissez cuire à feu doux en remuant régulièrement. En fin de cuisson, égouttez les aubergines, réduisez-les en purée et laissez-les complètement refroidir. **(B)**

3. Dans un saladier, versez le fromage blanc, ajoutez les œufs puis la purée d'aubergine et remuez énergiquement la préparation. **(C)**

4. Garnissez votre fond de tarte avec la préparation précédente et faites cuire à four moyen pendant environ 25 minutes. Servez votre tarte tiède ou froide. **(D)**

LES CONSEILS DU CHEF

Laissez bien refroidir les aubergines avant de les incorporer au fromage blanc.

VARIANTE

Une fois les aubergines cuites, vous pouvez éventuellement ajouter une pointe d'ail haché et un filet de vinaigre dans la préparation.

20 min

35 min

LES VINS OU LES BOISSONS

Un muscadet sur lie

TERRINE DE FOIES DE VOLAILLE

INGRÉDIENTS POUR 8 PERSONNES

- 600 g de foies de volaille
- 500 g de chair à saucisse
- 4 échalotes
- 2 gousses d'ail
- 1 verre de porto
- 2 œufs
- 6 branches de persil
- 1 branche de thym
- 2 feuilles de laurier
- 250 g de bardes de lard
- 1 demi-cuillerée à café de quatre-épices
- Sel, poivre

20 min

1 h 10 min

30 min puis

LES CONSEILS DU CHEF

Nettoyez soigneusement les foies de volaille : retirez bien les parties nerveuses et fielleuses, car ces dernières donneraient un goût amer à votre terrine.

Il est important de cuire doucement la terrine au bain-marie.

Une fois cuite, déposez sur la terrine une petite planche en bois surmontée d'un poids afin de la maintenir bien compacte.

VARIANTE

Vous pouvez ajouter un petit verre d'armagnac pour donner un parfum plus corsé à votre terrine..

LES VINS OU LES BOISSONS

Un vin de Reuilly

LA RECETTE

1. Épluchez l'ail et les échalotes. Hachez-les finement, ainsi que le persil. Nettoyez les foies, retirez les parties nerveuses et passez-les au mixeur. Mélangez les œufs, le persil haché, l'ail et l'échalote avec la chair à saucisse. **(A)**

2. Tapissez la terrine avec les bardes de lard en laissant déborder quelques centimètres sur les côtés. Donnez de nouveau un coup de mixeur aux foies et versez-les sur la chair à saucisse. Salez, poivrez et mélangez énergiquement l'ensemble. **(B)**

3. Ajoutez à la préparation le verre de porto, le quatre-épices et mélangez énergiquement. Laissez macérer une demi-heure au réfrigérateur. **(C)**

4. Versez la préparation dans la terrine, puis, sur le dessus, déposez les feuilles de laurier et la branche de thym. Refermez les bardes de lard sur la farce, déposez une autre barde striée ; faites cuire au bain-marie et au four moyen pendant environ 1 heure 10. Une fois cuite, laissez refroidir la terrine une nuit au réfrigérateur. **(D)**

A

B

C

D

TERRINE DE LAPIN AUX NOISETTES

INGRÉDIENTS POUR 8 PERSONNES

- 1 lapin
- 500 g de chair à saucisse
- 1 œuf
- 200 g de noisettes décortiquées
- 5 cl de cognac
- 1 pincée d'estragon en poudre
- 1 pincée de noix de muscade
- 1 échalote
- 2 gousses d'ail
- 2 feuilles de laurier
- 1 branche de thym
- 1 sachet de gelée
- 12 fines tranches de poitrine fumée
- Sel, poivre

LA RECETTE

1. Désossez soigneusement l'ensemble du lapin, puis passez la chair au hachoir. Déposez-la dans un grand bol. **(A)**

2. Mélangez la chair à saucisse avec celle du lapin, salez, poivrez. Ajoutez un œuf, l'échalote hachée, l'ail haché, les noisettes, la pincée de muscade et l'estragon en poudre. Mélangez soigneusement l'ensemble. **(B)**

3. Tapissez la terrine avec les tranches de poitrine fumée en les laissant déborder. Ajoutez à la préparation précédente le cognac, le sachet de gelée et mélangez de nouveau l'ensemble avant de garnir la terrine. **(C)**

4. Refermez les bandes de lard fumé sur la terrine en y ajoutant une branche de thym et le laurier. Faites cuire au bain-marie à four doux pendant environ 1 heure 45. Laissez refroidir au moins trois heures avant de servir. **(D)**

LES CONSEILS DU CHEF

Si vous n'avez pas de hachoir, faites hacher la viande par votre boucher, car passée au mixeur, elle ne serait pas aussi bonne.

VARIANTE

Les amateurs pourront remplacer le cognac par de l'armagnac ou du rhum vieux.

Vous pouvez également rajouter quelques branches de thym dans la préparation.

45 min

1 h 45 min

3 h

LES VINS OU LES BOISSONS

Un côte-rôtie

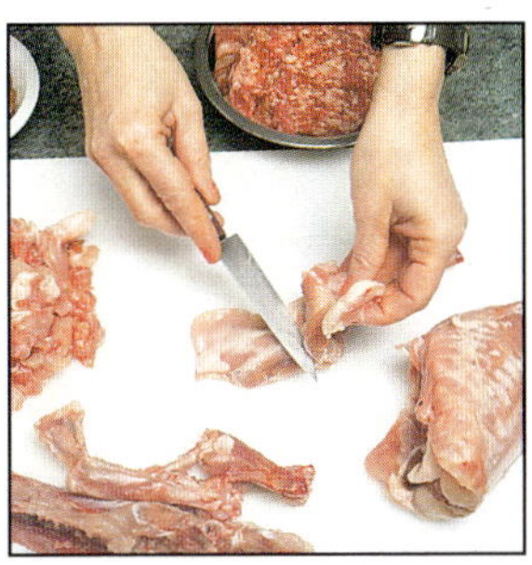

A

B

C

D

TOURTE CLAIR DE LUNE

INGRÉDIENTS POUR 6 PERSONNES

- 300 g de pâte brisée surgelée
- 5 tranches de saumon fumé
- 300 g de saumon frais
- 250 g de champignons de Paris
- 300 g d'épinards frais
- 1 bol de riz cuit
- 2 échalotes hachées
- 2 branches de persil hachées
- 5 cl de crème fraîche
- 30 g de beurre
- 1 œuf
- Sel, poivre

40 min

45 min

15 min

LES CONSEILS DU CHEF

Pour réussir cette recette, il importe de mettre les ingrédients dans la pâte lorsqu'ils sont froids, notamment la duxelle de champignons, le riz et les épinards.

Badigeonnez bien à l'œuf battu pour fermer hermétiquement votre tourte.

Vous pouvez faire une petite cheminée au centre de la pâte avec du papier sulfurisé afin d'assurer une meilleure cuisson à l'intérieur de la tourte. Une fois cuite, laissez la tourte reposer quinze bonnes minutes avant de la servir.

Accompagnez-la d'un petit beurre fondu.

Cette recette est très proche du koulibiac.

VARIANTE

Vous pouvez utiliser du haddock à la place du saumon fumé.

LES VINS OU LES BOISSONS

Un tokay d'Alsace

LA RECETTE

1. Nettoyez soigneusement les épinards et équeutez-les. Portez une marmite d'eau salée à ébullition et faites pocher les épinards. Rafraîchissez-les et égouttez-les. Dans une casserole, déposez le beurre, faites revenir les échalotes hachées puis ajoutez les champignons soigneusement nettoyés, lavés et hachés. Laissez cuire à feu doux, remuez de temps à autre. **(A)**

2. Foncez votre tourtière en laissant dépasser la pâte, piquez le fond, déposez une couche de purée de champignons refroidie, déposez ensuite les tranches de saumon fumé. Parsemez de persil haché. **(B)**

3. Étalez sur le saumon fumé les épinards soigneusement égouttés et pressés dans un linge, afin d'en extraire le maximum d'eau, puis disposez sur les épinards de fines escalopes de saumon frais. Salez et poivrez légèrement. **(C)**

4. Recouvrez les escalopes de saumon frais avec le riz. Arrosez le tout avec la crème fraîche, badigeonnez le pourtour de la tourtière à l'œuf battu et recouvrez avec le reste de la pâte brisée. Pincez hermétiquement les bords, faites un petit trou au centre et faites cuire une trentaine de minutes à four moyen. **(D)**

A

B

C

D

VOL-AU-VENT À LA FORESTIÈRE

INGRÉDIENTS POUR 4 PERSONNES

- 300 g de pâte feuilletée
- 4 quenelles de volaille
- 1 œuf
- 12 asperges
- 200 g de pleurotes
- 200 g de champignons de Paris
- 2 échalotes
- 2 gousses d'ail
- 40 g de beurre
- 2 branches de persil
- 20 cl de crème fraîche
- Sel, poivre

35 min

40 min

LA RECETTE

1. Séparez le feuilletage en deux. Formez deux boules puis étendez deux disques d'environ 15 cm de diamètre. À l'aide d'un emporte-pièce, faites un trou à l'intérieur d'un des disques. Badigeonnez d'œuf battu le disque entier et déposez le disque troué sur celui-ci. Badigeonnez également d'œuf battu, décorez selon votre inspiration et faites cuire une vingtaine de minutes à four moyen. **(A)**

2. Pendant la cuisson du feuilletage, épluchez les asperges et coupez-les en tronçons. Coupez les pieds terreux des champignons, lavez-les soigneusement et coupez-les en quartiers. Réitérez l'opération avec les pleurotes. Épluchez et hachez les échalotes. Faites-les revenir au beurre dans une cocotte. Quand elles sont translucides, ajoutez les champignons de Paris et les pleurotes. Salez légèrement, poivrez et laissez étuver une bonne quinzaine de minutes. **(B)**

3. Lorsque les pleurotes auront perdu à peu près la moitié de leur eau, ajoutez l'ail haché, la crème fraîche, les quenelles coupées en rondelles. Couvrez et laissez pocher à feu doux pendant deux minutes. Portez une casserole d'eau salée à ébullition et faites pocher les asperges en les conservant légèrement fermes. **(C)**

4. Ajoutez les pointes d'asperge et le persil haché dans la préparation précédente, rectifiez l'assaisonnement si nécessaire, mélangez délicatement. Creusez votre vol-au-vent, garnissez-le de la préparation bien chaude et servez. **(D)**

LES CONSEILS DU CHEF

La partie délicate est la réalisation du vol-au-vent ; vous pouvez tout aussi bien le commander chez votre boulanger ou pâtissier favori.

N'omettez surtout pas d'incorporer la crème lorsque les pleurotes auront rendu la moitié de leur eau : il doit vous rester suffisamment de liquide pour pocher les quenelles de volaille.

Conservez les asperges bien fermes, elles finiront de cuire dans la sauce.

Vous garnirez le vol-au-vent à la dernière minute, juste avant de le présenter à vos invités.

LES VINS OU LES BOISSONS

Un bourgogne chardonnay blanc

A

B

C

D

ASPERGES SAUCE MOUSSELINE

INGRÉDIENTS POUR 4 PERSONNES

- 24 belles asperges vertes
- 3 œufs
- 200 g de beurre
- 10 cl de crème
- 1 citron
- Sel

15 min

10 min

LES CONSEILS DU CHEF

Le plus délicat consiste à réaliser la sauce mousseline. Incorporez le beurre aux jaunes lorsque celui-ci est fondu mais encore relativement chaud.

LA RECETTE

1. Épluchez délicatement les asperges et coupez-en l'extrémité inférieure. **(A)**

2. Portez une grande casserole d'eau légèrement salée à ébullition et plongez-y les asperges. Faites-les cuire à découvert pendant une dizaine de minutes. Conservez-les légèrement croquantes. Une fois cuites, rafraîchissez-les et égouttez-les. Posez-les sur un papier absorbant et réservez. **(B)**

3. Déposez dans une casserole les trois jaunes d'œufs, ajoutez quelques gouttes de jus de citron et fouettez énergiquement au-dessus d'un bain-marie, à feu très doux, afin d'émulsionner les jaunes. Dans une autre casserole, faites fondre le beurre puis incorporez-le progressivement aux jaunes d'œufs comme pour une sauce mayonnaise. Attention, la préparation ne doit pas trop chauffer. **(C)**

4. Salez légèrement, ajoutez la crème, le jus de citron, fouettez énergiquement et servez cette sauce mousseline en accompagnement des asperges. **(D)**

LES VINS OU LES BOISSONS

Un chablis

A

B

C

D

AVOCAT À LA CRÉOLE

INGRÉDIENTS POUR 4 PERSONNES

- 2 avocats
- 1 morceau de morue sèche (400 g)
- 1 oignon
- 2 gousses d'ail
- 1 piment fort
- 1 citron
- 10 cl d'huile
- 4 cuillerées à café de chapelure
- Sel, poivre

LA RECETTE

1. La veille, de préférence, lavez soigneusement la morue puis faites-la dessaler dans deux eaux successives. Faites-la cuire dans une casserole d'eau environ 30 minutes. Une fois cuite, égouttez-la, retirez la peau, les arêtes, puis émiettez finement la chair ; réservez. **(A)**

2. Épluchez et hachez finement l'oignon et l'ail. Faites de même avec le piment. Coupez les avocats en deux, retirez le noyau et la chair à l'aide d'une cuiller en prenant garde de ne pas percer l'écorce. À l'aide d'une fourchette, écrasez finement la chair d'avocat. **(B)**

3. Déposez la chair des avocats dans un saladier, ajoutez la morue émiettée, versez l'huile en émulsionnant la préparation. **(C)**

4. Ajoutez l'oignon, l'ail et le piment hachés. Incorporez le jus de citron, salez légèrement, poivrez puis ajoutez la chapelure. Mélangez le tout et garnissez les écorces d'avocat avec cette préparation. **(D)**

LES CONSEILS DU CHEF

Il vaut mieux mettre la morue à dessaler la veille, pour qu'elle perde le maximum de sel.

Il est important de bien retirer les arêtes de la morue.

Choisissez des avocats à l'écorce assez rigide, afin de pouvoir les évider sans les percer.

Émulsionnez bien votre avocat avec l'huile, il sera plus moelleux.

La chapelure a pour but de lier légèrement la préparation ; on peut en mettre plus ou moins selon les goûts.

Aux Antilles cette recette est bien connue, sous le nom de « féroce d'avocat ».

20 min

35 min

1 nuit

LES VINS OU LES BOISSONS

Un riesling

A

B

C

D

BEIGNETS D'AUBERGINE

INGRÉDIENTS POUR 4 PERSONNES

- 2 aubergines
- 2 cuillerées à soupe de sel

Pâte à beignets

- 220 g de farine
- 3 jaunes d'œufs
- 20 cl de bière
- 2 cuillerées à soupe d'huile
- 3 blancs d'œufs
- 1 bain de friture
- Sel fin

20 min

15 min

2 h

LES CONSEILS DU CHEF

Laissez bien reposer la pâte à beignets avant d'incorporer les blancs d'œufs montés en neige.

Il importe également de bien laisser dégorger les aubergines.

Ces beignets d'aubergine accompagnent bien toutes les viandes et poissons grillés.

VARIANTE

Vous pouvez réaliser cette recette en utilisant des courgettes ou des rondelles d'oignon à la place des aubergines.

LES VINS OU LES BOISSONS

Un chiroubles

LA RECETTE

1. Nettoyez soigneusement les aubergines puis coupez-les en rondelles d'environ un centimètre d'épaisseur. Dans un saladier rempli d'eau, versez le sel, faites tremper les aubergines une vingtaine de minutes avant de les égoutter puis de les presser dans un linge pour en extraire le maximum d'eau. **(A)**

2. Dans une terrine contenant la farine tamisée, ajoutez le sel et les jaunes d'œufs. Commencez à mélanger délicatement. **(B)**

3. Incorporez progressivement la bière en remuant régulièrement votre préparation et ajoutez les deux cuillerées d'huile. Une fois la pâte obtenue, laissez-la reposer deux bonnes heures. **(C)**

4. Au moment de confectionner les beignets, montez les trois blancs d'œufs en neige, que vous incorporez à la pâte. Faites chauffer l'huile dans une friteuse à température élevée. Trempez les rondelles d'aubergine dans la pâte à frire, plongez-les dans l'huile chaude par série de six ou sept puis posez-les sur un papier absorbant. Salez très légèrement si nécessaire et servez immédiatement. **(D)**

A

B

C

D

CRÊPES AUX FOIES DE VOLAILLE

INGRÉDIENTS POUR 4 PERSONNES

- 400 g de foies de volaille
- 150 g de poitrine fumée
- 10 cl d'huile d'olive
- 1 boîte de tomates pelées
- 1 cube de bouillon de volaille
- 1 cuillerée à café de fécule de pommes de terre
- 15 cl de vin rouge
- 1 oignon
- Sel, poivre

Pâte à crêpes
- 125 g de farine
- 2 cuillerées à soupe d'huile
- 2 verres de lait
- 2 œufs

Sauce Béchamel
- 1 cuillerée à soupe de beurre
- 2 cuillerées à soupe de farine
- 2 cuillerées à soupe de parmesan
- 20 cl de lait
- 1 pointe de muscade
- 10 cl de crème fraîche
- Sel, poivre

LA RECETTE

1. Confectionnez la pâte à crêpes. Versez 125 g de farine tamisée dans un saladier, ajoutez 2 œufs, une pincée de sel, l'huile puis versez progressivement le lait en remuant énergiquement jusqu'à obtention d'une pâte homogène. Laissez reposer la pâte 2 heures, puis réalisez de fines crêpes. Réservez-les. Épluchez et hachez l'oignon. Dans une casserole, faites revenir à feu doux la moitié de l'oignon avec l'huile d'olive puis incorporez la boîte de tomates égouttées et concassées. Salez très légèrement, poivrez et laissez cuire pendant une dizaine de minutes. **(A)**

2. Dans une autre casserole, faites revenir à l'huile d'olive le reste de l'oignon haché, puis ajoutez la poitrine de porc fumée préalablement coupée en petits dés. Laissez fondre la poitrine à feu doux. Nettoyez soigneusement les foies de volaille, retirez les parties fielleuses et hachez-les grossièrement. Incorporez à la préparation précédente, salez, poivrez, laissez cuire à feu doux. **(B)**

3. Dans une casserole, confectionnez la sauce Béchamel. faites fondre le beurre, ajoutez la farine, laissez cuire 2 minutes en remuant. Incorporez le lait, la crème fraîche, salez, poivrez, ajoutez une pointe de muscade et laissez cuire 2 minutes à feu doux. Réservez. Mélangez la fécule de pommes de terre avec le vin rouge. Versez dans votre préparation aux foies de volaille et continuez la cuisson. Délayez le cube de bouillon de volaille dans un verre d'eau, incorporez-le aux foies de volaille et laissez épaissir à feu doux en remuant de temps à autre. Quand votre farce est bien homogène, garnissez-en les crêpes, roulez-les et déposez-les dans le fond d'un plat à gratin que vous aurez tapissé de la concassée de tomate. **(C)**

4. Nappez maintenant les crêpes de la sauce Béchamel, saupoudrez de parmesan râpé, réservez. Au moment de servir, passez une quinzaine de minutes à four chaud puis sous le gril du four et servez. **(D)**

LES CONSEILS DU CHEF

Vous pouvez réaliser la farce aux foies de volaille la veille, ainsi que les crêpes, et les réserver au réfrigérateur dans du film étirable. Le jour même, vous n'aurez plus qu'à garnir les crêpes et à les passer au four.

Laissez refroidir la farce pour la rendre plus compacte : il sera alors plus facile de rouler les crêpes. Si votre béchamel est trop liquide, ajoutez un peu de farine. Si nécessaire, faites de même avec la farce.

LES VINS OU LES BOISSONS

Un saint-julien

1 h

35 min

2 h

A

B

C

D

CÉLERI-RAVE À LA MOUSSELINE D'AVOCAT

INGRÉDIENTS POUR 4 PERSONNES

- 1 céleri-rave (400 g environ)
- 1 avocat
- 4 tranches de poitrine fumée
- 2 jaunes d'œufs
- 120 g de beurre
- 2 cuillerées à soupe de jus de citron
- Sel, poivre

20 min

20 min

LES CONSEILS DU CHEF

Frottez le céleri avec du citron pour éviter qu'il noircisse.

La phase délicate de la recette consiste à réaliser la sauce mousseline. Ne laissez surtout pas trop chauffer les jaunes d'œufs, sinon, ils cuiraient. Pour vous faciliter la tâche, utilisez un mixer pour bien émulsionner votre sauce.

Le mélange avec l'avocat se fera à la dernière minute, car c'est une sauce très difficile à réchauffer.

LES VINS OU LES BOISSONS

Un sancerre blanc

LA RECETTE

1. Épluchez soigneusement le céleri puis coupez-en la moitié en quartiers. À l'aide d'une cuiller à pommes parisiennes, confectionnez des petites boules avec le reste. **(A)**

2. Portez deux casseroles d'eau salée à ébullition, ajoutez un peu de jus de citron, puis pochez les morceaux de céleri dans une première casserole et les billes de céleri dans une deuxième casserole. Conservez-les légèrement croquants. **(B)**

3. Pour la mousseline d'avocat : coupez l'avocat, retirez le noyau puis épluchez-le. Mettez les deux jaunes d'œufs dans une casserole, ajoutez une cuillerée de jus de citron, déposez la casserole au bain-marie, chauffez légèrement et fouettez afin de bien émulsionner les jaunes d'œufs. Faites fondre le beurre ; quand il est chaud, incorporez-le progressivement aux jaunes d'œufs pour confectionner une sauce hollandaise. **(C)**

4. Écrasez finement l'avocat puis incorporez-le progressivement à la sauce mousseline en fouettant énergiquement. Grillez les tranches de poitrine fumée dans une poêle, dressez le céleri sur le plat de service, décorez avec les tranches de poitrine fumée. Accompagnez votre préparation de la mousseline d'avocat encore tiède. **(D)**

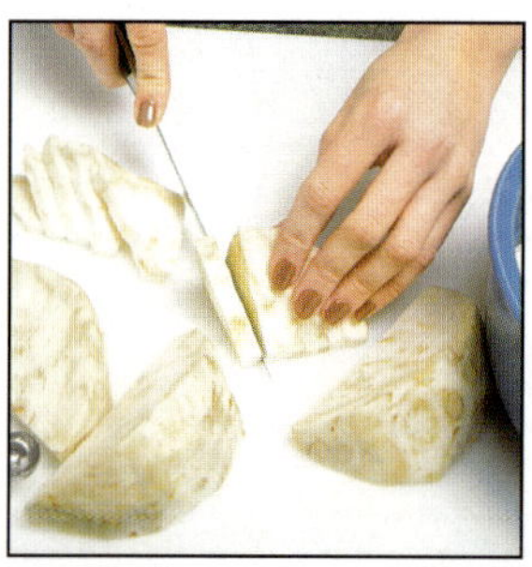

A

B

C

D

CHAMPIGNONS À LA PROVENÇALE

INGRÉDIENTS POUR 4 PERSONNES

- 600 g de champignons de Paris
- 4 tomates
- 1 oignon
- 2 gousses d'ail
- 1 demi-piment fort
- 1 pot d'olives vertes farcies
- 1 branche de thym
- 1 branche de romarin
- 2 branches de persil
- 1 citron
- 5 cl d'huile d'olive
- Sel, poivre

LA RECETTE

1. Émincez finement le piment fort, épluchez l'oignon, hachez-le ainsi que l'ail. Coupez les tomates en quartiers et retirez les graines. Enlevez le pied terreux des champignons, lavez-les soigneusement et coupez-les en gros quartiers. **(A)**

2. Dans une cocotte, faites chauffer l'huile d'olive, ajoutez les oignons hachés et laissez revenir à feu doux en remuant de temps à autre. Ajoutez ensuite les champignons préalablement passés dans le jus de citron. **(B)**

3. Dès que les champignons sont aux trois quarts cuits, ajoutez le piment fort, les quartiers de tomate, salez, poivrez. **(C)**

4. Ajoutez l'ail haché, le thym et le romarin effeuillés, les olives vertes et le persil. Mélangez l'ensemble et laissez cuire encore une minute. Dressez dans le plat de service et servez bien chaud. **(D)**

LES CONSEILS DU CHEF

Le jus de citron empêche les champignons de noircir, une fois coupés.
Bien épépiner les tomates avant de les incorporer aux champignons.
Selon le goût, on peut augmenter la quantité de piment.
Cette recette accompagnera à merveille les plats de viande.

15 min

20 min

LES VINS OU LES BOISSONS

Un brouilly ou un juliénas

A

B

C

D

CHAMPIGNONS FARCIS AU CRABE

INGRÉDIENTS POUR 4 PERSONNES

- 8 champignons
- 300 g de chair de crabe
- 2 tranches de jambon de Bayonne
- 3 tranches de pain de mie
- 3 échalotes
- 2 gousses d'ail
- 2 branches de persil
- 50 g de beurre
- 1 œuf
- Sel, poivre

LES CONSEILS DU CHEF

Veillez à bien nettoyer les pieds des champignons pour en retirer tout le sable.

Vous pouvez accompagner vos champignons farcis d'un coulis de tomate.

20 min

25 min

VARIANTE

À la place du crabe, vous pouvez utiliser des noix de coquilles Saint-Jacques hachées.

LES VINS OU LES BOISSONS

Un juliénas

LA RECETTE

1. Retirez la partie terreuse des champignons, récupérez les pieds, lavez-les soigneusement et hachez-les. Hachez l'ail, les échalotes, le persil, et coupez le jambon de Bayonne en petits dés. **(A)**

2. Dans une casserole contenant la moitié du beurre, faites revenir à feu doux les échalotes. Ajoutez le jambon de Bayonne, laissez cuire deux minutes, puis incorporez la chair de crabe. Mélangez et laissez étuver l'ensemble. **(B)**

3. Ajoutez maintenant l'ail et le persil hachés ainsi que les pieds de champignons hachés ; salez, poivrez, couvrez et laissez cuire à feu doux en remuant de temps à autre. **(C)**

4. Incorporez les trois tranches de pain de mie trempées dans un peu d'eau. Rectifiez l'assaisonnement si nécessaire, ajoutez un œuf, portez brièvement à ébullition et réservez. Garnissez les têtes de vos champignons avec la farce, déposez une noisette de beurre à la surface et faites cuire au four, dans un plat à gratin beurré, pendant une quinzaine de minutes. **(D)**

A

B

C

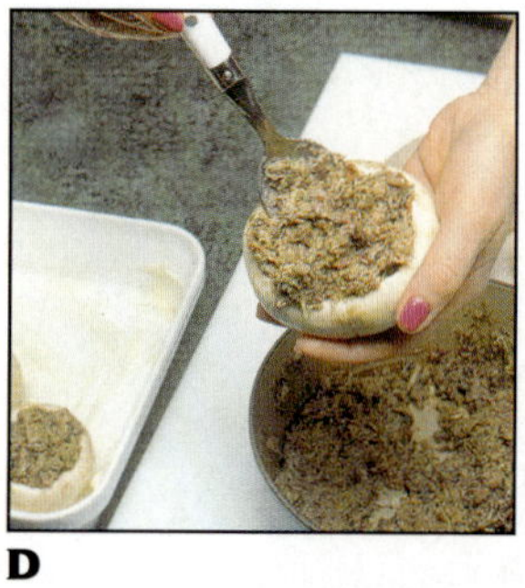

D

COURGETTES FARCIES AUX CHAMPIGNONS

INGRÉDIENTS POUR 4 PERSONNES

- 2 courgettes
- 400 g de champignons de Paris
- 2 tranches de jambon
- 2 échalotes
- 2 gousses d'ail
- 20 g de beurre
- 2 cuillerées à soupe de parmesan râpé
- 1 jaune d'œuf
- Sel, poivre

LA RECETTE

1. Épluchez et hachez finement l'ail et l'échalote. Passez les deux tranches de jambon au mixeur et réservez. Cannelez les courgettes et coupez-les en tronçons d'environ 3 cm de hauteur. Enlevez le pied terreux des champignons, lavez-les soigneusement, égouttez-les et hachez-les. Réservez. **(A)**

2. Avec une cuiller à pommes parisiennes, creusez les tronçons de courgette et faites-les pocher deux minutes à l'eau légèrement salée. Laissez égoutter sur un papier absorbant. Faites fondre le beurre dans une casserole et faites-y revenir les échalotes. Ajoutez le jambon et laissez légèrement colorer la préparation à feu doux. **(B)**

3. Ajoutez les champignons hachés, puis l'ail. Salez légèrement, poivrez et laissez cuire à couvert cinq à six minutes en remuant de temps à autre jusqu'à évaporation totale de l'eau. **(C)**

4. Incorporez le parmesan râpé, remuez énergiquement et laissez cuire environ une minute à feu vif. Hors du feu, ajoutez le jaune d'œuf, remuez et laissez refroidir environ une heure. Déposez les courgettes dans un plat à gratin beurré et garnissez-les avec la farce aux champignons. Au moment de servir, passez une quinzaine de minutes à four chaud mais non brûlant. **(D)**

LES CONSEILS DU CHEF

Utilisez des courgettes assez grosses, de façon à pouvoir creuser une cavité importante pour la farce aux champignons.

Mettez une petite noisette de beurre sur chaque courgette avant de les passer au four.

Ces courgettes accompagnent à merveille les poissons et les viandes rôties.

VARIANTE

Les amateurs pourront rajouter deux cuillerées de parmesan supplémentaires dans la préparation aux champignons.

LES VINS OU LES BOISSONS

Un saint-nicolas-de-Bourgueil

20 min

25 min

1 h

A

B

C

D

COURGETTES AU GRATIN

INGRÉDIENTS POUR 4 PERSONNES

- 4 courgettes
- 20 g de beurre
- 2 échalotes
- 2 tranches de jambon de Paris
- 20 cl de lait
- 10 cl de crème liquide
- 2 cuillerées à soupe de beurre
- 100 g de mozzarella
- 1 pincée de muscade
- 1 petit bouquet de ciboulette
- 1 grosse cuillerée à soupe de farine
- Sel, poivre

20 min

25 min

LES CONSEILS DU CHEF

Il est important de bien égoutter les courgettes une fois qu'elles sont revenues afin qu'elles rendent le maximum de leur eau.

Si votre sauce Béchamel est trop liquide, ajoutez-y un peu de farine pour l'épaissir.

Cette recette peut être réalisée la veille et conservée au réfrigérateur. Vous n'aurez plus qu'à la réchauffer et à la faire gratiner au four au moment de servir.

VARIANTE

Les amateurs peuvent ajouter une pointe d'ail hachée, à faire revenir en même temps que les échalotes.

LES VINS OU LES BOISSONS

Un riesling

LA RECETTE

1. Râpez les courgettes pour leur donner l'aspect de spaghettis. Dans une cocotte, faites fondre le beurre et laissez revenir les courgettes à feu vif. Salez, poivrez. Quand elles sont bien revenues, égouttez-les sur un papier absorbant et réservez-les. **(A)**

2. Épluchez les échalotes et hachez-les finement. Déposez-les dans une casserole et faites-les revenir avec les deux cuillerées à soupe de beurre. Ajoutez le jambon coupé en petits cubes. Laissez de nouveau revenir l'ensemble, puis ajoutez une grosse cuillerée à soupe de farine. Mélangez le tout et laissez cuire trente secondes. **(B)**

3. Coupez la mozzarella en tout petits cubes et réservez. Versez le lait sur la préparation à base d'échalotes et de jambon. Remuez énergiquement pour éviter la formation de grumeaux. Ajoutez la crème liquide, une pincée de muscade, salez légèrement, poivrez. Portez à ébullition et réservez. **(C)**

4. Déposez les courgettes dans un plat à gratin beurré. Nappez avec la béchamel au jambon, parsemez de cubes de mozzarella. Au moment de servir, passez au four pendant une dizaine de minutes, laissez gratiner, saupoudrez de ciboulette hachée et servez bien chaud. **(D)**

A

B

C

D

CHOU-FLEUR AUX POIVRONS EN TERRINE

INGRÉDIENTS POUR 8 PERSONNES

- 1 beau chou-fleur
- 4 œufs
- 300 g de fromage blanc frais
- 1 pointe de cannelle
- 40 g de beurre
- 1 pointe de muscade
- 2 cuillerées à soupe de farine
- 100 g de fromage râpé
- 1 poivron rouge
- 1 poivron vert
- Sel, poivre

LA RECETTE

1. Retirez les parties dures du chou-fleur, détaillez-le en petits bouquets, lavez-les soigneusement dans de l'eau vinaigrée et faites-les pocher dans une casserole d'eau bouillante légèrement salée. Faites fondre le beurre dans une casserole, ajoutez la farine et laissez cuire le roux obtenu pendant deux à trois minutes à feu doux. Ajoutez ensuite le fromage blanc et fouettez énergiquement la préparation. Réservez. **(A)**

2. Coupez les poivrons en petits cubes et faites-les pocher dans une casserole d'eau légèrement salée. Une fois cuit, égouttez le chou-fleur et passez-le au mixeur. **(B)**

3. Versez la purée de chou-fleur sur la préparation au fromage blanc, salez légèrement, poivrez, ajoutez la muscade râpée, la cannelle, le fromage râpé, fouettez l'ensemble et portez à ébullition. Hors du feu, ajoutez les œufs puis passez de nouveau la préparation au mixeur avant de la verser sur les poivrons. **(C)**

4. Beurrez soigneusement une terrine, versez-y la préparation précédente et faites cuire au moins 35 minutes au bain-marie dans un four chaud. Laissez refroidir environ 40 minutes au réfrigérateur avant de servir. **(D)**

LES CONSEILS DU CHEF

Surveiller attentivement la cuisson au bain-marie.

Une fois refroidie, démoulez la terrine, coupez-la en tranches et accompagnez d'une sauce citronnée.

VARIANTE

Les amateurs pourront rajouter une pointe d'ail dans la mousseline de chou-fleur.

Vous pouvez aussi faire cuire cette terrine dans des petits ramequins individuels.

Cette terrine peut aussi se déguster chaude. Dans ce cas, avant d'enfourner la terrine, saupoudrez la surface d'un peu de fromage râpé.

LES VINS OU LES BOISSONS

Un riesling

30 min

50 min

40 min

A

B

C

D

GALETTES DE POMMES DE TERRE

INGRÉDIENTS POUR 4 PERSONNES

- 500 g de pommes de terre
- 200 g de poitrine fumée
- 2 échalotes
- 2 gousses d'ail
- 60 g de fromage râpé
- 30 g de beurre
- 2 branches de persil
- Sel, poivre

15 min

20 min

LES CONSEILS DU CHEF

Ne râpez pas les pommes de terre à l'avance, sinon elles noirciraient.

Pressez bien les pommes de terre pour en extraire le maximum d'eau, mais ne les lavez pas afin de permettre à la fécule de bien coller les pommes de terre entre elles.

C'est une galette qui se réchauffe très bien.

Elle accompagne à merveille les viandes grillées ou rôties.

LES VINS OU LES BOISSONS

Un bourgogne rouge

LA RECETTE

1. Coupez la poitrine fumée en petits dés et faites-la revenir dans une poêle avec le beurre. Épluchez et hachez finement l'ail et l'échalote. Incorporez-les à la poitrine une fois qu'elle est bien saisie. Laissez cuire 30 secondes et réservez la préparation. **(A)**

2. Épluchez les pommes de terre, râpez-les, déposez-les dans un saladier et pressez-les pour en extraire le maximum d'eau. **(B)**

3. Salez légèrement et poivrez les pommes de terre râpées, ajoutez le fromage râpé, mélangez l'ensemble. **(C)**

4. Versez les pommes de terre râpées sur les lardons. Mélangez l'ensemble, puis confectionnez votre galette en la retournant de temps à autre. En fin de cuisson, déposez-la sur le plat de service, saupoudrez d'un peu de persil haché et servez bien chaud. **(D)**

A

B

C

D

FARANDOLE DE LÉGUMES PRINTANIERS

INGRÉDIENTS POUR 4 PERSONNES

- 1 poignée de petits pois frais
- 1 poignée de pois gourmands
- 1 poignée de haricots verts
- 1 demi-chou-fleur
- 1 botte d'oignons verts
- 2 carottes
- 1 courgette
- 1 tête de brocoli
- 1 poivron rouge
- 3 petites pommes de terre nouvelles
- 60 g de beurre
- Sel, poivre

LA RECETTE

1. Épluchez les carottes, la courgette et les pommes de terre. Taillez-les en gros bâtonnets. Écossez les petits pois, équeutez les pois gourmands et les haricots verts, détaillez le chou-fleur et le brocoli en petits bouquets, nettoyez les oignons verts et coupez le poivron en bâtonnets. **(A)**

2. Dans plusieurs casseroles, faites cuire séparément les légumes à l'eau avec une pincée de sel, tout en les conservant légèrement croquants. Une fois cuits, rafraîchissez-les, égouttez-les et réservez-les **(B)**

3. Au moment de servir, faites revenir à feu doux, dans une poêle contenant le beurre fondu et une goutte d'eau, l'ensemble des légumes en les mélangeant. Salez et poivrez. **(C)**

4. Quand ils sont bien chauds, dressez les légumes sur le plat de service de façon harmonieuse, en variant les couleurs. Nappez avec le beurre fondu et servez bien chaud en accompagnement d'un plat de poisson par exemple. **(D)**

LES CONSEILS DU CHEF

Utilisez les légumes que vous trouverez sur le marché.

Il est important de les cuire séparément pour qu'ils conservent tous leur parfum et leur couleur.

Tenez-les « al dente », ils finiront de cuire à la poêle, avec le beurre fondu.

35 min

10 min

VARIANTE

Les amateurs ajouteront une pointe de paprika et, pourquoi pas, un filet d'anchois écrasé dans le beurre fondu.

LES VINS OU LES BOISSONS

Un mercurey

A

B

C

D

GNOCCHIS À LA PARISIENNE

INGRÉDIENTS POUR 4 PERSONNES

Pâte
- 25 cl d'eau
- 75 g de beurre
- 125 g de farine
- 4 œufs
- Muscade
- Sel

Sauce Béchamel
- 1 cuillerée à soupe de beurre
- 1 grosse cuillerée à soupe de farine
- 40 cl de lait
- 10 cl de crème
- 2 cuillerées à soupe de fromage râpé
- Sel, poivre

40 min

20 min

LES CONSEILS DU CHEF

Il est important d'incorporer la farine lorsque l'eau et le beurre sont en ébullition.

Fouettez énergiquement pour éliminer tous les grumeaux.

La partie délicate consiste à pocher les gnocchis dans l'eau : laissez-les cuire seulement quelques minutes et déposez-les sur un papier absorbant.

C'est un plat qui peut se préparer la veille et se réchauffer le lendemain.

LES VINS OU LES BOISSONS

Un muscadet

LA RECETTE

1. Confectionnez la pâte en versant d'abord 25 cl d'eau dans une casserole ; ajoutez-y le beurre. Lorsqu'il est fondu, incorporez la farine et remuez énergiquement avec une cuiller en bois : la pâte doit se décoller de la casserole. Laissez-la sécher une minute à feu doux en remuant sans cesse. **(A)**

2. Ajoutez ensuite les œufs un à un, en remuant énergiquement. Salez et ajoutez une pointe de muscade. **(B)**

3. Portez une casserole d'eau légèrement salée à ébullition. Garnissez une poche à douille avec la pâte. Confectionnez de petits bâtonnets de pâte (les gnocchis), faites-les pocher deux minutes dans l'eau. Égouttez-les sur un papier absorbant et déposez-les dans un plat à gratin préalablement beurré. **(C)**

4. Confectionnez la sauce Béchamel en faisant fondre le beurre dans une casserole, ajoutez la farine, laissez cuire une minute, versez le lait, la crème, fouettez énergiquement. Salez, poivrez, laissez cuire deux minutes à feu doux en remuant régulièrement. Ajoutez une cuillerée de fromage râpé. Nappez les gnocchis de sauce Béchamel et saupoudrez de fromage râpé. Passez une quinzaine de minutes à four moyen. Servez bien chaud. **(D)**

A

B

C

D

GNOCCHIS À LA ROMAINE

INGRÉDIENTS POUR 6 PERSONNES

- 1 litre de lait
- 80 g de beurre
- 200 g de semoule fine
- 3 œufs
- 100 g de fromage râpé
- 1 pointe de muscade
- Sel, poivre

LA RECETTE

1. Portez le lait à ébullition, salez, poivrez, ajoutez une pointe de muscade et versez-y la semoule en pluie tout en remuant énergiquement. Dans une autre casserole, faites fondre le beurre. **(A)**

2. Une fois la semoule bien gonflée, remuez énergiquement deux minutes au-dessus du feu pour la sécher. Incorporez ensuite le beurre fondu, fouettez de nouveau. Hors du feu, ajoutez les trois œufs, puis la moitié du fromage râpé. Remuez bien le tout. **(B)**

3. Beurrez soigneusement un moule et versez-y la préparation sur une épaisseur d'environ 1,5 cm. Laissez refroidir pendant environ 45 minutes. **(C)**

4. À l'aide d'un emporte-pièce, confectionnez les gnocchis en découpant des disques de pâte. Déposez-les sur une plaque beurrée, saupoudrez de fromage râpé. Au moment de servir, disposez une noisette de beurre sur chaque gnocchi et faites réchauffer à four moyen pendant une quinzaine de minutes. Servez les gnocchis accompagnés d'un coulis de tomate. **(D)**

LES CONSEILS DU CHEF

Préparez la pâte la veille et réservez-la au réfrigérateur ; le lendemain, vous découperez vos gnocchis selon votre goût.

Faites bien refroidir la pâte pour faciliter la découpe des gnocchis.

VARIANTE

Vous pouvez éventuellement remplacer le coulis de tomate par une béchamel au fromage.

LES VINS OU LES BOISSONS

Un tavel rosé

10 min

10 min

A

B

C

D

GRATIN SAVOYARD

INGRÉDIENTS POUR 4 PERSONNES

- 700 g de pommes de terre
- 70 g de poitrine fumée
- 20 cl de lait
- 30 cl de crème fraîche
- 2 feuilles de laurier
- 2 branches de thym
- 3 gousses d'ail
- 1 pointe de muscade
- 150 g de fromage râpé
- 3 œufs
- sel, poivre

20 min

30 min

LES CONSEILS DU CHEF

Selon votre goût, vous pouvez enlever la tranche de poitrine fumée avant de mixer la préparation, ou bien l'incorporer au gratin.

Pensez à garder un peu d'ail, à rajouter à la dernière minute ce qui parfumera votre gratin.

LES VINS OU LES BOISSONS

Un cahors

LA RECETTE

1. Épluchez les pommes de terre, lavez-les soigneusement puis émincez-les. **(A)**

2. Versez dans une cocotte le lait et la crème, ajoutez la moitié de l'ail haché, la tranche de poitrine fumée, le thym, le laurier, une pincée de muscade et les pommes de terre. Salez légèrement, poivrez, couvrez et laissez cuire une quinzaine de minutes à feu doux. **(B)**

3. Une fois cuites, égouttez les trois quarts des pommes de terre à l'aide d'une écumoire et déposez-les dans un plat à gratin préalablement beurré. Ajoutez au contenu de la casserole le reste de l'ail, la moitié du fromage râpé et les œufs. Retirez le thym, le laurier et la tranche de poitrine fumée, puis mixez bien le tout. Rectifiez l'assaisonnement si nécessaire. **(C)**

4. Versez sur le gratin la préparation précédente, en recouvrant bien les pommes de terre. Saupoudrez avec le reste du fromage râpé et faites cuire une quinzaine de minutes à four chaud. **(D)**

A

B

C

D

GRATIN POMMES DE TERRE & MOZZARELLA

INGRÉDIENTS POUR 4 PERSONNES

- 700 g de pommes de terre
- 30 cl de lait
- 50 g de beurre
- 150 g de mozzarella
- 2 gousses d'ail
- 1 pointe de muscade
- 10 cl de crème épaisse
- Sel, poivre

20 min

45 min

LA RECETTE

1. Épluchez les pommes de terre, lavez-les et essuyez-les. Coupez-les en fines rondelles et déposez-les dans un plat à gratin généreusement beurré. Saupoudrez les pommes de terre de muscade. Salez, poivrez. **(A)**

2. Préchauffez le four à 180 °C (thermostat 5). Portez le lait à ébullition, ajoutez l'ail haché, nappez les pommes de terre et faites cuire quinze minutes à four moyen. **(B)**

3. Sortez le plat du four, intercalez entre les pommes de terre la mozzarella coupée en fines tranches. **(C)**

4. Versez maintenant la crème sur les pommes de terre. Nappez bien l'ensemble. Mettez au four moyen pendant environ trente minutes. Servez votre gratin bien chaud. **(D)**

LES CONSEILS DU CHEF

Si le lait ne s'est pas complètement évaporé à la cuisson, égouttez les pommes de terre avant d'ajouter la crème fraîche.

Si vous voulez qu'il soit bien gratiné, passez votre plat sous le grill du four pendant environ six minutes

Ce gratin accompagne à merveille toutes les viandes grillées ou rôties.

VARIANTE

On peut ajouter dans le lait un peu de fleur de thym et une pincée de piment de Cayenne pour parfumer le gratin.

LES VINS OU LES BOISSONS

Un mâcon rouge ou un blanc sec

A

B

C

D

PÂTES VERTES À LA BOLONAISE DE THON

INGRÉDIENTS POUR 4 PERSONNES

- 400 g de tagliatelles aux épinards
- 400 g de filet de thon rouge
- 1 oignon
- 2 gousses d'ail
- 3 tomates
- 1 branche de thym
- 10 cl d'huile d'olive
- 1 cuillerée à soupe de concentré de tomate
- 20 g de beurre
- 15 cl de crème fraîche
- Parmesan
- Sel, poivre

LES CONSEILS DU CHEF

Si la chair de thon n'est pas bien émiettée, passez-la au mixeur, ce qui facilitera le travail.

VARIANTE

Les amateurs rajouteront une pointe de piment dans la bolonaise.

20 min

20 min

LES VINS OU LES BOISSONS

Un sylvaner

LA RECETTE

1. Hachez finement la chair du thon dans un robot. Hachez l'ail, effeuillez le thym, coupez les tomates en deux, épépinez-les et coupez-les en petits dés. Hachez finement l'oignon. **(A)**

2. Dans une poêle, faites revenir les oignons dans l'huile d'olive en remuant régulièrement. Dès qu'ils atteignent une belle couleur ambrée, incorporez la chair de thon. Salez légèrement, poivrez et mélangez pour que la chair se détache bien. **(B)**

3. Ajoutez l'ail haché, les feuilles de thym, la tomate concassée, le concentré de tomate et laissez cuire à couvert une bonne vingtaine de minutes. Fouettez pour que la chair du thon s'émiette correctement. **(C)**

4. Portez une grande casserole d'eau salée à ébullition, ajoutez deux cuillerées d'huile et faites cuire les tagliatelles « al dente ». Égouttez-les, rafraîchissez-les légèrement et réchauffez-les avec la crème fraîche et le beurre. Salez-les, poivrez-les légèrement. Ajoutez une pointe de parmesan râpé et servez vos tagliatelles accompagnées de la bolonaise de thon bien chaude. **(D)**

A

B

C

D

PETITS POIS À LA FRANÇAISE

INGRÉDIENTS POUR 4 PERSONNES

- 2 kg de petits pois frais ou 600 g de petits pois surgelés écossés
- 150 g de poitrine fumée
- 2 carottes
- 100 g d'oignons grelots
- 50 g de beurre
- 1 laitue
- 1 cuillerée à café de sucre en poudre
- Sel, poivre

LA RECETTE

1. Écossez les petits pois et réservez-les. Coupez la poitrine en tranches, puis en petits lardons. Épluchez les carottes, coupez-les en petits dés. Épluchez les oignons grelots et faites-les pocher pour qu'ils soient aux trois quarts cuits. Réservez l'ensemble. **(A)**

2. Dans une cocotte contenant le beurre, faites revenir à feu doux les lardons de poitrine fumée. Ajoutez les oignons grelots et laissez cuire trois à quatre minutes à feu doux, puis ajoutez les dés de carotte. **(B)**

3. Lavez soigneusement votre laitue, coupez-la et incorporez-la à la préparation précédente. Remuez le tout. **(C)**

4. Ajoutez une cuillerée à café de sucre en poudre, versez les petits pois, salez légèrement, poivrez, recouvrez à hauteur avec de l'eau et faites cuire à feu doux pendant une dizaine de minutes. Rectifiez l'assaisonnement si nécessaire et servez chaud. **(D)**

LES CONSEILS DU CHEF

Vous pouvez bien sûr utiliser des petits pois surgelés pour réaliser cette recette, mais dans ce cas, vous devrez écourter la cuisson.

VARIANTE

Les amateurs pourront ajouter une petite pincée de piment.

Vous pouvez diluer un cube de fond de volaille dans un verre d'eau lorsque vous mouillerez les petits pois.

10 min

20 min

LES VINS OU LES BOISSONS

Un tavel rosé

A

B

C

D

POIVRONS À L'ATHÉNIENNE

INGRÉDIENTS POUR 4 PERSONNES

- 2 poivrons rouges
- 2 poivrons verts
- 1 poivron jaune
- 4 tomates
- 10 cl d'huile d'olive
- 2 gousses d'ail
- 150 g d'oignons grelots
- 1 branche de thym
- 2 feuilles de laurier
- 1 cuillerée à soupe de concentré de tomate
- 20 cl de vin blanc sec
- Le jus d'un citron
- Sel, poivre

20 min

25 min

LES CONSEILS DU CHEF

Ce plat peut être servi chaud ou froid.

Si vous avez des restes, utilisez-les pour une omelette.

Ces poivrons à l'athénienne accompagnent à merveille les poissons, ou les volailles rôties.

LA RECETTE

1. Coupez les poivrons en deux, retirez les graines et les côtes blanches puis émincez-les finement. Chauffez l'huile d'olive dans une cocotte et faites revenir les poivrons à feu vif en remuant régulièrement. **(A)**

2. Pendant la cuisson des poivrons, épluchez les oignons grelots et faites-les blanchir. Pelez les tomates, coupez-les en deux, épépinez-les, puis coupez-les en petits morceaux. Incorporez-les aux poivrons. Salez, poivrez, laissez cuire à feu doux, à l'étuvée, cinq à six minutes. **(B)**

3. Ajoutez le thym, le laurier, le concentré de tomates, les oignons grelots blanchis, l'ail haché et remuez l'ensemble. **(C)**

4. Versez le vin blanc et le jus de citron. Portez à ébullition, puis laissez cuire à couvert et à feu doux une quinzaine de minutes avant de dresser et de servir chaud ou glacé. **(D)**

LES VINS OU LES BOISSONS

Un rosé de Touraine

A

B

C

D

POIVRONS FARCIS

INGRÉDIENTS POUR 6 PERSONNES

- 3 poivrons
- 300 g de chair à saucisse
- 200 g de champignons de Paris
- 2 oignons
- 2 gousses d'ail
- 1 branche de thym
- 2 branches de persil
- 5 cl d'huile d'olive
- 20 g de beurre
- 50 g de raisins secs
- 1 pincée de cumin en poudre
- 2 œufs
- Sel, poivre

40 min

25 min

LA RECETTE

1. Piquez les poivrons à l'aide d'une fourchette et faites-les griller sur la flamme de votre gazinière ou au gril. Déposez-les dans l'eau et grattez-les pour enlever la pellicule de peau noire brûlée. Réservez vos poivrons. **(A)**

2. Épluchez l'oignon et l'ail, puis hachez-les. Mettez l'huile à chauffer et faites revenir les oignons à feu doux. Coupez le pied terreux des champignons, lavez-les soigneusement puis hachez-les. Incorporez-les aux oignons. Salez légèrement, poivrez et laissez revenir à feu doux jusqu'à évaporation de l'eau. **(B)**

3. Ajoutez maintenant la chair à saucisse, le cumin, le thym effeuillé et le persil haché. Mélangez l'ensemble et laissez cuire à feu doux en remuant régulièrement. En fin de cuisson, ajoutez les raisins secs et l'ail haché. **(C)**

4. Incorporez les deux œufs entiers à la préparation précédente. Rectifiez l'assaisonnement si nécessaire. Videz les poivrons de leurs graines, en veillant à ne pas percer l'écorce. Garnissez-les avec la farce, déposez-les sur une plaque à rôtir, arrosez-les de beurre fondu et faites cuire une quinzaine de minutes à four moyen en les retournant de temps à autre. Une fois cuits, réservez-les dix minutes avant de servir. **(D)**

LES CONSEILS DU CHEF

Grillez bien le poivron pour enlever la peau indigeste.

À la dernière minute, vous pouvez écraser deux biscottes dans la farce pour la rendre plus compacte.

Cette recette peut se consommer le lendemain froid, coupez des rondelles après les passage au réfrigérateur.

VARIANTE

Les poivrons farcis peuvent également se consommer froids le lendemain. Dans ce cas, laissez-les refroidir au réfrigérateur, puis coupez-les en tranches avant de servir.

LES VINS OU LES BOISSONS

Un chinon rosé

A

B

C

D

POMMES DE TERRE SAUTÉES AUX OIGNONS

INGRÉDIENTS POUR 4 PERSONNES

- 600 g de pommes de terre
- 200 g de poitrine fumée
- 1 botte d'oignons nouveaux
- 3 gousses d'ail
- 3 branches de persil
- 5 cl d'huile
- 20 g de beurre
- Sel, poivre

LES CONSEILS DU CHEF

Choisissez des pommes de terre à chair ferme pour qu'elles ne s'écrasent pas à la cuisson.

Il est important d'égoutter les pommes de terre une fois cuites pour éviter qu'elles ne soient trop grasses.

Le beurre fondu sert à donner du liant aux pommes de terre.

25 min

20 min

VARIANTE

On peut ajouter une branche de thym effeuillée dans les pommes de terre pour les parfumer.

LA RECETTE

1. Nettoyez soigneusement les oignons nouveaux, émincez-les. Coupez la poitrine de porc fumée en lardons. Épluchez les pommes de terre et coupez-les en fines rondelles. **(A)**

2. Dans une poêle contenant l'huile, versez les lardons et faites-les revenir à feu doux. **(B)**

3. Incorporez les pommes de terre émincées, salez légèrement, poivrez et faites cuire en remuant régulièrement l'ensemble. **(C)**

4. Une fois les pommes de terre cuites, égouttez-les pour en extraire le plus d'huile possible, déposez-les dans la poêle, ajoutez le beurre fondu, les oignons nouveaux émincés, le persil et l'ail hachés. Faites sauter une minute, dressez sur le plat de service et servez bien chaud. **(D)**

LES VINS OU LES BOISSONS

Un bourgueil

A

B

C

D

POMMES DUCHESSE

INGRÉDIENTS POUR 4 PERSONNES

- 700 g de pommes de terre
- 5 jaunes d'œufs
- 1 cuillerée à soupe de parmesan râpé
- 1 pincée de muscade
- 1 cuillerée à café de beurre
- Sel, poivre

LA RECETTE

1. Épluchez les pommes de terre. Portez une casserole d'eau salée à ébullition et faites cuire les pommes de terre. **(A)**

2. Une fois cuites, passez les pommes de terre au tamis fin ou au moulin à légumes. **(B)**

3. Travaillez la purée obtenue sur le feu avec une noisette de beurre pendant cinq à six minutes pour bien la dessécher. Hors du feu, incorporez les jaunes d'œufs et remuez énergiquement. **(C)**

4. Poivrez, ajoutez une pointe de muscade, le parmesan râpé, remuez énergiquement. Rectifiez l'assaisonnement si nécessaire et laissez refroidir votre préparation pendant environ trente minutes. Puis, à l'aide d'une poche à douille, confectionnez sur la plaque du four préalablement beurrée des petits tas de pommes de terre. Au moment de servir, passez cinq à six minutes à four moyen, laissez colorer et servez vos pommes duchesse en accompagnement d'un plat de viande ou de poisson. **(D)**

LES CONSEILS DU CHEF

Pour ce type de recette, utilisez des pommes de terre à purée.

Passez les pommes de terre au moulin lorsqu'elles sont encore bouillantes, puis faites-les dessécher sur le feu et incorporez aussitôt les jaunes d'œufs pour que la purée tienne bien.

10 min

20 min

30 min

LES VINS OU LES BOISSONS

Un saint-joseph ou un bordeaux

A

B

C

D

POMMES PAILLE

INGRÉDIENTS POUR 4 PERSONNES

- 6 pommes de terre
- 1 bain de friture
- Sel

Légumes, riz et pâtes

10 min

10 min

1 h

LES CONSEILS DU CHEF

Il est préférable de râper les pommes paille la veille et de les laisser tremper une nuit dans de l'eau froide au réfrigérateur afin qu'elles rendent leur fécule.

Remuez les pommes paille tout au long de la cuisson afin qu'elles ne collent pas les unes aux autres.

VARIANTE

Vous pouvez servir les pommes paille à l'apéritif, en les saupoudrant de paprika ; dans ce cas, vous éviterez de les saler.

LA RECETTE

1. Épluchez les pommes de terre et râpez-les finement. **(A)**

2. Laissez tremper les pommes de terre dans l'eau pendant environ une heure afin qu'elles perdent le maximum de fécule. Rincez-les soigneusement puis égouttez-les et séchez-les dans un torchon. Chauffez l'huile de votre bain de friture et jetez les pommes de terre râpées par petites poignées dans l'huile chaude. **(B)**

3. À l'aide d'une écumoire, remuez régulièrement les pommes paille jusqu'à obtention d'une couleur ambrée. Une fois cuites, égouttez-les et déposez-les sur un papier absorbant. **(C)**

4. Saupoudrez les pommes paille de sel fin, dressez-les sur le plat de service. Servez-les tièdes ou froides. **(D)**

LES VINS OU LES BOISSONS

Un anjou-villages

A

B

C

D

POMMES DE TERRE FARCIES

INGRÉDIENTS POUR 5 PERSONNES

- 5 grosses pommes de terre
- 2 tranches de jambon de Paris
- 100 g de chair à saucisse
- 100 de champignons de Paris
- 1 œuf
- 30 g de beurre
- 20 cl de crème fraîche
- 2 échalotes
- 2 gousses d'ail
- 1 cuillerée à café de sauce worcester
- 1 demi-bouquet de ciboulette
- 2 branches de persil
- 1 pincée de piment de Cayenne
- Sel

LA RECETTE

1. Lavez, brossez soigneusement les pommes de terre et faites-les cuire avec la peau dans une casserole d'eau légèrement salée. Épluchez et hachez les échalotes. Faites-les revenir dans une casserole contenant le beurre. Ajoutez le jambon coupé en petits dés et la chair à saucisse. Mélangez énergiquement l'ensemble de manière à bien séparer la chair à saucisse. **(A)**

2. Lorsque la chair à saucisse est bien émiettée et légèrement colorée, salez, poivrez, ajoutez l'ail haché et les champignons que vous aurez préalablement lavés et hachés. Remuez bien l'ensemble, laissez cuire une bonne quinzaine de minutes à feu doux. Quand les pommes de terre sont cuites, coupez un chapeau dans le sens de la longueur et videz l'intérieur. Écrasez la chair de pomme de terre, incorporez-la à la farce, ajoutez le jaune d'œuf, mélangez et réservez l'ensemble. **(B)**

3. Hachez le persil et la ciboulette. Montez la crème fraîche en chantilly, salez légèrement, ajoutez une pincée de piment de Cayenne, la sauce worcester et incorporez la ciboulette et le persil hachés. Remuez l'ensemble et réservez. **(C)**

4. Garnissez les pommes de terre de la farce, déposez-les sur une plaque, ajoutez une noisette de beurre à la surface. Passez-les dix bonnes minutes au four avant de les servir bien chaudes accompagnées de crème fouettée aux herbes. **(D)**

LES CONSEILS DU CHEF

Faites cuire les pommes de terre la veille : elles seront plus faciles à vider le lendemain.

Pour monter la crème Chantilly, il est important que la crème soit bien froide.

LES VINS OU LES BOISSONS

Un côtes-de-provence rosé

30 min

30 min

A

B

C

D

PURÉE AUX LARDONS

INGRÉDIENTS POUR 4 PERSONNES

- 6 belles pommes de terre
- 50 g de beurre
- 200 g de poitrine de porc fumé
- 20 cl de crème liquide
- 1 pincée de muscade
- Sel, poivre blanc

10 min

20 min

LES CONSEILS DU CHEF

Utilisez des pommes de terre à purée.

Il est important que les lardons soient bien revenus, voire légèrement croustillants, ils n'en seront que meilleurs dans votre purée.

VARIANTE

Les amateurs pourront ajouter une pointe d'ail dans la purée et, pourquoi pas, l'émulsionner à l'huile d'olive.

S'il vous reste de la purée, vous pourrez la saupoudrer d'un peu de fromage râpé et la faire gratiner avant de la servir bien chaude.

LA RECETTE

1. Épluchez les pommes de terre et faites-les cuire dans une casserole d'eau légèrement salée. **(A)**

2. Pendant la cuisson des pommes de terre, coupez la poitrine de porc fumée en petits lardons, déposez une noisette de beurre dans la poêle et faites-les revenir à feu doux. Quand ils sont légèrement croustillants, égouttez-les et réservez-les. **(B)**

3. Égouttez les pommes de terre et passez-les au moulin à légumes. **(C)**

4. Versez la crème fraîche dans une casserole, ajoutez le beurre, portez à ébullition, puis versez sur la purée de pommes de terre. Ajoutez une pointe de muscade, de poivre, remuez énergiquement et incorporez les lardons. Dressez sur le plat de service et servez bien chaud. **(D)**

LES VINS OU LES BOISSONS

Un gamay de Touraine

A

B

C

D

PURÉE DE CÉLERI GRATINÉE

INGRÉDIENTS POUR 6 PERSONNES

- 1 céleri-rave (600 g environ)
- 20 cl de crème fleurette
- 1 citron
- 1 cuillerée à soupe de semoule fine
- 1 gousse d'ail
- 2 œufs
- 30 g de beurre
- 60 g de fromage râpé
- 1 pincée de muscade
- Sel, poivre

LA RECETTE

1. Épluchez le céleri, coupez-le en huit puis taillez-le en fines lamelles. Portez une casserole d'eau à ébullition, ajoutez le jus du citron, salez légèrement, poivrez et faites cuire le céleri quinze à vingt minutes. **(A)**

2. Égouttez le céleri, réservez-en la moitié. Versez l'autre moitié dans le bol du mixeur, ajoutez la pointe de muscade, la gousse d'ail, la crème fleurette et mixez soigneusement la préparation. Versez celle-ci dans une casserole, amenez-la à ébullition, ajoutez la cuillerée à soupe de semoule, fouettez énergiquement et laissez bouillir à feu doux deux à trois minutes. Reversez la préparation dans le bol du mixeur, ajoutez les œufs, donnez de nouveau un tour de mixeur. **(B)**

3. Beurrez soigneusement un plat à gratin, disposez au fond les lamelles de céleri que vous avez réservées et nappez avec la purée de céleri. **(C)**

4. Saupoudrez l'ensemble de fromage râpé, passez une vingtaine de minutes à four doux ; terminez en passant sous le gril de votre four. **(D)**

LES CONSEILS DU CHEF

Il est important de mettre le jus de citron dans l'eau de cuisson pour éviter au céleri de noircir.

Lorsque vous incorporez la semoule, si votre purée est trop épaisse, rajoutez un peu d'eau.

Mixez soigneusement la préparation avant de la verser dans le plat à gratin : vous devez obtenir une purée bien lisse.

20 min

40 min

LES VINS OU LES BOISSONS

Un sylvaner

RISOTTO AU POULET

INGRÉDIENTS POUR 4 PERSONNES

- 200 g de riz
- 300 g de poulet cuit
- 2 échalotes
- 1 poireau
- 10 cl d'huile d'olive
- 2 gousses d'ail
- 3 tomates
- 1 carotte
- 1 branche de céleri
- 1 cube de bouillon de volaille
- 2 cuillerées à soupe de parmesan râpé
- Sel, poivre

30 min

15 min

LES CONSEILS DU CHEF

Vous pouvez utiliser un reste de riz pour réaliser cette recette.

L'important est de bien saisir le poireau et les échalotes et de faire progressivement revenir chaque ingrédient avant d'incorporer le riz à la dernière minute.

Saupoudrez de parmesan à la dernière minute, il servira à lier la préparation.

VARIANTE

Vous pouvez aussi réaliser cette recette avec de la viande de porc ou de bœuf.

LES VINS OU LES BOISSONS

Un vin rouge de l'Hérault

LA RECETTE

1. Épluchez l'ail, hachez-le finement. Émincez le poireau et les échalotes ; coupez les tomates, les carottes et la branche de céleri en petits dés, ainsi que la viande de poulet. Portez une casserole d'eau salée à ébullition et faites cuire le riz. **(A)**

2. Une fois cuit, égouttez le riz, rafraîchissez-le et réservez-le. Dans une poêle contenant l'huile d'olive chaude, faites revenir le poireau émincé avec les échalotes. Ajoutez les carottes et le céleri, laissez revenir quelques minutes. Salez, poivrez. **(B)**

3. Incorporez la viande de poulet, les dés de tomate et l'ail. Mélangez l'ensemble et laissez cuire une minute à feu doux. **(C)**

4. Ajoutez le riz cuit, le parmesan râpé, le cube de bouillon de volaille délayé dans 10 cl d'eau. Laissez cuire deux minutes à feu doux en mélangeant. Servez bien chaud. **(D)**

A

B

C

D

RIZ CANTONAIS

INGRÉDIENTS POUR 4 PERSONNES

- 400 g de riz cuit
- 2 œufs
- 1 demi-bouquet de ciboulette
- 1 demi-bouquet de cerfeuil
- 2 branches de persil
- 1 noisette de beurre
- 5 cl d'huile
- 100 g de poitrine fumée
- 2 carottes
- 2 oignons verts
- 3 cuillerées à soupe de petits pois
- 100 g de champignons chinois
- 1 poireau
- 1 branche de céleri
- 3 cuillerées à soupe de sauce soja
- Sel, poivre

LA RECETTE

1. Nettoyez soigneusement l'ensemble des légumes puis émincez-les très finement. Coupez la poitrine de porc en petits dés, déposez-la dans une poêle et faites-la revenir avec l'huile. Cassez les œufs dans un saladier, ajoutez l'ensemble des herbes : ciboulette, cerfeuil, persil préalablement ciselés. Salez légèrement, poivrez. Faites fondre le beurre dans la poêle et confectionnez une omelette fine. Réservez. **(A)**

2. Une fois les lardons légèrement colorés, ajoutez le poireau et les oignons verts ciselés. Laissez revenir deux minutes, puis incorporez le céleri, les carottes, les petits pois et les champignons chinois. **(B)**

3. Ajoutez le riz, salez très légèrement, poivrez et faites bien revenir la préparation sur le feu. Remuez régulièrement votre riz cantonais. **(C)**

4. Ajoutez ensuite l'omelette coupée en fines lanières. Incorporez la sauce soja, laissez à nouveau revenir l'ensemble deux à trois minutes sur le feu. Dressez et servez votre riz cantonais bien chaud. **(D)**

LES CONSEILS DU CHEF

Ce type de recette nécessite une poêle antiadhésive.

Laissez cuire l'omelette au maximum et coupez-la une fois refroidie.

VARIANTE

Les amateurs ajouteront quelques gouttes de sauce d'huîtres dans le riz cantonais.

LES VINS OU LES BOISSONS

Un thé au jasmin

25 min

10 min

A

B

C

D

RIZ MADRAS

INGRÉDIENTS POUR 4 PERSONNES

- 200 g de riz
- 1 échalote
- 2 gousses d'ail
- 1 cuillerée à café de curcuma ou de curry doux
- 20 g de beurre
- 5 cl d'huile
- 2 cuillerées à soupe de pignons de pin
- 1 cuillerée à soupe d'amandes effilées
- 2 cuillerées à soupe de raisins secs
- 1 demi-poivron rouge
- 1 demi-poivron vert
- 1 demi-poivron jaune
- 1 pomme
- 1 banane
- 1 cube de bouillon de volaille
- Sel, poivre

20 min

20 min

LES CONSEILS DU CHEF

Ce riz Madras accompagne à merveille le curry d'agneau ou éventuellement un plat de poisson.

Le lendemain, vous pouvez le servir en salade, assaisonné d'une bonne vinaigrette.

Pour réussir la cuisson du riz, mettez une quantité d'eau correspondant exactement à deux fois le volume du riz.

LES VINS OU LES BOISSONS

Un côtes-du-rhône blanc

LA RECETTE

1. Épluchez l'échalote et l'ail puis hachez-les finement. Versez l'huile dans une casserole, ajoutez le beurre et faites revenir à feu doux l'échalote et l'ail hachés. Pendant ce temps, épluchez la pomme et la banane et coupez-les en petits dés, ainsi que les poivrons. **(A)**

2. Mesurez le volume du riz dans un verre. Versez-le sur les échalotes et laissez revenir la préparation. Délayez le cube de bouillon de volaille dans un volume d'eau égal à deux fois le volume du riz, puis versez ce liquide sur le riz. Saupoudrez de curcuma, salez, poivrez et laissez cuire une bonne quinzaine de minutes à couvert et à feu doux. **(B)**

3. Dans une poêle contenant un peu d'huile, faites griller les pignons de pin ainsi que les amandes, remuez l'ensemble. Quand ils sont bien colorés, ajoutez les morceaux de poivron, la pomme, la banane et les raisins secs. Mélangez l'ensemble et laissez revenir quelques instants. **(C)**

4. Une fois le riz cuit et légèrement reposé, remuez-le délicatement avec une fourchette puis incorporez la préparation précédente. Mélangez l'ensemble et servez chaud. **(D)**

A

B

C

D

SPAGHETTIS À LA CARBONARA

INGRÉDIENTS POUR 4 PERSONNES

- 400 g de spaghettis
- 200 g de poitrine fumée
- 3 jaunes d'œufs
- 20 cl de crème liquide
- 2 cuillerées à soupe de parmesan
- 2 cuillerées à soupe d'huile d'olive
- Sel, poivre

LA RECETTE

1. Portez une casserole d'eau salée à ébullition, ajoutez une cuillerée d'huile d'olive, et faites cuire les spaghettis en les conservant « al dente ». Une fois cuits, égouttez-les, rafraîchissez-les et réservez. **(A)**

2. Déposez une cuillerée d'huile d'olive dans la poêle et faites revenir à feu doux la poitrine fumée découpée en lardons. Laissez-les prendre une légère coloration. **(B)**

3. Ajoutez ensuite la crème liquide, remuez la préparation, salez légèrement, poivrez. **(C)**

4. Incorporez le parmesan, les jaunes d'œufs, fouettez, éteignez le feu puis ajoutez les spaghettis que vous aurez préalablement passés à l'eau bouillante. Rectifiez l'assaisonnement si nécessaire. Dressez sur le plat de service et servez bien chaud. **(D)**

LES CONSEILS DU CHEF

Faites cuire les spaghettis à l'avance et réservez-les au réfrigérateur, une fois égouttés. Vous pouvez mettre un peu d'huile d'olive pour éviter qu'ils ne collent.

Donnez une légère coloration aux lardons, ce qui dégagera un léger fumet lorsque vous ajouterez la crème fraîche.

VARIANTE

Pour un goût plus prononcé, vous pouvez ajouter une pointe d'ail haché et un peu de basilic ciselé.

10 min

15 min

LES VINS OU LES BOISSONS

Un fitou rouge

A

B

C

D

SPAGHETTIS À LA BOLONAISE

INGRÉDIENTS POUR 6 PERSONNES

- 250 g de chair à saucisse
- 250 g de bœuf haché
- 50 g de poitrine fumée
- 100 g de beurre
- 2 carottes
- 2 oignons
- 3 gousses d'ail
- 4 champignons de Paris
- 4 tomates fraîches
- 25 cl de vin blanc sec
- 3 cuillerées à soupe de concentré de tomate
- 2 cubes de bouillon de bœuf
- 5 cl d'huile d'olive
- 500 g de spaghettis
- 100 g de fromage râpé
- Sel, poivre

35 min

1 h

LES CONSEILS DU CHEF

En fin de cuisson de la bolonaise, donnez un coup de mixeur pour bien éliminer les éventuelles particules de viande un peu grosses.

Faites fondre le beurre dans une casserole avant de l'incorporer aux spaghettis pour les lier.

LES VINS OU LES BOISSONS

Un chianti

LA RECETTE

1. Épluchez et hachez finement les oignons. Dans une cocotte contenant l'huile, faites-les revenir en les laissant prendre une très légère coloration. Ajoutez la chair à saucisse et laissez-la revenir jusqu'à ce que la viande se sépare bien. **(A)**

2. Épluchez et hachez les carottes, les champignons et l'ail. Hachez la poitrine fumée. Ajoutez dans la cocotte les carottes, puis la poitrine fumée, l'ail et les champignons. Salez, poivrez et laissez cuire cinq minutes à feu doux. **(B)**

3. Ajoutez ensuite le bœuf, mélangez et laissez revenir l'ensemble avant d'incorporer les tomates épépinées et concassées, ainsi que le concentré de tomate. Versez le vin blanc et les cubes de bouillon de bœuf délayés dans 30 cl d'eau. Couvrez et laissez cuire une bonne vingtaine de minutes en remuant régulièrement votre préparation. **(C)**

4. Pendant ce temps, portez une casserole d'eau à ébullition. Salez, ajoutez un filet d'huile et faites cuire vos spaghettis « al dente ». En fin de cuisson, égouttez-les, rafraîchissez-les puis réchauffez-les en incorporant le beurre. Servez les spaghettis accompagnés de la sauce bolonaise et de fromage râpé. **(D)**

A

B

C

D

TOMATES À LA PROVENÇALE

INGRÉDIENTS POUR 6 PERSONNES

- 4 belles tomates fermes
- 4 gousses d'ail
- 3 branches de persil
- 1 branche de thym
- 15 cl d'huile d'olive
- 2 cuillerées à soupe de chapelure blanche
- Sel, poivre

LA RECETTE

1. Épluchez l'ail et hachez-le finement. Hachez également le persil, effeuillez le thym et coupez les tomates en deux. **(A)**

2. Épépinez les tomates puis déposez-les dans un plat préalablement passé à l'huile d'olive. Salez, poivrez légèrement les tomates. Mélangez le persil et l'ail haché à la chapelure. **(B)**

3. Ajoutez la fleur de thym à la chapelure, le reste de l'huile d'olive et mélangez la préparation. **(C)**

4. Tapissez délicatement la surface des tomates avec la préparation précédente et passez quatre minutes à four chaud avant de servir. **(D)**

LES CONSEILS DU CHEF

Pour réussir cette recette, utilisez des tomates un peu fermes et passez-les seulement quelques minutes au four pour ne pas trop les ramollir.

VARIANTE

Si vous servez ces tomates en accompagnement d'un plat de poisson, vous pourrez rajouter un petit croisillon de filets d'anchois.

Si au contraire vous les servez avec un plat de viande, mettez une olive noire au centre.

10 min

4 min

LES VINS OU LES BOISSONS

Un vin rouge de Provence

A

B

C

D

TAGLIATELLES AU SAUMON FUMÉ

INGRÉDIENTS POUR 4 PERSONNES

- 400 g de tagliatelles
- 4 tranches de saumon fumé
- 1 pot d'œufs de saumon
- 50 g de beurre
- 20 g de crème liquide
- 2 cuillerées à soupe de parmesan
- 1 jaune d'œuf
- Sel, poivre

10 min

10 min

LES CONSEILS DU CHEF

Ajoutez quelques gouttes d'huile dans l'eau de cuisson des pâtes.

Vous pouvez aussi cuire les pâtes à l'avance et les réserver au réfrigérateur. Il vous suffira de les plonger dans l'eau bouillante pour les réchauffer.

Incorporez le saumon fumé à la dernière minute pour qu'il ne soit pas cuit par la chaleur des pâtes.

LA RECETTE

1. Portez une casserole d'eau légèrement salée à ébullition et plongez-y les tagliatelles. Remuez, faites-les cuire à feu doux tout en les conservant légèrement «al dente». Égouttez-les, rafraîchissez-les et réservez-les. **(A)**

2. Dans une cocotte, déposez la crème liquide, ajoutez le beurre, faites fondre à feu doux, salez, poivrez. Ajoutez les tagliatelles, et remuez l'ensemble. Réchauffez bien. **(B)**

3. Coupez les tranches de saumon fumé en fines lanières puis incorporez-les aux tagliatelles et remuez délicatement l'ensemble. **(C)**

4. Ajoutez le petit pot d'œufs de saumon. Hors du feu, ajoutez le jaune d'œuf puis le parmesan râpé, et mélangez l'ensemble. Dressez sur le plat de service et servez bien chaud. **(D)**

LES VINS OU LES BOISSONS

Un merlot rouge

A

B

C

D

Les viandes

BŒUF BOURGUIGNON

INGRÉDIENTS POUR 4 PERSONNES

- 800 à 900 g de macreuse
- 150 g de poitrine fumée
- 2 oignons
- 2 carottes
- 1 cuillerée à soupe de farine
- 3 clous de girofle
- 1 bouquet garni
- 3 gousses d'ail
- 5 cl d'huile
- 1 noisette de beurre
- 5 cl de marc de Bourgogne
- 1 bouteille de bourgogne rouge
- Sel, poivre

20 min

2 h 30 min

LES CONSEILS DU CHEF

Remuez fréquemment votre bœuf bourguignon en cours de cuisson.

Si l'évaporation est trop importante, rajoutez régulièrement de l'eau pour que la viande soit toujours couverte.

Accompagnez ce plat de pâtes au beurre ou de pommes de terre à l'anglaise.

VARIANTE

Vous pouvez également ajouter, dix minutes avant la fin de la cuisson, une poignée de champignons de Paris coupés en quartiers.

LA RECETTE

1. Épluchez les oignons, les carottes et l'ail, puis coupez l'ensemble en julienne. Dans une cocotte contenant l'huile et le beurre, faites prendre une légère coloration à la viande de bœuf coupée en morceaux. **(A)**

2. Ajoutez les oignons, les carottes et le bouquet garni. Mélangez l'ensemble et laissez revenir à feu doux. **(B)**

3. Coupez la poitrine fumée en lardons, incorporez-la à la viande, ajoutez la farine, l'ail haché, mélangez et laissez étuver une minute à feu doux. **(C)**

4. Salez, poivrez, ajoutez les clous de girofle, flambez avec le marc de Bourgogne et versez la bouteille de vin rouge ; mélangez l'ensemble, portez à ébullition. Rajoutez deux verres d'eau, couvrez et laissez cuire au moins deux heures à feu doux. **(D)**

LES VINS OU LES BOISSONS

Un gigondas

A

B

C

D

BAVETTE À L'ÉCHALOTE

INGRÉDIENTS POUR 4 PERSONNES

- 4 tranches de bavette (environ 800 g)
- 8 belles échalotes
- 1 gousse d'ail
- 2 branches de persil
- 10 cl de vinaigre de vin
- 5 cl d'huile d'arachide
- 40 g de beurre
- Sel, poivre

LA RECETTE

1. Épluchez soigneusement les échalotes, coupez-les en deux dans le sens de la longueur et émincez-les finement. Hachez le persil. **(A)**

2. Dans une poêle contenant l'huile très chaude, faites saisir les tranches de bavette salées et poivrées. Déposez-les sur le plat de service une fois cuites. **(B)**

3. Retirez la graisse de cuisson des tranches de bavette et nettoyez la poêle. Mettez-y le beurre et faites revenir les échalotes émincées à feu doux en remuant régulièrement. Salez et poivrez. En fin de cuisson, ajoutez la gousse d'ail hachée. **(C)**

4. Dès que les échalotes prennent une belle couleur ambrée, versez le vinaigre. Laissez cuire jusqu'à ce qu'il s'évapore et versez les échalotes confites sur les tranches de bavette. Servez bien chaud. **(D)**

LES CONSEILS DU CHEF

Quadrillez les tranches de bavette à l'aide d'un couteau, juste avant de les faire cuire.

Déposez les tranches de bavette dans la poêle lorsque l'huile est très chaude pour les saisir et éviter qu'elles ne perdent leur sang au cours de la cuisson.

N'omettez pas de rajouter le vinaigre avant de verser les échalotes sur la viande.

Accompagnez ce plat d'un légume poché ou de pommes de terre sautées.

VARIANTE

Vous pouvez préparer la même recette avec des entrecôtes.

LES VINS OU LES BOISSONS

Un côtes-du-ventoux rouge

10 min

10 min

A

B

C

D

BŒUF STROGANOFF

INGRÉDIENTS POUR 4 PERSONNES

- 600 g de steak de bœuf
- 5 belles pommes de terre
- 2 oignons
- 100 g de champignons de Paris
- 2 gousses d'ail
- 60 g de saindoux
- 20 cl de crème liquide
- Sel, poivre

LES CONSEILS DU CHEF

Prenez de la viande de bœuf bien tendre pour réaliser ce type de recette.

Vous pouvez la couper en petits cubes, mais en lanières elle sera plus agréable.

Les amateurs ajouteront une petite pincée de piment de Cayenne avec les oignons.

25 min

40 min

LES VINS OU LES BOISSONS

Un moulin-à-vent

LA RECETTE

1. Coupez le steak en fines lanières, déposez une poêle sur le feu avec le saindoux et faites saisir vos lanières de bœuf ; salez-les, poivrez-les, couvrez et laissez cuire une quinzaine de minutes à feu doux. Pendant ce temps, épluchez les pommes de terre, coupez-les en cubes, faites-les revenir avec le reste du saindoux. Salez-les et poivrez-les légèrement. **(A)**

2. Épluchez les oignons, émincez-les finement puis incorporez-les aux lanières de bœuf ; ajoutez l'ail haché, couvrez et laissez cuire environ quinze minutes à feu doux en remuant régulièrement la préparation. **(B)**

3. Coupez le pied terreux des champignons, lavez-les soigneusement, émincez-les et incorporez-les à la préparation précédente. Faites revenir pendant une bonne dizaine de minutes en remuant régulièrement, rectifiez l'assaisonnement si nécessaire. **(C)**

4. Versez les pommes de terre sur l'émincé de bœuf, mélangez, ajoutez la crème fraîche, portez à ébullition. Dressez sur le plat de service et servez bien chaud. **(D)**

A

B

C

D

BŒUF MIRONTON

INGRÉDIENTS POUR 4 PERSONNES

- 600 g de reste de viande cuite
- 4 oignons
- 4 tomates
- 3 gousses d'ail
- 2 cubes de bouillon de bœuf
- 4 branches de persil
- 40 g de beurre
- 15 cl de vinaigre de vin
- 1 cuillerée à café de farine
- 1 cuillerée à soupe de concentré de tomate
- 1 cuillerée à soupe de chapelure
- Sel, poivre

LA RECETTE

1. Épluchez l'ail, hachez-le finement, ainsi que le persil. Coupez la viande de bœuf en fines lamelles. Réservez l'ensemble. **(A)**

2. Épluchez les oignons puis émincez-les finement. Coupez les tomates en deux, épépinez-les et écrasez-les grossièrement. **(B)**

3. Dans une grande poêle, déposez le beurre et faites revenir les oignons à feu jusqu'à ce qu'ils prennent une belle couleur ambrée. Ajoutez l'ail et le persil hachés, saupoudrez de farine et mélangez le tout. Versez le vinaigre, les cubes de bouillon de bœuf délayés dans un verre d'eau, ajoutez les tomates et mélangez. **(C)**

4. Incorporez le concentré de tomate, salez légèrement, poivrez, remuez l'ensemble. Incorporez la viande de bœuf émincée, laissez cuire trois à quatre minutes à feu doux, versez dans un plat à gratin beurré, saupoudrez de chapelure. Au moment de servir, passez une dizaine de minutes à four moyen puis faites gratiner sous le gril et servez chaud. **(D)**

LES CONSEILS DU CHEF

Utilisez un reste de pot-au-feu pour réaliser ce type de recette.

Laissez bien colorer les oignons avant d'incorporer la farine et le vinaigre.

Si votre préparation est trop épaisse, rajoutez un peu d'eau.

30 min

20 min

LES VINS OU LES BOISSONS

Un côtes-du-lubéron

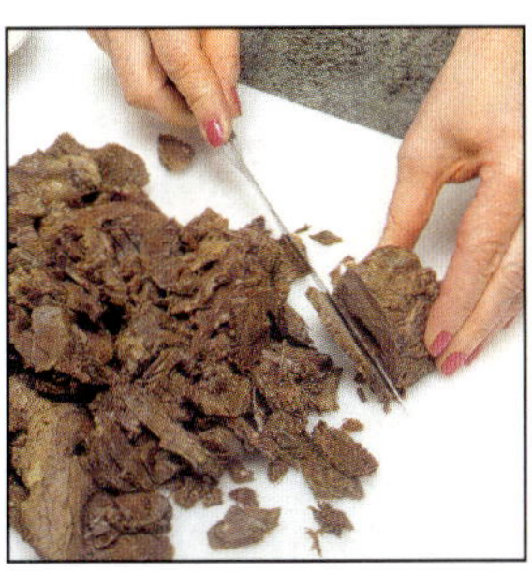

A

B

C

D

CHATEAUBRIAND AUX MORILLES

INGRÉDIENTS POUR 4 PERSONNES

- 1 morceau de filet de bœuf entier (600 à 700 g)
- 100 g de morilles lyophilisées
- 20 g de beurre
- 5 cl d'huile
- 2 échalotes
- 5 cl de cognac
- 1 verre de porto rouge
- 1 cuillerée à soupe de fond de veau
- 20 cl de crème liquide
- Sel, poivre

20 min

20 min

LES CONSEILS DU CHEF

Pour vous faciliter la tâche, faites tremper les morilles la veille et laissez-les une nuit au réfrigérateur.

Lavez les morilles dans plusieurs eaux afin d'en extraire tout le sable.

Il est important de bien laisser flamber le cognac pour en enlever toute l'acidité.

Laissez bien réduire le porto avant d'y ajouter la crème liquide.

L'extérieur du chateaubriand doit être saisi et l'intérieur saignant.

Il s'agit d'un plat de fête, que vous accompagnerez de petits légumes ou de pommes de terre rissolées.

VARIANTE

Vous pouvez préparer des tournedos de la même manière.

LES VINS OU LES BOISSONS

Un bordeaux (château-margaux)

LA RECETTE

1. Prenez le filet de bœuf et aplatissez-le pour obtenir une pièce de viande d'environ 5 à 6 cm d'épaisseur. Chauffez une poêle, versez-y le beurre et l'huile. Salez, poivrez le chateaubriand et faites-le cuire trois à quatre minutes de chaque côté. Une fois cuit, réservez-le. **(A)**

2. Dans la même poêle, faites revenir à feu doux les échalotes préalablement hachées, remuez bien ; laissez-les prendre une belle coloration. Faites tremper les morilles ; une fois bien gonflées, lavez-les soigneusement dans plusieurs eaux et enlevez-leur le pied. **(B)**

3. Ajoutez les morilles dans la poêle, laissez revenir le tout à feu doux. Ajoutez le fond de veau délayé dans 20 cl d'eau. Versez le cognac et flambez la préparation. **(C)**

4. Ajoutez le porto, laissez cuire trois minutes à feu doux puis incorporez la crème fraîche. Portez à ébullition et rectifiez l'assaisonnement si nécessaire. Laissez épaissir quelques instants et nappez le chateaubriand de cette sauce aux morilles. **(D)**

A

B

C

D

BROCHETTES AU BŒUF MARINÉ

INGRÉDIENTS POUR 4 PERSONNES

- 500 g de rumsteck
- 150 g champignons
- 2 oignons
- 2 poivrons
- 2 gousses d'ail
- 3 branches de thym
- 3 feuilles de laurier
- 1 cuillerée à café de paprika
- 1 pincée de piment de Cayenne
- 10 cl d'huile d'olive
- 1 cuillerée à soupe de sauce Worcester
- Sel, poivre

LA RECETTE

1. Épluchez les oignons, coupez-les en grosses lamelles, épluchez l'ail et hachez-le finement ; coupez les poivrons en deux, épépinez-les et coupez-les en morceaux. Coupez le rumsteck en cubes de 2 cm de côté. **(A)**

2. Dans un plat, préparez la marinade : versez l'huile d'olive, ajoutez le thym effeuillé, les feuilles de laurier hachées, l'ail haché, le paprika, une pincée de piment de Cayenne, le sel, le poivre et la sauce Worcester. Mélangez bien l'ensemble, ajoutez les cubes de bœuf et laissez mariner. Dans une poêle contenant un peu d'huile d'olive, faites saisir à feu vif les poivrons et les oignons pendant deux à trois minutes. **(B)**

3. Ajoutez au bœuf mariné les champignons débarrassés de leur pied terreux, soigneusement lavés et coupés en quartiers, puis les poivrons et les oignons préalablement refroidis. Salez légèrement la préparation, mélangez l'ensemble et laissez mariner au réfrigérateur au moins 24 heures. **(C)**

4. Embrochez vos cubes de bœuf en intercalant : lamelles d'oignon, poivrons, champignons. Badigeonnez avec un peu d'huile de la marinade, faites griller, accompagnez d'un riz au safran. **(D)**

LES CONSEILS DU CHEF

Le rumsteck est idéal pour cette recette ; toutefois, le filet de bœuf convient aussi très bien.

Les amateurs ajouteront un jus de citron dans la marinade.

Vous pouvez faire cuire ces brochettes sur le barbecue traditionnel ou, éventuellement, dans une poêle avec très peu d'huile.

Accompagnez ce plat de riz ou d'une bonne salade mélangée.

LES VINS OU LES BOISSONS

Un bandol rosé

25 min

10 min

24 h

A

B

C

D

CHILI CON CARNE

INGRÉDIENTS POUR 4 PERSONNES

- 300 g de haricots rouges
- 400 g de bœuf haché
- 5 cl d'huile
- 1 poivron rouge
- 1 poivron vert
- 2 oignons
- 2 tomates
- 3 gousses d'ail
- 1 bouquet garni
- 3 clous de girofle
- 2 cubes de bouillon de bœuf
- 1 cuillerée à soupe de concentré de tomate
- 1 pincée de piment de Cayenne
- Sel

20 min

1 h
30 min

LES CONSEILS DU CHEF

Pour faciliter la cuisson, faites tremper les haricots rouges la veille.

Ne salez pas trop au départ sinon les haricots resteraient fermes.

VARIANTE

On peut ajouter à cette préparation un peu de poitrine de porc fumée.

LES VINS OU LES BOISSONS

Un côtes-de-bourg

LA RECETTE

1. Épluchez l'oignon, l'ail et hachez-les finement. Coupez les poivrons en deux, épépinez-les et coupez-les en petits cubes. Dans une cocotte contenant l'huile chaude, faites revenir les oignons et les poivrons. Remuez l'ensemble et laissez cuire trois à quatre minutes à feu doux. **(A)**

2. Ajoutez ensuite le bœuf haché, remuez énergiquement pour bien émietter la viande. Ajoutez les clous de girofle, le sel et le piment de Cayenne. **(B)**

3. Incorporez les haricots rouges, les tomates préalablement coupées en deux, épépinées et écrasées grossièrement, ainsi que l'ail haché. **(C)**

4. Délayez le cube de bouillon de bœuf dans deux litres d'eau et versez sur la préparation. Ajoutez le concentré de tomate, le bouquet garni, salez très légèrement. Finissez de couvrir à hauteur avec de l'eau et laissez cuire environ une heure à feu doux. Remuez régulièrement. Si nécessaire, salez la préparation en fin de cuisson. **(D)**

A

B

C

D

CÔTE DE BŒUF À LA MOELLE

INGRÉDIENTS POUR 4 PERSONNES

- 1 côte de bœuf (1,8 à 2 kg)
- 2 os à moelle
- 10 cl d'huile
- Sel, poivre

Sauce
- 2 échalotes
- 50 cl de vin rouge
- 1 noisette de beurre
- 10 cl de porto
- 1 cuillerée à soupe de fond de veau en poudre

Garniture
- 400 g de champignons de Paris
- 200 g de poitrine de porc fumée
- 150 g d'oignons grelots
- 300 g de petits légumes de saison
- 20 g de beurre
- 2 gousses d'ail
- Sel, poivre

LA RECETTE

1. Hachez finement les échalotes, et faites-les revenir dans une casserole avec une noisette de beurre. Ajoutez le vin rouge et laissez réduire de moitié. **(A)**

2. Incorporez la cuillerée de fond de veau délayée dans un verre d'eau, ajoutez le porto, une pincée de sel et de poivre. Fouettez la préparation, laissez réduire à feu doux d'un quart, rectifiez l'assaisonnement si nécessaire, et réservez. **(B)**

3. Coupez le pied terreux des champignons, lavez-les soigneusement et coupez-les en quartiers. Coupez la poitrine fumée en lardons, épluchez les oignons grelots, pochez-les et faites revenir le tout au beurre pendant une bonne dizaine de minutes. Salez, poivrez légèrement. Ajoutez l'ail haché, les petits légumes printaniers et réservez. **(C)**

4. Dans une poêle contenant l'huile bien chaude, saisissez la côte de bœuf préalablement salée et poivrée. Terminez la cuisson au four. Débarrassez les os de leur moelle et laissez dégorger la moelle pendant une nuit, dans de l'eau froide et au réfrigérateur. Le lendemain, faites-la pocher dans une casserole d'eau légèrement salée. Une fois cuite, réservez-la. Dressez la côte de bœuf sur le plat de service accompagnée de sa garniture et de rondelles de moelle saupoudrées d'un peu de gros sel. Nappez de sauce et accompagnez de salade de cresson. **(D)**

LES CONSEILS DU CHEF

Laissez bien dégorger la moelle afin qu'elle perde tout son sang.

Il est recommandé de la pocher la veille, de la réserver et de la réchauffer au moment de servir.

Une fois saisie, faites cuire la côte de bœuf à four très chaud.

Les amateurs la frotteront d'ail et la cuiront saignante.

25 min

15 min

LES VINS OU LES BOISSONS

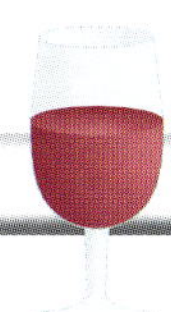

Un chiroubles

A

B

C

D

DAUBE PROVENÇALE

INGRÉDIENTS POUR 6 PERSONNES

- 1,2 kg de gîte à la noix
- 2 oignons
- 2 carottes
- 1 bouquet garni
- 2 gousses d'ail
- 1 branche de céleri
- 4 tomates
- 5 cl d'huile d'olive
- 20 g de saindoux
- 20 olives noires
- 4 clous de girofle
- 1 bouteille de vin blanc sec de Provence
- 1 cuillerée à soupe de farine
- Sel, poivre

20 min

2 h 30 min

LES CONSEILS DU CHEF

Accompagnez cette daube de pommes vapeur.

Vous pouvez améliorer la qualité de votre daube en la faisant mariner pendant 24 heures dans du vin blanc.

Si votre sauce est trop liquide, ajoutez un peu de farine ; si elle est trop épaisse, ajoutez un peu d'eau pour l'éclaircir.

VARIANTE

Vous pouvez également flamber la viande avec de l'armagnac avant de la mouiller avec le vin blanc.

LES VINS OU LES BOISSONS

Un vin blanc de Provence

LA RECETTE

1. Coupez la viande en gros cubes, déposez le saindoux et l'huile d'olive dans une cocotte. Faites dorer vos cubes de viande salés et poivrés. Ajoutez l'oignon et la carotte coupés en julienne. Mélangez l'ensemble et laissez revenir à feu doux. **(A)**

2. Ajoutez l'ail haché et le bouquet garni. Mélangez l'ensemble et incorporez la cuillerée à soupe de farine. **(B)**

3. Ajoutez les clous de girofle, les tomates préalablement coupées en deux, épépinées et concassées, la branche de céleri ciselée, mélangez l'ensemble et laissez étuver quelques instants. **(C)**

4. Versez ensuite le vin blanc sec, mélangez, recouvrez à hauteur avec de l'eau, salez légèrement, poivrez, laissez cuire environ deux heures à petit feu. En fin de cuisson, ajoutez les olives noires et laissez de nouveau cuire quinze minutes avant de servir. **(D)**

A

B

C

D

ENTRECÔTE MARCHAND DE VIN

INGRÉDIENTS POUR 4 PERSONNES

- 4 entrecôtes
- 3 échalotes
- 1 petit bouquet garni
- 1 cube de bouillon de bœuf
- 60 cl de vin rouge
- 20 g de beurre
- 5 cl d'huile
- 1 cuillerée à café de farine
- Sel, poivre

15 min

20 min

LA RECETTE

1. Épluchez et hachez finement les échalotes. Dans une casserole contenant le beurre, faites revenir à feu doux les échalotes en les laissant prendre une légère coloration. **(A)**

2. Dès que les échalotes atteignent une belle couleur ambrée, ajoutez la farine, mélangez et laissez cuire deux minutes avant d'incorporer le bouquet garni. Mouillez la préparation avec le vin rouge. Laissez cuire trois minutes et flambez. **(B)**

3. Lorsque le vin a réduit d'un quart, ajoutez le cube de bouillon de bœuf délayé dans 20 cl d'eau. Portez à ébullition, salez, poivrez légèrement, et laissez réduire de moitié à feu doux. En fin de cuisson, rectifiez l'assaisonnement. **(C)**

4. Au moment de servir, salez et poivrez les entrecôtes. Badigeonnez-les d'huile et faites-les griller. Servez-les bien chaudes, nappées de sauce marchand de vin. **(D)**

LES CONSEILS DU CHEF

Vous pouvez préparer votre sauce la veille et la réserver au réfrigérateur.

Utilisez des vins bien capiteux pour ce type de recette, comme le corbières ou des vins algériens.

Vous pouvez aussi passer votre sauce au tamis fin, pour la rendre bien homogène.

VARIANTE

Les amateurs pourront ajouter une petite rondelle de moelle sur l'entrecôte.

LES VINS OU LES BOISSONS

Un corbières ou un côtes-du-rhône

A

B

C

D

HAMBURGER À LA TOMATE

INGRÉDIENTS POUR 4 PERSONNES

- 400 g de steak haché
- 4 pains à hamburger
- 2 oignons
- 2 échalotes
- 4 tomates
- 1 gousse d'ail
- 2 branches de persil
- 1 pincée de paprika
- 5 cl d'huile
- 1 noisette de beurre
- 4 tranches de poitrine fumée
- 4 fines tranches d'emmental
- 1 œuf
- Sel, poivre

20 min

10 min

LES CONSEILS DU CHEF

Si vous préparez ce plat pour des enfants, évitez de mettre de l'ail et de l'échalote dans la viande hachée.

Passez le toast garni de fromage deux minutes au four pour faire fondre ce dernier.

Accompagnez vos hamburgers de leurs inséparables complices : des pommes frites.

LA RECETTE

1. Coupez trois tomates en deux, épépinez-les et écrasez-les. Hachez finement un oignon et faites-le revenir dans une casserole avec la noisette de beurre. Ajoutez la purée de tomate. Salez très légèrement, poivrez, et laissez-la cuire. Une fois cuite, faites-la refroidir. **(A)**

2. Incorporez à la viande de bœuf les échalotes hachées, l'ail haché, la branche de persil hachée. Salez, poivrez, ajoutez une pincée de paprika, un œuf, puis ajoutez la purée de tomates refroidie. Mélangez énergiquement et confectionnez des hamburgers. **(B)**

3. Faites cuire les hamburgers à la poêle avec un peu d'huile ; la cuisson variera selon votre goût. Une fois cuits, réservez-les. Faites également cuire les quatre tranches de poitrine fumée. Épluchez et coupez l'oignon restant en rondelles ainsi que la tomate. **(C)**

4. Coupez en deux les pains à hamburger et passez-les au four. Disposez en premier une tranche d'emmental sur laquelle vous déposez le hamburger bien chaud. Ajoutez deux rondelles d'oignon, deux rondelles de tomate et refermez le hamburger avant de servir bien chaud. **(D)**

LES VINS OU LES BOISSONS

Un Coca-Cola

A

B

C

D

GRAS-DOUBLE À LA LYONNAISE

INGRÉDIENTS POUR 4 PERSONNES

- 800 g de gras-double
- 7 oignons
- 2 carottes
- 1 bouquet garni
- 6 clous de girofle
- 4 gousses d'ail
- 1 demi-cuillerée à café de poivre en grains
- 30 cl de vin blanc
- 10 cl de vinaigre rouge
- 8 cl d'huile
- Sel, poivre

LA RECETTE

1. Épluchez les oignons et les carottes. Ficelez le bouquet garni. Piquez un oignon de clous de girofle et coupez-en un autre en julienne ainsi que les carottes. Portez une casserole d'eau légèrement salée à ébullition. Incorporez le vin blanc, le gras-double, le bouquet garni, l'oignon piqué de clous de girofle, les carottes et les oignons coupés, et le poivre en grains. Couvrez et faites cuire deux bonnes heures à feu doux en vérifiant la cuisson de temps à autre. **(A)**

2. Une fois cuit, égouttez le gras-double, laissez-le refroidir puis émincez-le finement. **(B)**

3. Coupez les oignons restants en deux puis émincez-les finement. Hachez l'ail. Dans une poêle, faites revenir le gras-double dans l'huile en le remuant régulièrement, salez, poivrez et laissez cuire pendant dix à quinze minutes en remuant. **(C)**

4. Dès que le gras-double a atteint une belle couleur ambrée, ajoutez les oignons émincés. Terminez la cuisson en remuant sans cesse pendant une bonne dizaine de minutes. En fin de cuisson, incorporez l'ail et le vinaigre. Remuez bien l'ensemble, rectifiez l'assaisonnement si nécessaire et servez bien chaud. **(D)**

LES CONSEILS DU CHEF

Faites cuire le gras-double la veille et réservez-le au réfrigérateur.

Faites bien revenir le gras-double : il doit presque diminuer de moitié à la cuisson. Surveillez-le et remuez-le sans cesse.

Mettez les oignons au moment opportun pour qu'ils fondent bien et s'incorporent au gras-double.

15 min

2 h 30 min

LES VINS OU LES BOISSONS

Un beaujolais

A

B

C

D

ONGLET À LA LYONNAISE

INGRÉDIENTS POUR 4 PERSONNES

- 2 onglets
- 3 oignons
- 10 cl de crème liquide
- 1 cuillerée à café de paprika
- 2 cuillerées à soupe de farine
- 4 œufs
- 5 cl d'huile
- 20 g de beurre
- 1 bain de friture
- Sel, poivre

LES CONSEILS DU CHEF

Il est important de bien quadriller la viande à l'aide d'un couteau : l'onglet étant une viande filandreuse, cela facilitera la cuisson.

Remuez bien les oignons en cours de cuisson pour qu'ils soient dorés de chaque côté.

15 min

15 min

VARIANTE

À défaut d'onglet, vous pouvez utiliser de la bavette.

LA RECETTE

1. Coupez les onglets en deux, quadrillez-les légèrement et réservez. Épluchez les oignons et coupez-les en rondelles. Déposez-les dans la crème liquide, salez et poivrez ; ajoutez le paprika, mélangez le tout. Réservez. **(A)**

2. Égouttez les rondelles d'oignon, puis enfarinez-les légèrement ; réservez-les dans une autre assiette. **(B)**

3. Faites frire les rondelles d'oignon en vous aidant d'une écumoire pour les retourner. Dès qu'elles atteignent une belle coloration, réservez-les. **(C)**

4. Dans une poêle contenant l'huile, faites saisir les steaks d'onglet préalablement salés et poivrés. La cuisson variera selon votre goût. Déposez-les sur le plat de service. Faites cuire les œufs au plat avec le beurre ; déposez-en un sur chaque onglet. Accompagnez-les d'oignons frits. **(D)**

LES VINS OU LES BOISSONS

Un côtes-du-rhône

A

B

C

D

LANGUE DE BŒUF SAUCE PIQUANTE

INGRÉDIENTS POUR 4 PERSONNES

- 1 langue de bœuf

Court-bouillon
- 1 carotte
- 2 oignons
- 1 branche de céleri
- 2 gousses d'ail
- 5 clous de girofle
- 1 demi-cuillerée à café de poivre en grains
- 1 bouquet garni
- Sel

Sauce piquante
- 1 oignon
- 10 cl de vinaigre de vin
- 1 noisette de beurre
- 1 pincée de piment de Cayenne
- 4 cuillerées à soupe de cornichons
- 2 tomates
- 2 verres de vin blanc
- 1 cuillerée à soupe de concentré de tomate
- 2 cuillerées à soupe de câpres
- Sel

LA RECETTE

1. Lavez soigneusement la langue. Dans une cocotte, faites bouillir de l'eau salée et plongez-y la langue pendant environ 25 minutes. Pendant ce temps, hachez l'oignon, faites-le revenir avec une noisette de beurre pour réaliser la sauce. Ajoutez les tomates coupées en deux, épépinez-les et écrasez-les grossièrement. Laissez revenir le tout, ajoutez le vinaigre de vin, le vin blanc et le concentré de tomate. Remuez l'ensemble **(A)**

2. Salez légèrement la sauce, laissez cuire à feu doux une quinzaine de minutes. Coupez les cornichons en fine julienne, versez-les dans la sauce ainsi que les câpres. Ajoutez le piment de Cayenne, mélangez, laissez réduire deux minutes et réservez la sauce. **(B)**

3. Épluchez l'ensemble des légumes et coupez-les en morceaux. Ficelez le bouquet garni. Retirez la langue du court-bouillon, passez-la sous l'eau froide puis épluchez-la soigneusement. **(C)**

4. Déposez la langue dans un autocuiseur, et couvrez largement d'eau froide. Ajoutez l'ensemble de la garniture de cuisson : carotte, oignon, céleri, ail, clous de girofle, poivre en grains, bouquet garni et sel. Fermez l'autocuiseur et laissez cuire environ 35 minutes. Une fois cuite, retirez la langue, égouttez-la et coupez-la en tranches, que vous disposerez dans un plat de service en les faisant se chevaucher. Nappez avec la sauce bien chaude et servez. **(D)**

LES CONSEILS DU CHEF

Respectez bien la précuisson de la langue, et épluchez-la après l'avoir rafraîchie.

Si votre sauce est un peu liquide, ajoutez un peu de farine pour la lier.

Vous pouvez également rajouter dans la sauce quelques petits oignons blancs au vinaigre.

Si vous cuisez la langue de manière traditionnelle dans une cocotte, comptez environ deux heures de cuisson.

LES VINS OU LES BOISSONS

Un saint-joseph rouge

30 min

1 h

A

B

C

D

ROSBIF MARINÉ

INGRÉDIENTS POUR 4 PERSONNES

- 1 rôti de bœuf (700 à 800 g)

Marinade

- 1 carotte
- 1 oignon
- 3 gousses d'ail
- 1 bouquet garni
- 1 branche de céleri
- 1 demi-cuillerée à café de poivre en grains
- 5 clous de girofle
- 75 cl de vin rouge
- 1 citron
- 5 cl de cognac
- 20 g de beurre
- 5 cl d'huile
- 20 cl de crème liquide
- Sel, poivre

20 min

45 min

24 h

LES CONSEILS DU CHEF

Laissez mariner le rôti au moins 24 heures ; l'idéal est de le laisser macérer 48 heures.

Ensuite, saisissez-le bien et laissez-le prendre une belle coloration.

La cuisson variera selon votre goût, saignant, à point ou bien cuit.

N'omettez pas de dégraisser la cocotte avant d'y verser la marinade passée au tamis fin.

La réduction avec du vin permet d'enlever l'acidité de la marinade.

Accompagnez ce plat de petites tomates farcies ou de pâtes au beurre.

LES VINS OU LES BOISSONS

Un châteauneuf-du-pape

LA RECETTE

1. Épluchez l'oignon, la carotte et l'ail ; émincez le tout, ainsi que la branche de céleri. Déposez le rôti dans un saladier, ajoutez-y les légumes émincés ainsi que le bouquet garni. **(A)**

2. Ajoutez le poivre et les clous de girofle. Recouvrez le rôti avec le vin rouge. Versez le jus de citron, le cognac et salez légèrement. Mélangez et laissez mariner au moins 24 heures au réfrigérateur. **(B)**

3. Égouttez le rôti, essuyez-le, salez et poivrez. Déposez une cocotte sur le feu, versez-y l'huile et le beurre, et faites rôtir votre pièce de bœuf. Retournez-la de temps à autre. Aux trois quarts de la cuisson, retirez le rôti, dégraissez la cocotte et versez-y la marinade passée au tamis. Laissez réduire de moitié en remuant régulièrement. **(C)**

4. Incorporez la crème liquide dans la préparation précédente, remuez énergiquement. Rectifiez l'assaisonnement si nécessaire. Laissez réduire d'un quart et servez votre rôti mariné accompagné de cette sauce préalablement passée au tamis fin. **(D)**

A

B

C

D

POT-AU-FEU

INGRÉDIENTS POUR 4 PERSONNES

- 500 g de gîte à la noix
- 300 g de jarret de bœuf
- 100 g de poitrine fumée

Bouillon
- 2 oignons
- 5 clous de girofle
- 1 bouquet garni
- 3 gousses d'ail
- 1 branche de céleri
- 1 carotte
- Sel
- 1 demi-cuillerée à café de poivre en grains

Légumes
- 3 carottes
- 2 navets
- 1 demi-céleri
- 2 poireaux
- 1 quart de chou vert
- 4 pommes de terre

LA RECETTE

1. Déposez le gîte, le jarret et la poitrine fumée dans une casserole d'eau froide et portez à ébullition. Au bout d'une demi-heure de cuisson, égouttez la viande et rafraîchissez-la. Changez l'eau de la casserole, portez de nouveau à ébullition et plongez-y la viande blanchie. **(A)**

2. Incorporez les ingrédients du bouillon : un oignon coupé en deux dont vous aurez brûlé la section sur votre gazinière, un oignon piqué de clous de girofle, le bouquet garni, les gousses d'ail, le poivre en grains, une carotte, une branche de céleri. Salez légèrement, couvrez et laissez cuire environ une heure et quart à feu doux. **(B)**

3. Épluchez le reste des légumes (carottes, pommes de terre, navets); coupez-les en morceaux. Nettoyez les poireaux, le céleri, le chou et réservez-les. **(C)**

4. Vingt minutes avant la fin de la cuisson, décantez votre pot-au-feu, passez le bouillon au tamis fin, déposez de nouveau la viande, ajoutez l'ensemble des légumes et laissez cuire à feu doux une bonne vingtaine de minutes avant de servir le tout bien chaud. **(D)**

LES CONSEILS DU CHEF

Le fait de blanchir la viande permet d'éliminer toutes les impuretés.

Après une heure et demie de cuisson, passez le bouillon de votre pot-au-feu au tamis fin afin de retirer les clous de girofle, le poivre en grains et les légumes de cuisson.

30 min

1 h 45 min

LES VINS OU LES BOISSONS

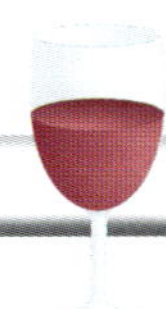

Un côtes-de-bourg

A

B

C

D

TOURNEDOS À LA FRICASSÉE DE GIROLLES

INGRÉDIENTS POUR 4 PERSONNES

- 4 tournedos (700 à 800 g)
- 1 kg de girolles
- 2 échalotes
- 2 gousses d'ail
- 1 branche de persil
- 20 g de beurre
- 5 cl d'huile
- 1 cuillerée à soupe de fond de veau
- 1 demi-verre de porto
- 20 cl de crème liquide
- Sel, poivre

20 min

20 min

LES CONSEILS DU CHEF

Vous pouvez réaliser le même type de recette en utilisant un filet de bœuf entier que vous ferez cuire comme un rôti ; vous n'aurez plus alors qu'à le trancher.

Lavez les girolles dans plusieurs eaux successives pour en éliminer tout le sable.

Réduisez le porto afin qu'il dégage tout son parfum dans la sauce.

Accompagnez ce plat de pommes paille (recette p. 136).

LES VINS OU LES BOISSONS

Un aloxe-corton

LA RECETTE

1. Épluchez les échalotes et l'ail. Hachez-les finement. Dans une poêle contenant le beurre, faites revenir les échalotes hachées. **(A)**

2. Une fois les échalotes légèrement colorées, ajoutez les girolles, soigneusement nettoyées et égouttées. Salez-les, poivrez-les et laissez revenir une dizaine de minutes à feu doux en remuant régulièrement. En fin de cuisson, ajoutez l'ail et le persil haché, faites revenir de nouveau et réservez. **(B)**

3. Dans une poêle, versez l'huile, faites saisir les tournedos salés et poivrés. Une fois cuits, déposez-les sur le plat de service. Délayez le fond de veau dans un verre d'eau, versez dans la poêle, laissez réduire quelques instants à feu doux, ajoutez le porto et laissez de nouveau réduire. **(C)**

4. Versez la crème liquide dans la préparation précédente, remuez, rectifiez l'assaisonnement si nécessaire. Servez les tournedos nappés de cette sauce et accompagnés de la fricassée de girolles. **(D)**

A

B

C

D

STEAK TARTARE

INGRÉDIENTS POUR 4 PERSONNES

- 600 g de bœuf cru haché
- 4 œufs
- 1 oignon
- 1 cuillerée à soupe de câpres
- 2 gousses d'ail
- 2 branches de persil
- 10 cl d'huile
- Ketchup
- 1 cuillerée à soupe de vinaigre
- 1 cuillerée à soupe de moutarde
- Sauce Worcester
- Sel, poivre

LA RECETTE

1. Faites cuire deux œufs durs, rafraîchissez-les, coupez-les en deux, séparez le blanc du jaune et hachez finement le jaune. Hachez le persil, l'oignon, l'ail et réservez l'ensemble. **(A)**

2. Dans un saladier, déposez la viande de bœuf hachée, ajoutez deux jaunes d'œufs, la moutarde, l'oignon haché et les câpres. **(B)**

3. Incorporez l'ail et le persil hachés, ajoutez le vinaigre et le ketchup. **(C)**

4. Mélangez l'ensemble, incorporez la sauce Worcester, salez légèrement, poivrez puis émulsionnez la préparation avec l'huile. Dressez votre steak tartare au milieu d'une assiette, décorez en intercalant des petits triangles de persil, de jaunes d'œufs et de blancs d'œufs hachés. Servez accompagné de pommes frites. **(D)**

LES CONSEILS DU CHEF

Hachez la viande de bœuf à la dernière minute.

Commencez par hacher l'ensemble des ingrédients, réservez le tout au réfrigérateur, et incorporez-les à la dernière minute.

Pour obtenir un tartare léger, émulsionnez-le bien à l'huile lorsque vous aurez incorporé tous les ingrédients.

Vous pouvez ajouter une pointe de Tabasco dans la préparation.

15 min

LES VINS OU LES BOISSONS

Un picpoul de pinet

A

B

C

D

TOURNEDOS AU POIVRE

Bœuf

INGRÉDIENTS POUR 4 PERSONNES

- 4 tournedos (700 à 800 g)
- 1 cuillerée à soupe de poivre noir en grains
- 5 cl d'huile
- 1 noisette de beurre
- 10 cl de cognac
- 1 cuillerée à soupe de fond de veau en poudre
- 20 cl de crème liquide
- Sel

15 min

15 min

LES CONSEILS DU CHEF

Pour écraser le poivre, utilisez un pilon ou concassez-le grossièrement dans un robot.

Il est très important de mettre le poivre en premier sur les tournedos et de les saler ensuite, sinon l'humidité du sel décollerait le poivre.

Si votre sauce est trop épaisse, vous ajouterez un peu d'eau avant d'en napper les tournedos.

LA RECETTE

1. Concassez le poivre puis saupoudrez-en les tournedos. Salez légèrement, versez l'huile et une noisette de beurre dans la poêle et faites saisir les tournedos. Retournez-les et gardez-les saignants ou à point, selon votre goût. Délayez le fond de veau dans un verre d'eau, portez-le à ébullition et réservez. **(A)**

2. Lorsque les tournedos sont cuits, faites chauffer le cognac, versez-le sur les tournedos et flambez la préparation. Déposez les tournedos sur le plat de service et réservez. **(B)**

3. Versez le fond de veau dans la poêle, mélangez l'ensemble et laissez réduire de moitié à feu doux en remuant régulièrement. **(C)**

4. Ajoutez la crème liquide en fouettant énergiquement la préparation. Portez à ébullition pendant deux minutes, rectifiez l'assaisonnement si nécessaire. Nappez les tournedos au poivre de cette sauce et servez-les bien chauds accompagnés de grosses pommes frites. **(D)**

LES VINS OU LES BOISSONS

Un santenay rouge

A

B

C

D

TOURNEDOS AUX CÈPES

INGRÉDIENTS POUR 4 PERSONNES

- 4 tournedos (700 à 800 g)
- 1 kg de cèpes en boîte
- 50 g de beurre
- 10 cl d'huile
- 1 cuillerée à soupe de fond de veau en poudre
- 20 cl de crème liquide
- 15 cl de porto rouge
- 2 gousses d'ail
- 3 branches de persil
- Sel, poivre

LA RECETTE

1. Versez l'huile dans une poêle et faites saisir les tournedos préalablement salés et poivrés. Retournez-les. Une fois cuits, déposez-les sur le plat de service et réservez. Portez 20 cl d'eau à ébullition, ajoutez le fond de veau en fouettant énergiquement. Portez de nouveau à ébullition et réservez. **(A)**

2. Égouttez les cèpes. Dans une poêle contenant le beurre, faites-les revenir en les retournant régulièrement. Salez et poivrez. **(B)**

3. Ajoutez l'ail et le persil finement hachés, rectifiez l'assaisonnement des champignons et réservez-les au chaud. **(C)**

4. Dans la poêle de cuisson des champignons, versez le porto, laissez-le réduire de moitié et flambez-le. Ajoutez le fond de veau lié et la crème liquide. Mélangez l'ensemble. Rectifiez l'assaisonnement et amenez à ébullition pendant deux ou trois minutes. Dressez les cèpes avec les tournedos, nappez de la sauce au porto et servez bien chaud. **(D)**

LES CONSEILS DU CHEF

Faites bien saisir les tournedos et cuisez-les selon votre goût ; réservez-les en les tenant au chaud.

Si votre sauce est trop épaisse, rajoutez un peu d'eau pour la diluer.

15 min

20 min

LES VINS OU LES BOISSONS

Un bergerac rouge

A

B

C

D

ANDOUILLETTES À LA MOUTARDE

INGRÉDIENTS POUR 4 PERSONNES

- 4 andouillettes de Troyes
- 2 échalotes
- 2 branches de persil
- 20 cl de vin blanc
- 20 g de beurre
- 3 cuillerées à soupe de moutarde à l'ancienne
- 15 cl de crème liquide
- 600 g de pommes de terre
- Sel, poivre

LES CONSEILS DU CHEF

Vous pouvez passer votre sauce au tamis fin pour éviter les petits grains de moutarde qui pourraient être désagréables.

Les andouillettes peuvent également être servies avec des épinards au beurre.

15 min

25 min

LES VINS OU LES BOISSONS

Un rosé de Provence

LA RECETTE

1. Épluchez les pommes de terre, coupez-les en morceaux et faites-les cuire à l'anglaise dans une casserole d'eau légèrement salée. Une fois cuites, réservez-les. Dans une poêle contenant le beurre, déposez les andouillettes, faites-les cuire à feu doux après les avoir piquées pour qu'elles n'éclatent pas en cours de cuisson. Salez et poivrez-les légèrement. **(A)**

2. Une fois cuites, versez sur les andouillettes l'échalote et le persil hachés. Laissez revenir l'ensemble à feu doux. **(B)**

3. Incorporez ensuite les 20 cl de vin blanc, laissez cuire pendant deux à trois minutes puis retirez les andouillettes et déposez-les sur un plat de service. Laissez réduire votre sauce à petit feu. **(C)**

4. Ajoutez la moitié de la moutarde à l'ancienne dans la sauce, fouettez énergiquement. Laissez cuire pendant deux minutes puis incorporez la crème liquide et remuez. Laissez cuire une minute à feu doux. Réservez la sauce. Au moment de servir, badigeonnez les andouillettes avec le reste de la moutarde. Passez-les deux minutes sous le grill de votre four et servez-les avec les pommes de terre à l'anglaise. **(D)**

A

B

C

D

ANDOUILLETTES SAUCE PIQUANTE

INGRÉDIENTS POUR 4 PERSONNES

- 4 andouillettes
- 2 cuillerées à soupe de moutarde
- 3 cuillerées à soupe de chapelure
- 1 cuillerée à café de paprika
- 5 cl d'huile

Sauce
- 1 poivron
- 2 tomates
- 1 demi-avocat
- 1 échalote
- 2 gousses d'ail
- 1 demi-piment fort
- 5 cl de vinaigre
- 5 cl d'huile d'olive
- Le jus d'un citron
- 1 demi-verre d'eau
- 1 cuillerée à café de moutarde
- Sel, poivre

LA RECETTE

1. Coupez le poivron en deux, épépinez-le et coupez-le en petits morceaux. Faites de même avec le piment fort. Coupez également l'avocat et les tomates en petits morceaux. Hachez l'échalote et l'ail. **(A)**

2. Pour la sauce piquante : versez le poivron, les tomates, l'avocat, l'échalote, l'ail et le piment fort dans le bol du mixeur. Ajoutez le jus d'un citron, l'huile, le vinaigre, le demi-verre d'eau et la moutarde. Salez légèrement, poivrez et mixez bien l'ensemble. Si votre sauce est trop épaisse, rajoutez un peu d'huile et rectifiez l'assaisonnement. Mixez de nouveau et réservez la sauce. **(B)**

3. Incorporez le paprika à la chapelure, badigeonnez les andouillettes avec un mélange de moutarde et d'huile, puis roulez les andouillettes dans la chapelure. Réservez-les. **(C)**

4. Au moment de servir, déposez un grill sur la plaque de votre gazinière, arrosez légèrement d'huile les andouillettes, faites-les griller à feu doux en les retournant régulièrement. Servez-les bien chaudes, accompagnées de sauce piquante. **(D)**

LES CONSEILS DU CHEF

Il est important de mixer l'ensemble des ingrédients à la dernière minute pour éviter que la sauce ne s'oxyde.

Faites aussi griller les andouillettes à la dernière minute.

Accompagnez ces andouillettes de tomates grillées ou de tomates à la provençale.

20 min

15 à 20 min

LES VINS OU LES BOISSONS

Un côtes-de-Beaune rouge

A

B

C

D

BOUDIN À LA PURÉE DE CHÂTAIGNES

INGRÉDIENTS POUR 4 PERSONNES

- 4 beaux boudins noirs
- 600 g de châtaignes fraîches
- 1 demi-litre de lait
- 2 pommes
- 120 g de beurre
- 10 cl de crème fraîche
- 5 cl d'huile
- Sel, poivre

30 min

25 min

LES CONSEILS DU CHEF

Il importe de bien éplucher la petite peau marron des châtaignes pour en faciliter la cuisson ; la purée sera alors bien plus onctueuse. N'omettez pas de saler légèrement vos châtaignes en début de cuisson.

Vous pouvez napper les boudins d'un peu de beurre fondu.

VARIANTE

Vous pouvez également saupoudrer les pommes d'un peu de cannelle.

LES VINS OU LES BOISSONS

Un pomerol

LA RECETTE

1. Épluchez les châtaignes, faites-les blanchir puis retirez la petite peau marron. Portez le lait à ébullition, salez, poivrez légèrement et faites-y cuire les châtaignes. **(A)**

2. Épluchez les pommes, émincez-en une, coupez l'autre en quartiers et faites saisir-les dans une poêle contenant un peu de beurre. Une fois cuites, retirez-les et réservez-les **(B)**

3. Égouttez les châtaignes, puis passez-les au tamis fin. Ajoutez le lait de cuisson, fouettez énergiquement. Incorporez le beurre et la crème fraîche. Fouettez, portez à ébullition, rectifiez l'assaisonnement si nécessaire et réservez. **(C)**

4. Dans une poêle contenant une noisette de beurre et l'huile, faites cuire à feu doux les boudins en les retournant de temps à autre. Déposez les pommes sur le plat de service, avec un peu de purée de châtaignes ; servez le reste à part. **(D)**

A

B

C

D

DUO DE BOUDINS EN FEUILLETAGE

INGRÉDIENTS POUR 4 PERSONNES

- 2 boudins blancs
- 2 boudins noirs
- 4 fines tranches de jambon de Bayonne
- 300 g de pâte feuilletée
- 6 oignons
- 2 cuillerées à soupe de sucre
- 10 cl de vinaigre de vin
- 1 œuf

40 min

35 min

LA RECETTE

1. Épluchez les oignons puis émincez-les finement. Faites-les revenir à feu doux dans une casserole, ajoutez le sucre et laissez caraméliser en remuant régulièrement. Lorsque les oignons atteignent une belle couleur ambrée, versez le vinaigre et laissez cuire jusqu'à évaporation. Réservez votre confiture d'oignons. **(A)**

2. Coupez les boudins dans le sens de la longueur. Accolez les demi-boudins noirs et les demi-boudins blancs et maintenez-les en les enveloppant dans une fine tranche de jambon de Bayonne. Réservez. **(B)**

3. Étalez la pâte feuilletée et confectionnez quatre rectangles pouvant recevoir les boudins. Déposez un boudin sur chaque rectangle, puis une cuillerée de confiture d'oignons. Badigeonnez le pourtour de la pâte à l'œuf battu. Roulez le boudin dans la pâte feuilletée et pincez bien les bords. **(C)**

4. Déposez les feuilletés aux boudins sur la tôle du four, badigeonnez-les à l'œuf battu et faites cuire une vingtaine de minutes à four moyen. **(D)**

LES CONSEILS DU CHEF

Servez les boudins accompagnés d'épinards au beurre.

Le plus délicat consiste à bien maintenir les boudins ensemble : utilisez pour cela de fines tranches de Bayonne ou de bacon et enroulez-lez bien serré autour des boudins.

Mettez la confiture d'oignons sur le boudin quand celle-ci est complètement refroidie.

Il est également important de bien humecter la pâte feuilletée avec l'œuf battu pour rendre la préparation étanche.

LES VINS OU LES BOISSONS

Un pauillac rouge

A

B

C

D

Porc

BOUDINS BLANCS ÉTUVÉS AUX ÉPINARDS

INGRÉDIENTS POUR 4 PERSONNES

- 4 beaux boudins blancs
- 1,2 kg d'épinards en branches
- 50 g de beurre
- 5 cl d'huile
- 2 tomates
- 2 échalotes
- 2 gousses d'ail
- 2 branches de persil
- Sel, poivre

20 min

20 min

LES CONSEILS DU CHEF

Il est préférable de faire cuire les boudins à feu très doux. N'oubliez pas de les piquer à la fourchette avant la cuisson pour éviter qu'ils n'éclatent.

Laissez cuire les épinards dans leur propre jus, sans ajouter d'eau, ils n'en seront que meilleurs. Lavez-les bien pour éliminer tous les grains de sable.

LES VINS OU LES BOISSONS

Un gaillac blanc

LA RECETTE

1. Triez soigneusement les épinards, retirez les grosses côtes, lavez-les soigneusement dans plusieurs eaux en terminant par une eau légèrement vinaigrée. Égouttez-les et essorez-les bien. Faites fondre 40 g de beurre dans une cocotte, ajoutez les épinards, salez légèrement, poivrez et remuez-les pour les faire fondre. Laissez cuire trois à quatre minutes, éteignez le feu et réservez. **(A)**

2. Épluchez les échalotes et les gousses d'ail, et hachez-les finement. Hachez également le persil. Coupez les tomates en deux, épépinez-les et coupez-les en petits cubes. **(B)**

3. Dans une poêle contenant l'huile et le reste du beurre, faites cuire à feu doux vos boudins en les retournant régulièrement. Salez et poivrez.

4. Dans la poêle de cuisson du boudin, faites revenir les échalotes pendant environ trois minutes en remuant régulièrement. Ajoutez l'ail, les tomates concassées, salez légèrement, poivrez et laissez cuire deux minutes à feu doux. En fin de cuisson, ajoutez le persil haché, remuez, nappez le fond du plat de cette préparation. Dressez les boudins accompagnés d'épinards et servez bien chaud. **(C)**

A

B

C

BROCHETTES DE PORC MARINÉ

INGRÉDIENTS POUR 4 PERSONNES

- 1 filet de porc (500 à 600 g)
- 100 g de poitrine de porc fumée
- 2 rognons de porc
- 2 branches de thym
- 3 feuilles de laurier
- 2 gousses d'ail
- 1 citron
- 2 oignons
- 1 poivron
- 2 tomates
- 1 demi-ananas
- 1 cuillerée à soupe de miel
- 1 cuillerée à café de paprika
- 10 cl d'huile
- Sel, poivre

LA RECETTE

1. Coupez la poitrine de porc fumée en petits dés. Retirez la graisse des rognons, coupez-les en morceaux, et détaillez le filet de porc en petits cubes. Mettez dans un saladier l'huile, le jus de citron, l'ail haché, le miel et le paprika. Fouettez énergiquement. Ajoutez les rognons, le filet et la poitrine ; mélangez et laissez mariner au moins deux à trois heures. **(A)**

2. Épluchez les oignons, coupez-les en quartiers. Coupez le poivron en deux, épépinez-le et coupez-le également en cubes. Coupez les tomates en quatre et le demi-ananas en morceaux après avoir retiré la partie dure du centre. **(B)**

3. Confectionnez les brochettes en intercalant poivron, oignons, feuilles de laurier, ananas, poitrine de porc fumée, filet de porc et rognons. Saupoudrez l'ensemble de fleur de thym, salez légèrement, poivrez et réservez. **(C)**

4. Faites chauffer votre barbecue. Au moment de servir, badigeonnez les brochettes avec la marinade et faites-les bien cuire en les retournant régulièrement. **(D)**

LES CONSEILS DU CHEF

Faites bien mariner la viande, elle n'en sera que meilleure.

Faites bien cuire la viande, car il s'agit de viande de porc.

VARIANTE

Vous pouvez éventuellement rajouter dans la marinade la valeur d'une cuillerée à café de harissa pour relever le goût de vos brochettes.

LES VINS OU LES BOISSONS

Un beaujolais village

A

B

C

D

25 min

15 min

3 h

CHOUCROUTE ALSACIENNE

INGRÉDIENTS POUR 6 PERSONNES

- 1,5 kg de choucroute cuite
- 2 oignons
- 2 gousses d'ail
- 1 bouquet garni
- 1 cuillerée à soupe de baies de genièvre
- 20 cl de vin blanc sec
- 50 g de saindoux

Charcuterie

- 1 jarret de porc salé
- 1 morceau de poitrine de porc salée
- 6 saucisses de Strasbourg
- 6 saucisses de Francfort
- 6 tranches de saucisson à l'ail
- 6 tranches de jambon de Paris
- 6 pommes de terre
- Sel, poivre

25 min

40 min

LES CONSEILS DU CHEF

Utilisez de préférence du chou précuit ; cela vous facilitera la tâche et ne demandera qu'une quinzaine de minutes de préparation. Vous pouvez également utiliser du chou cru ; dans ce cas, comptez une bonne heure de cuisson.

Faites cuire le jarret de porc la veille et réservez-le au réfrigérateur.

Pour faciliter la cuisson du jarret, vous pouvez utiliser un autocuiseur.

Ne faites pas bouillir la charcuterie, sinon elle éclaterait...

Servez ce plat bien chaud avec de la moutarde.

VARIANTE

Vous pouvez aussi ajouter une saucisse de Morteau.

LES VINS OU LES BOISSONS

Une bière blonde ou un riesling

LA RECETTE

1. Épluchez les oignons, émincez-les finement. Mettez le saindoux dans une cocotte. Une fois fondu, faites revenir à feu doux les oignons en laissant prendre une très légère coloration. Ajoutez les baies de genièvre. **(A)**

2. Incorporez la choucroute, salez légèrement et poivrez ; versez le vin blanc, ajoutez l'ail, remuez, et laissez cuire à feu doux en remuant régulièrement. **(B)**

3. Épluchez les pommes de terre. Faites-les cuire à l'anglaise dans une casserole d'eau salée et réservez. Portez une autre casserole d'eau à ébullition, plongez-y le bouquet garni, poivrez et faites cuire le jarret de porc. **(C)**

4. Au moment de servir, chauffez l'ensemble de la charcuterie dans de l'eau légèrement salée. Disposez la choucroute au centre du plat, déposez le jarret cuit, intercalez la charcuterie, disposez les pommes de terre à l'anglaise et servez ce plat bien chaud. **(D)**

A

B

C

D

CÔTES DE PORC À L'ESTRAGON

INGRÉDIENTS POUR 4 PERSONNES

- 4 côtes de porc
- 2 échalotes
- 2 branches d'estragon
- 1 cuillerée à soupe de fond de veau
- 10 cl de vinaigre à l'estragon
- 1 cuillerée à soupe de farine
- 5 cl d'huile
- 1 noisette de beurre
- Sel, poivre

LA RECETTE

1. Épluchez et hachez finement les échalotes. Réservez-les. Salez, poivrez puis farinez les côtes de porc. Mettez-les dans une poêle contenant le beurre et l'huile et laissez-les cuire deux à trois minutes de chaque côté. Déposez-les sur le plat de service. **(A)**

2. Ajoutez dans la poêle de cuisson les échalotes hachées, faites-les revenir en remuant à l'aide d'une cuiller en bois. Quand elles sont légèrement colorées, ajoutez le vinaigre à l'estragon, mélangez et laissez réduire de moitié à feu doux. **(B)**

3. Délayez le fond de veau dans 20 cl d'eau et versez sur la préparation précédente ; remuez le tout en laissant réduire à feu doux. **(C)**

4. Après trois minutes de cuisson, ajoutez les feuilles d'estragon ciselées, mélangez, rectifiez l'assaisonnement si nécessaire. Nappez les côtes de porc de cette sauce et servez-les bien chaudes, accompagnées de tagliatelles au beurre. **(D)**

LES CONSEILS DU CHEF

Il est important de faire cuire les côtes de porc à feu doux pour éviter qu'elles ne se dessèchent.

Veillez à ne pas laisser brûler les échalotes lorsque vous les ferez revenir.

Laissez bien réduire le vinaigre afin d'enlever toute acidité à la sauce.

VARIANTE

Les amateurs pourront ajouter deux cuillerées à soupe de crème fraîche dans la sauce en fin de cuisson, et quelques câpres.

LES VINS OU LES BOISSONS

Un côtes-de-bourg

5 min

15 min

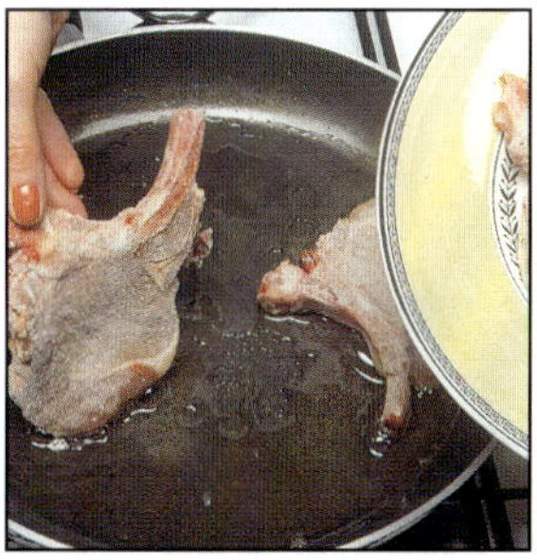

A

B

C

D

CÔTES DE PORC À LA CHARCUTIÈRE

INGRÉDIENTS POUR 4 PERSONNES

- 4 côtes de porc
- 2 tranches de jambon de Paris
- 8 cornichons
- 3 cuillerées à soupe de câpres
- 2 échalotes
- 2 gousses d'ail
- 20 g de beurre
- 1 grosse cuillerée à soupe de moutarde
- 30 cl de vin blanc sec
- Sel, poivre

20 min

15 min

LES CONSEILS DU CHEF

Il est important de faire cuire les côtes de porc à feu doux, car la viande de porc se mange plutôt cuite.

Une fois les échalotes légèrement colorées, dégraissez au maximum votre poêle.

Accompagnez ces côtes de porc de courgettes farcies.

VARIANTE

Les amateurs pourront ajouter, avec le vin blanc, un filet de vinaigre.

LES VINS OU LES BOISSONS

Un madiran rouge

LA RECETTE

1. Épluchez les échalotes et l'ail. Hachez-les finement. Coupez les cornichons et le jambon de Paris en fins bâtonnets. Réservez l'ensemble. **(A)**

2. Salez et poivrez les côtes de porc. Déposez le beurre dans une poêle et faites cuire les côtes de porc à feu doux en les retournant de temps à autre. Une fois cuites, réservez-les. **(B)**

3. Dans la poêle de cuisson, ajoutez les échalotes, laissez-les blondir, incorporez l'ail haché, puis ajoutez le jambon et les cornichons. Mélangez, laissez étuver l'ensemble. **(C)**

4. Versez ensuite le vin blanc, ajoutez les câpres, salez légèrement et poivrez si nécessaire. Portez à ébullition puis ajoutez la moutarde en la diluant à l'aide d'une cuiller en bois. Laissez mijoter quelques instants avant de napper les côtes de porc de cette préparation. **(D)**

A

B

C

D

ÉCHINE DE PORC MARINÉ

INGRÉDIENTS POUR 4 PERSONNES

- 1 rôti de porc dans l'échine de 800 g environ
- 300 g de champignons de Paris
- 1 carotte
- 1 oignon
- 1 branche de thym
- 2 feuilles de laurier
- 3 clous de girofle
- 2 branches de persil
- 2 gousses d'ail
- 10 cl de vinaigre
- 1 demi-cuillerée à café de poivre en grains
- 1 bouteille de bourgogne
- 5 cl d'huile
- 1 noisette de beurre
- 2 cubes de bouillon de bœuf
- 1 cuillerée à soupe de farine
- Sel, poivre

LA RECETTE

1. Épluchez, la carotte, l'oignon, l'ail et émincez-les finement. Déposez-les dans un saladier ; ajoutez le thym, le laurier, les clous de girofle, le poivre en grains et les branches de persil. Versez le vinaigre, déposez le rôti de porc, versez le vin, mélangez l'ensemble et laissez mariner au moins 48 heures. **(A)**

2. Sortez le rôti de la marinade, égouttez-le et séchez-le bien. Salez-le, poivrez-le et faites-le colorer dans une cocotte avec le beurre et l'huile. Une fois bien coloré, saupoudrez-le de farine, faites-le revenir de nouveau quelques instants. **(B)**

3. Passez la marinade au tamis fin sur le rôti de porc, salez légèrement, poivrez, couvrez et laissez cuire environ une heure à feu doux en remuant de temps à autre. **(C)**

4. À mi-cuisson, ajoutez les deux cubes de bouillon de bœuf délayés dans 40 cl d'eau, ainsi que les champignons préalablement équeutés, soigneusement lavés et coupés en quartiers. Couvrez, laissez cuire encore vingt minutes, retirez le rôti de sa sauce, rectifiez l'assaisonnement si nécessaire. Tranchez le rôti de porc, nappez-le de sauce et servez bien chaud. **(D)**

LES CONSEILS DU CHEF

Pour réaliser ce type de recette, vous pouvez aussi utiliser de l'épaule de porc.

VARIANTE

Les amateurs pourront rajouter un peu de cognac dans la marinade.

20 min

1 h 20 min

48 h

LES VINS OU LES BOISSONS

Un bourgogne rouge

A

B

C

D

CÔTES DE PORC BOULANGÈRES

INGRÉDIENTS POUR 4 PERSONNES

- 4 côtes de porc
- 3 oignons
- 600 g de pommes de terre
- 2 branches de persil
- 2 feuilles de laurier
- 3 gousses d'ail
- 2 branches de thym
- 8 cl d'huile
- 1 cube de bouillon de volaille
- 1 cuillère à soupe de moutarde
- Sel, poivre

LES CONSEILS DU CHEF

Donnez une bonne coloration aux côtes de porc : ce sont elles qui parfumeront vos pommes de terre.

Faites colorer également les oignons qui donneront du goût à votre préparation.

Ne salez pas trop, le cube de volaille contient déjà du sel.

30 min

50 min

VARIANTE

Cette recettepeut aussi être réalisée avec du rôti de porc dans l'échine, ou encore des côtes d'agneau.

Vous pouvez agrémenter ce plat de cœurs de fenouil coupés en deux, que vous aurez fait cuire 35 minutes à l'eau bouillante salée.

LES VINS OU LES BOISSONS

Un saumur champigny

LA RECETTE

1. Salez légèrement et poivrez les côtes de porc. Faites-les cuire dans une poêle contenant un peu d'huile. Donnez-leur une bonne coloration et réservez-les. **(A)**

2. Épluchez les pommes de terre, taillez-les en fines lamelles et réservez-les. Épluchez les oignons, émincez-les. Dans une poêle, faites revenir les oignons avec le reste de l'huile en leur faisant prendre une légère coloration. **(B)**

3. Tapissez le fond d'un plat à gratin avec les deux tiers des pommes de terre. Parsemez d'ail haché, de branches de thym et de feuilles de laurier, puis déposez une couche d'oignons. Recouvrez le tout de côtes de porc. **(C)**

4. Déposez le reste des pommes de terre et des oignons sur les côtes de porc. Délayez le cube de bouillon de volaille dans 30 cl d'eau, ajoutez la cuillerée à soupe de moutarde. Salez légèrement, poivrez et versez sur la préparation. Terminez la cuisson à four moyen pendant environ 35 minutes. Au moment de servir, saupoudrez de persil haché et servez bien chaud. **(D)**

A

B

C

D

FILET MIGNON DE PORC À LA SAVOYARDE

INGRÉDIENTS POUR 4 À 6 PERSONNES

- 2 filets mignons de porc (900 g)
- 8 pommes de terre
- 1 demi-reblochon
- 3 cuillerées à soupe de moutarde à l'ancienne
- 2 cuillerées à café de cumin
- 1 cuillerée à soupe de farine
- 5 cl d'huile
- 1 œuf
- Sel, poivre

LA RECETTE

1. Lavez soigneusement les pommes de terre. Faites-les cuire en robe des champs dans une casserole d'eau salée. Une fois cuites, égouttez-les et réservez-les. **(A)**

2. Nettoyez soigneusement les filets mignons, salez et poivrez. Chauffez l'huile dans une poêle et faites-les saisir en leur donnant une belle coloration. Égouttez-les et réservez-les. **(B)**

3. Mélangez la moutarde et le cumin, puis ajoutez un œuf, une cuillerée à soupe de farine, et badigeonnez les filets mignons avec cette préparation. Déposez les filets sur du film étirable, enveloppez-les en faisant plusieurs tours et ficelez chaque extrémité. **(C)**

4. Faites cuire pendant environ 25 minutes les rouleaux de filets mignons au « cuit vapeur ». Pendant ce temps, coupez les pommes de terre en deux, retirez une partie de la chair à l'aide d'une cuiller. Remplissez avec un morceau de reblochon. Au moment de servir, tranchez les rouleaux, passez les pommes de terre sous le grill du four et servez bien chaud. **(D)**

LES CONSEILS DU CHEF

Passez les pommes de terre sous le grill du four en les maintenant horizontales pour éviter au reblochon de couler ; vous pouvez les caler avec un petit socle de papier aluminium.

VARIANTE

Vous pouvez aussi servir le filet arrosé d'une sauce composée de quatre tranches de bacon finement coupées, que vous ferez revenir dans 15 g de beurre avec un oignon et une gousse d'ail hachés, et 35 cl de vin blanc.

20 min

35 min

LES VINS OU LES BOISSONS

Un vin blanc de Savoie

A

B

C

D

FILET DE PORC DES ÎLES

Porc

INGRÉDIENTS POUR 4 PERSONNES

- 1 beau filet de porc
- 1 boîte d'ananas en tranches
- 1 cuillerée à soupe de farine
- 2 cuillerées à soupe de sucre
- 15 cl de vinaigre de cidre
- 1 cuillerée à soupe de fond de veau en poudre
- 20 g de beurre
- 5 cl d'huile
- Sel, poivre

25 min

20 min

LES CONSEILS DU CHEF

Faites cuire la viande de porc à feu doux, et terminez éventuellement la cuisson au four.

Surtout, ne laissez pas brûler le caramel qui donnerait un goût amer à la sauce.

Accompagnez ce plat de pommes de terre à l'anglaise, de tomates grillées ou d'épinards.

Passez la sauce au tamis avant de la verser sur les médaillons de porc, elle sera plus onctueuse.

LES VINS OU LES BOISSONS

Un moulin-à-vent

LA RECETTE

1. Dénervez le filet de porc, retirez les parties graisseuses et coupez-le en quatre parts égales. Salez légèrement, poivrez et roulez dans la farine les quatre médaillons de porc. **(A)**

2. Dans une poêle contenant la moitié du beurre et de l'huile, faites colorer les tranches d'ananas à feu vif et réservez-les. Dégraissez la poêle et faites cuire les médaillons de porc à feu doux dans le reste du beurre et de l'huile, en les retournant de temps à autre. Une fois cuits, réservez-les. **(B)**

3. Dégraissez de nouveau la poêle, versez le sucre et laissez caraméliser en remuant avec une cuiller en bois. Dès que le sucre atteint une belle couleur ambrée, versez le vinaigre de cidre et laissez réduire de moitié. **(C)**

4. Délayez le fond de veau dans 20 cl d'eau, mélangez, versez dans la poêle, salez légèrement, poivrez et laissez réduire de moitié en remuant régulièrement. Dressez les médaillons de porc sur le plat de service entre deux tranches d'ananas. Nappez de sauce et servez bien chaud. **(D)**

A

B

C

D

HAM-STEAK HAWAÏEN

INGRÉDIENTS POUR 4 PERSONNES

- 2 tranches de jambon épaisses (1 cm)
- 4 fines tranches de poitrine fumée
- 8 tranches d'ananas
- 2 oignons
- 5 cl d'huile

10 min

15 min

LA RECETTE

1. Dans une poêle contenant la moitié de l'huile, faites griller les tranches d'ananas en les retournant de temps à autre. Une fois cuites, réservez-les. **(A)**

2. Déposez dans la poêle les fines tranches de poitrine fumée et faites-les dorer de chaque côté. Épluchez les oignons et coupez-les en rondelles épaisses. **(B)**

3. Déposez les oignons dans la poêle et faites-les griller de chaque côté en les retournant de temps à autre. **(C)**

4. Déposez le reste de l'huile dans la poêle et faites cuire les tranches de jambon. Coupez-les en deux, déposez-les sur le plat de service surmontées d'une tranche de poitrine fumée, d'oignons grillés et de tranches d'ananas. **(D)**

LES CONSEILS DU CHEF

Demandez à votre charcutier de vous réserver des tranches épaisses de jambon et coupez-les en deux par la suite : vos steaks seront bien meilleurs.

Faites-les cuire à la dernière minute, à la poêle ou au grill, selon votre goût.

VARIANTE

Vous pouvez accompagner ces steaks hawaïens d'une sauce au porto ou d'un beurre fondu.

LES VINS OU LES BOISSONS

Un bordeaux rouge

A

B

C

D

GRATIN DE JAMBON AUX ENDIVES

INGRÉDIENTS POUR 4 PERSONNES

- 4 belles tranches de jambon (dans la noix)
- 4 grosses endives
- 1 citron
- 1 cuillerée à café de farine

Sauce Béchamel
- 1 demi-litre de lait
- 100 g de beurre
- 30 g de farine
- 1 pincée de muscade
- 100 g de fromage râpé
- Sel, poivre

20 min

20 min

LES CONSEILS DU CHEF

Si vos endives sont un peu amères, ajoutez un morceau de sucre pendant la cuisson.

La farine dans l'eau de cuisson a pour but de conserver vos endives bien blanches.

Pour réussir votre sauce Béchamel, il est important d'incorporer le lait bouillant dans le roux froid ou l'inverse, le lait froid dans le roux chaud : cette astuce évite la formation de grumeaux.

LA RECETTE

1. Nettoyez soigneusement les endives. Portez une casserole d'eau à ébullition, ajoutez le jus du citron et les endives, puis incorporez une cuillerée de farine délayée dans 10 cl d'eau. Couvrez et laissez cuire les endives à feu doux. **(A)**

2. Faites fondre le beurre dans une casserole, ajoutez les 30 g de farine, mélangez bien, laissez cuire quelques minutes puis versez le lait en fouettant énergiquement. Ajoutez une pointe de muscade, salez, poivrez légèrement, amenez à ébullition et réservez votre sauce Béchamel. **(B)**

3. Une fois cuites, égouttez et pressez les endives pour en extraire le maximum d'eau ; ensuite, enroulez chaque endive dans une tranche de jambon, et disposez-les dans un plat à gratin préalablement beurré. **(C)**

4. Nappez vos rouleaux de jambon aux endives de sauce Béchamel, saupoudrez de fromage râpé et faites gratiner à four chaud pendant une quinzaine de minutes avant de servir. **(D)**

LES VINS OU LES BOISSONS

Un bourgogne aligoté

A

B

C

D

JAMBONNEAU À L'AUVERGNATE

INGRÉDIENTS POUR 4 PERSONNES

- 1 jambonneau demi-sel fumé
- 4 saucisses fumées cuites
- 200 g de poitrine demi-sel
- 400 g de lentilles vertes
- 4 carottes
- 2 branches de céleri
- 1 oignon
- 3 gousses d'ail
- 1 bouquet garni
- 50 g de saindoux
- 1 demi-cuillerée à café de poivre en grains
- 4 clous de girofle

LA RECETTE

1. Laissez fondre le saindoux dans une cocotte et faites colorer le jambonneau et la poitrine de porc en les retournant de temps à autre. Pendant ce temps, épluchez les carottes, le céleri et l'ail. Coupez la moitié des carottes en rondelles, la moitié du céleri et la moitié de l'ail puis versez-les sur le jambonneau et la poitrine de porc. Ajoutez le bouquet garni, le poivre, les clous de girofle et laissez revenir l'ensemble. Recouvrez d'eau et laissez cuire environ 40 minutes à feu doux. **(A)**

2. Coupez le reste des carottes et du céleri en bâtonnets, hachez le reste de l'ail et de l'oignon, réservez l'ensemble. **(B)**

3. Retirez le jambonneau et la poitrine de la cocotte. Passez le bouillon au tamis fin, versez à nouveau sur le jambonneau, incorporez les saucisses fumées, les carottes et le céleri coupés en bâtonnets, l'ail et l'oignon hachés. Rectifiez l'assaisonnement si nécessaire et laissez cuire de nouveau une dizaine de minutes. **(C)**

4. Versez maintenant les lentilles soigneusement lavées, couvrez et laissez cuire l'ensemble une vingtaine de minutes à feu doux. Servez bien chaud. **(D)**

LES CONSEILS DU CHEF

Pour accélérer la cuisson, servez-vous d'un autocuiseur.

N'omettez pas de passer le bouillon de la première cuisson du jambonneau avant de cuire les lentilles.

C'est un plat qui se réchauffe très bien le lendemain.

Servez-le accompagné d'un peu de gros sel et de moutarde.

LES VINS OU LES BOISSONS

Un bourgogne rouge

20 min

1 h 30 min

A

B

C

D

JAMBON D'YORK AU XÉRÈS

INGRÉDIENTS POUR 4 PERSONNES

- 4 tranches épaisses de jambon d'York
- 200 g de champignons de Paris
- 20 g de beurre
- 2 échalotes
- 1 cuillerée à café de poivre rose
- 1 cuillerée à café de farine
- 10 cl de xérès
- 20 cl de crème liquide
- Sel

15 min

15 min

LES CONSEILS DU CHEF

Faites bien saisir le jambon pour qu'il prenne une légère coloration.

Attention à ne pas laisser brûler les échalotes dans la poêle.

Ajoutez un peu plus de xérès à votre sauce si elle est trop épaisse.

Accompagnez ce plat de pommes de terre à l'anglaise.

LA RECETTE

1. Faites fondre le beurre dans une poêle, et lorsqu'il est bien chaud, faites saisir les tranches de jambon en les retournant de temps à autre. Une fois légèrement colorées, déposez-les sur le plat de service. Épluchez et hachez finement l'échalote ; lavez soigneusement les champignons, enlevez le pied terreux, puis émincez-les. **(A)**

2. Dans la poêle de cuisson du jambon, incorporez les échalotes hachées, laissez-les revenir à feu doux, puis ajoutez les champignons émincés, le poivre rose, remuez l'ensemble et laissez étuver trois à quatre minutes. **(B)**

3. Ajoutez la farine, mélangez l'ensemble et ajoutez le xérès. Portez à ébullition. **(C)**

4. Ajoutez ensuite la crème liquide, salez légèrement et portez de nouveau à ébullition. Lorsque votre sauce est homogène, nappez-en les tranches de jambon d'York et servez bien chaud. **(D)**

LES VINS OU LES BOISSONS

Un minervois rouge

A

B

C

D

PIEDS DE PORC PANÉS

INGRÉDIENTS POUR 4 PERSONNES

- 4 pieds de porc
- 2 carottes
- 2 oignons
- 1 branche de céleri
- 3 gousses d'ail
- 2 branches d'estragon
- 1 branche de thym
- 2 feuilles de laurier
- 3 branches de persil
- 5 clous de girofle
- 30 cl de vin blanc
- 1 verre de chapelure
- 1 demi-cuillerée à café de poivre en grains
- 2 cuillerées à soupe de moutarde
- 30 g de beurre
- Gros sel

Porc

LA RECETTE

1. Fendez les pieds de porc en deux (ou faites-les fendre par votre boucher). Déposez-les dans une marmite d'eau froide, salez légèrement, portez à ébullition. Laissez bouillir deux à trois minutes puis retirez les pieds de porc, égouttez-les, nettoyez-les soigneusement, grattez-les et passez-les à la flamme. **(A)**

2. Épluchez les oignons, piquez-les de clous de girofle, coupez les carottes en deux et ficelez le bouquet garni (thym, laurier, persil). **(B)**

3. Dans un autocuiseur, déposez les pieds de porc blanchis et nettoyés, ajoutez les carottes, les oignons, le céleri, l'ail, l'estragon, le bouquet garni, les clous de girofle, le poivre en grains, le gros sel et le vin blanc. Fermez l'autocuiseur et laissez cuire environ 40 minutes à feu doux. **(C)**

4. Ouvrez l'autocuiseur, retirez les pieds de porc, égouttez-les et laissez-les refroidir aux trois quarts. Retirez l'ensemble des os superflus, badigeonnez les pieds de porc avec la moutarde, roulez-les dans la chapelure. Déposez-les sur la plaque du four préalablement beurrée. Au moment de servir, faites-les rôtir pendant environ une quinzaine de minutes. Arrosez-les de beurre fondu. **(D)**

LES CONSEILS DU CHEF

Si vous n'utilisez pas d'autocuiseur, il faudra compter deux bonnes heures de cuisson dans une marmite normale.

Déposez une noisette de beurre sur chaque pied de porc avant de les passer au four.

Servez-les bien chauds accompagnés de pommes frites.

40 min

40 min
autocuiseur

LES VINS OU LES BOISSONS

Un vin de Corbières

A

B

C

D

PALETTE DE PORC AUX LENTILLES

INGRÉDIENTS POUR 4 PERSONNES

- 1 belle palette de porc demi-sel
- 400 g de lentilles
- 4 carottes
- 2 oignons
- 3 gousses d'ail
- 1 bouquet garni
- 4 clous de girofle
- 1 demi-cuillerée à café de poivre en grains
- 20 g de beurre

20 min

1 h
10 min

LES CONSEILS DU CHEF

Il vaut mieux faire dessaler la palette de porc la veille, dans de l'eau, et la garder au réfrigérateur.

Les lentilles peuvent nécessiter une cuisson un peu plus longue ; vérifiez donc qu'elles sont cuites avant de les retirer du feu. Pour activer leur cuisson, vous pouvez les faire tremper à l'avance.

Il est important de passer le jus de cuisson de la palette de porc avant de mouiller les lentilles pour éliminer les grains de poivre.

Salez les lentilles en cas de besoin.

LES VINS OU LES BOISSONS

Un givry ou un corbières

LA RECETTE

1. Coupez deux carottes en rondelles et le reste en bâtonnets. Hachez l'ail, ficelez le bouquet garni, hachez finement un oignon, et piquez l'autre avec des clous de girofle. **(A)**

2. Faites dessaler la palette de porc pendant environ quatre heures. Portez une casserole d'eau à ébullition et faites blanchir la palette de porc pendant quatre à cinq minutes. Retirez-la, changez l'eau, plongez-y de nouveau la palette, puis incorporez deux carottes émincées, le bouquet garni, l'oignon piqué de clous de girofle et le poivre en grains. Couvrez et laissez cuire environ 40 minutes à feu doux. **(B)**

3. Dans une autre cocotte, faites revenir l'oignon haché dans le beurre. Dès qu'il atteint une belle couleur ambrée, ajoutez les carottes coupées en bâtonnets, l'ail haché et les lentilles. **(C)**

4. Mouillez les lentilles avec le jus de cuisson de la palette passé au tamis fin. Ajoutez maintenant la palette dans les lentilles, couvrez et laissez cuire à feu doux une vingtaine de minutes avant de servir le tout bien chaud. **(D)**

A

B

C

D

PORC SAUTÉ AUX LÉGUMES CHINOIS

INGRÉDIENTS POUR 4 PERSONNES

- 600 g de porc maigre
- 300 g de chou chinois
- 1 poivron
- 2 carottes
- 1 concombre
- 100 g de germes de soja
- 100 g de champignons noirs
- 1 demi-oignon
- 2 gousses d'ail
- 1 morceau de gingembre frais
- 2 ciboules (petits oignons verts)
- 5 cl d'huile
- 4 cuillerées à soupe de vinaigre
- 1 cuillerée à soupe de sauce soja
- 2 cuillerées à soupe de poudre de fond de veau
- 1 cuillerée à café de fécule de pommes de terre
- Sel, poivre

LA RECETTE

1. Épluchez le concombre, les oignons et les carottes ; hachez finement les oignons, coupez les carottes en bâtonnets ainsi que le concombre et le poivron ; émincez finement le chou chinois et coupez la viande de porc en très fines lamelles. **(A)**

2. Dans une marmite contenant l'huile très chaude, faites saisir et rissoler la viande de porc, ajoutez l'oignon et l'ail hachés ; incorporez les carottes, le chou chinois, le poivron et le concombre. **(B)**

3. Ajoutez la sauce soja, délayez le fond de veau en poudre dans un demi-litre d'eau, ajoutez la fécule de pommes de terre et mélangez le tout ; versez sur la viande de porc, salez, poivrez et terminez la cuisson à couvert pendant cinq minutes. **(C)**

4. Ajoutez le gingembre râpé, les germes de soja, les champignons, et les ciboules finement ciselées. Versez le vinaigre et laissez étuver trois ou quatre minutes à feu doux. **(D)**

LES CONSEILS DU CHEF

Il est important de découper la viande de porc en fines lamelles et de bien la faire revenir.

Rajoutez les légumes lorsque la viande, une fois rissolée, est aux trois quarts cuite. Les légumes doivent rester légèrement croquants.

20 min

35 min

LES VINS OU LES BOISSONS

Un sancerre rosé

A

B

C

D

POTÉE PAYSANNE

INGRÉDIENTS POUR 4 PERSONNES

- 1 jambonneau demi-sel
- 400 g de poitrine de porc salée
- 4 saucisses fumées
- 1 chou vert
- 4 carottes
- 4 petits navets
- 4 pommes de terre
- 2 branches de céleri
- 1 oignon
- 1 bouquet garni
- 4 clous de girofle
- 1 demi-cuillerée à café de poivre en grains

LES CONSEILS DU CHEF

Faites dessaler votre jambonneau la veille.

Les légumes doivent cuire progressivement suivant leur temps de cuisson respectif, cela évitera de les écraser.

Accompagnez cete potée d'un peu de moutarde et de cornichons.t

20 min

1 h
15 min

LA RECETTE

1. Faites dessaler le jambonneau de porc et la poitrine pendant quelques heures, lavez-les et déposez-les dans une marmite d'eau froide. Ajoutez le bouquet garni, l'oignon piqué de clous de girofle, le poivre en grains et laissez cuire la viande. **(A)**

2. Pendant la cuisson du jambonneau et de la poitrine, épluchez les carottes, les navets et les pommes de terre. Nettoyez soigneusement le chou et coupez-le en quartiers. **(B)**

3. Au bout d'une demi-heure de cuisson, ajoutez les saucisses fumées, les carottes coupées en bâtonnets, les quartiers de chou vert, couvrez et laissez cuire encore trente minutes à feu doux. **(C)**

4. Ajoutez ensuite les branches de céleri, les navets et les pommes de terre. Rectifiez l'assaisonnement si nécessaire, et laissez cuire de nouveau une quinzaine de minutes avant de servir bien chaud. **(D)**

LES VINS OU LES BOISSONS

Un madiran

A

B

C

D

TRAVERS DE PORC À L'INDONÉSIENNE

INGRÉDIENTS POUR 4 PERSONNES

- 4 petits travers de porc de 300 g chacun
- 1 oignon
- 2 échalotes
- 3 gousses d'ail
- 2 branches de thym
- 1 morceau de gingembre
- 1 citron
- 2 pincées de piment
- 4 cuillerées à soupe de sauce soja
- 1 cuillerée à soupe de concentré de tomate
- 3 cuillerées à soupe de vinaigre de xérès
- 1 cube de bouillon de bœuf
- 2 cuillerées à soupe de sucre
- 10 cl d'huile
- 1 boîte de vermicelle chinois
- Sel, poivre

LA RECETTE

1. Épluchez l'ail, l'oignon, le gingembre et hachez-les finement. Pressez le citron et effeuillez le thym. **(A)**

2. Déposez les travers de porc dans un récipient. Ajoutez-y l'ail, l'oignon, le thym effeuillé, le gingembre haché, la sauce soja, le jus de citron, le piment et le vinaigre de xérès. Versez un peu d'huile, salez, poivrez et remuez. Laissez mariner au moins 24 heures au réfrigérateur. **(B)**

3. Déposez un peu d'huile dans une casserole et faites revenir les deux échalotes hachées. Ajoutez le concentré de tomate, une pincée de piment en poudre, le sucre et laissez cuire la préparation à feu doux. Délayez ensuite le cube de bouillon de bœuf dans 20 cl d'eau, ajoutez-le, remuez et laissez cuire trois ou quatre minutes avant de passer la sauce au tamis fin. Vérifiez l'assaisonnement et réservez-la. **(C)**

4. Au moment de servir, sortez les travers de porc de leur marinade, égouttez-les. Déposez-les sur la grille de votre barbecue et faites-les cuire huit minutes de chaque côté. Servez-les nappés de sauce et accompagnés de vermicelles chinois que vous aurez plongés trois minutes dans de l'eau bouillante. **(D)**

LES CONSEILS DU CHEF

Choisissez des travers de porc assez charnus.

Vous pouvez réaliser votre sauce la veille, elle se conserve très bien.

Servez les travers de porc à l'indonésienne avec des vermicelles chinois ou un riz créole.

VARIANTE

Laissez caraméliser le sucre et déglacez cette préparation avec un peu de vinaigre ou de marinade.

Si vous aimez les plats épicés, rajoutez une cuillerée à café de chili dans la sauce.

LES VINS OU LES BOISSONS

Un côtes-de-provence rosé

20 min

30 min

24 h

A

B

C

D

BROCHETTES À L'ORIENTALE

INGRÉDIENTS POUR 4 PERSONNES

- 2 rouelles de gigot d'agneau (600 g environ)
- 250 g de foies de volaille
- 150 g de poitrine de porc fumée
- 1 poireau
- 4 oignons
- 2 tomates
- 1 citron
- 3 gousses d'ail
- 5 cl d'huile d'olive
- 40 cl de vin rouge
- 1 branche de thym
- 1 demi-cuillerée à café de cumin
- 1 demi-cuillerée à café de coriandre en poudre
- Sel, poivre

Sauce

- 1 demi-boîte de tomates pelées
- 5 cl de sauce Worcester
- 1 demi-cuillerée à café de Tabasco
- 1 gousse d'ail
- 5 cl d'huile

LES CONSEILS DU CHEF

Retirez bien les nerfs et les parties fielleuses des foies.

Laissez mariner vos brochettes au moins 24 heures, elles n'en seront que meilleures.

N'omettez pas de les badigeonner à l'huile avant de les faire griller.

Servez votre sauce tomate froide avec les brochettes bien chaudes.

25 min

10 min

24 h

LES VINS OU LES BOISSONS

Un côtes-de-provence

LA RECETTE

1. Épluchez les oignons, réservez-en deux pour confectionner les brochettes. Hachez finement les deux autres oignons et l'ail. Ciselez le poireau après l'avoir soigneusement nettoyé. Versez ces ingrédients dans un saladier, ajoutez l'huile d'olive et le vin rouge. **(A)**

2. Dégraissez les rouelles d'agneau, retirez les nerfs, coupez-les en cubes ; faites de même avec les foies de volaille et la poitrine fumée. Versez la viande dans la marinade. Ajoutez le cumin, la branche de thym effeuillée, la coriandre, salez, poivrez, ajoutez le jus du citron et laissez mariner au moins une nuit au réfrigérateur. **(B)**

3. Préparez la sauce : dans un bol, versez les tomates pelées et concassez-les. Ajoutez la gousse d'ail hachée, la sauce Worcester, le Tabasco et l'huile. Mélangez bien l'ensemble et réservez. **(C)**

4. Coupez les deux oignons restants en quartiers, faites de même avec les tomates et confectionnez les brochettes en intercalant : viande d'agneau, tomate, oignon, foie, lardons. Faites griller les brochettes ; la cuisson variera selon votre goût. Servez-les accompagnées de la sauce tomate et de riz. **(D)**

A

B

C

D

CARRÉ D'AGNEAU À LA MOUTARDE

INGRÉDIENTS POUR 4 PERSONNES

- 1 carré d'agneau (de 1 kg environ)
- 2 cuillerées à soupe de moutarde à l'ancienne
- 3 gousses d'ail
- 5 cl d'huile
- 2 cuillerées à soupe de chapelure
- 2 branches de thym
- 3 feuilles de laurier
- 1 demi-cuillerée à café d'origan
- 1 cuillerée à soupe de fond de veau en poudre
- Sel, poivre

Tomates à la provençale

- 4 tomates
- 3 gousses d'ail
- 2 cuillerées à soupe de chapelure
- 4 branches de persil
- 8 cl d'huile d'olive
- Sel
- Poivre

LA RECETTE

1. Épluchez l'ail, hachez-le finement ainsi que le persil, mélangez avec la chapelure ; versez l'huile d'olive et mélangez de nouveau. Coupez les tomates en deux, salez-les légèrement, poivrez-les et recouvrez la surface de persillade à la chapelure. Déposez-les dans un plat allant au four et réservez-les. **(A)**

2. Effeuillez le thym, ciselez les feuilles de laurier et mélangez le tout avec l'origan. Épluchez l'ail, coupez-le en petits bâtonnets. Piquez le carré d'agneau avec la pointe d'un couteau et enfoncez-y les morceaux d'ail. Frottez le carré d'agneau avec le mélange d'herbes ; salez et poivrez. Déposez le carré d'agneau dans un plat allant au four, versez l'huile et faites saisir au four bien chaud (190 °C) pendant vingt minutes. **(B)**

3. Une fois le carré d'agneau aux trois quarts cuit, sortez-le du four ; badigeonnez-le de moutarde à l'ancienne et saupoudrez de chapelure. Repassez le carré d'agneau pendant cinq à six minutes à four très chaud. Faites cuire les tomates à la provençale pendant cinq minutes. **(C)**

4. Délayez la cuillerée à soupe de fond de veau dans 20 cl d'eau, versez dans le plat de cuisson de l'agneau, préalablement dégraissé. Remettez de nouveau quelques minutes au four. Découpez le carré d'agneau en côtelettes, et dressez-les sur le plat de service avec les tomates à la provençale. Laissez réduire le jus de moitié puis passez-le au tamis fin. Nappez les côtelettes de cette sauce et servez bien chaud. **(D)**

LES CONSEILS DU CHEF

Préparez les tomates à la provençale à l'avance et réservez-les au réfrigérateur. Vous les passerez au four quatre à cinq minutes, aussitôt après avoir retiré votre carré d'agneau.

Vous pouvez également badigeonner le carré d'agneau avec de la moutarde forte de Dijon.

N'omettez pas de saupoudrer votre carré d'agneau de chapelure pour fixer les grains de moutarde sur la viande.

Veillez à verser le fond de veau délayé dans le plat de cuisson, et non pas sur la chapelure et la moutarde du carré.

LES VINS OU LES BOISSONS

Un bordeaux rouge

20 min

40 min

A

B

C

D

CARRÉ D'AGNEAU AUX FINES HERBES

INGRÉDIENTS POUR 4 PERSONNES

- 1 carré d'agneau (900 g à 1,2 kg)
- 1 bouquet de cerfeuil
- 2 branches d'estragon
- 1 bouquet de ciboulette
- 3 branches de persil
- 2 branches de menthe
- 1 oignon
- 2 gousses d'ail
- 1 carotte
- 1 branche de céleri
- 15 cl d'huile d'olive
- 20 cl de vin blanc
- 3 cuillerées à soupe de chapelure
- 1 cuillerée à soupe de fond de veau
- Sel, poivre

25 min

30 min

LES CONSEILS DU CHEF

Servez ce plat avec une fricassée de champignons.

Évitez de laisser brûler la garniture lors de la cuisson du carré d'agneau ; si tel était le cas, rajoutez un peu d'eau dans le plat.

La préparation de chapelure aux fines herbes doit bien adhérer au carré d'agneau de façon à former une croûte à la cuisson, que vous pourrez couper et servir à vos convives.

LES VINS OU LES BOISSONS

Un saint-amour

LA RECETTE

1. Épluchez l'oignon et l'ail. Hachez l'ensemble finement. Épluchez la carotte et coupez-la en petits dés. Ciselez la branche de céleri et hachez les fines herbes. Dans un récipient, déposez l'ail, la chapelure et l'ensemble des herbes, excepté les feuilles de menthe. Mélangez le tout, rajoutez six ou sept centilitres d'huile d'olive et réservez la préparation. **(A)**

2. Dans un plat à four, déposez la carotte, le céleri et l'oignon émincés. Salez et poivrez le carré d'agneau, arrosez-le du reste d'huile d'olive et faites-le cuire à four chaud pendant une quinzaine de minutes, en le retournant de temps à autre. **(B)**

3. Versez le vin blanc sur le carré d'agneau et ajoutez le fond de veau délayé dans 20 cl d'eau. Poursuivez la cuisson pendant encore cinq ou six minutes. **(C)**

4. Recouvrez le dessus du carré avec la préparation à base de chapelure et de fines herbes ; faites-les bien adhérer à la viande. Passez le jus de cuisson au tamis fin et ajoutez-y les feuilles de menthe ciselées. Passez de nouveau au four chaud, ou sous le grill du four quatre à cinq minutes. Dressez le carré d'agneau et accompagnez-le de la sauce à la menthe. **(D)**

A

B

C

D

CÔTELETTES D'AGNEAU À LA NIÇOISE

INGRÉDIENTS POUR 4 PERSONNES

- 8 côtelettes d'agneau
- 4 belles tomates
- 10 cl d'huile d'olive
- 4 gousses d'ail
- 2 branches de thym
- 1 branche de romarin
- 20 olives noires
- 3 filets d'anchois
- Sel, poivre

LA RECETTE

1. Effeuillez le thym dans un ramequin, ciselez finement le romarin. Plongez les tomates dans l'eau bouillante pendant une minute puis pelez-les. Coupez-les en deux, épépinez-les et coupez-les en petits dés. Réservez l'ensemble. **(A)**

2. Dans une casserole contenant la moitié de l'huile d'olive, faites saisir quelques secondes les dés de tomates ; poivrez légèrement. **(B)**

3. Ajoutez le romarin, les feuilles de thym, l'ail finement haché, remuez et réservez. **(C)**

4. Salez très légèrement les côtelettes d'agneau, poivrez et faites-les cuire dans une poêle avec le reste de l'huile d'olive. Dégraissez la poêle, ajoutez les olives noires, la préparation précédente et les filets d'anchois hachés finement. Laissez cuire trente secondes. Dressez les côtelettes d'agneau sur un plat de service, nappez-les de sauce tomate et servez bien chaud. **(D)**

LES CONSEILS DU CHEF

Ne salez pas les tomates ; salez très légèrement les côtelettes d'agneau car les anchois contiennent suffisamment de sel.

Faites cuire très légèrement les tomates, votre plat n'en sera que meilleur.

Accompagnez ce plat d'un risotto au poulet, par exemple.

10 min

15 min

LES VINS OU LES BOISSONS

Un rosé de Provence

A

B

C

D

CÔTES D'AGNEAU PANÉES

INGRÉDIENTS POUR 4 PERSONNES

- 8 côtes d'agneau
- 2 bottes d'asperges vertes
- 4 cuillerées à soupe de chapelure
- 3 œufs
- 4 cuillerées à soupe de farine
- 1 cuillerée à soupe de fond de veau
- 10 cl de porto
- 10 cl d'huile
- 1 noisette de beurre
- Sel, poivre

LES CONSEILS DU CHEF

Faites cuire lentement les côtes d'agneau, sinon la chapelure risque de brûler.

Épluchez les asperges, elles seront bien plus agréables à déguster.

Faites bien réduire le porto avant d'incorporer le fond de veau.

30 min

20 min

LES VINS OU LES BOISSONS

Un moulin-à-vent

LA RECETTE

1. Salez, poivrez les côtes d'agneau et passez-les successivement dans la farine puis dans l'œuf battu et enfin dans la chapelure pour les paner. Aplatissez-les légèrement et réservez. **(A)**

2. Portez une casserole d'eau légèrement salée à ébullition, épluchez les asperges vertes et faites-les pocher en les conservant légèrement fermes. Une fois cuites, rafraîchissez-les, égouttez-les et réservez. **(B)**

3. Dans une poêle contenant l'huile et le beurre, faites cuire à feu doux les côtes d'agneau trois à quatre minutes de chaque côté. Déposez-les sur le plat de service. Dégraissez votre poêle, rajoutez un peu de beurre et passez vos asperges au beurre ; dressez-les sur le plat de service. **(C)**

4. Dans une casserole, faites réduire le porto de moitié, ajoutez une cuillerée à café de farine et mélangez bien avec une cuiller en bois. Délayez le fond de veau dans 20 cl d'eau, versez sur le porto, laissez mijoter quelques minutes. Nappez les côtes d'agneau de cette sauce et servez chaud. **(D)**

A

B

C

D

COUSCOUS AU MOUTON

INGRÉDIENTS POUR 4 À 5 PERSONNES

- 600 à 700 g de mouton
- 4 merguez
- 2 carottes
- 1 poivron
- 2 piments
- 1 courgette
- 3 navets
- 3 tomates
- 1 oignon
- 1 aubergine
- 2 branches de céleri
- 3 gousses d'ail
- 1 bouquet garni
- 10 cl d'huile d'olive
- 200 g de semoule pour couscous
- 4 cuillerées à soupe de pois chiches
- 1 cuillerée à soupe de concentré de tomate
- 1 cuillerée à soupe de harissa
- 1 cuillerée à soupe de raisins secs
- 1 cuillerée à café de ras el hanout
- 1 demi-cuillerée à café de cumin en grains
- Sel, poivre

LA RECETTE

1. Lavez et essuyez soigneusement les carottes, la courgette, l'aubergine, le poivron, les piments, le céleri, les navets et les tomates. Coupez-les en morceaux. Hachez finement l'oignon et l'ail. **(A)**

2. Dans une cocotte contenant l'huile d'olive, faites revenir les graines de cumin, puis ajoutez le ras el hanout ; mettez-y la viande de mouton coupée en gros cubes et mélangez. Salez, poivrez, ajoutez le bouquet garni puis incorporez l'oignon haché et les tomates coupées en morceaux ; mélangez de nouveau et laissez étuver à feu doux. **(B**)

3. Mouillez la viande de mouton avec un litre et demi d'eau et laissez cuire quelques minutes. Ajoutez ensuite les carottes, les poivrons, puis couvrez. Dans une poêle, faites cuire à feu doux les merguez. Faites gonfler la semoule (environ dix minutes) dans un « cuit vapeur » avec les raisins secs. **(C)**

4. Ajoutez l'ensemble des légumes restants, les pois chiches et le concentré de tomate. Amenez à ébullition, rectifiez l'assaisonnement et poursuivez la cuisson une vingtaine de minutes à feu doux. Délayez 20 cl de bouillon de couscous avec la harissa et réservez. Une fois cuit, servez le tout bien chaud. **(D)**

LES CONSEILS DU CHEF

Utilisez de la viande de mouton bien ferme pour réaliser cette recette, de préférence du collier ou de l'épaule.

Incorporez les légumes dans la viande au fur et à mesure, en fonction de leurs temps de cuisson respectifs.

Servez séparément le couscous, la semoule et le bouillon.

Avant de faire cuire la semoule à la vapeur, vous pouvez la rincer rapidement sous l'eau froide et la laisser gonfler quinze minutes à couvert. Par la suite, séparez bien les grains de la semoule en les roulant entre les mains.

40 min

40 min

VARIANTE

On peut également rajouter des boulettes de viande.

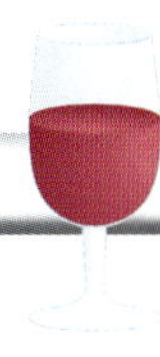

LES VINS OU LES BOISSONS

Un boulaouane

A

B

C

D

CURRY D'AGNEAU

INGRÉDIENTS POUR 4 PERSONNES

- 800 g d'épaule d'agneau
- 1 oignon
- 2 gousses d'ail
- 2 tomates
- 1 cuillerée à soupe de pignons de pin
- 1 cuillerée à soupe de raisins secs
- 1 cuillerée à café de farine
- 1 pomme
- 1 banane
- 5 cl d'huile
- 2 cuillerées à soupe de curry
- Sel, poivre

LES CONSEILS DU CHEF

Il importe de bien dégraisser l'agneau pour éviter qu'il ne soit trop gras.

Faites bien revenir la viande, puis dégraissez légèrement la préparation avant d'incorporer les oignons hachés

VARIANTE

Les amateurs rajouteront une pointe de piment dans le curry.

30 min

50 min

LES VINS OU LES BOISSONS

Un saint-julien

LA RECETTE

1. Dégraissez l'épaule d'agneau, coupez-la en gros cubes. Hachez l'ail et l'oignon. Coupez les tomates en deux, épépinez-les et coupez-les en petits cubes. Épluchez la pomme et la banane et coupez l'ensemble en petits dés. Réservez. **(A)**

2. Dans une casserole contenant l'huile, faites légèrement colorer les cubes d'épaule d'agneau. Salez-les, poivrez-les, ajoutez l'oignon finement haché. Mélangez l'ensemble. **(B)**

3. Ajoutez le curry, une pointe d'ail haché ; faites de nouveau revenir l'ensemble. **(C)**

4. Saupoudrez la préparation de farine, mélangez et recouvrez d'eau. Laissez cuire une bonne trentaine de minutes à feu doux en remuant régulièrement. Pendant ce temps, faites griller les pignons de pin et gonfler les raisins secs. En fin de cuisson, ajoutez la pomme, la banane, les dés de tomate, les raisins secs et les pignons de pin. Mélangez le tout et amenez une dernière fois à ébullition ; rectifiez l'assaisonnement et servez bien chaud accompagné de riz. **(D)**

A

B

C

D

ÉPAULE DE MOUTON À LA MENTHE

INGRÉDIENTS POUR 4 PERSONNES

- 1 épaule de mouton (700 à 800 g)
- 3 carottes
- 3 tomates
- 4 navets
- 1 oignon
- 3 gousses d'ail
- 1 bouquet de menthe
- 8 cl d'huile d'olive
- 1 cube de bouillon de volaille
- 20 cl de vin blanc
- Sel, poivre

LA RECETTE

1. Épluchez l'oignon et l'ail. Hachez-les finement. Coupez les tomates en deux, retirez-en les graines et concassez-les. Épluchez les carottes et les navets, et taillez-les en bâtonnets. Lavez soigneusement les feuilles de menthe et ciselez-les. **(A)**

2. Dans une cocotte contenant l'huile d'olive, faites légèrement colorer les morceaux d'épaule d'agneau ; dès qu'ils ont pris une belle couleur, ajoutez l'oignon haché puis les carottes. Mélangez et laissez étuver deux minutes à feu doux. **(B)**

3. Ajoutez ensuite l'ail haché, les tomates concassées, les navets et mélangez le tout. **(C)**

4. Salez, poivrez, ajoutez le vin blanc, le cube de bouillon de volaille délayé dans 40 cl d'eau. Incorporez la moitié de la menthe ciselée, remuez, couvrez la cocotte et laissez cuire une trentaine de minutes à feu doux à l'étuvée. En fin de cuisson, ajoutez le reste de menthe, portez une dernière fois à ébullition et servez bien chaud. **(D)**

LES CONSEILS DU CHEF

Faites cuire les légumes dans l'ordre indiqué, qui correspond à leurs temps de cuisson respectifs. Vous éviterez ainsi qu'ils ne s'écrasent en cours de cuisson.

VARIANTE

Cette recette peut être préparée avec du collier de mouton, ou même avec des côtes de mouton.

Vous pouvez relever ce plat avec un peu de piment marocain.

LES VINS OU LES BOISSONS

Un côtes-du-rhône

20 min

35 min

A

B

C

D

GIGOT À L'ANGLAISE

INGRÉDIENTS POUR 6 PERSONNES

- 1 gigot d'agneau (2,5 kg environ)

Bouillon
- 1 oignon
- 1 bouquet garni
- 1 cuillerée à café de poivre en grains
- 4 clous de girofle
- 20 cl de vin blanc
- Sel

Légumes
- 4 carottes
- 6 navets
- 2 courgettes
- 3 branches de céleri
- 8 pommes de terre nouvelles moyennes

Sauce
- 1 oignon
- 20 g de beurre
- 1 cuillerée à soupe de farine
- 3 cuillerées à soupe de câpres

20 min

40 min

LES CONSEILS DU CHEF

Ficelez bien le gigot d'agneau, ou désossez-le pour faciliter la découpe. La cuisson variera selon votre goût.
Faites bien réduire le bouillon du gigot pour réaliser la sauce, elle n'en sera que meilleure.

VARIANTE

En Angleterre, on sert ce gigot avec une sauce à la menthe. Pour la réaliser, lavez une quinzaine de feuilles de menthe et hachez-les finement. Mettez-les dans un bol, ajoutez 10 cl d'eau bouillante et 5 g de sucre roux. Quand le sucre est fondu, ajoutez une cuillerée à café de vinaigre. Mélangez bien, salez, poivrez et laissez reposer deux heures.

LES VINS OU LES BOISSONS

Un chiroubles

LA RECETTE

1. Ficelez correctement votre gigot. Dans un grand récipient, faites bouillir quatre litres d'eau, versez le vin blanc, salez, ajoutez un oignon piqué de clous de girofle, le bouquet garni et le poivre en grains. Plongez-y le gigot. Couvrez et laissez cuire pendant environ quinze minutes. **(A)**

2. Pendant la cuisson du gigot, épluchez l'ensemble des légumes et coupez-les en morceaux. **(B)**

3. Incorporez dans le bouillon les carottes, les navets et le céleri. Laissez cuire pendant dix minutes puis ajoutez le reste des légumes. Couvrez et laissez cuire encore dix à quinze minutes. Conservez les légumes légèrement croquants. **(C)**

4. Dans une casserole, faites fondre le beurre, ajoutez un oignon haché et laissez revenir à feu doux. Ajoutez ensuite la farine, mélangez. Laissez cuire deux minutes en tournant avec une cuiller en bois, sans que la farine prenne couleur, puis incorporez les câpres. Mouillez avec 40 cl de bouillon du gigot préalablement réduit. Portez à ébullition, laissez cuire une dizaine de minutes et servez cette sauce en accompagnement du gigot. **(D)**

A

B

C

D

ÉPAULE D'AGNEAU FARCIE

INGRÉDIENTS POUR 6 PERSONNES

- 1 épaule d'agneau (800 à 900 g environ)
- 1 chou vert
- 150 g de champignons de Paris
- 250 g de chair à saucisse
- 2 oignons
- 2 gousses d'ail
- 2 carottes
- 2 tomates
- 1 bouquet de cerfeuil
- 8 cl d'huile
- 20 cl de vin blanc sec
- 5 cl de cognac
- Sel, poivre

1 h

40 min

LA RECETTE

1. Épluchez un oignon et l'ail. Hachez-les finement. Épluchez les carottes et l'autre oignon et coupez-les en petits dés ; réservez. Lavez soigneusement les champignons, coupez les pieds terreux et hachez-les finement. Portez une casserole d'eau à ébullition et faites blanchir les feuilles de chou. Dans une autre casserole, faites revenir les oignons avec la moitié de l'huile. Quand ils ont atteint une coloration légèrement ambrée, incorporez les champignons hachés. **(A)**

2. Coupez les tomates en deux, épépinez-les et coupez-les en morceaux. Quand les feuilles de chou sont cuites, égouttez-les et rafraîchissez-les. Incorporez la chair à saucisse, l'ail et le cerfeuil hachés dans la préparation à base d'oignons et de champignons. Versez le cognac, salez et poivrez. Remuez énergiquement l'ensemble et laissez cuire deux ou trois minutes à feu doux. **(B)**

3. Désossez et étalez votre épaule d'agneau, salez-la et poivrez-la. Étalez sur l'épaule d'agneau les feuilles de chou rafraîchies, garnissez l'intérieur de farce refroidie, refermez l'épaule d'agneau et ficelez-la comme un ballon de football. **(C)**

4. Dans une cocotte, versez le reste de l'huile, faites revenir l'épaule farcie de chaque côté. Ajoutez les carottes et les oignons. Laissez colorer l'ensemble à feu doux et à couvert. Ajoutez ensuite les tomates et le vin blanc, et terminez la cuisson au four en remuant et en retournant régulièrement l'épaule farcie. En fin de cuisson, passez le jus au tamis et servez l'épaule accompagnée de ce jus. **(D)**

LES CONSEILS DU CHEF

Faites désosser votre épaule d'agneau par votre boucher et demandez-lui de l'ouvrir afin de la farcir plus facilement.

Surveillez bien la cuisson pour éviter que la garniture ne brûle.

Vous pouvez également entourer l'épaule d'une barde de lard pour mieux la maintenir.

LES VINS OU LES BOISSONS

Un crozes-hermitage

A

B

C

D

GIGOT À LA SOLOGNOTE

INGRÉDIENTS POUR 6 PERSONNES

- 1 gigot d'agneau (1,2 à 1,4 kg environ)

Marinade
- 1 oignon
- 2 carottes
- 1 bouquet garni
- 1 branche de céleri
- 3 gousses d'ail
- 1 demi-cuillerée à café de poivre en grains
- 5 clous de girofle
- 70 cl de vin rouge
- 30 g de beurre
- 5 cl d'huile
- Sel, poivre

15 min

25 min

24 h

LES CONSEILS DU CHEF

Laissez mariner le gigot au moins 24 heures, ou mieux, 48 heures.

Vous pouvez verser l'ensemble de la garniture sur la plaque de cuisson du gigot, mais n'omettez pas de passer le jus au tamis après avoir fait réduire la marinade.

Vous pouvez également lier la marinade avec un peu de fécule de pommes de terre.

VARIANTE

Si vous souhaitez relever le goût de la marinade, vous pouvez y ajouter un peu de piment de Cayenne.

LES VINS OU LES BOISSONS

Un reuilly

LA RECETTE

1. Épluchez l'oignon, les carottes et l'ail ; émincez le tout ainsi que la branche de céleri. **(A)**

2. Déposez le gigot dans un plat, versez l'ensemble des légumes, ajoutez le bouquet garni, le poivre en grains et les clous de girofle. Recouvrez de vin rouge, malaxez l'ensemble et laissez mariner au moins 24 heures au réfrigérateur. **(B)**

3. Au moment de faire cuire le gigot, égouttez-le et essuyez-le. Salez, poivrez et badigeonnez-le de beurre. Déposez-le sur une plaque allant au four, arrosez d'huile et faites rôtir une bonne vingtaine de minutes en le retournant de temps à autre. **(C)**

4. À mi-cuisson, passez la marinade sur le gigot, puis laissez cuire encore une dizaine de minutes avant de sortir le gigot du four. Réservez. Sur le feu, faites réduire la marinade de moitié, puis passez-la au tamis fin. Servez le gigot accompagné de ce jus. **(D)**

A

B

C

D

GIGOT DE SISTERON EN CROÛTE

INGRÉDIENTS POUR 6 PERSONNES

- 1 gigot de Sisteron (1,2 à 1,4 kg environ)
- 1 cuillerée à café de poudre à tandoori
- 1 cuillerée à café de curcuma
- 1 cuillerée à café d'herbes de Provence
- 5 gousses d'ail
- 1 noisette de beurre
- 8 cl d'huile
- Sel, poivre

Pâte

- 250 g de farine
- 80 g de beurre
- 8 cl d'eau
- 2 œufs
- 1 pincée de sel

LA RECETTE

1. Confectionnez votre pâte : tamisez la farine dans un saladier. Versez l'eau dans une casserole, ajoutez le beurre et faites-le fondre ; versez le mélange sur la farine, puis remuez énergiquement. Ajoutez une pincée de sel, un œuf, battez votre pâte, rajoutez un peu de farine pour la décoller du moule et laissez-la reposer au moins deux heures avant utilisation. **(A)**

2. Épluchez l'ail et coupez-le en petits quartiers. Piquez le gigot d'agneau à l'aide d'un petit couteau et enfoncez les quartiers d'ail, salez et poivrez. Badigeonnez-le d'un peu de beurre, saupoudrez de curcuma, de poudre à tandoori et d'herbes de Provence. **(B)**

3. Déposez le gigot dans un plat allant sur le feu. Versez l'huile et faites saisir le gigot de chaque côté puis terminez la cuisson à four chaud pendant une bonne quinzaine de minutes. Une fois cuit, retirez-le et laissez-le complètement refroidir. **(C)**

4. Étalez votre pâte, enveloppez le gigot dans la pâte, et décorez-la selon votre inspiration. Badigeonnez la pâte à l'œuf battu et faites cuire une quinzaine de minutes à four moyen. **(D)**

LES CONSEILS DU CHEF

Faites saisir votre gigot la veille en le conservant très saignant puisque vous aurez à terminer la cuisson dans la pâte du gigot.

Il est important de mettre le gigot dans la pâte lorsqu'il est bien froid.

VARIANTE

Vous pouvez réaliser le même type de recette avec de la pâte brisée ou de la pâte feuilletée, que l'on trouve dans le commerce.

LES VINS OU LES BOISSONS

Un nuits-saint-georges

30 min

45 min

2 h

A

B

C

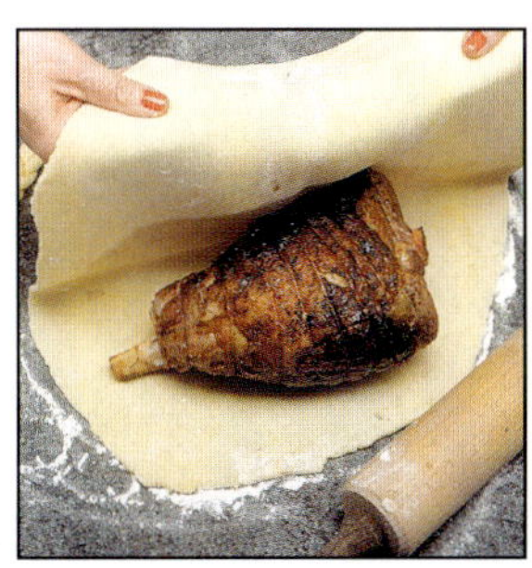

D

HARICOT DE MOUTON

INGRÉDIENTS POUR 6 PERSONNES

- 1 épaule de mouton (600 g environ)
- 4 tranches de poitrine de porc salée
- 300 g de haricots blancs secs
- 1 oignon
- 1 échalote
- 5 clous de girofle
- 4 gousses d'ail
- 1 bouquet garni
- 5 cl d'huile
- 50 g de saindoux
- 1 cuillerée à soupe de concentré de tomate
- 2 cuillerées à soupe d'oignons grelots
- 1 cuillerée à soupe de farine
- Sel, poivre

25 min

1h 30 min

LES CONSEILS DU CHEF

Surveillez bien la cuisson des haricots : ils ne doivent pas être trop cuits.

La viande doit être elle aussi à peine cuite pour permettre aux goûts du mouton et des haricots de bien se marier pendant la cuisson.

VARIANTE

Cette recette peut également être réalisée avec du veau, à la place du mouton.

Vous pouvez également parsemer votre plat de coriandre fraîche ciselée avant de servir.

LES VINS OU LES BOISSONS

Un vin de Corbières

LA RECETTE

1. La veille, faites tremper les haricots blancs. Dans une cocotte contenant le saindoux et l'huile, faites revenir l'épaule de mouton coupée en morceaux. Coupez la poitrine de porc salée en petits dés, et faites-la revenir avec un peu d'huile dans une poêle. Ajoutez les oignons grelots, laissez revenir le tout et réservez. Hachez finement l'oignon. Dans une cocotte remplie d'eau, versez les haricots blancs, ajoutez le bouquet garni et l'échalote piquée de clous de girofle. Laissez cuire à couvert et à feu doux pendant environ quarante-cinq minutes. **(A)**

2. Une fois l'épaule de mouton légèrement colorée, ajoutez la farine, mélangez l'ensemble puis incorporez l'oignon haché. Laissez revenir le tout. **(B)**

3. Incorporez le concentré de tomate, les gousses d'ail hachées puis recouvrez à hauteur avec de l'eau. Salez légèrement, poivrez, couvrez, et laissez cuire vingt minutes à feu doux. **(C)**

4. Une fois cuits, égouttez les haricots, puis incorporez-les à la viande. Ajoutez les lardons, les petits oignons, et mélangez délicatement l'ensemble. Rajoutez un peu d'eau si nécessaire. Couvrez et laissez cuire encore une vingtaine de minutes avant de servir bien chaud. **(D)**

A

B

C

D

MIXED-GRILL

INGRÉDIENTS POUR 4 PERSONNES

- 4 petites merguez
- 4 chipolatas
- 4 saucisses au vin blanc
- 4 côtes d'agneau
- 4 mini-steak de bœuf
- 4 petites grillades de porc
- 1 rognon de veau
- 4 tomates
- Huile
- Paprika
- Herbes de Provence
- 2 cuillerées à soupe de moutarde
- 4 têtes de gros champignons
- Sel, poivre

LA RECETTE

1. Coupez le rognon de veau en morceaux, et nettoyez-les. Saupoudrez-les d'herbes de Provence ; salez légèrement et poivrez. Saupoudrez les côtes d'agneau et les côtes de porc d'un peu de paprika. Badigeonnez l'ensemble des saucisses avec un peu de moutarde. Réservez l'ensemble. **(A)**

2. Faites chauffer votre barbecue. Badigeonnez les viandes, les tomates et les champignons d'huile. **(B)**

3. Au moment de servir, salez et poivrez les viandes et les légumes. **(C)**

4. Faites griller le tout à votre convenance ; toutefois, faites bien cuire les grillades de porc, les saucisses et les merguez. **(D)**

LES CONSEILS DU CHEF

Utilisez des petits morceaux de viande ; demandez à votre boucher qu'il vous prépare des petits steaks de porc, de bœuf, etc.

En fin de cuisson, badigeonnez de moutarde certaines pièces de viande telles que les saucisses et le porc, et terminez la cuisson.

VARIANTE

Vous pouvez aussi préparer de la même façon de la volaille ou du veau.

LES VINS OU LES BOISSONS

Un corbières rouge

10 min

10 min

A

B

C

D

MOUSSAKA À LA GRECQUE

INGRÉDIENTS POUR 4 PERSONNES

- 4 aubergines
- 400 g d'épaule de mouton
- 2 oignons
- 3 tomates
- 2 gousses d'ail
- 1 œuf
- 10 cl d'huile d'olive
- 1 branche de thym
- 1 pointe de muscade
- 1 demi-cuillerée à café de graines de cumin
- 1 cuillerée à soupe de chapelure
- Sel, poivre

40 min

1 h

LES CONSEILS DU CHEF

Faites hacher l'épaule d'agneau par votre boucher.

Videz soigneusement les aubergines pour récupérer les peaux : elles faciliteront le démoulage de la moussaka et vous permettront en outre d'obtenir une belle présentation.

VARIANTE

Vous pouvez accompagner la moussaka d'un coulis de tomate, ou encore ajouter un morceau de lard fumé dans la préparation et la faire gratiner avec du fromage râpé.

LES VINS OU LES BOISSONS

Un crozes-hermitage rouge

LA RECETTE

1. Hachez finement l'épaule d'agneau et faites-la revenir dans une cocotte avec deux cuillerées à soupe d'huile d'olive. Épluchez et hachez l'oignon, incorporez-le à l'agneau et laissez cuire à feu doux en remuant régulièrement. Ajoutez le cumin, salez légèrement, poivrez. Lavez soigneusement les aubergines. Coupez-les en deux, striez leur chair, salez légèrement, poivrez, arrosez-les d'un filet d'huile d'olive et faites cuire une quinzaine de minutes à four chaud. **(A)**

2. Incorporez à l'agneau les tomates préalablement pelées, épépinées et grossièrement écrasées, l'ail haché, le thym, une pincée de muscade ; remuez le tout et laissez cuire à couvert une dizaine de minutes. **(B)**

3. Sortez les aubergines du four et, à l'aide d'une cuiller, retirez la chair en conservant la peau. **(C)**

4. Incorporez à l'agneau la chair d'aubergine préalablement hachée et mélangez l'ensemble. Portez brièvement à ébullition, rectifiez l'assaisonnement si nécessaire. Hors du feu, ajoutez la chapelure et l'œuf entier ; mélangez le tout. Tapissez le fond d'un moule avec les peaux d'aubergine, en les faisant dépasser du bord. Remplissez le moule avec la farce à l'agneau, rabattez les peaux d'aubergine sur la farce et faites cuire au bain-marie pendant vingt minutes. Démoulez et servez chaud. **(D)**

A

B

C

D

NAVARIN AUX LÉGUMES DE PRINTEMPS

INGRÉDIENTS POUR 4 PERSONNES

- 800 g d'épaule d'agneau
- 1 carotte
- 1 oignon
- 2 gousses d'ail
- 2 tomates
- 5 cl ou 2 cuillerées à soupe d'huile
- 30 cl de vin blanc
- 1 cuillerée à soupe de farine
- 1 branche de thym
- 2 feuilles de laurier
- 1 cuillerée à café de concentré de tomate
- Sel, poivre

Garniture

- 1 courgette
- 50 g de petits pois
- 150 g de carottes nouvelles
- 150 g de petits navets ronds
- 4 oignons verts
- 50 g de pois gourmands
- 2 pommes de terre
- 100 g de haricots verts
- Quelques bouquets de chou-fleur

LA RECETTE

1. Coupez l'épaule d'agneau en morceaux. Épluchez les carottes, les pommes de terre, la courgette, les navets et coupez le tout en morceaux. Équeutez les pois gourmands et les haricots verts, coupez l'oignon et la carotte en petits cubes et coupez en morceaux les tomates préalablement pelées et épépinées. **(A)**

2. Dans une casserole contenant l'huile, faites revenir les morceaux d'épaule d'agneau salés et poivrés. Ajoutez la carotte et l'oignon coupés en dés, mélangez l'ensemble et laissez revenir à feu doux pendant dix minutes. Dans des casseroles séparées, pochez l'ensemble des légumes. **(B)**

3. Incorporez l'ail, saupoudrez la viande de farine, mélangez l'ensemble. Incorporez les tomates ainsi que le concentré de tomate. **(C)**

4. Versez le vin blanc, couvrez à hauteur avec de l'eau, salez, poivrez. Ajoutez le thym et le laurier. Laissez cuire pendant environ cinquante minutes à feu doux en remuant régulièrement. En fin de cuisson, ajoutez l'ensemble des légumes cuits séparément, mélangez, amenez de nouveau à ébullition (environ dix minutes) et servez votre navarin bien chaud. **(D)**

LES CONSEILS DU CHEF

Faites cuire les légumes séparément et conservez-les légèrement croquants : ils finiront de cuire avec la sauce.

Surveillez bien le navarin au cours de la cuisson : si l'évaporation est trop importante, rajoutez un peu d'eau au fur et à mesure.

Vérifiez l'assaisonnement après avoir incorporé l'ensemble des légumes.

40 min

1 h 10 min

LES VINS OU LES BOISSONS

Un santenay ou un saint-nicolas-de-bourgueil

A

B

C

D

ROGNONS D'AGNEAU AU MADÈRE

INGRÉDIENTS POUR 4 PERSONNES

- 12 rognons d'agneau
- 200 g de poitrine de porc fumée
- 200 g de champignons de Paris
- 1 noisette de beurre
- 5 cl d'huile
- 1 oignon
- 2 gousses d'ail
- 20 cl de madère
- 1 cuillerée à café de farine
- 1 cuillerée à soupe de fond de veau en poudre
- Sel, poivre

LES CONSEILS DU CHEF

Si les rognons rendent beaucoup d'eau pendant la cuisson, égouttez-les et faites-les revenir une seconde fois.

Il est important de bien laisser réduire le madère de moitié avant d'incorporer le fond de veau.

Si votre sauce est trop liquide, ajoutez un peu de farine ; si elle est trop épaisse, ajoutez un peu de vin rouge.

Accompagnez ce plat de tagliatelles.

20 min

30 min

LA RECETTE

1. Épluchez l'oignon et l'ail. Hachez-les finement. Coupez la poitrine de porc fumée en petits dés. Coupez les rognons en morceaux, lavez-les soigneusement dans plusieurs eaux, égouttez-les et essuyez-les dans un torchon. Dans une cocotte, faites saisir les rognons à feu vif dans l'huile et le beurre. **(A)**

2. Quand ils sont bien revenus et légèrement colorés, ajoutez l'oignon haché, mélangez et laissez revenir l'ensemble. Ajoutez ensuite la poitrine de porc fumée. Retirez le pied terreux des champignons, lavez-les soigneusement et coupez-les en quartiers. **(B)**

3. Ajoutez aux rognons l'ail haché et les champignons. Versez le madère, mélangez et laissez réduire de moitié. Ajoutez une cuillerée à café de farine, mélangez de nouveau. **(C)**

4. Versez le fond de veau délayé dans 30 cl d'eau, mélangez l'ensemble. Salez, poivrez légèrement et laissez cuire à couvert une vingtaine de minutes avant de servir bien chaud. **(D)**

LES VINS OU LES BOISSONS

Un médoc

A

B

C

D

SELLE D'AGNEAU AUX ÉPINARDS

INGRÉDIENTS POUR 4 PERSONNES

- 1 selle d'agneau (700 à 800 g)
- 1 kg d'épinards frais
- 4 tomates
- 6 gousses d'ail
- 6 branches de persil
- 3 branches de thym
- 2 feuilles de laurier
- 60 g de beurre
- 10 cl d'huile d'olive
- 2 cuillerées à soupe de chapelure
- 10 cl de vin blanc
- Sel, poivre

LA RECETTE

1. Épluchez l'ail, hachez-en la moitié et réservez. Piquez le reste dans la selle d'agneau, salez, poivrez et ajoutez un peu de thym effeuillé. Badigeonnez la viande avec 20 g de beurre et mettez-la à cuire au four en la retournant de temps à autre. **(A)**

2. Équeutez et lavez soigneusement les épinards. Déposez le reste du beurre dans une cocotte, faites revenir les épinards, salez et poivrez. Dès qu'ils sont fondus, arrêtez la cuisson et réservez. **(B)**

3. Hachez le persil, mélangez-le à l'ail haché, puis ajoutez la chapelure. Versez l'huile d'olive, mélangez l'ensemble et garnissez-en les tomates coupées en deux et préalablement salées et poivrées. Faites-les cuire dix minutes au four. **(C)**

4. En fin de cuisson de la selle d'agneau, ajoutez les branches de thym, les feuilles de laurier et laissez revenir quelques instants. Dégraissez le plat de cuisson, versez le vin blanc, ajoutez 15 cl d'eau et terminez la cuisson de la selle pendant sept ou huit minutes au four. Passez le jus au tamis et servez la selle d'agneau accompagnée d'épinards au beurre et de tomates à la provençale, le tout arrosé du jus de cuisson. **(D)**

LES CONSEILS DU CHEF

Faites désosser la selle d'agneau par votre boucher, vous aurez moins de mal à la découper ; vous pouvez également la faire cuire en entier.

Surveillez la cuisson des épinards : ils doivent être servis croquants.

15 min

30 min

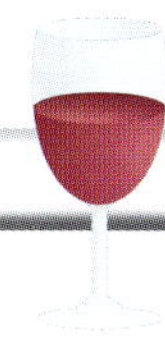

LES VINS OU LES BOISSONS

Un pauillac

A

B

C

D

BROCHETTES DE ROGNONS DE VEAU

INGRÉDIENTS POUR 4 PERSONNES

- 2 rognons de veau
- 8 tomates cerises
- 1 poivron
- 2 oignons
- 8 têtes de champignons de Paris
- 1 cuillerée à café de paprika
- 2 gousses d'ail
- 2 branches de thym
- 2 feuilles de laurier
- 8 cl d'huile
- Sel, poivre

20 min

10 min

LES CONSEILS DU CHEF

Il est préférable de faire la préparation la veille et de laisser mariner une bonne nuit au réfrigérateur.

Vous pouvez ajouter un peu de jus de citron dans la marinade.

La cuisson variera selon les goûts, saignant ou à point.

Vous pouvez napper les brochettes d'un petit beurre fondu juste avant de les servir bien chaudes accompagnées de petites pommes de terre rissolées.

LES VINS OU LES BOISSONS

Un madiran rouge

LA RECETTE

1. Épluchez les oignons et coupez-les en quartiers ; épluchez et hachez finement l'ail, coupez le poivron en deux, retirez-en les graines et coupez-le en quartiers. Lavez les champignons. Enlevez les parties graisseuses des rognons et coupez-les en morceaux. **(A)**

2. Versez l'huile dans un saladier, ajoutez le thym effeuillé, les feuilles de laurier ciselées, l'ail haché. Ajoutez ensuite les quartiers d'oignon, les lamelles de poivron et les rognons. **(B)**

3. Saupoudrez le tout de paprika, salez, poivrez et mélangez. Laissez mariner une nuit au réfrigérateur. **(C)**

4. Le lendemain, égouttez les rognons et épongez-les. Enfilez les morceaux de rognon sur les brochettes, en intercalant avec les tomates cerises, les champignons, les quartiers d'oignon et de poivron. Passez-les à l'huile de la marinade, et au moment de servir, faites-les griller cinq ou six minutes de chaque côté. **(D)**

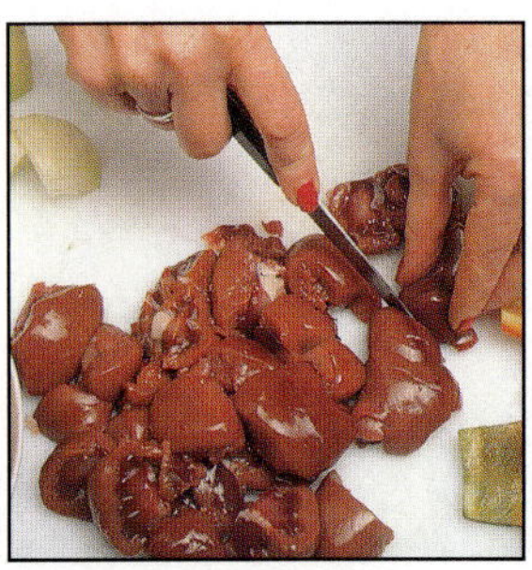

A

B

C

D

BLANQUETTE DE VEAU À L'ANCIENNE

INGRÉDIENTS POUR 4 PERSONNES

- 800 g d'épaule de veau
- 1 poireau
- 2 oignons
- 1 carotte
- 1 demi-citron
- 1 branche de céleri
- 20 cl de vin blanc sec
- 2 gousses d'ail
- 1 bouquet garni
- 4 clous de girofle
- 1 demi-cuillerée à café de poivre en grains
- Sel

Sauce
- 1 cuillerée à soupe de farine
- 1 jaune d'œuf
- 1 cuillerée à soupe de beurre
- 20 cl de crème liquide

Garniture
- 150 g de champignons de Paris
- 100 g d'oignons grelots
- 30 g de beurre

LA RECETTE

1. Déposez le veau coupé en morceaux dans une marmite d'eau froide. Amenez doucement à ébullition en remuant régulièrement, puis égouttez le veau et nettoyez-le soigneusement. Épluchez les oignons, la carotte, l'ail et coupez-les en morceaux ; lavez le poireau, ficelez le bouquet garni, piquez un oignon de clous de girofle. **(A)**

2. Déposez le veau blanchi dans une marmite remplie d'eau froide, ajoutez l'ensemble des légumes : le poireau, l'oignon en morceaux, la carotte, l'oignon piqué de clous de girofle, l'ail, le céleri, ainsi que le bouquet garni, le jus d'un demi-citron, le poivre en grains et le vin blanc. Salez, couvrez et laissez cuire environ une heure à feu doux en remuant de temps à autre. Coupez le pied terreux des champignons, lavez-les soigneusement, coupez-les en quartiers. Épluchez les oignons grelots et faites-les cuire pendant dix minutes, puis égouttez-les. Faites revenir les champignons et les oignons grelots dans une poêle avec le beurre. **(B)**

3. Faites fondre le beurre dans une casserole, ajoutez la farine, remuez et laissez cuire une minute à feu doux. Passez le bouillon de la blanquette au tamis et versez-le dans cette préparation en remuant énergiquement. Laissez cuire la sauce à feu doux deux ou trois minutes. **(C)**

4. Déposez sur la viande de veau cuite la garniture de champignons et d'oignons, versez la sauce, ajoutez la crème fraîche et mélangez l'ensemble. Laissez cuire deux minutes à feu doux. Hors du feu, ajoutez le jaune d'œuf. Mélangez l'ensemble et servez bien chaud. **(D)**

LES CONSEILS DU CHEF

Faites blanchir la viande de veau afin d'en éliminer les impuretés.
Écumez de temps en temps votre préparation.
La cuisson pourra varier selon la fermeté de votre viande.

LES VINS OU LES BOISSONS

Un tokay d'Alsace

20 min

1 h 30 min

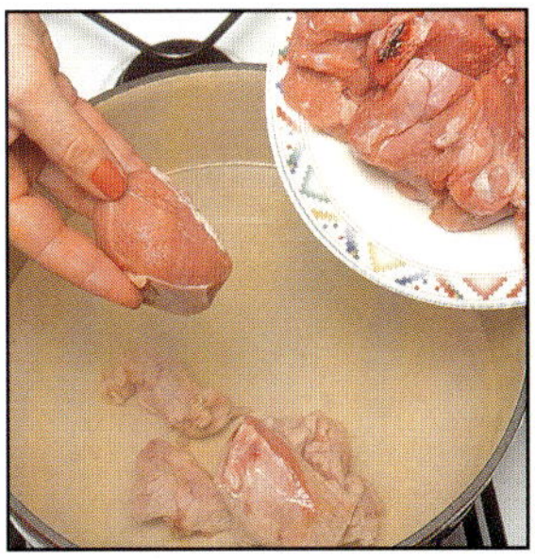
A

B

C

D

Veau

CÔTES DE VEAU PANÉES

INGRÉDIENTS POUR 6 PERSONNES

- 4 côtes de veau
- 2 œufs
- 6 cuillerées à soupe de chapelure
- 3 cuillerées à soupe de farine
- 1 demi-cuillerée à café de paprika
- 40 g de beurre
- 5 cl d'huile
- 2 citrons
- Sel, poivre

20 min

15 min

LES CONSEILS DU CHEF

Faites cuire les côtes de veau à feu doux pour éviter que la chapelure ne brûle.

Accompagnez-les d'une rondelle de citron ou d'un petit beurre avec un peu d'anchois écrasé.

VARIANTE

Les amateurs peuvent rajouter dans la chapelure une cuillerée à café de poudre de curry pour parfumer les côtes de veau.

LA RECETTE

1. Cassez les œufs dans un bol, salez, poivrez, ajoutez un peu d'eau et fouettez-les énergiquement. Réservez. **(A)**

2. Salez et poivrez les côtes de veau. Saupoudrez-les légèrement de paprika . **(B)**

3. Passez chaque côte de veau successivement dans la farine, dans l'œuf battu, puis dans la chapelure. Aplatissez-les bien. **(C)**

4. Dans une poêle contenant l'huile et une noisette de beurre, faites cuire les côtes de veau trois ou quatre minutes de chaque côté puis dressez-les sur le plat de service. Essuyez votre poêle, ajoutez le reste du beurre, versez le jus des citrons sur le beurre, portez légèrement à ébullition. Nappez les côtes de veau de beurre citronné et servez bien chaud. **(D)**

LES VINS OU LES BOISSONS

Un pinot noir d'Alsace ou un blanc d'Anjou

A

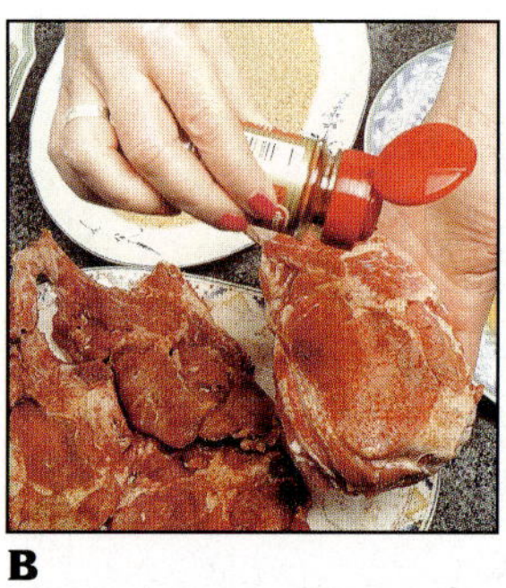
B

C

D

CÔTES DE VEAU À L'IMPÉRIALE

INGRÉDIENTS POUR 4 PERSONNES

- 4 côtes de veau
- 200 g de morilles ou 100 g de morilles lyophilisées
- 1 carotte
- 3 échalotes
- 1 petit blanc de poireau
- 1 petite branche de céleri
- 40 g de beurre
- 5 cl d'huile
- 25 cl de crème liquide
- 20 cl de vin blanc sec
- 1 cuillerée à soupe de farine
- 1 cube de bouillon de volaille
- Sel, poivre

LA RECETTE

1. Épluchez et hachez finement les échalotes ; ciselez le poireau, la carotte et la branche de céleri. Dans une casserole contenant la moitié du beurre, faites revenir la carotte, le poireau, le céleri et la moitié des échalotes hachées. Remuez bien le tout et laissez les légumes étuver à feu doux pendant quelques minutes. **(A)**

2. Salez et poivrez les côtes de veau, passez-les dans la farine et faites-les cuire dans une poêle avec de l'huile et une noisette de beurre. Évitez de les laisser se dessécher à la cuisson. **(B)**

3. Mouillez la préparation à base de poireau, carotte, céleri et échalotes avec le vin blanc, rajoutez le cube de bouillon de volaille délayé dans 20 cl d'eau. Salez légèrement, poivrez et laissez cuire à feu doux une quinzaine de minutes. Pendant ce temps, dans une casserole contenant le reste du beurre, faites revenir les échalotes restantes et les morilles. Mélangez délicatement. Une fois les échalotes légèrement ambrées, versez la crème liquide, portez à ébullition et réservez. **(C)**

4. Passez au tamis le bouillon de cuisson du mélange carotte, échalotes et céleri sur les morilles. Mélangez, laissez réduire une dizaine de minutes à feu doux jusqu'à obtention d'une sauce homogène. Nappez-en les côtes de veau bien chaudes et servez. **(D)**

LES CONSEILS DU CHEF

Utilisez de préférence des morilles fraîches ou des morilles en boîte.

Lavez-les soigneusement afin d'en extraire tout le sable.

Laissez bien réduire le bouillon de cuisson des légumes pour donner plus de goût à votre sauce aux morilles.

LES VINS OU LES BOISSONS

Un bourgogne

A

B

C

D

15 min

20 min

ESCALOPES DE VEAU NORMANDE

INGRÉDIENTS POUR 4 PERSONNES

- 4 escalopes de veau (700 à 800 g)
- 250 g de champignons de Paris
- 4 fines tranches de jambon de Parme
- 5 cl de calvados
- 2 échalotes
- 20 g de beurre
- 20 cl de crème liquide
- Farine
- Sel, poivre

15 min

20 min

LES CONSEILS DU CHEF

Saisissez bien les escalopes de veau, mais ne les laissez pas sécher en cours de cuisson.

Servez ces escalopes accompagnées de spaghettis ou de tagliatelles au beurre.

VARIANTE

Si vous remplacez le calvados par du marsala et que vous enveloppez les escalopes dans les tranches de jambon de Parme avant de les faire cuire, vous obtiendrez alors des saltimbocca à la romaine, fameuse recette traditionnelle italienne.

LES VINS OU LES BOISSONS

Un muscadet-sur-lie

LA RECETTE

1. Salez très légèrement et poivrez les escalopes. Passez-les dans la farine. Mettez le beurre dans une poêle et faites cuire les escalopes de chaque côté trois ou quatre minutes. Une fois cuites, déposez-les sur le plat de service et réservez-les. **(A)**

2. Coupez le pied terreux des champignons, lavez-les soigneusement et émincez-les. Épluchez et hachez les échalotes, versez-les dans la poêle de cuisson des escalopes et laissez-les revenir deux minutes à feu doux en remuant régulièrement. **(B)**

3. Ajoutez aux échalotes les champignons émincés et laissez-les revenir trois ou quatre minutes jusqu'à évaporation complète de leur eau. Versez le calvados, flambez la préparation, ajoutez la crème liquide, mélangez et laissez cuire une minute à feu doux. **(C)**

4. Dans une autre poêle, faites cuire les tranches de jambon de Parme trente secondes de chaque côté. Nappez les escalopes de leur sauce, surmontez-les de fines tranches de jambon de Parme, et servez le tout bien chaud. **(D)**

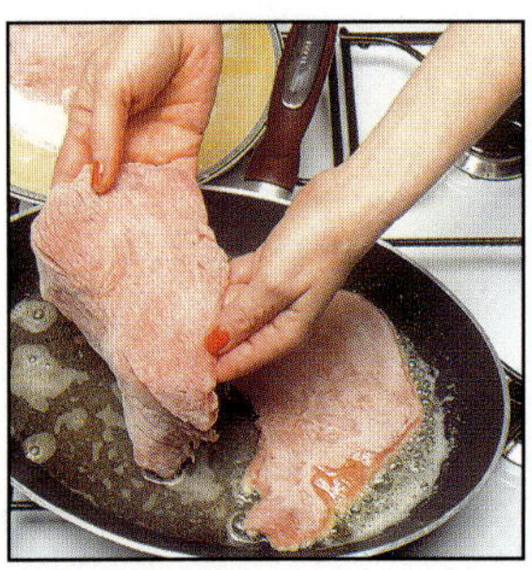

A

B

C

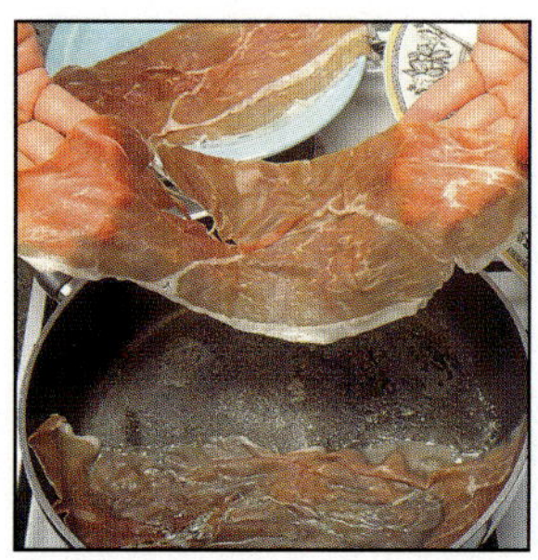

D

ESCALOPES DE VEAU AUX COURGETTES

INGRÉDIENTS POUR 4 PERSONNES

- 4 escalopes de veau
- 3 petites courgettes
- 3 échalotes
- 10 cl de vinaigre de vin
- 20 cl de crème liquide
- 8 cl d'huile
- 20 g de beurre
- Sel, poivre

LA RECETTE

1. Épluchez les échalotes et hachez-les finement. Coupez les courgettes en bâtonnets et réservez. **(A)**

2. Coupez les escalopes de veau en fines lanières. Mettez de l'huile à chauffer dans une poêle et faites saisir les escalopes de veau en remuant afin de décoller les morceaux. Salez, poivrez et réservez. **(B)**

3. Dans une poêle contenant le beurre, faites revenir à feu doux les bâtonnets de courgette, salez, poivrez et remuez-les pendant deux ou trois minutes sur le feu. **(C)**

4. Ajoutez les échalotes finement hachées. Égouttez les lanières de veau et incorporez-les également. Laissez étuver l'ensemble à couvert et à feu doux pendant quatre ou cinq minutes. Versez le vinaigre, laissez réduire de moitié, puis incorporez la crème liquide. Portez à ébullition, rectifiez l'assaisonnement et servez bien chaud. **(D)**

LES CONSEILS DU CHEF

Utilisez de fines escalopes de veau pour réaliser cette recette.

Les courgettes sont cuites à cru dans une poêle avec un peu de beurre.

N'omettez pas de laisser évaporer la moitié du vinaigre : cela permet d'en éliminer l'acidité.

VARIANTE

À défaut d'escalopes de veau, utilisez des escalopes de volaille.

LES VINS OU LES BOISSONS

Un gigondas

20 min

20min

A

B

C

D

FOIE DE VEAU AUX ÉCHALOTES

INGRÉDIENTS POUR 4 PERSONNES

- 4 tranches de foie de veau (600 à 800 g)
- 3 cuillerées à soupe de farine
- 6 échalotes
- 3 gousses d'ail
- 2 branches de persil
- 15 cl de vinaigre de vin
- 40 g de beurre
- 5 cl d'huile
- Sel, poivre

15 min

6 min

LES CONSEILS DU CHEF

Faites cuire votre foie à la dernière minute.

Les amateurs l'apprécieront légèrement rosé.

Laissez évaporer le vinaigre de moitié afin d'en éliminer l'acidité.

Accompagnez le foie de riz créole.

LA RECETTE

1. Épongez soigneusement le foie avec un papier absorbant. Salez-le, poivrez-le, puis enfarinez-le. Dans une poêle, versez l'huile, ajoutez une noisette de beurre, et faites saisir le foie deux ou trois minutes de chaque côté. **(A)**

2. Épluchez l'ail, hachez-le finement ainsi que le persil. Épluchez les échalotes, coupez-les en deux, émincez-les. Faites-les revenir dans une poêle contenant le reste du beurre, et remuez régulièrement jusqu'à ce qu'elles prennent une légère coloration. **(B)**

3. Incorporez alors l'ail haché, versez le vinaigre, remuez la préparation et laissez cuire deux ou trois minutes. **(C)**

4. Ajoutez le persil haché, mélangez l'ensemble, versez sur les tranches de foie et servez bien chaud. **(D)**

LES VINS OU LES BOISSONS

Un vin rouge de Gaillac

A

B

C

D

FOIE DE VEAU À LA VÉNITIENNE

INGRÉDIENTS POUR 4 PERSONNES

- 4 tranches de foie de veau
- 2 oignons
- 1 gros poivron rouge
- 3 tomates
- 2 gousses d'ail
- 4 branches de persil
- 10 cl d'huile d'olive
- 1 citron
- Farine
- Sel, poivre

LA RECETTE

1. Essuyez soigneusement le foie, taillez-le en fines lamelles. Salez, poivrez et enfarinez les lamelles. Dans une poêle contenant la moitié de l'huile d'olive, faites saisir le foie, décollez bien chaque lamelle et réservez. Épluchez les oignons, émincez-les finement. Pressez le jus du citron. Coupez les tomates en deux, épépinez-les et concassez-les. Réservez. **(A)**

2. Coupez le poivron en deux, retirez-en les graines puis émincez-le finement. Dans une seconde poêle, versez le reste de l'huile d'olive, chauffez et faites revenir les oignons mélangés au poivron. **(B)**

3. Quand le foie est cuit, incorporez la préparation à base d'oignon et de poivron, ajoutez le jus de citron, mélangez, et laissez étuver deux ou trois minutes. **(C)**

4. Incorporez l'ail haché, les tomates concassées et le persil finement haché. Portez à ébullition, laissez cuire deux minutes et servez bien chaud. **(D)**

LES CONSEILS DU CHEF

Enfarinez bien le foie, et décollez bien chaque lamelle pendant la cuisson.

Si vous aimez les plats épicés, vous pouvez rajouter dans cette préparation une pointe de piment de Cayenne.

Vous pouvez également déglacer la poêle de cuisson du foie avec un peu de vinaigre.

Servez ce plat bien chaud accompagné de tagliatelles.

15 min

15 min

LES VINS OU LES BOISSONS

Un pinot noir d'Alsace

A

B

C

D

FRICASSÉE DE VEAU AUX OLIVES

INGRÉDIENTS POUR 4 PERSONNES

- 700 g de sauté de veau
- 1 oignon
- 3 gousses d'ail
- 1 bouquet garni
- 6 carottes
- 150 g d'olives vertes dénoyautées
- 3 tomates
- 20 cl de vin blanc
- 5 cl d'huile
- 20 g de beurre
- 1 cuillerée à soupe de farine
- Sel, poivre

20 min

1 h

LES CONSEILS DU CHEF

Laissez bien colorer la viande avant d'incorporer les oignons, sinon ils brûleraient.

VARIANTE

Les amateurs pourront rajouter une demi-cuillerée à soupe de fond de veau délayé dans un peu d'eau pour lier la fricassée.

Pour parfumer votre sauce, vous pouvez rajouter quelques herbes de Provence.

Vous pouvez aussi ajouter 200 g de champignons de Paris.

Pour apporter une touche de couleur, vous pouvez également utiliser des olives farcies au poivron.

LES VINS OU LES BOISSONS

Un chiroubles

LA RECETTE

1. Versez l'huile et le beurre dans une cocotte, laissez fondre. Ajoutez le sauté de veau coupé en cubes, salez, poivrez et laissez revenir l'ensemble à feu doux, environ huit minutes. Lorsque le veau est bien doré, incorporez l'oignon finement haché et laissez étuver l'ensemble. **(A)**

2. Coupez les tomates en deux, épépinez-les, coupez-les en petits morceaux puis incorporez-les à la préparation précédente. Salez et poivrez. Laissez cuire cinq minutes. **(B)**

3. Saupoudrez le veau de farine, mélangez l'ensemble, laissez revenir quelques instants puis ajoutez le vin blanc, les carottes préalablement coupées en bâtonnets, le bouquet garni et l'ail haché. Recouvrez le veau à hauteur d'eau et laissez cuire une trentaine de minutes à feu doux. **(C)**

4. Rectifiez l'assaisonnement, ajoutez les olives vertes, couvrez, puis laissez cuire de nouveau une quinzaine de minutes avant de servir bien chaud accompagné de vermicelles chinois, ou du riz. **(D)**

A

B

C

D

FRICANDEAU DE VEAU À L'ANCIENNE

INGRÉDIENTS POUR 4 PERSONNES

- 1 tranche de noix de veau de 4 à 5 cm d'épaisseur (1 kg)
- 1 morceau de couenne de porc
- 100 g de barde de lard épais
- 3 carottes
- 3 oignons
- 3 gousses d'ail
- 1 bouquet garni
- 50 g de beurre
- 2 cuillerées à soupe de fond de veau
- 25 cl de vin blanc
- 3 clous de girofle
- Sel, poivre

LA RECETTE

1. Coupez la barde de lard en petits morceaux. Avec la lame d'un couteau, piquez la noix de veau et insérez-y les morceaux de lard. Salez et poivrez. Déposez le beurre au fond d'une cocotte, ajoutez la couenne de porc et la noix de veau. Laissez dorer deux minutes sur chaque face, puis égouttez. **(A)**

2. Épluchez les carottes, les oignons, et l'ail puis émincez l'ensemble. Dans une cocotte, faites fondre le reste du beurre, mettez-y le veau avec les légumes émincés. Couvrez et mettez votre cocotte au four pendant une quinzaine de minutes, en remuant de temps à autre la préparation. **(B)**

3. Versez ensuite le vin blanc, ajoutez les clous de girofle, le bouquet garni, remuez la préparation, et enfournez de nouveau une bonne quinzaine de minutes. **(C)**

4. Délayez le fond de veau dans environ 30 cl d'eau, versez de nouveau sur le fricandeau, remuez délicatement la préparation et terminez la cuisson pendant environ vingt minutes. Une fois cuit, réservez le fricandeau, laissez réduire le jus de cuisson, et passez-le au tamis fin. Servez le fricandeau accompagné de son jus de cuisson et de haricots verts au lard. **(D)**

LES CONSEILS DU CHEF

L'opération délicate consiste à larder la noix de veau : demandez à votre boucher de le faire pour vous.

La cuisson doit être très lente pour obtenir une viande bien moelleuse : environ 1 h 15 min à feu très doux.

Vous pouvez également conserver l'ensemble de la garniture et servir le fricandeau avec les carottes et les oignons émincés.

VARIANTE

Vous pouvez remplacer le morceau de couenne de porc par un demi-pied de veau désossé.

Comme garniture, vous pouvez servir une fondue d'oseille ou des épinards en branches.

LES VINS OU LES BOISSONS

Un juliénas

15 min

1 h 15 min

A

B

C

D

GRENADINS DE VEAU AU WHISKY

INGRÉDIENTS POUR 4 PERSONNES

- 1 filet de veau (800 g environ)
- 10 fines tranches de poitrine fumée
- 1 demi-cuillerée à café de paprika
- 1 cuillerée à soupe de fond de veau en poudre
- 10 cl de whisky
- 20 cl de crème liquide
- 2 cuillerées à soupe de sauce Worcester
- 20 g de beurre
- 5 cl d'huile
- Sel, poivre

LES CONSEILS DU CHEF

Le fait de cuire le filet entier lui permettra de rester plus moelleux.

Vous pouvez accompagner ce plat d'un riz créole ou de tagliatelles au beurre.

VARIANTE

Si vous le souhaitez, coupez le filet de veau en petits tournedos, poêlez-les et conservez le même principe pour réaliser votre recette.

Vous pouvez également parsemer le filet de veau d'un peu de fleur de thym avant de l'envelopper de lard .

30 min

20 min

LES VINS OU LES BOISSONS

Un rosé de Touraine

LA RECETTE

1. Enveloppez le filet de veau de fines tranches de lard fumé, et ficelez l'ensemble comme un rôti. Salez légèrement, poivrez, et saupoudrez de paprika. Dans une poêle faites saisir le filet de veau avec un peu d'huile ; placez-le dans un plat, et nappez-le d'un peu de beurre. Faites-le rôtir une quinzaine de minutes à four chaud en le retournant de temps à autre. **(A)**

2. Délayez la cuillerée à soupe de fond de veau dans environ 30 cl d'eau. À mi-cuisson, sortez le filet du four, arrosez-le de whisky et flambez-le. **(B)**

3. Incorporez maintenant la sauce Worcester, le fond de veau dilué et terminez la cuisson une dizaine de minutes à four moyen. **(C)**

4. Une fois cuit, retirez le filet de veau et réservez. Versez la crème liquide dans la sauce, mélangez, puis laissez réduire à feu doux en remuant légèrement. Lorsque votre sauce est bien homogène, passez-la au tamis fin. Tranchez des grenadins dans le filet de veau, nappez de sauce, et servez bien chaud. **(D)**

A

B

C

D

OSSO-BUCO AUX PRIMEURS

INGRÉDIENTS POUR 4 PERSONNES

- 1 kg de jarret de veau coupé en rouelles

Bouillon
- 2 carottes
- 1 oignon
- 3 gousses d'ail
- 2 tomates
- 1 bouquet garni
- 2 cuillerées à soupe de farine
- 10 cl de vin blanc sec
- 5 cl d'huile
- 1 cuillerée à soupe de fond de veau en poudre
- 1 noisette de beurre
- Sel, poivre

Légumes
- 2 carottes
- 2 courgettes
- 2 branches de céleri
- 2 navets
- 1 poivron
- 1 brocoli
- 2 cuillerées à soupe de petits pois

LA RECETTE

1. Versez la moitié de l'huile dans une poêle, salez, poivrez et farinez les rouelles. Faites-les dorer trois ou quatre minutes de chaque côté. Pendant ce temps, épluchez l'oignon et les carottes, puis hachez le tout. Déposez le beurre dans une cocotte avec le reste de l'huile, et faites revenir les carottes et l'oignon hachés. Ajoutez-y les tranches de viande. **(A)**

2. Saupoudrez de farine, mélangez l'ensemble. Ajoutez les tomates préalablement concassées, l'ail haché, le bouquet garni ; salez légèrement et poivrez. **(B)**

3. Versez le vin blanc, le fond de veau délayé dans un litre d'eau, couvrez et laissez cuire environ 1 heure 45 à feu doux. Vérifiez régulièrement la cuisson et rajoutez de l'eau si l'évaporation est trop importante. **(C)**

4. Pendant la cuisson des rouelles, coupez l'ensemble des légumes en bâtonnets : carottes, courgettes, céleri, navets, poivron, brocoli et petits pois. Faites-les cuire dix minutes à l'eau bouillante puis incorporez-les à la viande. Laissez bouillir cinq ou six minutes et servez. **(D)**

LES CONSEILS DU CHEF

Demandez à votre boucher de vous couper le jarret en tranches épaisses de quatre ou cinq centimètres.

La cuisson de votre plat peut varier selon la fermeté de la viande.

Rajoutez de l'eau en cours de cuisson si l'évaporation est trop importante.

Incorporez les légumes cinq minutes avant la fin de la cuisson afin de les garder croquants, et rectifiez l'assaisonnement.

LES VINS OU LES BOISSONS

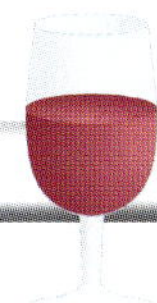

Un brouilly

30 min

1 h
50 min

A

B

C

D

OSSO-BUCO MILANAIS

INGRÉDIENTS POUR 4 PERSONNES

- 1 kg de jarret de veau coupé en rouelles
- 2 carottes
- 1 oignon
- 3 gousses d'ail
- 4 tomates
- 1 bouquet garni
- 1 branche de céleri
- 20 cl de vin blanc sec
- 5 cl d'huile
- 20 g de beurre
- 2 cuillerées à soupe de farine
- 2 cuillerées à soupe de fond de veau
- Sel, poivre

20 min

1 h 50 min

LES CONSEILS DU CHEF

Les rouelles devront être bien colorées car c'est elles qui donneront du goût à la sauce.

Puisqu'il s'agit d'une cuisson longue, faites cuire à feu très doux et vérifiez régulièrement.

Accompagnez votre osso bucco de gnocchis ou de risotto à la milanaise, par exemple.

VARIANTE

Vous pouvez parfumer la préparation avec un zeste d'orange et une pincée de muscade et de poivre que vous ajouterez en fin de cuisson.

LES VINS OU LES BOISSONS

Un chianti

LA RECETTE

1. Versez l'huile dans une poêle. Salez, poivrez, farinez les rouelles et faites-les dorer trois ou quatre minutes de chaque côté en les retournant de temps à autre. **(A)**

2. Épluchez l'oignon et les carottes. Hachez-les. Faites-les revenir dans une cocotte avec le beurre. **(B)**

3. Dès que les rouelles sont bien dorées, déposez-les sur la garniture précédente. Ajoutez une cuillerée à soupe de farine, et mélangez le tout. **(C)**

4. Ajoutez le céleri coupé en morceaux, le bouquet garni, l'ail haché, les tomates préalablement coupées en deux, épépinées et concassées. Mouillez avec le vin blanc et le fond de veau délayé dans un litre d'eau. Portez à ébullition. Salez légèrement, poivrez et laissez cuire pendant environ 1 heure 45 à feu doux en vérifiant régulièrement la cuisson. **(D)**

A

B

C

D

PAUPIETTES DE VEAU CHÂTELAINE

INGRÉDIENTS POUR 6 PERSONNES

- 6 escalopes de veau
- 1 œuf
- 1 barde de lard
- 10 cl de crème fraîche
- 5 cl de cognac
- 20 cl de vin blanc sec
- 2 gousses d'ail
- 1 oignon
- 4 carottes
- 20 g de beurre
- 4 tranches de pain de mie
- 300 g de champignons de Paris
- 5 cl d'huile
- 2 branches de thym
- 2 feuilles de laurier
- 2 cuillerées à soupe de fond de veau
- 1 pincée de muscade
- Sel, poivre

LA RECETTE

1. Aplatissez bien les escalopes de veau, coupez les bords afin d'obtenir des rectangles. Préparez la farce : hachez finement les parures de veau et mixez-les, ajoutez les champignons soigneusement nettoyés et hachés ainsi que l'œuf et le pain de mie trempé dans la crème puis écrasé. **(A)**

2. Salez, poivrez, ajoutez l'ail, une pointe de muscade et la moitié du cognac dans la farce : mélangez énergiquement, garnissez les escalopes avec la farce, roulez-les sur elles-mêmes, ficelez-les, et enveloppez-les d'une fine bande de lard. **(B)**

3. Dans une poêle contenant le beurre et l'huile, faites dorer les paupiettes préalablement salées et poivrées en les retournant régulièrement. Laissez prendre une belle coloration puis ajoutez l'oignon haché et les carottes coupées en bâtonnets. **(C)**

4. Flambez les paupiettes avec le reste du cognac, ajoutez le thym, le laurier ; versez le vin blanc, délayez le fond de veau avec 20 cl d'eau, incorporez-le, couvrez et laissez cuire une quinzaine de minutes à feu doux ; rectifiez l'assaisonnement et laissez cuire environ dix minutes. Servez les paupiettes bien chaudes, accompagnées de tagliatelles. **(D)**

LES CONSEILS DU CHEF

Si vous n'avez pas suffisamment de parure de veau pour réaliser votre farce, rajoutez une escalope de volaille ou 150 g de chair à saucisse.

L'opération délicate consiste à bien ficeler les paupiettes pour que la farce ne s'échappe pas pendant la cuisson.

Vous pouvez également accompagner vos paupiettes de marrons.

VARIANTE

Vous pouvez utiliser des escalopes de volaille et remplacer les champignons de Paris par des cèpes frais hachés.

40 min

30 min

LES VINS OU LES BOISSONS

Un gewurztraminer

A

B

C

D

JARRET DE VEAU AUX PRUNEAUX

INGRÉDIENTS POUR 4 PERSONNES

- 4 tranches de jarret de veau
- 2 cuillerées à soupe de farine
- 4 échalotes
- 1 bouquet garni
- 1 cuillerée à soupe de concentré de tomate
- 20 cl de vin blanc sec
- 5 cl d'huile
- 20 g de beurre
- 250 g de pruneaux
- Sel, poivre

15 min

2 h

LES CONSEILS DU CHEF

Si, en cours de cuisson, l'évaporation est trop importante, rajoutez un peu d'eau.

Accompagnez ce plat de pommes de terre à l'anglaise.

Vous pouvez réaliser ce plat en utilisant un jarret de veau entier.

LA RECETTE

1. Farinez les tranches de jarret de veau. Mettez la moitié de l'huile et la moitié du beurre dans une poêle, et faites dorer les jarrets de veau en les retournant de temps à autre. Salez et poivrez. **(A)**

2. Dans une autre cocotte contenant le reste de l'huile et du beurre, faites revenir à feu doux les échalotes finement hachées. Ajoutez le concentré de tomate et le bouquet garni ; versez le vin blanc et mélangez le tout. **(B)**

3. Déposez le veau dans la cocotte, et recouvrez-le d'eau. Salez légèrement, poivrez et laissez cuire pendant environ 1 heure 45 à feu doux et à couvert en vérifiant régulièrement. **(C)**

4. Ajoutez ensuite les pruneaux, couvrez et faites cuire pendant encore vingt minutes à feu très doux. Servez bien chaud. **(D)**

LES VINS OU LES BOISSONS

Un saint-émilion ou un chianti

A

B

C

D

PAUPIETTES DE VEAU FORESTIÈRE

INGRÉDIENTS POUR 6 PERSONNES

- 2 tranches de pain de mie
- 120 g de lardons fumés
- 600 g de pommes de terre
- 2 cuillerées à soupe de fond de veau
- 6 fines escalopes de veau
- 6 fines tranches de lard
- 3 escalopes de dinde
- 4 tranches de jambon de pays
- 1 boîte de champignons sauvages 4/4
- 1 œuf
- 1 noisette de beurre
- 10 cl de crème liquide
- 5 cl d'huile
- 1 oignon
- 2 gousses d'ail
- 2 branches de thym
- 2 feuilles de laurier
- 2 tomates
- 50 cl de vin rouge
- Sel, poivre

LA RECETTE

1. Découpez des rectangles dans chacune des escalopes de veau. Passez les escalopes de dinde avec les parures de veau au mixeur. Ajoutez la moitié des champignons préalablement hachés et soigneusement égouttés ; incorporez un œuf, les deux tranches de pain de mie trempées dans la crème liquide. Ajoutez l'ail et les tranches de jambon hachés ; salez légèrement, poivrez et remuez énergiquement. Farcissez les paupiettes avec cette préparation, enveloppez-les d'une petite bande de lard, ficelez-les et réservez-les. **(A)**

2. Dans une cocotte contenant le beurre et l'huile, faites légèrement colorer les paupiettes. Ajoutez l'oignon préalablement haché et les lardons. Laissez étuver quelques minutes à feu doux. **(B)**

3. Ajoutez le thym, le laurier, le reste des champignons, les tomates coupées en deux, épépinées et concassées ; salez très légèrement la préparation. **(C)**

4. Versez ensuite sur les paupiettes le vin rouge, le fond de veau délayé dans 30 cl d'eau, remuez délicatement et laissez cuire environ 25 minutes à feu très doux. Pendant ce temps, épluchez les pommes de terre, coupez-les en bâtonnets et faites-les revenir dans une cocotte contenant un peu d'huile et de beurre. Servez le tout bien chaud. **(D)**

LES CONSEILS DU CHEF

L'opération délicate consiste à bien fermer et à ficeler les paupiettes pour que la farce ne s'échappe pas lors de la cuisson.

Pour faciliter cette opération, vous pouvez les envelopper dans une petite crépine de porc et les ficeler par la suite.

LES VINS OU LES BOISSONS

Un chinon

40 min

35 min

A

B

C

D

PAUPIETTES DE VEAU CORDON BLEU

INGRÉDIENTS POUR 4 PERSONNES

- 4 petites escalopes de veau
- 4 tranches de jambon de Paris
- 4 fines tranches de gruyère

Sauce
- 2 échalotes
- 20 cl de vin blanc
- 2 cuillerées à soupe de moutarde
- 20 cl de crème liquide
- 1 noisette de beurre
- Sel, poivre

LES CONSEILS DU CHEF

Poivrez légèrement et mettez une petite pointe de piment de Cayenne sur les escalopes de veau avant de les rouler.

Ne les salez pas trop : le gruyère et le jambon s'en chargeront.

Vous accompagnerez ce plat de pâtes.

15 min

25 min

VARIANTE

Cette recette est réalisée avec un cuit-vapeur, mais vous pouvez également faire pocher vos paupiettes de veau enveloppées dans du papier film dans de l'eau légèrement salée.

LES VINS OU LES BOISSONS

Un sancerre

LA RECETTE

1. Épluchez et hachez finement les échalotes ; faites-les revenir dans une casserole avec une noisette de beurre. Une fois légèrement colorées, versez le vin blanc, laissez réduire de moitié. Ajoutez la moutarde, incorporez la crème fraîche ; fouettez énergiquement, salez légèrement et poivrez. Laissez bouillir deux minutes et réservez votre sauce. **(A)**

2. Aplatissez finement les escalopes de veau ; déposez sur chacune d'elles une tranche de jambon de Paris puis une tranche de gruyère. Roulez votre préparation en forme de boudin. **(B)**

3. Enroulez ces boudins dans un film étirable (5 ou 6 tours) puis ficelez chacune des extrémités. **(C)**

4. Déposez vos boudins dans un cuit-vapeur, laissez cuire vingt minutes, retirez le film étirable, coupez les boudins en tranches, nappez de sauce moutarde et servez bien chaud. **(D)**

A

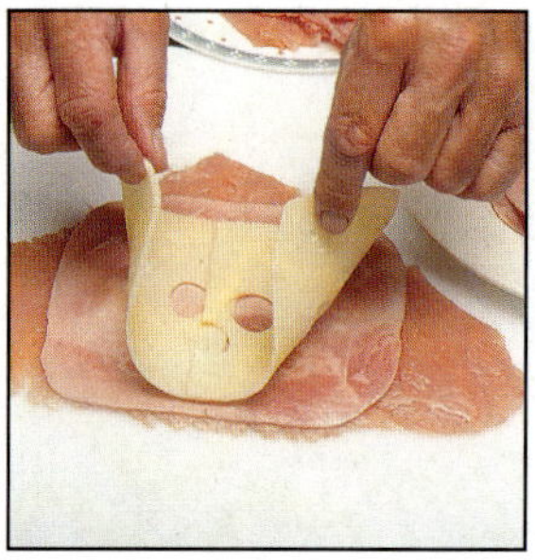

B

C

D

ROGNONS DE VEAU AU MADÈRE

INGRÉDIENTS POUR 4 PERSONNES

- 2 rognons de veau
- 3 échalotes
- 15 cl de madère
- 5 cl de cognac
- 5 cl d'huile
- 1 noisette de beurre
- 15 cl de crème liquide
- 1 bouquet de ciboulette
- Sel, poivre

LA RECETTE

1. Épluchez les échalotes, hachez-les finement, réservez-les. Après avoir retiré les parties graisseuses des rognons, coupez-les en quartiers. Dans une poêle contenant l'huile, faites saisir les rognons à feu vif ; salez-les légèrement et poivrez-les. Une fois bien revenus, égouttez-les dans une passoire. **(A)**

2. Dans une poêle contenant le beurre, faites légèrement colorer les échalotes hachées. **(B)**

3. Incorporez ensuite les rognons égouttés, versez le cognac, flambez la préparation puis ajoutez le madère ; salez légèrement, poivrez, et laissez cuire deux ou trois minutes à feu doux. **(C)**

4. Incorporez la crème fraîche, mélangez, laissez étuver deux ou trois minutes. Lorsque la sauce est bien onctueuse, versez votre préparation dans le plat de service, ajoutez la ciboulette hachée et servez bien chaud. **(D)**

LES CONSEILS DU CHEF

Saisissez bien les rognons, puis, après deux ou trois minutes de cuisson, égouttez-les et renouvelez l'opération au moment de les incorporer aux échalotes hachées.

Ne laissez pas bouillir les rognons : ils deviendraient caoutchouteux.

Prévoyez comme garniture des champignons sautés, une jardinière de légumes ou du riz.

15 min

15 min

LES VINS OU LES BOISSONS

Un nuits-saint-georges

A

B

C

D

ROGNONS À LA MOUTARDE

INGRÉDIENTS POUR 4 PERSONNES

- 2 rognons de veau
- 3 échalotes
- 1 cuillerée à soupe de moutarde forte
- 6 cl d'huile
- 20 g de beurre
- 20 cl de crème fraîche
- 5 cl de cognac
- Sel, poivre

20 min

15 min

LES CONSEILS DU CHEF

Faites bien saisir les rognons afin d'en éliminer toutes les impuretés.

N'omettez pas de passer la sauce au tamis fin pour vous débarrasser des morceaux d'échalote.

Vous pouvez servir ces rognons avec des champignons sautés.

Soyez attentif à la cuisson des rognons : ils doivent rester légèrement saignants ; trop cuits, ils deviennent durs et caoutchouteux.

LA RECETTE

1. Coupez les rognons en deux et retirez-en les parties graisseuses. Épluchez et hachez finement les échalotes que vous réservez. **(A)**

2. Dans une poêle contenant l'huile bouillante, faites saisir les deux rognons, salez-les légèrement et poivrez-les. Laissez cuire trois ou quatre minutes de chaque côté en les retournant régulièrement, puis versez le cognac et flambez. **(B)**

3. Réservez les rognons. Dans la même poêle, ajoutez le beurre, laissez-le fondre puis incorporez les échalotes. Laissez cuire deux minutes. **(C)**

4. Incorporez la moutarde, versez la crème liquide et remuez énergiquement. Laissez épaissir votre sauce à feu doux. Rectifiez l'assaisonnement, passez la sauce au tamis fin et versez-la sur les rognons. Servez ce plat bien chaud accompagné de petits légumes. **(D)**

LES VINS OU LES BOISSONS

Un côte-rôtie

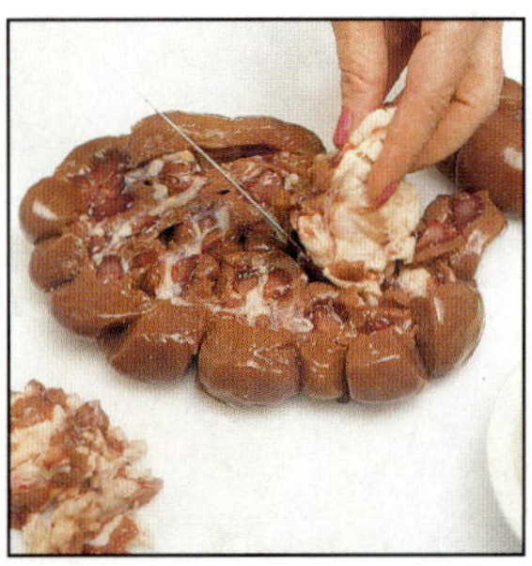

A

B

C

D

SAUTÉ DE VEAU AUX PRIMEURS

INGRÉDIENTS POUR 4 PERSONNES

- 1 kg de veau pour blanquette
- 3 carottes
- 2 courgettes
- 1 poivron
- 3 branches de céleri
- 1 brocoli
- 3 navets
- 3 cuillerées à soupe de petits pois
- 150 g de champignons de Paris
- 2 cuillerées à soupe de fond de veau en poudre
- 2 oignons
- 2 gousses d'ail
- 5 cl d'huile
- 1 demi-cuillerée à soupe de farine
- Sel, poivre

LA RECETTE

1. Coupez le veau en gros morceaux ; épluchez l'oignon, l'ail et hachez-les finement. Dans une cocotte, versez l'huile et faites revenir le veau à feu doux en le remuant régulièrement. Dès qu'il est bien doré, versez les oignons hachés et laissez étuver l'ensemble deux minutes. **(A)**

2. Ajoutez l'ail haché et mélangez le tout. Délayez le fond de veau dans un litre d'eau et ajoutez-le à la préparation. Salez légèrement, poivrez et laissez cuire environ 35 minutes à feu doux. **(B)**

3. Épluchez et nettoyez soigneusement l'ensemble des légumes ; taillez-les en gros bâtonnets et faites-les pocher séparément dans des casseroles d'eau légèrement salée en les gardant bien croquants. **(C)**

4. En fin de cuisson, versez l'ensemble des légumes, portez à ébullition et servez votre sauté de veau avec les légumes légèrement croquants. **(D)**

LES CONSEILS DU CHEF

Préparez les légumes à l'avance et réservez-les au réfrigérateur pour gagner du temps. Incorporez-les au sauté de veau en fin de cuisson pour les conserver croquants.

Surveillez la cuisson des oignons lorsque vous les ajouterez à la viande : ils ne doivent surtout pas brûler.

1 h

50 min

LES VINS OU LES BOISSONS

Un gigondas

A

B

C

D

RÔTI DE VEAU À L'ORANGE

INGRÉDIENTS POUR 4 PERSONNES

- 1 rôti de veau dans la noix (700 à 800 g)
- 4 oranges
- 100 g de sucre semoule
- 20 cl de vinaigre de vin
- 1 cuillerée à soupe de fond de veau
- 1 oignon
- 50 g de beurre
- Sel, poivre

15 min

50 min

LES CONSEILS DU CHEF

Pour éviter que l'oignon ne brûle, rajoutez un peu d'eau si nécessaire.

Ne laissez pas brûler le sucre : cela donnerait de l'amertume à la sauce.

Servez ce plat avec du riz.

VARIANTE

Vous pouvez aussi ajouter au fond de veau, une cuillerée à café de curry délayée dans 20 cl d'eau.

LES VINS OU LES BOISSONS

Un sancerre rouge ou un fleurie

LA RECETTE

1. Salez et poivrez le rôti de veau ; badigeonnez-le de beurre et faites-le saisir à four chaud. Ajoutez l'oignon coupé en morceaux. **(A)**

2. Au bout de vingt minutes de cuisson, versez le sucre dans le plat de cuisson, laissez caraméliser à feu doux en remuant régulièrement. Dès que le sucre atteint une belle couleur ambrée, versez le vinaigre de vin. Enfournez et poursuivez la cuisson à feu doux pendant encore vingt minutes. **(B)**

3. Pressez le jus de deux oranges, épluchez les autres à vif et retirez les quartiers, puis réservez-les. Lorsque votre rôti est aux trois quarts cuit, versez-y le jus d'orange et ajoutez le fond de veau délayé dans 20 cl d'eau. Enfournez de nouveau et laissez cuire dix minutes. **(C)**

4. Passez le jus de cuisson du rôti au tamis fin, et versez-le de nouveau sur le rôti. Ajoutez les quartiers d'orange, dressez sur le plat de service et servez bien chaud. **(D)**

A

B

C

D

TÊTE DE VEAU SAUCE GRIBICHE

INGRÉDIENTS POUR 6 À 8 PERSONNES

- 1 demi-tête de veau, langue comprise
- 3 carottes
- 1 oignon
- 5 clous de girofle
- 2 branches de céleri
- 1 bouquet garni
- 1 demi-cuillerée à café de poivre en grains
- 25 cl de vin blanc
- 2 cuillerées à soupe de farine
- 10 cl de vinaigre blanc
- 4 gousses d'ail, sel

Sauce
- 1 cuillerée à soupe de moutarde
- 3 cuillerées à soupe de vinaigre de vin
- 3 œufs
- 6 cornichons
- 3 branches de persil
- 2 échalotes
- 2 gousses d'ail
- 10 cl d'huile
- 2 cuillerées à soupe de câpres
- Sel, poivre

LA RECETTE

1. Portez une casserole d'eau à ébullition. Ajoutez le vinaigre, nettoyez soigneusement la tête de veau et faites-la blanchir en entier pendant sept à huit minutes. Retirez-la, égouttez-la, rafraîchissez-la, et débarrassez-la de ses impuretés. Épluchez la langue et coupez le tout en morceaux. **(A)**

2. Portez une autre casserole d'eau à ébullition, plongez-y l'oignon piqué de clous de girofle, les carottes, les branches de céleri, le bouquet garni, le poivre en grains, les gousses d'ail, 25 cl de vin blanc, et salez. Ajoutez deux cuillerées à soupe de farine délayées dans de l'eau puis les morceaux de tête de veau. Couvrez et laissez cuire à feu doux pendant environ 1 heure 45. Remuez de temps à autre. **(B)**

3. Confectionnez la sauce : faites cuire les œufs durs, hachez-les finement, ainsi que l'échalote et le persil. Coupez les cornichons en fine julienne. Vérifiez régulièrement la cuisson de la tête de veau. Rajoutez de l'eau si l'évaporation est trop importante. **(C)**

4. Déposez la moutarde dans un saladier, salez et poivrez. Versez le vinaigre, ajoutez l'huile en fouettant énergiquement puis incorporez les œufs hachés, les cornichons en julienne, le persil, les câpres, l'échalote et l'ail hachés ; mélangez. Contrôlez la cuisson de la tête de veau, égouttez-la, coupez-la en morceaux et nappez-la de sauce. Présentez le reste en saucière et servez la tête de veau accompagnée des carottes et du céleri. **(D)**

LES CONSEILS DU CHEF

Faites cuire la tête de veau la veille ; c'est un plat qui se réchauffe parfaitement bien. Pour accélérer la cuisson, utilisez un autocuiseur.

L'important consiste à bien blanchir la tête de veau, à nettoyer et à éplucher correctement la langue.

Le fait de rajouter de la farine pendant la cuisson permet de donner plus de blancheur à votre tête de veau, mais la farine risque de coller au fond de la casserole : surveillez bien la cuisson.

Vous pouvez demander à votre boucher de vous préparer 1 kg de tête de veau désossée, roulée et une langue à part.

Si vous faites cuire la langue avec la tête, retirez la langue une demi-heure avant la fin de cuisson.

LES VINS OU LES BOISSONS

Un crozes-hermitage blanc

25 min

1 h 50 min

A

B

C

D

VEAU MARENGO

INGRÉDIENTS POUR 6 À 8 PERSONNES

- 1,2 kg de sauté de veau, ou d'épaule de veau désossée
- 1 oignon
- 3 gousses d'ail
- 3 tomates
- 1 bouquet garni
- 1 cuillerée à soupe de purée de tomate
- 2 cuillerées à soupe de fond de veau en poudre
- 15 cl de vin blanc
- 1 cuillerée à soupe de farine
- 200 g de champignons de Paris
- 8 cl d'huile
- Sel, poivre

20 min

55 min

LES CONSEILS DU CHEF

Faites bien dorer votre viande pour qu'elle parfume la sauce.

Lavez bien les champignons qui conservent en général beaucoup de sable.

Surveillez attentivement la cuisson de votre viande qui variera selon sa fermeté ; 35 minutes devraient suffire.

VARIANTE

Vous pouvez aussi ajouter 200 g de flanchet à vos 700 g de sauté de veau.

Avant de servir, ajoutez vingt olives noires dénoyautées et laissez cuire encore cinq minutes.

LES VINS OU LES BOISSONS

Un savigny-lès-beaune

LA RECETTE

1. Coupez le sauté de veau en morceaux. Dans une cocotte contenant l'huile, faites revenir la viande à feu doux, salez et poivrez. **(A)**

2. Coupez les tomates en deux, épépinez-les, et coupez-les en morceaux ; épluchez l'oignon, hachez-le et incorporez-le au veau lorsque celui-ci est bien doré. Remuez la préparation et laissez étuver quelques minutes à feu doux. **(B)**

3. Ajoutez le bouquet garni, les champignons de Paris soigneusement lavés et coupés, les tomates concassées, mélangez le tout. Faites mijoter pendant dix minutes. **(C)**

4. Saupoudrez de farine, mélangez la préparation, ajoutez l'ail haché, la purée de tomate ; versez le vin blanc et le fond de veau délayé dans un litre d'eau. Mouillez, portez à ébullition et rectifiez l'assaisonnement. Couvrez et laissez cuire environ quarante minutes en surveillant régulièrement la cuisson. Servez dans un plat creux. **(D)**

A

B

C

D

CANETON POÊLÉ AUX NAVETS

INGRÉDIENTS POUR 4 PERSONNES

- 1 canard (1 à 1,2 kg environ)
- 1 kg de navets
- 50 g de beurre
- 5 cl d'huile
- 15 cl de vin blanc
- 10 cl de vinaigre de vin
- 100 g de sucre
- 1 cuillerée à soupe de fond de veau en poudre
- Sel, poivre

LA RECETTE

1. Nettoyez soigneusement le canard, videz-le, flambez-le ; salez-le, et poivrez. Déposez un plat allant au four sur le feu, versez l'huile, ajoutez une noisette de beurre et mettez le canard à rôtir à four moyen environ vingt minutes, en le retournant de temps à autre pour qu'il soit bien rôti de tous les côtés. **(A)**

2. Pendant ce temps, épluchez et coupez les navets en petits bâtonnets. **(B)**

3. Portez une casserole d'eau à ébullition, salez et faites pocher aux trois quarts de leur cuisson les navets. Retirez le canard de son plat, dégraissez, versez la moitié du sucre dans le plat ; ajoutez le vinaigre, enfournez de nouveau le canard et laissez caraméliser à feu doux la préparation en arrosant régulièrement le canard. **(C)**

4. Dans une poêle contenant le reste du beurre, ajoutez le sucre, laissez légèrement caraméliser et faites revenir les navets dans cette préparation ; salez et poivrez. Une fois le canard cuit, déposez-le sur le plat de service, versez le vin blanc, ajoutez le fond de veau délayé dans 15 cl d'eau, portez à ébullition. Laissez cuire six à sept minutes à feu doux, passez le jus au tamis fin, nappez le canard de cette sauce et accompagnez des navets. **(D)**

LES CONSEILS DU CHEF

Arrosez régulièrement le canard afin qu'il se caramélise lentement. N'omettez pas de caraméliser légèrement les navets qui prendront un petit goût acidulé.

L'important est de bien laisser réduire le jus de cuisson du canard afin d'obtenir une sauce onctueuse.

20 min

40 min

LES VINS OU LES BOISSONS

Un jurançon rouge

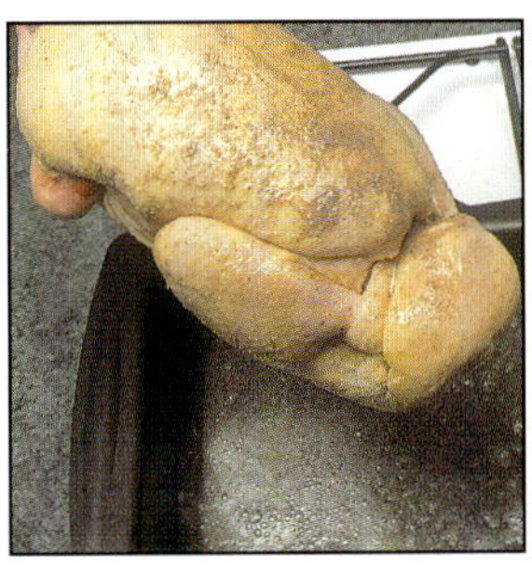

A

B

C

D

CANARD AUX CHOUX DE BRUXELLES

INGRÉDIENTS POUR 4 PERSONNES

- 1 canard (1,2 kg environ)
- 600 g de choux de Bruxelles
- 2 carottes
- 2 oignons
- 2 branches de thym
- 150 g de lardons fumés
- 3 gousses d'ail
- 5 cl d'huile
- 1 noisette de beurre
- 20 cl de vin blanc sec
- Sel, poivre

15 min

40 min

LES CONSEILS DU CHEF

Utilisez un jeune canard pour réaliser cette recette.

Prenez soin de ne pas trop cuire les choux de Bruxelles : croquants, ils n'en seront que meilleurs.

VARIANTE

Vous pourrez aussi ajouter à cette préparation quelques champignons de Paris et une cuillerée de fond de volaille.

LES VINS OU LES BOISSONS

Un saint-estèphe

LA RECETTE

1. Flambez, nettoyez et ficelez soigneusement votre canard ; garnissez-en l'intérieur avec une branche de thym, enduisez-le de beurre, salez-le et poivrez. Déposez une cocotte sur le feu avec de l'huile, et mettez le canard à rôtir ; retournez-le de temps à autre. **(A)**

2. Épluchez et coupez les carottes en bâtonnets, et hachez finement l'oignon. À mi-cuisson, retirez le canard de la cocotte, incorporez les oignons hachés, les lardons, mélangez, couvrez et laissez de nouveau revenir environ deux minutes. **(B)**

3. Remettez le canard dans la cocotte. Ajoutez maintenant les carottes, mouillez avec le vin blanc, remuez délicatement et terminez, pendant une vingtaine de minutes, la cuisson du canard au four à feu doux. **(C)**

4. Ajoutez l'ail haché, les choux de Bruxelles préalablement blanchis, couvrez de nouveau, terminez la cuisson pendant sept ou huit minutes et servez bien chaud. **(D)**

A

B

C

D

CASSOULET DE CASTELNAUDARY

INGRÉDIENTS POUR 4 PERSONNES

- 300 g de haricots blancs secs
- 4 cuisses de canard confites
- 4 saucisses fumées
- 200 g de poitrine de porc salé
- 1 oignon
- 3 tomates
- 1 bouquet garni
- 4 clous de girofle
- 60 g de graisse d'oie
- 1 cuillerée à soupe de purée de tomate
- 4 branches de persil
- 4 gousses d'ail
- 2 cuillerées à soupe de chapelure
- 8 cl d'huile d'olive
- Sel, poivre

LA RECETTE

1. La veille, faites tremper les haricots blancs. Le lendemain, égouttez-les, lavez-les soigneusement et réservez-les. Épluchez l'oignon, hachez-le finement et faites-le revenir dans une cocotte avec la graisse d'oie ; ajoutez les saucisses. Coupez les tomates en deux, épépinez-les et coupez-les en petits cubes. Dès que les oignons ont atteint une couleur ambrée, ajoutez les dés de tomate puis la purée de tomate. **(A)**

2. Incorporez maintenant les tranches de poitrine de porc salé, le bouquet garni ainsi que les haricots ; incorporez les clous de girofle, recouvrez le tout d'eau et laissez cuire à feu doux pendant environ une heure en remuant régulièrement. Rajoutez un peu d'eau si besoin. **(B)**

3. Salez vos haricots, poivrez, portez à ébullition et rectifiez l'assaisonnement si nécessaire. Ajoutez les cuisses de canard confites, couvrez et terminez la cuisson à feu doux une quinzaine de minutes. Épluchez l'ail, hachez-le finement, hachez le persil, mélangez l'ensemble à la chapelure et versez l'huile d'olive. **(C)**

4. Dès que le cassoulet est cuit, mettez-le dans un plat en terre très creux. Saupoudrez-en la surface de chapelure, persil, ail et huile d'olive. Mettez votre plat au four, gratinez la surface du cassoulet avant de le servir bien chaud. **(D)**

LES CONSEILS DU CHEF

Vous pouvez ajouter une livre d'épaule de mouton.

Pour la réussite de ce plat, mettez le confit dans les haricots lorsque ceux-ci sont juste cuits ; la cuisson peut varier selon la qualité de vos haricots.

Il importe de saler les haricots en fin de cuisson, sinon ils durciraient.

Laissez surtout bien revenir les saucisses qui parfumeront les haricots et sortez-les en cours de cuisson afin d'éviter qu'elles n'éclatent.

Veillez à ce que la surface ne gratine pas trop vite, elle doit être seulement dorée en fin de cuisson.

30 min

1 h 30 min

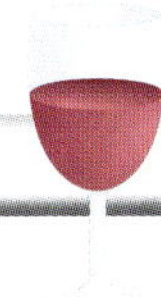

LES VINS OU LES BOISSONS

Un bergerac rouge

A

B

C

D

COQ AU RIESLING

INGRÉDIENTS POUR 4 PERSONNES

- 1 coq de 1 kg en morceaux
- 3 échalotes
- 1 bouquet garni
- 200 g de champignons de Paris
- 100 g d'oignons grelots
- 1 citron
- 20 g de beurre
- 10 cl d'huile
- 1 cuillerée à café de farine
- 20 cl de crème fraîche
- 1 bouteille de riesling
- Sel, poivre

15 min

1 h 45 min

LES CONSEILS DU CHEF

Il est préférable de faire couper le coq en morceaux par le boucher.

Utilisez du coq ou de la poule pour réaliser cette recette et non du poulet.

La cuisson est très longue mais votre plat n'en sera que meilleur.

Il est important de rajouter un peu d'eau si l'évaporation est trop importante en cours de cuisson.

N'omettez pas de retirer le bouquet garni avant de mettre la crème fraîche.

Servez le coq bien chaud accompagné d'un riz à la créole.

LES VINS OU LES BOISSONS

Un riesling

LA RECETTE

1. Salez et poivrez le coq. Déposez une marmite sur le feu, versez l'huile, ajoutez la moitié du beurre et faites revenir le coq à feu doux en lui laissant prendre un légère coloration. **(A)**

2. Coupez le pied terreux des champignons, lavez-les soigneusement, coupez-les en quatre, et faites-les revenir dans une poêle avec le reste du beurre et les oignons grelots préalablement épluchés et pochés. À la fin de la cuisson des champignons, ajoutez le jus d'un demi-citron et réservez. Épluchez les échalotes puis hachez-les et incorporez-les au coq. **(B)**

3. Laissez revenir les échalotes quelques minutes, incorporez la farine, mélangez, laissez de nouveau cuire deux minutes puis mouillez le coq avec le riesling. Ajoutez le bouquet garni. Salez, poivrez, couvrez et laissez cuire environ 1 heure 30 à feu doux en remuant régulièrement. **(C)**

4. En cours de cuisson, si l'évaporation est trop importante, rajoutez au fur et à mesure un peu d'eau. Ajoutez maintenant la crème fraîche, mélangez délicatement l'ensemble, rectifiez l'assaisonnement si nécessaire, incorporez la garniture champignons/oignons, laissez cuire à nouveau une dizaine de minutes avant de servir bien chaud accompagné de riz. **(D)**

A

B

C

D

COQ AU VIN DE BOURGOGNE

INGRÉDIENTS POUR 4 PERSONNES

- 1 kg de coq en morceaux
- 1 oignon
- 1 carotte
- 1 branche de céleri
- 2 feuilles de laurier
- 2 branches de thym
- 2 branches de persil
- 2 gousses d'ail
- 5 cl d'huile
- 1 cuillerée à soupe de farine
- 1 litre de vin de Bourgogne
- 5 cl de marc de Bourgogne
- 1 cube de bouillon de volaille
- Sel, poivre

- 300 g de champignons de Paris
- 200 g de poitrine de porc
- 100 g de petits oignons grelots
- 20 g de beurre

LA RECETTE

1. Dans une cocotte, versez l'huile et faites revenir à feu vif les morceaux de coq préalablement salés et poivrés. Laissez-leur prendre une coloration en les remuant régulièrement. Pendant ce temps, coupez le pied terreux des champignons, lavez-les soigneusement et coupez-les en quartiers. Tranchez la poitrine de porc en lardons et épluchez les petits oignons grelots. Déposez le beurre dans une poêle, versez les lardons, laissez-leur prendre une légère coloration ; ajoutez les quartiers de champignons, les oignons grelots préalablement pochés et faites sauter le tout à feu doux. Réservez. **(A)**

2. Épluchez l'oignon, la carotte, l'ail et coupez-les en morceaux ainsi que la branche de céleri. Versez sur le coq, ajoutez laurier, thym et persil, mélangez et laissez revenir à feu doux pendant deux minutes. **(B)**

3. Ajoutez la farine dans la cocotte et mélangez. **(C)**

4. Versez le marc de Bourgogne et flambez le coq ; versez ensuite le vin rouge, ajoutez le cube de bouillon de volaille délayé dans 10 cl d'eau. Salez légèrement, poivrez, couvrez et laissez cuire 1 heure et quart à feu doux ; une demi-heure avant la fin de la cuisson, laissez le récipient à découvert pour faire réduire la sauce. En fin de cuisson, retirez le coq, passez la sauce au tamis fin, versez sur le coq avec la garniture champignons, lardons, oignons. Donnez une ébullition et servez chaud. **(D)**

LES CONSEILS DU CHEF

Pour réaliser cette recette, utilisez un coq, ou de la poule, que vous coupez en morceaux : il s'agit d'une viande ferme donc qui prendra beaucoup de temps à la cuisson.

Vous pouvez également faire mariner votre coq dans le vin rouge pendant 24 heures.

40 min

1 h 30 min

LES VINS OU LES BOISSONS

Un nuits-saint-georges
ou le vin qui vous a servi pour le plat

A

B

C

D

COQUELETS COCOTTE AUX MORILLES

INGRÉDIENTS POUR 4 PERSONNES

- 2 coquelets
- 2 échalotes
- 10 cl de porto
- 1 cuillerée à soupe de fond de veau lié
- 1 noisette de beurre
- 5 cl d'huile
- 100 g de morilles lyophilisées
- 400 g de pois gourmands
- Sel, poivre

20 min

40 min

LES CONSEILS DU CHEF

Il est conseillé surtout de passer au tamis le jus de cuisson des morilles avant de le lier au fond de veau.

N'omettez pas de laver soigneusement les morilles afin d'en extraire le maximum de sable et de couper leur pied terreux.

Faites rôtir les coquelets à four doux au départ et terminez leur cuisson à four chaud (220°C).

Les amateurs pourront rajouter une petite pointe de crème fraîche dans les morilles.

Si le besoin se fait ressentir, rajoutez un peu de porto pour éclaircir votre sauce.

Vous pouvez faire de même en prenant un poulet de 1,2 kg pour quatre personnes.

LES VINS OU LES BOISSONS

Un pomerol

LA RECETTE

1. Faites tremper les morilles afin de les faire gonfler puis coupez les queues. Badigeonnez les coquelets de beurre, salez et poivrez. Déposez-les dans une cocotte allant au four, arrosez d'huile et faites-les rôtir à four moyen en retournant et arrosant régulièrement. **(A)**

2. Déposez une casserole sur le feu, versez un verre d'eau. Ajoutez la cuillerée à soupe de fond de veau lié et laissez cuire deux minutes. Épluchez et hachez finement les échalotes que vous déposerez autour des coquelets dans la cocotte. Laissez revenir au four à feu doux. **(B)**

3. Dans une casserole d'eau salée, faites pocher les pois gourmands, égouttez et réservez. Versez le porto dans la casserole contenant le fond de veau, laissez cuire une à deux minutes. Pendant ce temps, lavez soigneusement les morilles pour en extraire le maximum de sable et incorporez-les dans la préparation précédente. **(C)**

4. Découpez les coquelets, réservez. Passez le jus de cuisson des morilles au tamis fin, égouttez les morilles, laissez cuire quatre minutes avant de napper les coquelets de cette sauce. Accompagnez votre plat de pois gourmands préalablement pochés et des morilles. **(D)**

A

B

C

D

COQUELETS GRILLÉS EN CRAPAUDINE

INGRÉDIENTS POUR 4 PERSONNES

- 2 coquelets
- 4 bardes de lard fumé
- 2 cuillerées à soupe de moutarde
- 1 cuillerée à soupe d'herbes de Provence
- 3 cuillerées à soupe de chapelure
- 10 cl d'huile
- Sel, poivre

LA RECETTE

1. Ouvrez les coquelets sur le dos puis écartez-les. Retirez l'os central et aplatissez-les. **(A)**

2. Salez, poivrez et saupoudrez les coquelets d'herbes de Provence puis badigeonnez-les à l'huile. **(B)**

3. Déposez les coquelets sur le gril et laissez-les cuire sept à huit minutes de chaque côté. **(C)**

4. En fin de cuisson, badigeonnez les coquelets de moutarde, saupoudrez-les de chapelure. Passez-les sous le grilloir de votre four, faites également griller les tranches de lard fumé et servez le tout bien chaud. **(D)**

LES CONSEILS DU CHEF

Il est important pour donner la forme crapaudine d'ouvrir les coquelets sur le dos et de bien les écarter.

Faites-les griller sur votre barbecue et vous terminerez la cuisson sous le grilloir de votre four.

Les amateurs peuvent rajouter une pointe de paprika pour relever légèrement le goût.

Évitez de brûler la chapelure sous le grilloir de votre four avant de servir vos coquelets.

10 min

25 min

LES VINS OU LES BOISSONS

Un pinot noir de Bourgogne

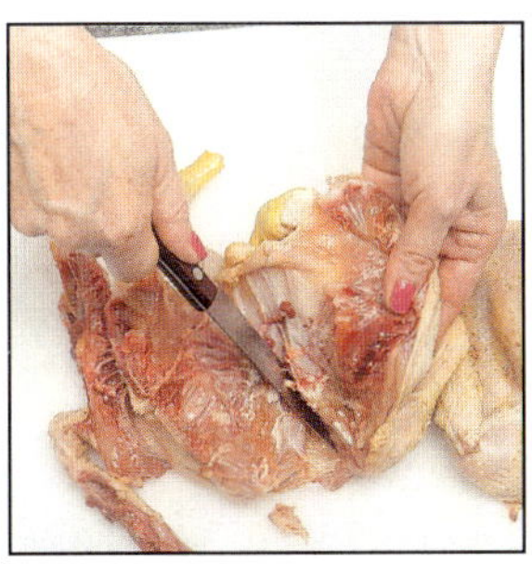

A

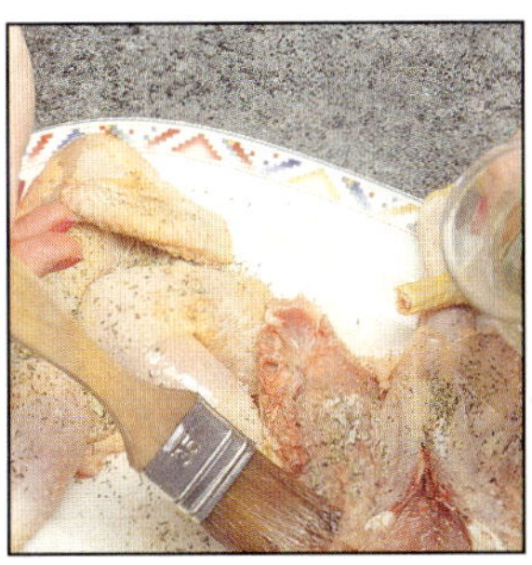

B

C

D

CUISSES DE POULET AUX PÂTES FRAÎCHES

INGRÉDIENTS POUR 4 PERSONNES

- 8 cuisses de poulet
- 1 oignon
- 1 courgette
- 1 aubergine
- 3 tomates
- 2 gousses d'ail
- 10 cl d'huile d'olive
- 50 g de beurre
- 10 cl de crème épaisse
- 600 g de pâtes fraîches
- Sel, poivre

25 min

20 min

LES CONSEILS DU CHEF

Il est important de bien colorer les cuisses de poulet au départ, ce qui parfumera l'ensemble des légumes lors de leur cuisson.

Conservez les pâtes al dente que vous assaisonnerez à la dernière minute avec un peu de crème fraîche et de beurre avant de les servir accompagnées des pilons de poulet.

Vous pouvez réaliser cette recette avec un poulet entier.

LES VINS OU LES BOISSONS

Un sancerre rouge

LA RECETTE

1. Flambez soigneusement les cuisses de poulet, salez-les, poivrez-les et faites revenir dans une poêle avec du beurre et quelques gouttes d'huile. Laissez-les colorer et réservez-les. Épluchez et hachez finement l'oignon, faites-le revenir dans une poêle avec de l'huile d'olive. **(A)**

2. Portez une marmite d'eau salée à ébullition, versez les pâtes et laissez-les cuire en les conservant légèrement al dente. **(B)**

3. Épluchez les tomates, épépinez-les et coupez-les en petits morceaux, puis hachez l'ail. Versez sur les oignons une fois saisis, l'aubergine coupée en petits cubes, ajoutez la courgette, les tomates concassées et les gousses d'ail hachées ; salez légèrement, poivrez et laissez revenir 2 minutes à feu doux. **(C)**

4. Ajoutez maintenant les cuisses de poulet, mélangez délicatement, terminez l'ensemble de la cuisson à feu doux pendant une quinzaine de minutes. Dressez vos pilons de poulet sur le plat de service accompagnés de bouquets de pâtes fraîches additionnés de beurre et de crème. **(D)**

A

B

C

D

CUISSES DE POULET AUX POIVRONS

INGRÉDIENTS POUR 4 PERSONNES

- 8 pilons de poulet
- 3 poivrons : 1 rouge, 1 jaune et 1 vert
- 2 oignons
- 8 fines tranches de poitrine fumée
- 3 gousses d'ail
- 8 cl d'huile d'olive
- 1 demi-cuillerée à café de paprika
- Sel, poivre

20 min

25 min

LA RECETTE

1. Flambez vos pilons de poulet, nettoyez-les, enveloppez-les d'une fine tranche de poitrine fumée que vous fixez avec une pique en bois. Chauffez une marmite avec l'huile et faites légèrement colorer vos pilons de poulet. **(A)**

2. Épluchez les oignons, émincez-les finement ; coupez les poivrons en deux, épépinez-les et émincez-les. Hachez finement l'ail. **(B)**

3. Une fois colorés, retirez les pilons de poulet et réservez-les. Versez dans la marmite les poivrons, les oignons et l'ail haché et faites revenir l'ensemble à feu doux. **(C)**

4. Saupoudrez les pilons de poulet de paprika et incorporez-les aux poivrons et aux oignons aux trois quarts cuits ; salez légèrement l'ensemble, poivrez, couvrez et laissez cuire à l'étuvée pendant une quinzaine de minutes à feu très doux. **(D)**

LES CONSEILS DU CHEF

Faites bien dorer les pilons de poulet pour qu'ils parfument les poivrons.

Les amateurs peuvent rajouter une pointe de piment de Cayenne.

Servez ces pilons de poulet aux poivrons accompagnés de pommes vapeur pour adoucir le feu du piment.

LES VINS OU LES BOISSONS

Un bourgueil rouge

A

B

C

D

CUISSES DE POULET À LA TYROLIENNE

INGRÉDIENTS POUR 4 PERSONNES

- 4 cuisses de poulet
- 4 tomates
- 200 g de mozzarella
- 5 cl d'huile d'olive
- 4 fines tranches de jambon de Bayonne

Marinade

- Le jus de 2 citrons
- 1 demi-cuillerée à café de poudre de tandoori
- 1 demi-cuillerée à café de curcuma
- 1 demi-oignon
- 3 gousses d'ail
- 1 cuillerée à soupe de sauce Worcester
- 1 cuillerée à café de Tabasco
- 5 cl d'huile
- Sel, poivre

20 min

35 min

24 h

LES CONSEILS DU CHEF

Laissez bien mariner les cuisses de poulet.

Les amateurs pourront éventuellement rajouter un peu de piment de Cayenne en poudre pour en relever le goût.

Vous pouvez vous servir d'un barbecue pour réaliser ce type de recette, mais pensez à désosser les cuisses de poulet, à en couper la chair en morceaux et à les servir en brochettes, ce qui diminuera le temps de macération de quelques heures.

LES VINS OU LES BOISSONS

Un côtes-de-nuits

LA RECETTE

1. Nettoyez et flambez soigneusement les cuisses de poulet, déposez-les dans un récipient, saupoudrez du curcuma, de la poudre de tandoori ; ajoutez le jus des citrons, l'ail et l'oignon hachés, puis versez la sauce Worcester, incorporez le Tabasco, salez, poivrez, versez l'huile et mélangez l'ensemble. Laissez mariner au moins 24 heures au réfrigérateur. **(A)**

2. Coupez un chapeau sur le dessus des tomates puis, à l'aide d'une cuiller, retirez-en l'intérieur. **(B)**

3. Coupez la mozzarella en petits dés, garnissez la tomate de mozzarella, salez légèrement, poivrez et ajoutez un filet d'huile d'olive. **(C)**

4. Au moment de servir, égouttez les cuisses de poulet de la marinade, faites-les griller, arrosez-les de temps à autre avec le jus de la marinade. Déposez les tomates au four pendant une dizaine de minutes. Servez les tomates/mozzarella accompagnées des cuisses de volaille sous lesquelles vous aurez glissé les tranches de jambon de Bayonne légèrement poêlées. **(D)**

A

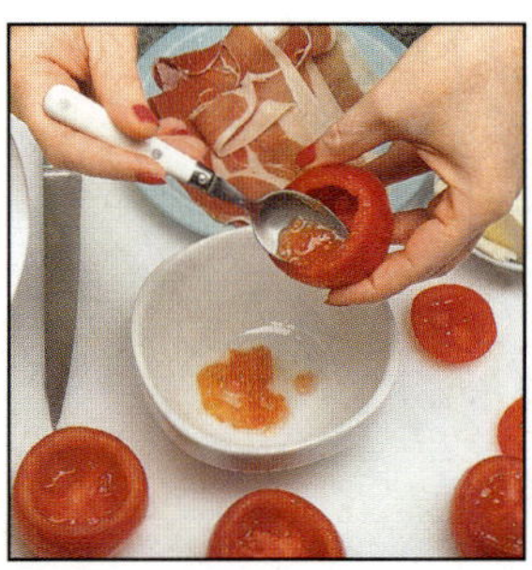

B

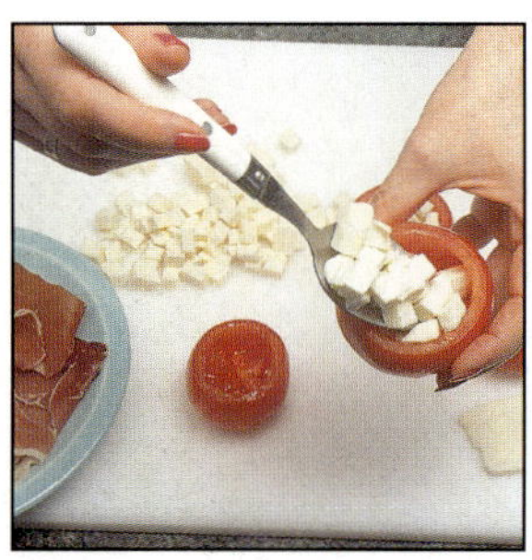

C

D

DINDE DE NOËL

INGRÉDIENTS POUR 10 PERSONNES

- 1 belle dinde (3,5 à 4 kg)
- 2 kg de marrons

Farce
- 1,5 kg de chair à saucisse
- 1 œuf
- 8 cl de cognac
- 200 g de champignons de Paris
- 1 bouquet de persil
- 4 gousses d'ail
- 1 oignon

Garniture
- 2 carottes
- 2 oignons
- 1 branche de céleri
- 2 branches de thym
- 30 cl de vin blanc sec
- 2 cuillerées à soupe de fond de veau
- 50 g de beurre
- 8 cl d'huile
- Sel, poivre

LA RECETTE

1. Flambez, videz et nettoyez soigneusement la dinde. Faites pocher les marrons aux trois quarts, réservez-les. Épluchez et hachez soigneusement un oignon, incorporez-le à la chair à saucisse, ajoutez l'ail et le persil hachés, les champignons soigneusement nettoyés et coupés en morceaux. Ajoutez un œuf, le cognac, salez, poivrez. **(A)**

2. Malaxez abondamment la farce et farcissez la dinde. Dès qu'elle est pleine de farce, fermez l'ouverture en la causant afin que la farce ne s'échappe pas en cours de cuisson. Salez, poivrez la dinde et badigeonnez-la avec du beurre. **(B)**

3. Épluchez carottes, oignons, branche de céleri et coupez en brunoise, réservez. Déposez la dinde dans un grand plat, arrosez-la d'huile, faites-la rôtir à four moyen (170°C) pendant environ une heure en l'arrosant régulièrement. À mi-cuisson, ajoutez votre garniture (oignon, céleri, carottes, thym). **(C)**

4. Dès que les légumes prennent une légère couleur ambrée, versez le vin blanc et les deux cuillerées à soupe de fond de veau délayées dans 40 cl d'eau. Terminez la cuisson de la dinde au four pendant encore environ une heure en l'arrosant régulièrement. En fin de cuisson, passez le jus au tamis fin, rectifiez l'assaisonnement si nécessaire. Terminez de pocher les marrons dans le jus de cuisson et servez le tout bien chaud. **(D)**

1 h

2 h

LES CONSEILS DU CHEF

Utilisez une jeune dinde pour ce type de recette, la partie délicate consistera à la préparation de la farce, et surtout à cuire votre dinde. Il s'agit d'une masse de viande importante, qu'il faut cuire à feu doux en arrosant régulièrement. En fin de cuisson, si elle prend trop de couleur, enveloppez-la d'un papier aluminium.

Au moment de servir, découpez la dinde et retirez la farce. Vous pouvez accompagner votre dinde de tranches de pommes sautées au beurre et des marrons au naturel.

VARIANTE

Vous pouvez ajouter à la farce une pomme épépinée et hachée.

LES VINS OU LES BOISSONS

Un château-margaux

A

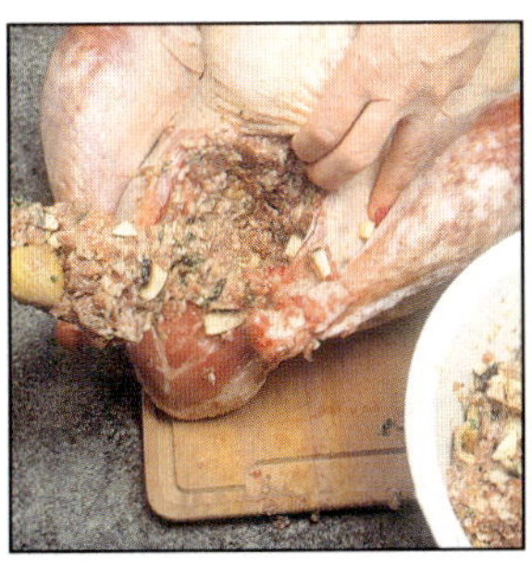

B

C

D

FRICASSÉE DE POULET AU POIVRE VERT

INGRÉDIENTS POUR 4 PERSONNES

- 1 poulet (1 à 1,2 kg)
- 1 oignon
- 1 bouquet garni
- 1 noisette de beurre
- 5 cl d'huile d'olive
- 2 cuillerées à soupe de poivre vert en grains
- 2 cubes de bouillon de volaille
- 20 cl de vin blanc
- 20 cl de crème liquide
- Sel, poivre

20 min

45 min

LES CONSEILS DU CHEF

Il est préférable de faire couper le poulet en morceaux par votre boucher. Attention à ne pas brûler les oignons au cours de la cuisson.

Il est important de bien dégraisser la marmite de volaille avant de mouiller avec le vin blanc et les cubes de bouillon de volaille.

Ne laissez pas trop cuire la crème en fin d'opération.

Servez cette fricassée de poulet avec un riz à la créole par exemple.

LA RECETTE

1. Coupez le poulet en huit, déposez une marmite sur le feu, versez l'huile d'olive, ajoutez le beurre et faites revenir la volaille légèrement salée et poivrée en la retournant de temps à autre. **(A)**

2. Épluchez, hachez finement l'oignon et incorporez-le à la volaille. Ajoutez le bouquet garni, les grains de poivre vert et laissez étuver l'ensemble quatre à cinq minutes en remuant de temps à autre. **(B)**

3. Dégraissez la marmite, puis versez les cubes de bouillon de volaille délayés dans un verre d'eau, ajoutez le vin blanc, remuez délicatement, couvrez et laissez cuire environ 30 minutes à feu doux. Remuez régulièrement. **(C)**

4. En fin de cuisson, ajoutez la crème liquide, remuez de nouveau, laissez cuire deux à trois minutes. Dressez sur le plat de service et servez votre fricassée de poulet bien chaude. **(D)**

LES VINS OU LES BOISSONS

Un madiran rouge

A

B

C

D

FRICASSÉE DE VOLAILLE AUX PRIMEURS

INGRÉDIENTS POUR 4 PERSONNES

- 1 poulet fermier (de 1 à 1,2 kg)
- 2 courgettes
- 2 carottes
- 1 botte d'oignons verts
- 3 navets
- 1 oignon
- 2 gousses d'ail
- 20 g de beurre
- 5 cl d'huile
- 20 cl de vin blanc
- 1 demi-cuillerée à soupe de farine
- 2 cubes de bouillon de volaille
- Sel, poivre

25 min

35 min

LA RECETTE

1. Coupez le poulet en morceaux, déposez une marmite sur le feu, ajoutez le beurre, l'huile et faites revenir à feu doux vos morceaux de poulet que vous salez et poivrez. Hachez finement l'oignon, incorporez-le au poulet et laissez colorer à feu doux l'ensemble. **(A)**

2. Épluchez et hachez l'ail. Coupez les courgettes, les carottes et les navets en bâtonnets et nettoyez soigneusement votre botte d'oignons verts. **(B)**

3. Saupoudrez le poulet avec la farine, mélangez délicatement, versez le vin blanc puis délayez les cubes de bouillon de volaille dans 20 cl d'eau ; versez sur le poulet, ajoutez l'ail haché, couvrez et laissez cuire 7 à 8 minutes à feu doux. **(C)**

4. Incorporez ensuite les carottes, navets, courgettes, oignons verts, mélangez délicatement, couvrez et laissez cuire une quinzaine de minutes à feu doux en remuant régulièrement. **(D)**

LES CONSEILS DU CHEF

Utilisez une volaille légèrement ferme pour réaliser cette recette.

Vous pouvez également faire mariner la volaille la veille avec un peu de citron et quelques épices pour en relever le parfum.

L'opération délicate consistera à mettre les légumes 10 à 15 minutes avant la fin de cuisson de la volaille afin qu'ils restent légèrement croquants.

Vous accompagnerez ce plat d'un riz à la créole.

LES VINS OU LES BOISSONS

Un saint-estèphe

A

B

C

D

PARMENTIER DE CANARD

INGRÉDIENTS POUR 4 PERSONNES

- 5 petites cuisses de canard confites
- 800 g de pommes de terre
- 20 cl de crème liquide
- 60 g de beurre
- 2 échalotes
- 2 gousses d'ail
- 60 g de fromage râpé
- 60 g de cerneaux de noix
- Sel, poivre

20 min

20 min

LES CONSEILS DU CHEF

Cette recette peut être préparée avec du magret de canard confit.

Faites bien revenir la viande avec les épices, les échalotes et l'ail : votre confit n'en sera que meilleur.

Votre purée doit être bien souple. Rajoutez un peu de lait si nécessaire.

Ne salez pas trop la purée : le confit s'en chargera.

Saupoudrez d'un peu de chapelure pour obtenir une meilleure qualité de gratin à la surface.

LES VINS OU LES BOISSONS

Un cahors rouge

LA RECETTE

1. Épluchez soigneusement les pommes de terre, déposez-les dans une casserole, recouvrez-les d'eau, salez et faites cuire. Une fois cuites, passez-les au moulin à légumes, grille fine, ajoutez 50 g de beurre, la crème et remuez énergiquement votre purée mousseline ; réservez-la. **(A)**

2. Retirez la peau des confits de canard puis émiettez finement la chair. Dans une poêle contenant le reste du beurre, faites revenir les échalotes finement hachées. Ajoutez la chair de canard, l'ail haché, poivrez et laissez revenir 3 minutes à feu vif. **(B)**

3. Dans un plat à gratin, déposez une couche de purée au fond du plat. Versez le confit de canard émietté puis nappez la surface du reste de purée. **(C)**

4. Saupoudrez la surface de noix hachées, de fromage râpé et faites gratiner une dizaine de minutes à four chaud au moment de servir. **(D)**

A

B

C

D

POULARDE POCHÉE SAUCE SUPRÊME

INGRÉDIENTS POUR 4 PERSONNES

- 1 poule de 1,2 kg

Bouillon
- 1 branche de céleri
- 1 oignon
- 2 carottes
- 1 bouquet garni
- 3 clous de girofle
- 1 demi-cuillerée à café de poivre en grains
- 20 cl de vin blanc sec
- Sel

Sauce
- 50 g de beurre
- 2 cuillerées à soupe de farine
- 20 cl de crème liquide
- 3 cl de cognac

LA RECETTE

1. Flambez soigneusement votre poule, nettoyez-la correctement et ficelez-la. Déposez une marmite d'eau froide sur le feu, plongez la poule, ajoutez la garniture : céleri, oignon, carottes, bouquet garni, clous de girofle, poivre en grains, vin blanc ; salez, couvrez et laissez cuire environ 1 heure 15 minutes à feu doux. **(A)**

2. Dans une casserole, faites fondre le beurre, ajoutez la farine, fouettez énergiquement pour confectionner votre roux. Faites légèrement réduire la cuisson de la poule. **(B)**

3. Passez le bouillon de poule au tamis fin sur votre roux, fouettez énergiquement pour éliminer l'ensemble des grumeaux et laissez cuire une quinzaine de minutes en remuant régulièrement. **(C)**

4. Retirez la peau de votre poule, réservez-la. Incorporez la crème fraîche à la sauce suprême, ajoutez le cognac, fouettez énergiquement et laissez de nouveau cuire votre sauce 5 à 6 minutes en remuant régulièrement. Au moment de servir, nappez votre poule de la sauce suprême et servez le reste en saucière. **(D)**

LES CONSEILS DU CHEF

Vous pouvez servir la poularde pochée sauce suprême aussi bien chaude que froide.

Servez-la chaude avec un riz à la créole, par exemple.

Si vous souhaitez la servir froide, rajoutez dans la sauce suprême six feuilles de gélatine, laissez refroidir votre volaille, et nappez-la de sauce suprême pour bien l'enrober

Dans la sauce suprême, vous pouvez ajouter deux jaunes d'œufs que vous délayez avec quelques cuillerées de bouillon tiède pour que la sauce soit liée et très onctueuse.

15 min

1 h 40 min

LES VINS OU LES BOISSONS

Un brouilly

A

B

C

D

POULET DE BRESSE À LA RATATOUILLE

INGRÉDIENTS POUR 4 PERSONNES

- 1 beau poulet de Bresse
- 2 oignons
- 3 poivrons : 1 rouge, 1 jaune et 1 vert
- 2 courgettes
- 1 aubergine
- 3 tomates
- 3 gousses d'ail
- 1 petit bouquet garni
- 10 g de beurre
- 5 cl d'huile
- Sel, poivre

40 min

45 min

LES CONSEILS DU CHEF

Pour cette recette, vous pouvez couper votre poulet, le faire revenir sous forme d'une fricassée et y incorporer peu à peu l'ensemble des légumes en commençant par les oignons et les poivrons.

Conservez votre ratatouille légèrement croquante, elle n'en sera que meilleure.

Les amateurs pourront éventuellement rajouter une pointe de concentré de tomate et quelques dés de jambon de Bayonne.

Vous pouvez aussi saupoudrer le poulet d'un peu de paprika avant la cuisson.

LES VINS OU LES BOISSONS

Un chiroubles

LA RECETTE

1. Nettoyez soigneusement le poulet, ficelez-le ; salez, poivrez et enduisez-le de beurre. Déposez un peu d'huile d'olive dans une cocotte et faites rôtir votre poulet à feu doux au four. **(A)**

2. Coupez les tomates en deux, épépinez-les et coupez-les en morceaux. Épluchez les oignons et l'ail et hachez-les finement. Coupez les courgettes, l'aubergine et les poivrons en petits cubes. **(B)**

3. En milieu de cuisson du poulet, incorporez les oignons et les poivrons, mélangez délicatement ; couvrez la volaille et laissez cuire une dizaine de minutes à four moyen en remuant de temps à autre. **(C)**

4. Ajoutez l'aubergine, les courgettes, les tomates, le petit bouquet garni, une pointe d'ail hachée, salez légèrement et poivrez ; remuez l'ensemble et terminez la cuisson pendant une quinzaine de minutes à feu doux. Au moment de servir, déposez la ratatouille au fond du plat de service, puis le poulet et servez bien chaud. **(D)**

A

B

C

D

POULET DE BRESSE AUX POMMES FRITES

INGRÉDIENTS POUR 4 PERSONNES

- 1 volaille de Bresse (1 à 1,2 kg)
- 4 branches de thym
- 2 feuilles de laurier
- 2 branches de persil
- 4 gousses d'ail
- 1 carotte
- 1 oignon
- 40 g de beurre
- 5 cl d'huile
- 15 cl de vin blanc
- 1 bain de friture
- 800 g de pommes de terre
- 1 botte de cresson
- Sel, poivre

LA RECETTE

1. Videz le poulet, coupez l'extrémité des ailerons, flambez-le, nettoyez-le correctement. Garnissez l'intérieur de la volaille avec le thym, les feuilles de laurier, le persil et les gousses d'ail écrasées. Ficelez votre volaille, salez, poivrez. **(A)**

2. Déposez le poulet dans un plat allant au four. Arrosez d'huile, badigeonnez-le avec le beurre, enfournez-le et laissez-le cuire à four moyen une trentaine de minutes en le retournant régulièrement. À mi-cuisson, ajoutez une carotte et un oignon coupés en brunoise. Dégraissez le plat et laissez revenir. Remettez au four. **(B)**

3. Épluchez les pommes de terre, taillez les pommes allumettes. Faites-les précuire dans une friteuse pendant quelques minutes et repassez-les dans le bain de friture bien chaud au moment de servir. **(C)**

4. Lorsque la volaille est cuite, versez le vin blanc dans le plat. Laissez réduire de moitié, ajoutez environ 15 cl d'eau. Laissez cuire pendant quelques minutes. Passez le jus obtenu au tamis et servez votre volaille accompagnée de pommes allumettes, de son jus et d'une botte de cresson. **(D)**

LES CONSEILS DU CHEF

Pour bien parfumer la volaille, mettez toutes les herbes aromatiques que vous aimez à l'intérieur avant de la ficeler.

L'opération délicate consiste à précuire les frites.

Évitez de laisser brûler la garniture du poulet sinon le jus serait amer.

15 min

35 min

LES VINS OU LES BOISSONS

Un saint-amour

A

B

C

D

POULET SAUTÉ BOURGUIGNONNE

INGRÉDIENTS POUR 4 PERSONNES

- 1 poulet (1 kg environ)
- 1 botte de petits oignons verts
- 200 g de poitrine de porc fumé
- 150 g de champignons de Paris
- 1 oignon
- 1 cuillerée à soupe de farine
- 5 cl d'huile
- 50 g de beurre
- 5 cl de marc de Bourgogne
- 75 cl de vin de Bourgogne
- 1 bocal de pointes d'asperges vertes
- Sel, poivre

15 min

45 min

LES CONSEILS DU CHEF

Vous pouvez également faire mariner votre volaille la veille avec le vin de Bougogne.

Les amateurs ajouteront deux gousses d'ail dans cette préparation.

Si l'évaporation est trop importante en cours de cuisson, rajoutez un peu d'eau.

Ne salez pas trop la volaille, les lardons s'en chargeront.

LES VINS OU LES BOISSONS

Un bourgogne rouge

LA RECETTE

1. Coupez la poitrine fumée en lardons. Nettoyez soigneusement les champignons de Paris et coupez-les en quartiers. Nettoyez la botte d'oignons verts, épluchez l'oignon et hachez-le finement. **(A)**

2. Dans une cocotte contenant la moitié du beurre et l'huile, faites revenir le poulet en lui donnant une belle coloration. Ajoutez l'oignon haché. Lorsqu'il devient translucide, saupoudrez de farine et mélangez l'ensemble. **(B)**

3. Flambez votre préparation avec le marc de Bourgogne puis versez le vin rouge. Salez, poivrez, couvrez et laissez cuire à l'étouffée environ trente minutes. **(C)**

4. Pendant la cuisson, déposez le reste du beurre dans une poêle et faites revenir les lardons. Lorsque ceux-ci ont rendu leur gras, incorporez les champignons et laissez revenir l'ensemble, ajoutez les oignons verts préalablement blanchis. Lorsque le poulet est cuit, versez cette garniture, portez une dernière fois à ébullition et servez bien chaud accompagné de pointes d'asperges vertes. **(D)**

A

B

C

D

POULET SAUTÉ CHASSEUR

INGRÉDIENTS POUR 4 PERSONNES

- 1 poulet (1 kg environ)
- 1 oignon
- 3 gousses d'ail
- 150 g de poitrine de porc salée
- 100 g de champignons de Paris
- 300 g de pleurotes
- 3 carottes
- 200 g de raisins noirs
- 3 branches de persil
- 20 g de beurre
- 10 cl d'huile
- 15 cl de vin blanc sec
- 2 cubes de bouillon de bœuf
- Sel, poivre

LA RECETTE

1. Coupez le poulet en huit après l'avoir soigneusement nettoyé et flambé. Versez l'huile dans une cocotte, ajoutez le beurre et faites colorer les morceaux de poulet préalablement salés et poivrés. Ajoutez l'oignon haché puis la poitrine de porc salée coupée en lardons. Laissez étuver l'ensemble deux à trois minutes. **(A)**

2. Ajoutez l'ail préalablement haché, les carottes coupées en bâtonnets, les pleurotes et les champignons de Paris soigneusement lavés et nettoyés. **(B)**

3. Versez le vin blanc puis ajoutez les cubes de bouillon de bœuf délayés dans 30 cl d'eau. Portez à ébullition, rectifiez l'assaisonnement si nécessaire et terminez la cuisson à feu doux pendant une trentaine de minutes. **(C)**

4. En fin de cuisson, saupoudrez votre préparation de persil haché, ajoutez les raisins noirs préalablement pelés. Portez une dernière fois à ébullition avant de servir bien chaud. **(D)**

LES CONSEILS DU CHEF

Faites bien rissoler la volaille pour en augmenter la saveur.

Lavez les champignons avec soin pour en extraire le sable.

Incorporez les raisins à la dernière minute pour éviter qu'ils s'écrasent à la cuisson.

VARIANTE

À défaut de raisin, utilisez des mirabelles

LES VINS OU LES BOISSONS

Un côtes-du-rhône

20 min

35 min

A

B

C

D

CAILLES EN HABIT DE CHOU LARDÉ

INGRÉDIENTS POUR 4 PERSONNES

- 4 belles cailles
- 1 petit chou vert
- 4 bardes de lard
- 3 carottes
- 1 oignon
- 2 gousses d'ail
- 1 tomate
- 50 g de beurre
- 15 cl de vin blanc
- 5 cl d'huile
- Sel, poivre

40 min

40 min

LES CONSEILS DU CHEF

Il est préférable de bien blanchir les feuilles de chou dans de l'eau salée. N'omettez pas de les rafraîchir pour les conserver légèrement croquantes. Ficelez bien les feuilles et la barde de lard pour éviter qu'en cours de cuisson le chou ne se défasse. Si le jus vient à manquer, ajoutez une pointe d'eau dans la garniture et amenez à ébullition avant de passer au tamis fin.

LES VINS OU LES BOISSONS

Un chiroubles

LA RECETTE

1. Enlevez les feuilles du chou et retirez la côte dure du milieu; lavez-les soigneusement. Portez une cocotte d'eau salée à ébullition et faites blanchir pendant 3 à 4 minutes les feuilles du chou. Une fois blanchies, égouttez-les, rafraîchissez-les et réservez. Salez et poivrez les cailles, arrosez-les d'un filet d'huile, disposez une noisette de beurre et faites-les rôtir aux trois quarts dans un four chaud (environ 180°C). **(A)**

2. Une fois cuites aux trois quarts, laissez légèrement refroidir les cailles et enveloppez-les successivement dans deux ou trois feuilles de chou. Enroulez les feuilles dans une barde de lard et ficelez-les. **(B)**

3. Déposez dans le plat de cuisson des cailles, l'oignon, les carottes et les gousses d'ail coupés en brunoise, laissez revenir. Ajoutez la tomate concassée, le vin blanc, laissez réduire une minute et ajoutez un peu d'eau. **(C)**

4. Déposez les cailles dans la préparation précédente et terminez la cuisson à four doux pendant une quinzaine de minutes en arrosant régulièrement la préparation. En fin de cuisson, retirez les ficelles qui enveloppent les cailles, déposez dans le plat de service, passez le jus de cuisson au tamis fin, nappez les cailles du jus et servez bien chaud. **(D)**

A

B

C

D

CAILLES AUX RAISINS SUR CANAPÉS

INGRÉDIENTS POUR 4 PERSONNES

- 4 cailles
- 1 belle grappe de raisins rouges
- 50 g de beurre
- 5 cl d'huile
- 15 cl de vinaigre de vin
- 100 g de sucre semoule
- 2 tranches de pain de mie
- 2 cuillerées à soupe de fond de veau en poudre
- Sel, poivre

20 min

30 min

LA RECETTE

1. Videz les cailles et réservez leur foie. Ficelez-les, salez-les, poivrez-les et faites-les cuire dans une cocotte contenant la moitié du beurre et la moitié de l'huile. **(A)**

2. En fin de cuisson retirez les cailles, dégraissez la marmite, versez le sucre semoule et laissez-le caraméliser en remuant régulièrement avec une cuiller de bois. Lorsque le sucre atteint une belle couleur ambrée, versez le vinaigre, laissez réduire de moitié, puis versez le fond de veau délayé dans un grand verre d'eau (environ 30 cl). Laissez cuire pendant cinq à dix minutes à feu doux. **(B)**

3. Ajoutez maintenant les grains de raisins dans le jus de cuisson des cailles, amenez de nouveau à ébullition et réservez. Coupez les deux tranches de pain de mie en deux et faites-les dorer dans une poêle avec le reste du beurre et de l'huile. Une fois bien dorées, tartinez les tranches de pain de mie avec le foie écrasé des cailles, passez légèrement sous le grilloir de votre four. Déposez les cailles sur les canapés au fond du plat de service, arrosez le tout de la sauce aux raisins et servez bien chaud. **(C)**

LES CONSEILS DU CHEF

N'omettez pas d'enlever le fiel du foie des cailles avant de les écraser sur vos tranches de pain de mie préalablement poêlées, donc un peu sèches. L'important est de ne pas laisser brûler le sucre dans la cuisson des cailles : il donnerait un goût amer. Versez le vinaigre lorsque le sucre est ambré mais non brûlé. Je vous conseille également en fin de cuisson, et avant de mettre les raisins, de passer votre jus au tamis fin.

LES VINS OU LES BOISSONS

Un saint-estèphe

A

B

C

CAILLES FARCIES AUX NOISETTES

INGRÉDIENTS POUR 4 PERSONNES

- 4 cailles bien charnues
- 300 g de chair à saucisse
- 100 g de trompettes de la mort fraîches ou en conserve
- 150 g de noisettes décortiquées
- 2 gousses d'ail
- 4 bardes de poitrine salée
- 1 œuf
- 3 cuillerées à soupe de fond de veau en poudre
- 10 cl de vin blanc sec
- 5 cl d'huile
- 1 branche de thym
- Sel, poivre

60 min

40 min

LES CONSEILS DU CHEF

Gardez quelques trompettes de la mort que vous pourrez ciseler et mettre dans la sauce à la fin de sa cuisson. Il est important de prendre des cailles bien charnues et de les garnir généreusement de farce. Les amateurs pourront également parfumer la farce de caille avec un peu de cognac ou de rhum vieux.

LES VINS OU LES BOISSONS

Un morgon ou un graves rouge

LA RECETTE

1. Déposez la chair à saucisse dans un bol, salez légèrement, poivrez. Ajoutez la moitié des noisettes et des trompettes de la mort (environ 60 g) et une pointe d'ail haché. Effeuillez le thym. Ajoutez un œuf. Mélangez énergiquement la préparation. **(A)**

2. N'hésitez pas à farcir copieusement les cailles, puis à les envelopper avec la barde de lard afin de maintenir la farce en cours de cuisson. Tenez fermement la barde en ficelant les cailles. Posez un plat de cuisson sur votre gazinière, versez l'huile, chauffez et faites revenir les cailles préalablement salées et poivrées de chaque côté, puis terminez la cuisson à four chaud (230 °C pendant environ 20 minutes) en les retournant de temps à autre. **(B)**

3. Dix minutes avant la fin de la cuisson, sortez les cailles du four, versez le vin blanc. Laissez réduire quelques instants sur la flamme de votre gazinière, puis ajoutez le fond de veau délayé dans 50 cl d'eau. Remettez les cailles au four pendant 10 minutes. Retirez-les, passez le jus obtenu au tamis fin. Ajoutez le reste des noisettes hachées et des trompettes de la mort. Laissez réduire quelques minutes. Rectifiez l'assaisonnement et nappez vos cailles de la sauce. **(C)**

A

B

C

D

CHEVREUIL AUX AIRELLES

INGRÉDIENTS POUR 4 PERSONNES

- 4 steaks de chevreuil

Marinade
- 1 oignon
- 1 carotte
- 1 branche de thym
- 1 feuille de laurier
- 3 clous de girofle
- 75 cl de vin rouge
- 250 g d'airelles
- 150 g de sucre
- 1 pincée de muscade
- 1 demi-cuillerée à café de poivre
- 1 orange
- 2 œufs
- 3 cuillerées à soupe de farine
- 60 g d'amandes effilées
- 100 g de beurre
- 5 cuillerées à soupe de vinaigre de xérès
- Sel, poivre

LA RECETTE

1. Émincez finement l'oignon et la carotte puis, versez dans un saladier. Ajoutez la branche de thym, le laurier, les clous de girofle, les grains de poivre ; mélangez l'ensemble. Ajoutez les steaks de chevreuil préalablement salés et saupoudrés de muscade râpée. Recouvrez de vin rouge et laissez mariner au moins 48 heures au réfrigérateur. **(A)**

2. Pour confectionner votre confiture d'airelles, déposez une noisette de beurre dans une casserole, faites légèrement revenir les airelles, ajoutez le sucre, recouvrez à hauteur d'eau (environ 10 cl) et laissez cuire à feu doux. En fin de cuisson, après évaporation de la moitié de l'eau, ajoutez un peu zeste d'orange râpé, mélangez et réservez. **(B)**

3. Cassez les œufs dans un saladier, ajoutez la farine ; salez, poivrez, incorporez une pointe de noix de muscade, un soupçon de zeste d'orange, fouettez bien l'ensemble. Ajoutez à ce mélange les amandes effilées. **(C)**

4. Égouttez les steaks de chevreuil de leur marinade, essuyez-les avec un papier absorbant, salez-les légèrement, poivrez-les. Passez-les ensuite dans la préparation précédente et faites-les cuire à feu doux dans une poêle, cinq à six minutes de chaque côté, avec la moitié du beurre restant. En fin de cuisson, dressez vos steaks de chevreuil sur le plat de service, dégraissez votre poêle, versez le vinaigre de xérès, ajoutez le reste du beurre, émulsionnez l'ensemble. Nappez vos steaks de chevreuil de cette sauce et servez bien chaud accompagné de la confiture d'airelles aux zestes d'orange. **(D)**

LES CONSEILS DU CHEF

Il est important de bien faire mariner la viande pour lui donner un bon goût de gibier et l'attendrir. Vous pouvez également réserver votre marinade pour y faire macérer un lapin, par exemple. L'important est de cuire les steaks de chevreuil à feu doux dans une poêle contenant du beurre. N'omettez pas de dégraisser votre poêle avant d'incorporer le vinaigre de xérès. Laissez-le légèrement réduire avant de mettre le beurre. Émulsionnez l'ensemble et nappez généreusement vos escalopes.

LES VINS OU LES BOISSONS

Un pommard ou un bordeaux corsé

25 min

20 min

48 h

A

B

C

D

ÉPAULE DE CHEVREUIL MARINÉE

INGRÉDIENTS POUR 8 PERSONNES

- 1 épaule de chevreuil (env. 1,8 à 2 kg)

Marinade

- 2 oignons
- 2 carottes
- 3 gousses d'ail
- 1 branche de thym
- 2 branches de persil
- 3 feuilles de laurier
- 1 branche de céleri vert
- 1 cuillerée à café de poivre en grains
- 1 bouteille de vin rouge
- 4 clous de girofle
- Sel

Garniture

- 200 g de poitrine de porc salée
- 200 g de champignons de Paris
- 100 g de petits oignons grelots
- 50 g de beurre
- 1 cube de fond de bœuf
- 5 cl d'huile
- 1 cuillerée à soupe de farine
- Moutarde
- Sel, poivre

40 min

1 h 10 min

48 h

LES CONSEILS DU CHEF

Pour la réussite de la recette, il importe de bien faire mariner la viande pour l'attendrir et la parfumer. Faites bien rissoler la viande de chevreuil une fois égouttée et débarrassée de la garniture. En cours de cuisson, remuez régulièrement votre viande et contrôlez-en la fermeté. Si vous tombez sur un jeune chevreuil, la cuisson sera plus courte.

LES VINS OU LES BOISSONS

Un nuit-st-georges ou gigondas

A

B

C

D

LA RECETTE

1. Désossez l'épaule de chevreuil, coupez-la en gros cubes. Épluchez les oignons, les carottes et l'ail, puis émincez-les finement. Versez la garniture sur le chevreuil, ajoutez la branche de thym, le laurier, le céleri, le persil, le poivre en grains, les clous de girofle. Salez très légèrement et versez le vin rouge. Ajoutez une cuillerée à café de moutarde et deux verres d'eau. Mélangez l'ensemble et laissez mariner au moins 48 heures au réfrigérateur. **(A)**

2. Retirez les morceaux de viande de la marinade, égouttez-les soigneusement, salez, poivrez et faites-les saisir dans une grande cocotte avec de l'huile. Lorsque la viande a pris une bonne coloration, ajoutez les légumes de la marinade et laissez de nouveau revenir l'ensemble pendant cinq à dix minutes en remuant régulièrement. Saupoudrez ensuite la préparation de farine, mélangez et versez le jus de la marinade. Ajoutez le cube de bœuf délayé dans 20 cl d'eau, couvrez et laissez cuire une petite heure à feu très doux en remuant régulièrement. **(B)**

3. Coupez les champignons en quatre, lavez-les soigneusement dans plusieurs eaux. Dans une poêle, faites revenir l'ensemble des champignons, la poitrine de porc salée coupée en petits dés, ainsi que les petits oignons grelots préalablement pochés. Faites revenir le tout au beurre, poivrez légèrement. **(C)**

4. Retirez les morceaux de chevreuil de la cuisson, déposez-les dans une cocotte. Passez le jus de cuisson au tamis fin, et arrosez la viande de chevreuil. Amenez de nouveau à ébullition pendant cinq à dix minutes, rajoutez un peu d'eau si la sauce est trop épaisse et rectifiez l'assaisonnement si nécessaire. Incorporez la garniture d'oignons, de lardons et de champignons, et servez bien chaud accompagné de pâtes au beurre, par exemple. **(D)**

FAISAN FARCI

INGRÉDIENTS POUR 6 PERSONNES

- 1 faisan de 1,2 kg
- 5 cl d'huile
- 4 bardes de lard salées
- 2 feuilles de laurier
- 1 branche de thym
- 2 branches de persil
- 1 oignon
- 1 carotte
- 15 cl de vin blanc sec ou 2 verres
- 15 cl de crème liquide
- 2 cuillerées à soupe d'airelles
- 1 noisette de beurre

Farce

- 200 g de chair à saucisse
- 100 g de champignons des bois
- 5 cl de cognac
- 1 demi-oignon haché
- 2 gousses d'ail hachées
- 1 cuillerée à soupe de ciboulette hachée
- 1 œuf
- 1 pincée de muscade
- Sel, poivre

LA RECETTE

1. Flambez votre faisan, nettoyez-le correctement, videz-le et réservez. Pour confectionner la farce, incorporez dans la chair à saucisse les champignons des bois, le cognac, le demi-oignon, l'ail et la ciboulette hachés ; salez légèrement, poivrez, ajoutez une pointe de muscade, un œuf et mélangez énergiquement votre farce. **(A)**

2. Farcissez le faisan avec la préparation, maintenez la farce dans la volaille en appliquant les bardes de lard salées. Ficelez correctement votre faisan pour éviter que la farce ne s'échappe en cours de cuisson. **(B)**

3. Dans une cocotte contenant l'huile et le beurre, faites colorer de chaque côté votre faisan préalablement salé et poivré. Couvrez-le et laissez cuire pendant environ quarante minutes en le retournant de temps à autre. **(C)**

4. Épluchez la carotte et l'oignon, coupez-les en brunoise que vous versez sur le faisan aux trois quarts rôti et laissez revenir à feu doux avec le laurier, le thym et le persil. Après cinq minutes de cuisson, dégraissez votre cocotte, versez le vin blanc, couvrez et laissez de nouveau étuver pendant dix bonnes minutes. Une fois cuit, retirez le faisan, réservez-le, versez la crème fraîche dans la préparation, portez à ébullition, rectifiez l'assaisonnement si nécessaire, passez la sauce au tamis fin, ajoutez une cuillerée à soupe d'airelles, nappez votre faisan de cette préparation et servez bien chaud. **(D)**

LES CONSEILS DU CHEF

Cette recette peut être réalisée avec n'importe quelle volaille. L'important est de bien maintenir la farce de la volaille en appliquant les bardes de lard maigre. Ne salez pas trop la volaille car le lard maigre s'en chargera. Ne laissez pas brûler la garniture oignon et carotte en fin de cuisson avec le faisan. N'oubliez pas de passer votre sauce au tamis fin avant de napper votre faisan.

LES VINS OU LES BOISSONS

Un aloxe-corton

1 h

1 h

A

B

C

D

FAISAN SAUTÉ AUX CÈPES

INGRÉDIENTS POUR 4 PERSONNES

- 1 faisan de 1 kg (environ)
- 1 grosse boîte de cèpes
- 5 cl d'huile
- 50 g de beurre
- 2 carottes
- 2 oignons
- 2 gousses d'ail
- 1 branche de thym
- 25 cl de vin blanc sec
- 25 cl de crème fleurette
- Sel, poivre

20 min

40 min

LES CONSEILS DU CHEF

Faites bien flamber le faisan et coupez-le soigneusement en morceaux. Je vous conseille de mettre la crème fraîche à la dernière minute et de laisser bouillir quelques minutes avant de servir avec l'ensemble des cèpes. Accompagnez cette recette de pommes de terre sautées, par exemple.

VARIANTE

Vous pouvez également remplacer le faisan par de la pintade ; les amateurs peuvent également remplacer les cèpes par des morilles.

LES VINS OU LES BOISSONS

Un saint-estèphe

LA RECETTE

1. Flambez soigneusement le faisan puis coupez-le en huit morceaux. Chauffez l'huile dans une cocotte, ajoutez une noisette de beurre, salez, poivrez les morceaux de faisan et faites-les revenir dans la marmite. **(A)**

2. Épluchez les carottes, les oignons et coupez-les en petits morceaux. Parsemez de thym les morceaux de faisan. Laissez étuver l'ensemble à feu doux cinq à six minutes. **(B)**

3. Versez ensuite le vin blanc, ajoutez les deux gousses d'ail hachées, laissez réduire de moitié, ajoutez deux verres d'eau, couvrez et laissez cuire une bonne vingtaine de minutes à feu doux. **(C)**

4. Dans une poêle contenant un peu d'huile et le reste du beurre, faites revenir les cèpes à feu doux, salez, poivrez légèrement. Versez la crème sur le faisan, remuez délicatement l'ensemble. Laissez de nouveau cuire cinq minutes, incorporez les cèpes, mélangez, amenez une dernière fois à ébullition et servez chaud. **(D)**

A

B

C

D

FAISAN SAUTÉ CHASSEUR

INGRÉDIENTS POUR 4 PERSONNES

- 1 faisan de 1 à 1,2 kg
- 5 cl d'huile
- 50 g de beurre
- 150 g de poitrine de porc fumée
- 150 g de champignons de Paris
- 100 g de petits oignons grelots
- 4 carottes
- 300 g de pommes de terre
- 1 oignon
- 2 gousses d'ail
- 1 branche de thym
- 2 branches de persil
- 1 verre de vin blanc
- Sel, poivre

40 min

50 min

LA RECETTE

1. Épluchez l'oignon, l'ail et hachez-les finement ainsi que le persil. Coupez la poitrine fumée en petits cubes, émincez les champignons après les avoir lavés soigneusement dans plusieurs eaux. Flambez, videz et coupez votre faisan en huit morceaux. **(A)**

2. Dans une cocotte contenant l'huile et une noisette de beurre, faites revenir les morceaux de faisan préalablement salés et poivrés. Coupez les carottes en bâtonnets et faites-les cuire dans un peu d'eau avec une noisette de beurre. **(B)**

3. Lorsque le faisan est bien coloré, laissez-le cuire à couvert une quinzaine de minutes, puis ajoutez l'oignon et l'ail hachés, remuez, laissez de nouveau étuver cinq minutes, puis incorporez le lard fumé. **(C)**

4. Ajoutez les champignons, le thym effeuillé et les petits oignons grelots. Versez le vin blanc, couvrez et terminez la cuisson à feu doux pendant une quinzaine de minutes à feu doux. Dans une poêle avec le reste du beurre, coupez les pommes de terre en morceaux et faites-les cuire. Dressez ensuite le faisan dans le plat de service, ajoutez les petits oignons, les pommes de terre, les carottes et parsemez de persil haché. Servez bien chaud. **(D)**

LES CONSEILS DU CHEF

Le faisan doit être bien flambé, puis nettoyé avant d'être coupé en morceaux. Lorsque vous faites revenir le faisan, ne laissez pas brûler le beurre : le goût de la viande en serait altéré. Si la poitrine de porc fumée a rendu trop de gras à la cuisson, dégraissez votre préparation avant de mettre le vin blanc.

LES VINS OU LES BOISSONS

Un savigny-lès-beaune

A

B

C

D

LAPIN DE GARENNE À LA MOUTARDE

INGRÉDIENTS POUR 4 PERSONNES

- 4 cuisses de lapin de garenne
- 4 cuillerées à soupe de moutarde ancienne
- 5 cl d'huile
- 50 g de beurre
- 1 oignon haché
- 15 cl de vin blanc
- 1 pincée d'origan
- 2 tranches de pain de mie
- 1 petite boîte de pointes d'asperges
- 10 petites pommes de terre nouvelles
- 2 bottes de carottes nouvelles

Sauce

- 1 cuillerée à soupe de moutarde forte
- 15 cl de crème fleurette
- Sel, poivre

40 min

40 min

LES CONSEILS DU CHEF

Procurez-vous des cuisses de lapin pour réaliser cette recette. Il est important d'utiliser un plat suffisamment grand pour que les morceaux ne se superposent pas. Il faut également bien saisir les cuisses et les rôtir à four chaud. Ne laissez pas brûler les oignons une fois que vous les aurez mis dans votre plat de cuisson. Vous pourrez rajouter dans votre sauce de lapin, une cuillerée à café de moutarde ancienne.

LES VINS OU LES BOISSONS

Un bordeaux blanc sec

LA RECETTE

1. Incorporez 50 g de beurre ramolli dans la moutarde ancienne, mélangez le tout et salez. Poivrez vos cuisses de lapin puis badigeonnez-les avec la moutarde. Huilez légèrement un grand plat, placez-y les morceaux de lapin, couvrez et laissez cuire une quinzaine de minutes à four chaud. **(A)**

2. À mi-cuisson, sortez les cuisses de lapin du four, ajoutez l'oignon haché, l'origan et repassez au four quinze minutes. **(B)**

3. En fin de cuisson, sortez les cuisses de lapin du four, déposez les tranches de pain de mie coupées en morceaux dans une passoire et remuez au-dessus pour laissez tomber une pellicule de mie de pain sur chaque cuisse de lapin. Passez au four et laissez une croûte se former. **(C)**

4. Versez le vin blanc sur le lapin, enfournez de nouveau quelques minutes, retirez les cuisses, déposez-les sur le plat de service ; ajoutez la moutarde forte, la crème fleurette, fouettez énergiquement et portez à ébullition. Passez la sauce au tamis fin et nappez vos cuisses de cette sauce avant de servir bien chaud. Accompagnez-les de pointes d'asperges, de pommes de terre nouvelles et de carottes. **(D)**

A

B

C

D

LAPIN DE GARENNE À LA NORMANDE

INGRÉDIENTS POUR 6 PERSONNES

- 1 lapin de 1,2 à 1,5 kg
- 100 g de petits oignons blancs (grelots)
- 4 pommes
- 1 bouteille de cidre brut
- 4 pommes de terre
- 30 cl de crème liquide
- 1 oignon
- 1 branche de thym
- 40 g de beurre
- 1 gousse d'ail
- 5 cl d'huile
- Sel, poivre

LA RECETTE

1. Coupez le lapin en morceaux, déposez dans une cocotte la moitié de l'huile et du beurre, puis faites légèrement dorer le lapin préalablement salé et poivré. Dès qu'il atteint une belle couleur ambrée, incorporez l'oignon et l'ail finement hachés, faites-les revenir. **(A)**

2. Une fois les oignons saisis, ajoutez la bouteille de cidre brut, effeuillez le thym et laissez cuire à découvert pendant une bonne vingtaine de minutes. **(B)**

3. Épluchez les pommes, coupez-les en quartiers et faites-les revenir dans une poêle contenant le reste du beurre et de l'huile ; donnez-leur une bonne coloration. Dans une casserole, pochez les pommes de terre, préalablement coupées en quartiers, dans de l'eau salée et réservez l'ensemble. **(C)**

4. Égouttez le lapin du jus de cuisson et réservez ; portez le reste du bouillon à ébullition, incorporez la crème liquide, amenez à ébullition, rectifiez l'assaisonnement si nécessaire et laissez cuire pendant vingt minutes à feu doux. En fin de cuisson, passez la sauce au tamis fin sur le lapin, portez une dernière fois à ébullition, ajoutez les petits oignons grelots préalablement pochés dans de l'eau salée, les quartiers de pommes et les pommes de terre. Servez bien chaud. **(D)**

LES CONSEILS DU CHEF

Vous pouvez réaliser cette recette avec du lapin domestique. Il est important de bien faire revenir la viande sans lui laisser prendre trop de coloration. Ne laissez pas trop réduire la sauce avec la crème, sinon elle serait épaisse. Accompagnez ce plat avec un riz à la créole.

LES VINS OU LES BOISSONS

Un cidre brut

20 min

40 min

A

B

C

D

LIÈVRE AUX CHAMPIGNONS (FRICASSÉE)

INGRÉDIENTS POUR 6 À 8 PERSONNES

- 1 lièvre de 1,5 kg
- 500 g de châtaignes
- 400 g de champignons des bois
- 200 g de champignons de Paris
- 3 tomates
- 2 carottes
- 20 cl de vin blanc sec
- 10 cl d'huile
- 50 g de beurre
- 1 oignon
- 2 branches de persil
- 4 gousses d'ail
- 2 échalotes
- 1 branche de thym
- Sel, poivre

30 min

40 min

LES CONSEILS DU CHEF

Il est important de bien désosser la viande de lièvre, voire de retirer les parties nerveuses : votre sauté de lièvre sera plus tendre. Vous pouvez faire mariner la viande pendant 24 heures avec un peu de vin blanc pour l'attendrir légèrement.

VARIANTE

Faute de champignons des bois, vous pouvez réaliser cette recette avec des cèpes ou des morilles.

LES VINS OU LES BOISSONS

Un bourgogne

LA RECETTE

1. Désossez le lièvre, coupez-le en petits morceaux, salez, poivrez. Déposez une cocotte sur le feu, versez l'huile, ajoutez une noisette de beurre et faites revenir le lièvre. **(A)**

2. Une fois la viande bien colorée, ajoutez un oignon et les carottes coupées en julienne, effeuillez le thym, ajoutez deux gousses d'ail hachées, les tomates épépinées et coupées en petits cubes. Versez le vin blanc, salez très légèrement, poivrez et laissez cuire à couvert en remuant régulièrement pendant une bonne demi-heure. **(B)**

3. Pendant la cuisson du lièvre, lavez les champignons des bois et de Paris. Dans une poêle contenant le beurre, faites-les revenir ; salez très légèrement et poivrez. **(C)**

4. Ajoutez dans les champignons les échalotes et le persil finement hachés et le reste de l'ail ; mélangez l'ensemble et réservez. Découvrez le lièvre une fois cuit, incorporez les champignons, mélangez l'ensemble, amenez une dernière fois à ébullition avant de servir bien chaud accompagné de châtaignes que vous aurez pochées. **(D)**

A

B

C

D

LIÈVRE EN CIVET

INGRÉDIENTS POUR 6 PERSONNES

- 1 lièvre de 1,2 à 1,5 kg

Marinade
- 1 oignon
- 1 carotte
- 2 gousses d'ail
- 2 feuilles de laurier
- 1 branche de céleri
- 2 branches de thym
- 3 clous de girofle
- 1 demi-cuillerée à café de poivre en grains

- 150 g de poitrine de porc maigre
- 150 g de champignons de Paris
- 100 g de petits oignons (grelots)
- 50 g de beurre
- 8 cl d'huile
- 1 cuillerée à soupe de farine
- 75 cl de vin rouge
- Sel, poivre

LA RECETTE

1. Coupez votre lièvre en morceaux, déposez-le dans un saladier, ajoutez l'oignon, la carotte et l'ail émincés, le laurier, la branche de céleri, le thym, les clous de girofle, le poivre en grains. Versez le vin rouge, mélangez le tout et laissez mariner au moins 48 heures au réfrigérateur. Retirez la queue terreuse des champignons, lavez-les dans plusieurs eaux et coupez-les en quartiers. Coupez également en lardons la poitrine de porc maigre et réservez. **(A)**

2. Retirez les morceaux de lièvre de la marinade, égouttez la garniture à part et réservez. Chauffez l'huile et le beurre dans une cocotte, placez-y les morceaux de lièvre et faites-leur prendre une légère coloration, salez légèrement et poivrez. Ajoutez ensuite la garniture de la marinade et laissez de nouveau revenir pendant environ cinq minutes. **(B)**

3. Saupoudrez la préparation précédente de farine, remuez et laissez étuver à nouveau l'ensemble pendant quatre à cinq minutes. Dans une poêle, faites revenir les lardons. Quand ils sont colorés, ajoutez les champignons de Paris, les petits oignons que vous aurez pochés et laissez revenir l'ensemble à feu doux pendant environ dix minutes. **(C)**

4. Versez la marinade sur le lapin, recouvrez avec du vin si nécessaire, allongez d'un peu d'eau pour que la viande baigne bien dans le liquide. Remuez le tout, salez légèrement, poivrez et laissez cuire à couvert en remuant régulièrement pendant environ une heure. En fin de cuisson, retirez les morceaux de lièvre de la sauce, déposez-les dans un plat de service, passez la sauce au tamis fin, amenez une dernière fois à ébullition et versez sur le lièvre accompagné de la garniture (lardons, champignons, oignons) et servez chaud. **(D)**

LES CONSEILS DU CHEF

Accompagnez ce civet de lièvre de tagliatelles au beurre. Il est important de bien mariner la viande pour l'attendrir. Si la marinade ne suffit pas pour mouiller le lapin, rajoutez du vin. En cours de cuisson si l'évaporation est trop grande, rajoutez régulièrement de l'eau.

LES VINS OU LES BOISSONS

Un châteauneuf-du-pape

40 min

1 h 20 min

48 h macération

A

B

C

D

PERDRIX AU CHOU

INGRÉDIENTS POUR 4 PERSONNES

- 2 belles perdrix
- 100 g de poitrine fumée
- 1 chou vert
- 150 g de champignons de Paris
- 2 carottes
- 10 cl de vin blanc sec ou un demi-verre
- 5 cl d'huile
- 1 cube de fond de volaille
- 50 g de beurre
- 1 oignon
- 2 gousses d'ail
- 1 cuillerée de concentré de tomate
- 1 branche de thym
- 5 baies de genièvre
- 2 feuilles de laurier
- 1 branche de persil
- Sel, poivre

40 min

1 h 10 min

LES CONSEILS DU CHEF

Il est important de bien colorer les perdrix avant d'incorporer la garniture d'oignons, de carottes et de lard fumé. N'omettez pas d'enlever la côte dure du chou. Délayez le cube de volaille avec le vin blanc et le concentré de tomate pour faciliter l'opération. Je vous conseille, en fin de cuisson, de passer le jus restant au tamis fin sur les perdrix.

LES VINS OU LES BOISSONS

Un côte-rôtie

LA RECETTE

1. Nettoyez soigneusement les perdrix, flambez-les et ficelez-les. Dans une cocotte contenant le beurre et l'huile, faites revenir les perdrix à feu doux en leur donnant une légère coloration (environ trente minutes). Pendant ce temps, épluchez les carottes et l'oignon et émincez-les. **(A)**

2. Incorporez dans la cocotte l'oignon, les carottes émincées, le morceau de poitrine fumée coupé en lardons, le thym, le laurier, le persil, les champignons coupés en quartiers et les baies de genièvre. Mélangez l'ensemble, couvrez et laissez étuver le tout à feu doux. **(B)**

3. Coupez le chou en deux, lavez-le soigneusement, retirez la côte dure et faites-le blanchir dans une casserole d'eau légèrement salée pendant une dizaine de minutes. Une fois bien blanchi, égouttez-le et rafraîchissez les feuilles de chou ; réservez. **(C)**

4. Dans la cocotte, déposez l'ail haché, les feuilles de chou blanchies, le concentré de tomate, salez légèrement et poivrez l'ensemble. Ajoutez le cube de volaille délayé dans le vin blanc, mélangez délicatement l'ensemble et laissez cuire à couvert une bonne demi-heure. En fin de cuisson, rectifiez l'assaisonnement si nécessaire, dressez les feuilles de chou au fond du plat de service ; déposez les perdrix à la surface, arrosez du jus de cuisson et servez bien chaud. **(D)**

A

B

C

D

MARCASSIN AUX TROMPETTES DE LA MORT

INGRÉDIENTS POUR 6 PERSONNES

- 1,2 kg d'épaule de marcassin
- 400 g de trompettes de la mort
- 400 g de marrons
- 2 carottes
- 60 g de beurre
- 2 oignons
- 1 branche de thym
- 75 cl de vin rouge
- 10 cl d'huile
- 3 cuillerées à soupe de vin rouge
- 1 cuillerée à soupe de farine
- 1 demi-cuillerée à café de poivre en grains
- 3 clous de girofle
- 3 gousses d'ail
- 2 feuilles de laurier
- 2 branches de persil
- Sel, poivre

LA RECETTE

1. Épluchez la moitié des carottes et des oignons, émincez-les, versez-les dans un saladier. Ajoutez les clous de girofle, une branche de thym, deux feuilles de laurier, deux branches de persil, la moitié de l'ail haché, le poivre en grains, salez légèrement et versez le vin rouge ; mélangez bien l'ensemble. Ajoutez l'épaule de marcassin coupée en morceaux et laissez mariner au moins 48 heures au réfrigérateur en remuant la préparation de temps à autre. Égouttez la viande de la marinade, essuyez-la soigneusement et faites revenir le marcassin dans une marmite avec l'huile ; mélangez et laissez rissoler l'ensemble. **(A)**

2. Épluchez le reste des oignons et carottes et coupez-les en julienne. Une fois le marcassin saisi, incorporez oignons et carottes, et laissez revenir à feu doux, puis déglacez avec le vinaigre et saupoudrez de farine ; mélangez. **(B)**

3. Ajoutez maintenant le jus de la marinade et finissez de recouvrir la viande avec de l'eau ; salez légèrement et poivrez. Couvrez et laissez cuire à feu doux environ une heure. **(C)**

4. En fin de cuisson, dans une poêle, déposez la moitié du beurre et faites revenir à feu doux les trompettes de la mort préalablement salées et poivrées.

Réchauffez les marrons pochés dans une casserole avec le reste du beurre, dressez l'ensemble sur un plat de service et servez. **(D)**

LES CONSEILS DU CHEF

Pour attendrir la viande, laissez-la mariner au moins 48 heures. Utilisez des marrons en boîte déjà cuits. Les amateurs rajouteront une pointe d'ail et de persil dans les trompettes de la mort. Vous pouvez également flamber la viande de votre marcassin avec un peu d'armagnac. Notez que c'est une recette qui se réchauffe très bien.

30 min

1 h 10 min

48 h macération

LES VINS OU LES BOISSONS

Un nuit-st-georges

A

B

C

D

RÔTI DE BICHE SAUCE GRAND VENEUR

INGRÉDIENTS POUR 6 PERSONNES

- 1 rôti de biche de 1,3 à 1,5 kg

Marinade
- 1 carotte
- 4 clous de girofle
- 1 noisette de beurre
- 100 g de sucre
- 3 gousses d'ail
- 1 oignon
- 75 cl de vin rouge
- 15 cl de vinaigre de vin
- 2 feuilles de laurier
- 3 cuillerées à soupe d'huile
- 2 cuillerées à soupe de crème fraîche
- 4 cuillerées à soupe de gelée de groseille
- 1 cuillerée à soupe de farine
- 4 cuillerées à soupe de fond de veau en poudre
- 1 demi-cuillerée à café de poivre en grains
- 1 branche de thym
- 1 branche de céleri vert
- 2 branches de persil
- Sel, poivre

40 min

1 h 20 min

48 h macération

LES CONSEILS DU CHEF

Lorsque vous achetez le rôti, demandez quelques parures de viande, ou des os de veau de préférence, qui vous permettront de réaliser la sauce grand veneur. Vous pouvez également, lorsque vous réalisez le caramel, y mettre quelques grains de poivre. Si toutefois votre sauce était trop liquide, vous pouvez la lier légèrement avec une pointe de fécule de pommes de terre. Le rôti de biche se mange de préférence à point.

LES VINS OU LES BOISSONS

Un pauillac

A

B

C

D

LA RECETTE

1. Épluchez l'oignon, la carotte et l'ail. Émincez finement. Versez le tout dans un saladier. Ajoutez le thym, le laurier, les branches de céleri, le persil, les clous de girofle, le poivre en grains. Salez légèrement le rôti de biche, placez-le dans le saladier puis versez le vin rouge et laissez mariner au moins 48 heures au réfrigérateur, avec les os du rôti de biche. Égouttez le rôti et réservez. **(A)**

2. Égouttez les os et les parures (petits déchets et nerfs), puis faites-les revenir avec un peu d'huile. Versez ensuite le sucre et laissez caraméliser en remuant régulièrement. Saupoudrez de farine. Dès que le caramel atteint une couleur ambrée, versez le vinaigre et laissez réduire de moitié. Passez la marinade au tamis, réservez le jus et incorporez la garniture dans la sauce. Mélangez et laissez étuver vingt minutes. **(B)**

3. Versez le jus de la marinade sur la préparation précédente. Ajoutez les quatre cuillerées à soupe de fond de veau délayé dans environ un litre d'eau. Salez légèrement, poivrez, et laissez cuire à couvert pendant environ quarante minutes à feu doux, et en remuant régulièrement. **(C)**

4. Salez et poivrez le rôti de biche. Dans une cocotte, versez l'huile, la noisette de beurre et faites revenir le rôti. Donnez-lui une coloration de chaque côté et terminez la cuisson pendant 30 minutes à four chaud (thermostat 8) en le retournant de temps à autre. Pendant la cuisson, passez votre sauce au tamis fin et ajoutez 2 cuillerées à soupe de crème fraîche. Rectifiez l'assaisonnement. Amenez à ébullition et laissez-la réduire quelques minutes si elle est trop liquide. Ajoutez de la gelée de groseille. Une fois cuit, retirez les ficelles du rôti. Coupez-le en tranches. Nappez votre viande de sauce et servez. **(D)**

Les poissons

ACRAS DE MORUE

INGRÉDIENTS POUR 4 PERSONNES

- 1 morceau de morue séchée (300 g)
- 200 g de farine
- 1 bain de friture
- 1 bouquet de ciboules
- 2 œufs
- 1 petit oignon
- 25 cl de lait
- 3 gousses d'ail
- 1 branche de persil
- 1 sachet de levure
- 1 morceau de piment fort
- Sel, poivre

LES CONSEILS DU CHEF

Préparez la pâte à l'avance et laissez-la reposer au moins trois ou quatre heures avant de confectionner les acras.

Vous pourrez également rajouter une pointe de bicarbonate de soude dans la pâte si vous le souhaitez.

L'important consiste à ne pas trop saler la pâte car la morue, même pochée, reste salée.

30 min

15 min

LA RECETTE

1. Lavez soigneusement la morue en changeant deux fois l'eau pour la dessaler. Faites-la pocher. En fin de cuisson, égouttez-la, laissez-la refroidir puis émiettez-la finement dans un saladier en retirant soigneusement les arêtes et la peau. **(A)**

2. Épluchez les ciboules, l'ail et l'oignon. Nettoyez-les puis hachez-les finement. Dans le saladier contenant la morue, versez le piment fort haché, l'oignon, les ciboules et l'ail. **(B)**

3. Salez très légèrement la préparation, poivrez, ajoutez les œufs, la farine, la levure puis le lait. Malaxez l'ensemble et rajoutez de l'eau par petites quantités jusqu'à obtention d'une pâte très homogène. **(C)**

4. Faites chauffer le bain de friture. Confectionnez des petites boulettes de pâte et plongez-les dans l'huile par séries de six ou sept. Laissez-les cuire en les retournant de temps à autre et servez vos acras chauds accompagnés d'un punch au citron vert. **(D)**

LES VINS OU LES BOISSONS

Un punch au citron vert ou un planteur

A

B

C

D

BAR EN GELÉE

INGRÉDIENTS POUR 4 PERSONNES

- 4 petits bars portion

Bouillon
- 1 carotte
- 1 branche de céleri
- 2 échalotes
- 2 branches de thym
- 2 feuilles de laurier
- 3 clous de girofle
- 1 demi-cuillerée à café de poivre en grains
- 20 cl de vin blanc
- Sel

- 2 sachets de gelée
- 1 demi-verre de vermouth ou de noilly de Prat
- 1 vert de poireau
- 1 morceau de poivron rouge, de vert et de jaune ou d'aubergine

LA RECETTE

1. Épluchez puis émincez échalotes, carotte, céleri, et déposez le tout dans une cocotte ovale ; ajoutez le thym, le laurier, les clous de girofle, le poivre en grains, puis salez, versez le vin blanc et ajoutez de l'eau. Plongez un à un les bars soigneusement nettoyés, vidés et écaillés ; faites-les cuire à feu doux pendant une quinzaine de minutes. En fin de cuisson, égouttez-les, déposez-les sur une grille et laissez-les refroidir. **(A)**

2. Déposez sur le feu une casserole d'eau, versez le vermouth puis incorporez la gelée en se référant aux quantités indiquées sur le sachet, et remuez ; amenez à ébullition et laissez refroidir. **(B)**

3. Lorsque les bars sont aux trois quarts refroidis, à l'aide d'un petit couteau, retirez la peau de vos poissons, déposez-les sur une grille ou une plaque, et laissez-les complètement refroidir au réfrigérateur. **(C)**

4. Décorez chaque bar selon votre inspiration avec des verts de poireau pochés, des petits ronds de poivron ou d'aubergine, passez à l'aide d'un pinceau de la gelée refroidie, replacez les poissons au réfrigérateur. Lorsque la gelée a bien pris, renouvelez l'opération à deux ou trois reprises. Laissez durcir le reste de gelée, coupez-la finement et déposez vos poissons sur un lit de gelée. Servez votre plat frais, accompagné de mayonnaise. **(D)**

LES CONSEILS DU CHEF

Pochez les poissons la veille, retirez-en la peau et réservez-les une nuit au réfrigérateur enveloppés dans du film étirable afin qu'ils ne sèchent pas.

Décorez selon votre inspiration en vous aidant de petits emporte-pièces.

N'omettez pas de napper à plusieurs reprises vos poissons lorsque la gelée est complètement refroidie, mais pas complètement prise.

1 h

15 min

2 h

LES VINS OU LES BOISSONS

Un chablis

A

B

C

D

BEIGNETS AUX ANCHOIS

INGRÉDIENTS POUR 4 PERSONNES

- 2 pommes de terre
- 1 boîte d'anchois
- 100 g d'échalotes
- 1 noix de beurre
- 1 œuf
- 150 g de farine
- 3 branches de persil
- 1 bain de friture
- Poivre du moulin

25 min

25 min

LES CONSEILS DU CHEF

Cette préparation peut être servie en amuse-gueule, à l'apéritif. Toutefois, à cette occasion, il vous faudra confectionner de plus petites boulettes.

Pour rendre plus légère votre préparation, ajoutez deux cuillerées à soupe d'huile dans la pâte à frire et remplacez l'eau par de la bière.

Ne salez pas les pommes de terre, les filets d'anchois s'en chargeront.

LA RECETTE

1. Épluchez les pommes de terre et faites-les cuire dans une casserole d'eau sans sel pour réaliser une purée. Dans une autre casserole, versez le beurre, hachez finement les échalotes et faites-les revenir à feu doux en laissant prendre une légère coloration. **(A)**

2. Tamisez la farine, incorporez un œuf, versez l'eau jusqu'à obtention d'une pâte homogène. Réservez et laissez reposer. **(B)**

3. Passez la pomme de terre au moulin à légumes puis incorporez-la à l'échalote et au persil hachés, et aux filets d'anchois écrasés. Donnez un bon tour de moulin à poivre. Confectionnez des boulettes avec cette préparation et réservez. **(C)**

4. Roulez les boulettes dans la farine, passez-les dans la pâte et faites-les frire dans un bain de friture. Servez chaud. **(D)**

LES VINS OU LES BOISSONS

Un planteur

A

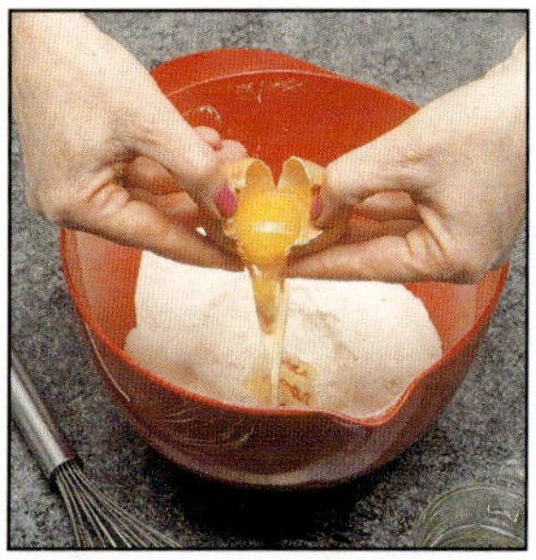

B

C

D

BARBECUE NEPTUNE

INGRÉDIENTS POUR 4 PERSONNES

- 8 gambas
- 8 cuisses de grenouille
- 2 litres de moules
- 300 g de filet de cabillaud
- 8 petites tomates
- 1 morceau de poitrine de porc fumée
- 1 cuillerée à café de sauge
- 1 cuillerée à café d'herbes de Provence
- 1 cuillerée à soupe de moutarde
- 10 cl d'huile
- 1 cuillerée à soupe de paprika
- Le jus d'un citron
- Sel, poivre

LA RECETTE

1. Coupez le filet de cabillaud en morceaux, puis enfilez-les sur les brochettes ; nettoyez soigneusement les moules, décortiquez-les et enfilez-les sur une brochette ; répétez l'opération avec les gambas, les cuisses de grenouille et les tomates, que vous intercalez d'un petit morceau de lard fumé. Mélangez herbes de Provence et sauge, ajoutez la moutarde et fouettez en incorporant la moitié de l'huile. **(A)**

2. Salez, poivrez très légèrement l'ensemble de vos crustacés et poissons. Badigeonnez les brochettes de cabillaud de la préparation moutarde/sauge/herbes de Provence ; répétez cette opération avec les cuisses de grenouille ; laissez mariner dans un plat. **(B)**

3. Versez le jus de citron dans un bol, incorporez le paprika, salez, poivrez, ajoutez le reste de l'huile, puis fouettez énergiquement. Badigeonnez les brochettes de moules et de gambas avec cette préparation ; laissez également mariner dans un plat. Badigeonnez également les brochettes de tomate. **(C)**

4. Faites griller l'ensemble de vos crustacés et fruits de mer sur le barbecue en les badigeonnant régulièrement de leur marinade respective. Accompagnez votre barbecue Neptune bien chaud de pommes au four, par exemple. **(D)**

LES CONSEILS DU CHEF

Faites macérer vos fruits de mer la veille et réservez-les au réfrigérateur : ils n'en seront que meilleurs.

Les amateurs rajouteront une petite pointe de piment de Cayenne pour relever le tout.

VARIANTE

Vous pouvez également napper d'un petit beurre fondu mélangé au jus de citron ou d'une sauce hollandaise vos crustacés au moment de les servir.

LES VINS OU LES BOISSONS

Un pinot blanc de Bourgogne

15 min

10 min

2 h

A

B

C

D

BRANDADE DE MORUE

INGRÉDIENTS POUR 6 PERSONNES

- 300 g de morue séchée
- 8 belles pommes de terre
- 1 oignon
- 3 gousses d'ail
- 4 branches de persil
- 20 g de beurre
- 10 cl d'huile d'olive
- 15 cl de crème fraîche
- 1 cuillerée à soupe de chapelure
- 1 cuillerée à soupe de fromage râpé
- Poivre

50 min

25 min

2 h

LES CONSEILS DU CHEF

Si vous utilisez de la morue séchée, faites-la bien dessaler avant, pour éviter que votre brandade ne soir trop salée.

Dans ce cas, évitez de trop saler les pommes de terre.

Vous pouvez bien sûr, utiliser de la morue fraîche, un inconvénient, votre recette sera moins goûteuse.

Je vous conseille de rajouter quelques branches de thym effeuillées au persil.

Surtout, gratinez bien la brandade de morue.

LES VINS OU LES BOISSONS

Un bandol rosé

LA RECETTE

1. Faites dessaler la morue, déposez-la dans une casserole et faites-la pocher successivement dans deux eaux différentes. Épluchez les pommes de terre, coupez-les en deux et faites-les cuire dans une marmite d'eau légèrement salée. **(A)**

2. Une fois cuite, nettoyez puis émiettez finement la morue. Épluchez, hachez l'oignon et faites-le revenir avec le beurre dans une marmite, ajoutez la morue finement émiettée et laissez revenir l'ensemble deux petites minutes à feu doux. **(B)**

3. Quand les pommes de terre sont cuites, passez-les au moulin à légumes puis incorporez-les à la morue, ajoutez l'ail, mélangez énergiquement la préparation, ajoutez la crème fraîche, le poivre et laissez cuire quelques instants en remuant régulièrement. **(C)**

4. Ajoutez le persil finement ciselé, incorporez les 10 cl d'huile d'olive en remuant énergiquement la préparation. Déposez dans un plat à gratin, saupoudrez d'un peu de chapelure et de fromage râpé, passez dix minutes à four chaud avant de servir. **(D)**

A

B

C

D

BROCHETTES DE CABILLAUD

INGRÉDIENTS POUR 4 PERSONNES

- 1 morceau de cabillaud (700 à 800 g)
- 100 g de poitrine de porc fumée
- 2 oignons
- 3 gousses d'ail
- 150 g de champignons de Paris
- 2 feuilles de laurier
- 3 branches de thym
- 1 citron
- 10 cl d'huile
- Sel, poivre

LA RECETTE

1. Levez les filets de votre morceau de cabillaud, retirez-en la peau et coupez-les en cubes. **(A)**

2. Coupez également la poitrine fumée en lardons, épluchez les oignons, coupez-les en quartiers. Hachez finement l'ail et nettoyez soigneusement les champignons. **(B)**

3. Versez dans un récipient, l'huile, les feuilles de laurier émiettées, le thym effeuillé, ajoutez le jus de citron, salez, poivrez. Incorporez les dés de cabillaud, mélangez l'ensemble et laissez macérer au moins deux heures au réfrigérateur avant d'enfiler cette préparation sur vos brochettes. **(C)**

4. Chauffez la plaque de votre gril ou votre barbecue, badigeonnez les brochettes de leur marinade et faites-les cuire à feu vif, en les retournant régulièrement. **(D)**

LES CONSEILS DU CHEF

Faites votre préparation la veille et laissez vos brochettes mariner une nuit au réfrigérateur ; vous mettrez le citron le lendemain.

N'omettez pas de bien intercaler : lardon, oignon et cabillaud sur la brochette pour bien mélanger les parfums.

Faites saisir votre cabillaud sur le barbecue très chaud sinon il risquerait de coller.

20 min

20 min

2 h

LES VINS OU LES BOISSONS

Un tokay d'Alsace

A

B

C

D

BROCHETTES DE LOTTE AU LARD

INGRÉDIENTS POUR 4 PERSONNES

- 1 queue de lotte (700 à 800 g)
- 20 tranches de poitrine fumée
- 1 cuillerée à café de sauge en poudre
- 1 branche de thym
- 2 branches d'estragon
- 1 demi-cuillerée à café de poivre en grains
- 1 cuillerée à soupe de moutarde
- 5 cl de cognac
- 10 cl d'huile
- 1 jaune d'œuf
- 100 g de beurre
- 2 citrons
- Sel

15 min

10 min

2 h

LES CONSEILS DU CHEF

Demandez à votre poissonnier de retirer la peau de la lotte et de lever les filets.

Vous pouvez mettre les dés de lotte à mariner la veille en les conservant au réfrigérateur.

Il ne faut surtout pas porter à ébullition la sauce. Fouettez-la bien pour incorporer le beurre ; vous pouvez vous aider d'un mixeur pour ce type de préparation.

Ne laissez pas trop cuire la lotte, sinon elle se dessécherait.

LA RECETTE

1. Retirez la peau de la lotte, levez les filets et coupez-les en morceaux, puis réservez. Dans un récipient, préparez la marinade : versez le jus de citron, l'huile, la sauge, la branche de thym effeuillée, quelques feuilles d'estragon, le poivre en grains concassé ; ajoutez le cognac, salez un peu et mélangez énergiquement. **(A)**

2. Incorporez à la préparation précédente les morceaux de lotte, remuez bien et laissez macérer au moins deux heures au réfrigérateur. Au moment de servir, roulez chaque morceau de lotte dans une fine tranche de poitrine fumée que vous enfilez sur une brochette. **(B)**

3. Passez la marinade au tamis fin, versez-la dans une casserole, ajoutez la moutarde, le jaune d'œuf, l'estragon effeuillé, fouettez énergiquement, et chauffez légèrement. Faites fondre le beurre que vous incorporez progressivement en chauffant, sans porter à ébullition ; réservez votre sauce. **(C)**

4. Au moment de servir, faites griller les brochettes sur le barbecue, retournez-les de temps à autre et servez-les accompagnées de votre sauce. **(D)**

LES VINS OU LES BOISSONS

Un sylvaner

A

B

C

D

CABILLAUD À LA TOMATE

INGRÉDIENTS POUR 4 PERSONNES

- 4 darnes de cabillaud
- 1 oignon
- 2 gousses d'ail
- 8 cl d'huile d'olive
- 1 noisette de beurre
- 1 boîte 4/4 de tomates pelées
- 1 bouquet de persil
- 20 olives noires
- Farine
- Sel, poivre

LA RECETTE

1. Salez, poivrez légèrement les darnes de cabillaud et farinez-les. Déposez une poêle sur le feu, versez l'huile, ajoutez le beurre et faites cuire à feu moyen vos darnes de cabillaud en les conservant aux trois quarts cuites. **(A)**

2. Épluchez et hachez finement l'oignon, concassez les tomates pelées. Dès que les darnes de cabillaud sont cuites, retirez la peau et les arêtes et réservez. Ajoutez l'oignon haché dans la poêle, remuez et laissez étuver quelques minutes à feu doux. **(B)**

3. Ajoutez les tomates concassées, l'ail haché, mélangez ; versez un demi-verre d'eau et laissez confire à feu doux la purée de tomates. **(C)**

4. Versez la moitié de la purée de tomates dans le fond d'un plat allant au four. Déposez les darnes de cabillaud et recouvrez-les du reste de purée ; ajoutez du persil haché, des olives noires et terminez pendant quinze minutes à four doux la cuisson des darnes de cabillaud. **(D)**

LES CONSEILS DU CHEF

Les amateurs pourront remplacer le persil par un peu de coriandre fraîche hachée.

Au moment de servir le plat, arrosez les darnes de cabillaud de quelques gouttelettes d'huile d'olive.

Vous accompagnerez ce plat de petites pommes de terre pochées.

VARIANTE

À défaut de cabillaud, cette recette peut être préparée avec toute autre variété de poisson à chair blanche : l'espadon s'y prêtera parfaitement bien.

10 min

20 min

LES VINS OU LES BOISSONS

Un riesling

A

B

C

D

CABILLAUD AU GRATIN

INGRÉDIENTS POUR 4 PERSONNES

- 500 g de filet de cabillaud
- 200 g de queues de crevettes décortiquées
- 1 carotte
- 1 oignon
- 1 branche de thym
- 2 feuilles de laurier
- 1 branche de céleri
- 1 branche de persil
- 2 gousses d'ail
- 15 cl de vin blanc

Sauce

- 1 cuillerée à soupe de beurre
- 2 cuillerées à soupe de farine
- 15 cl de lait
- 15 cl de crème liquide
- 1 pointe de muscade
- 100 g de fromage râpé
- Sel, poivre

25 min

30 min

LES CONSEILS DU CHEF

Vous pouvez réaliser ce type de recette avec tout autre poisson en conservant le même procédé.

L'important est de bien laisser réduire le jus de cuisson des poissons pour obtenir un concentré qui parfumera votre béchamel et relèvera par la même occasion votre plat.

Accompagnez ce plat avec du riz à la créole ou des pommes de terre à l'anglaise.

Rajoutez un peu de farine si votre sauce est trop liquide.

LES VINS OU LES BOISSONS

Un muscadet-sur-lie

LA RECETTE

1. Épluchez la carotte, l'oignon et l'ail. Émincez l'ensemble finement et déposez-le dans une casserole avec du vin blanc ; ajoutez le thym, le laurier, la branche de céleri et le persil. Salez, poivrez, rajoutez un verre d'eau et faites pocher les filets de cabillaud cinq à six minutes. Une fois cuits, retirez les filets et laissez réduire de trois quarts le jus de cuisson pendant quinze minutes. **(A)**

2. Déposez dans une casserole le beurre, laissez fondre, ajoutez la farine et laissez cuire le roux en remuant sans cesse pendant une minute. Ajoutez le lait, la crème liquide, une pointe de muscade, le sel, le poivre, la moitié du fromage râpé et fouettez énergiquement la préparation, que vous laissez cuire deux minutes ; réservez. **(B)**

3. Déposez au fond d'un plat à gratin beurré l'ensemble des filets de cabillaud que vous émiettez. Recouvrez-les avec les queues de crevettes. **(C)**

4. Une fois le jus de cuisson réduit de trois quarts, passez-le au tamis fin sur la béchamel, fouettez de nouveau énergiquement et laissez cuire deux minutes. Nappez vos filets de cabillaud et crevettes de la sauce, saupoudrez de fromage râpé. Passez la préparation quinze minutes au four chaud avant de servir. **(D)**

A

B

C

D

CABILLAUD GRILLÉ AUX ENDIVES

INGRÉDIENTS POUR 4 PERSONNES

- 4 darnes de cabillaud
- 8 endives
- 1 cuillerée à soupe de farine
- 2 citrons
- 1 piment
- 2 gousses d'ail
- 1 demi-cuillerée à café de Tabasco
- 1 cuillerée à soupe de sauce Worcester
- 50 g de beurre
- 8 cl d'huile
- Sel, poivre

25 min

35 min

30 min

LA RECETTE

1. Nettoyez soigneusement les endives, lavez-les et réservez-les. Déposez une casserole d'eau sur le feu : dès que l'eau arrive à ébullition, pressez le jus d'un citron, versez-le dans la farine, délayez, ajoutez un peu d'eau et versez dans la casserole, vous obtenez un blanc. Portez-le à ébullition. **(A)**

2. Salez la préparation précédente, incorporez les endives, couvrez et laissez cuire à feu doux environ vingt-cinq minutes. Dès que les endives sont cuites, égouttez-les, pressez-les et réservez sur un papier absorbant. **(B)**

3. Dans un récipient, déposez les darnes de cabillaud, ajoutez le piment haché, l'ail haché, versez la sauce Worcester, le Tabasco, le jus d'un citron, l'huile. Salez légèrement, poivrez ; mélangez délicatement l'ensemble et laissez macérer environ trente minutes. **(C)**

4. Dans une poêle contenant le beurre, faites revenir à feu doux les endives en leur laissant prendre une légère coloration. Égouttez les darnes de cabillaud de la marinade, faites-les griller et servez-les accompagnées des endives. **(D)**

LES CONSEILS DU CHEF

Délayez bien le citron dans la farine et rajoutez un peu d'eau si nécessaire pour éliminer l'ensemble des grumeaux.

Cette préparation consiste à cuire les endives dans un blanc afin de les conserver bien blanches.

Une fois cuites, laissez-les légèrement refroidir avant de les presser pour en extraire le maximum d'eau.

Faites-les saisir dans une poêle contenant du beurre et saupoudrez-les d'un peu de sel et de poivre.

Dans l'eau de cuisson des endives, vous pouvez ajouter deux ou trois morceaux de sucre pour en atténuer l'amertume.

LES VINS OU LES BOISSONS

Un sylvaner

A

B

C

D

CARRELET AUX CÂPRES

INGRÉDIENTS POUR 4 PERSONNES

- 1 beau carrelet (800 à 900 g)
- 4 filets de merlan
- 3 œufs
- 20 cl de crème fraîche

Sauce

- 1 échalote
- 1 branche de céleri
- 1 noisette de beurre
- 30 cl de vin blanc sec
- 20 cl de crème liquide
- 4 cuillerées à soupe de câpres
- Sel, poivre

35 min

20 min

LES CONSEILS DU CHEF

Pour réussir cette recette, il importe avant tout de bien amalgamer les filets de merlan, les œufs et la crème lorsque ceux-ci sont bien glacés.

La réussite de votre mousse de merlan est étroitement liée à la température de vos ingrédients.

Si possible, demandez à votre poissonnier de retirer l'arête du poisson, car cette opération est délicate.

LES VINS OU LES BOISSONS

Un pouilly-fumé

LA RECETTE

1. Ouvrez le carrelet sur le dessus, faites glisser la lame du couteau sur l'arête pour lever et écarter les filets du poisson. Retirez l'arête centrale. Dans le bol mixeur, hachez finement les filets de merlan, ajoutez un à un les œufs, émulsionnez la préparation. Incorporez la crème fraîche, salez légèrement, poivrez et montez le tout jusqu'à obtention d'une pâte très homogène. **(A)**

2. À l'aide d'une poche et d'une douille, garnissez l'intérieur du carrelet avec cette mousse de poisson, refermez légèrement les deux filets sur le côté. **(B)**

3. Dans un plat, déposez le beurre, ajoutez l'échalote hachée, la branche de céleri ciselée et laissez revenir à feu doux. Déposez le carrelet, versez le vin blanc sec, salez, poivrez et faites cuire une quinzaine de minutes à four moyen. **(C)**

4. En fin de cuisson, déposez le carrelet sur le plat de service, ajoutez la crème dans le jus de cuisson, les câpres, remuez l'ensemble, laissez réduire deux ou trois minutes la sauce ; passez-la au tamis fin si nécessaire, et servez accompagné de petits légumes et de câpres au vinaigre. **(D)**

A

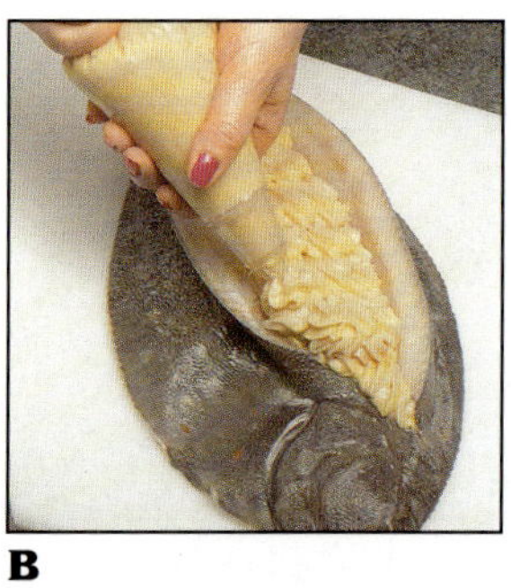

B

C

D

COLIN EN PIPERADE

INGRÉDIENTS POUR 4 PERSONNES

- 4 darnes de colin
- 2 poivrons
- 2 oignons
- 3 tomates
- 2 gousses d'ail
- 2 branches de thym
- 2 feuilles de laurier
- 10 cl d'huile
- 1 noisette de beurre
- 1 cuillerée à soupe de farine
- Sel, poivre

LA RECETTE

1. Coupez les poivrons en deux, retirez les graines et les côtes blanches puis émincez-les finement. Épluchez, puis émincez les oignons, pelez les tomates, coupez-les en deux et concassez-les. Hachez finement l'ail, réservez. **(A)**

2. Dans une poêle contenant 8 cl d'huile très chaude, versez les poivrons, les oignons émincés et faites revenir l'ensemble pendant une dizaine de minutes en remuant régulièrement, salez et poivrez la préparation. **(B)**

3. Ajoutez le thym, le laurier, l'ail haché, remuez à nouveau, puis versez les tomates concassées, remuez l'ensemble, couvrez et laissez cuire cinq à six minutes à feu doux. **(C)**

4. Dans une autre poêle contenant le reste de l'huile et le beurre, faites cuire les darnes de colin légèrement salées, poivrées et farinées. Une fois cuites, déposez-les sur la piperade et servez bien chaud. **(D)**

LES CONSEILS DU CHEF

Émincez finement les poivrons pour éviter de gros morceaux désagréables.

Ne laissez pas trop cuire la piperade sinon vous en ferez une purée ; conservez-la légèrement croquante.

Vous pouvez aussi faire cuire les darnes de colin à la poêle ou encore les faire frire.

20 min

30 min

LES VINS OU LES BOISSONS

Un sancerre blanc

A

B

C

D

CONGRE À LA CALAISIENNE

INGRÉDIENTS POUR 4 PERSONNES

- 800 g de congre en darnes

Bouillon
- 1 bouquet garni
- 1 carotte
- 1 oignon
- 10 cl de vin blanc
- 3 clous de girofle
- Sel, poivre

Garniture
- 200 g de poitrine fumée
- 200 g de champignons de Paris
- 400 g de pommes de terre
- 2 échalotes
- 2 tomates
- 1 noisette de beurre
- 5 cl d'huile

20 min

25 min

LES CONSEILS DU CHEF

Laissez les darnes de congre au chaud dans le court-bouillon.

Les amateurs pourront rajouter un peu de filet d'anchois dans la tomate.

Attention aux arêtes, ce poisson en contient énormément.

LES VINS OU LES BOISSONS

Un gewurztraminer

LA RECETTE

1. Épluchez la carotte et l'oignon et émincez-les. Portez une casserole d'eau à ébullition, ajoutez le vin blanc, les clous de girofle, salez et poivrez ; ajoutez bouquet garni, carotte et oignon, et faites pocher vos darnes de congre pendant quatre à cinq minutes. **(A)**

2. Épluchez et hachez finement les échalotes, faites-les revenir dans une poêle contenant le beurre et l'huile. Coupez la poitrine fumée en gros lardons, ajoutez aux échalotes et laissez revenir à feu doux. Pelez, épépinez et coupez les tomates en petits morceaux. Lavez soigneusement les champignons, émincez-les et réservez l'ensemble. **(B)**

3. Coupez vos pommes de terre et faites-les cuire dans une casserole d'eau salée. Ajoutez à la préparation précédente les champignons émincés, salez très légèrement, poivrez et laissez cuire pendant deux ou trois minutes. **(C)**

4. Ajoutez les tomates coupées, mélangez, couvrez et laissez cuire trois minutes à feu doux. En fin de cuisson, déposez la garniture au fond du plat de service. Égouttez les darnes de congre, déposez-les sur la préparation, accompagnées des pommes de terre. **(D)**

A

B

C

D

CROQUETTES DE LIEU JAUNE

INGRÉDIENTS POUR 4 PERSONNES

- 600 à 700 g de lieu jaune
- Farine
- 1 œuf
- 1 sachet de chapelure
- 50 g de beurre
- 3 gousses d'ail
- 4 branches de persil
- 1 citron
- 1 cuillerée à soupe de crème épaisse
- 5 cl d'huile
- Sel, poivre

LA RECETTE

1. Levez les filets de lieu, retirez la peau et coupez le filet en petits morceaux. Salez et poivrez. **(A)**

2. Farinez les morceaux de lieu puis passez-les dans l'œuf battu et roulez-les dans la chapelure. Réservez l'ensemble. **(B)**

3. Épluchez l'ail, hachez-le finement ainsi que le persil, et pressez le citron. Dans une poêle contenant l'huile et une noisette de beurre, faites cuire vos croquettes de lieu en leur laissant prendre une belle coloration. Une fois cuites, réservez. **(C)**

4. Débarrassez la poêle de la graisse de cuisson. Faites fondre le reste du beurre. Ajoutez la crème, fouettez énergiquement tout en incorporant le jus de citron. Ajoutez l'ail et le persil, salez légèrement en remuant énergiquement et servez vos croquettes de lieu jaune accompagnées du beurre aillé. **(D)**

LES CONSEILS DU CHEF

Demandez à votre poissonnier de vous lever les filets du lieu.

Faites mariner votre lieu dans du citron quelques heures avant de le paner.

Attention à la cuisson, ne laissez pas brûler la chapelure.

N'omettez surtout pas de nettoyer votre poêle avant de faire le beurre à l'ail.

VARIANTE

À défaut de lieu jaune, préparez les croquettes avec du cabillaud.

LES VINS OU LES BOISSONS

Un pouilly-fumé

25 min

15 min

A

B

C

D

DARNES DE CABILLAUD À LA DIJONNAISE

INGRÉDIENTS POUR 4 PERSONNES

- 4 darnes de cabillaud
- 2 échalotes
- 2 cuillerées à soupe de moutarde forte
- 20 cl de vin blanc sec
- 30 g de beurre
- 5 cl d'huile
- 20 cl de crème liquide
- Farine
- Sel, poivre

10 min

15 min

LES CONSEILS DU CHEF

Si votre sauce est un peu épaisse à la fin, rajoutez un peu d'eau pour la diluer ou un peu de vin blanc.

Surtout, ne laissez pas brûler les échalotes lorsque vous allez les incorporer aux darnes.

Les amateurs rajouteront une pointe d'ail dans la sauce moutarde.

Vous accompagnerez ces darnes de cabillaud de pommes de terre à l'anglaise.

LA RECETTE

1. Épluchez et hachez finement les échalotes. Déposez le beurre et l'huile dans une poêle. Salez, poivrez les darnes de cabillaud, roulez-les dans la farine et faites-les cuire dans la poêle. Une fois les darnes cuites, incorporez les échalotes hachées et laissez mijoter l'ensemble quelques instants. **(A)**

2. Déposez les darnes de cabillaud sur le plat de service, terminez la cuisson des échalotes, versez le vin blanc et laissez réduire de moitié à feu doux. **(B)**

3. Incorporez la moutarde, mélangez la préparation afin de bien diluer la moutarde dans le vin. Laissez de nouveau cuire une minute. **(C)**

4. Ajoutez la crème liquide, mélangez l'ensemble, rectifiez l'assaisonnement si nécessaire, passez la sauce au tamis fin, nappez les darnes et servez bien chaud. **(D)**

LES VINS OU LES BOISSONS

Un sylvaner

A

B

C

D

DARNES DE CABILLAUD À LA NAGE

INGRÉDIENTS POUR 4 PERSONNES

- 4 darnes de cabillaud
- 2 carottes
- 1 branche de céleri
- 1 oignon
- 3 gousses d'ail
- 1 bouquet garni
- 3 clous de girofle
- 1 demi-cuillerée à café de poivre en grains
- 6 pommes de terre
- 2 citrons
- 2 cubes de fumet de poisson
- Sel

LA RECETTE

1. Nettoyez soigneusement les darnes de cabillaud, frottez-les avec du citron. Épluchez carottes, oignon, ail, émincez finement l'ensemble des légumes. **(A)**

2. Épluchez les pommes de terre et faites-les cuire dans une casserole d'eau légèrement salée. Déposez une casserole sur le feu, versez les cubes de fumet de poisson, que vous délayez dans un litre d'eau. Portez à ébullition. **(B)**

3. Ajoutez l'ensemble de la garniture : céleri, carotte, oignon, ail, bouquet garni, clous de girofle, poivre en grains. Incorporez le jus des citrons et salez légèrement. **(C)**

4. Dès que la préparation arrive à ébullition, déposez les darnes de cabillaud, laissez cuire pendant sept à huit minutes. Dressez les darnes sur le plat de service, laissez réduire la cuisson d'un quart. Nappez les darnes de cabillaud et servez-les bien chaudes, accompagnées de pommes à l'anglaise. **(D)**

LES CONSEILS DU CHEF

Pour ce type de recette procurez-vous du poisson très frais.

Il s'agit d'une recette minceur, mais les amateurs pourront éventuellement rajouter dans le bouillon une noisette de beurre pour le lier légèrement.

10 min

15 min

LES VINS OU LES BOISSONS

Un sylvaner

A

B

C

D

DAURADE À L'ESTRAGON

INGRÉDIENTS POUR 4 PERSONNES

- 1 daurade (700 à 900 g)
- 3 échalotes
- 2 oignons
- 2 tomates
- 1 bouquet d'estragon
- 20 g de beurre
- 5 cl d'huile
- 20 cl de vin blanc sec
- 15 cl de crème liquide
- 1 citron
- Sel, poivre

15 min

25 min

LES CONSEILS DU CHEF

Nettoyez bien votre poisson et n'omettez surtout pas de le frotter à l'intérieur et à l'extérieur avec du citron et de bien le garnir d'estragon.

Il est primordial de bien arroser votre poisson durant la cuisson.

Passez la sauce au tamis fin avant d'en napper le poisson.

Demandez à votre poissonnier d'écailler et de vider les daurades.

LES VINS OU LES BOISSONS

Un sancerre

LA RECETTE

1. Nettoyez correctement la daurade et frottez-la bien avec le citron. Garnissez-en l'intérieur avec la moitié de l'estragon. Versez l'huile et le beurre dans un plat à rôtir. Ajoutez les échalotes finement hachées et laissez revenir deux minutes à feu doux. **(A)**

2. Déposez la daurade dans le plat. Épluchez et coupez les oignons en rondelles. Tranchez les tomates en lamelles. Déposez sur la daurade en intercalant une tranche de tomate et une tranche d'oignon. Salez et poivrez légèrement. **(B)**

3. Effeuillez le reste de l'estragon, déposez sur la daurade. Versez le vin blanc sec, et faites cuire au four une vingtaine de minutes en arrosant régulièrement votre poisson. **(C)**

4. En fin de cuisson, déposez la daurade sur le plat de service. Versez la crème liquide dans une casserole, fouettez énergiquement et laissez réduire à feu doux. Dès que la sauce est assez épaisse, passez-la au tamis fin. Nappez la daurade avec la sauce et servez bien chaud. **(D)**

A

B

C

D

DAURADE ROYALE FARCIE À L'OSEILLE

INGRÉDIENTS POUR 4 PERSONNES

- 1 belle daurade royale (800 à 900 g)
- 2 beaux bouquets d'oseille (environ 250 g)
- 300 g de champignons de Paris
- 3 tranches de jambon de Paris
- 50 g de beurre
- 30 cl de vin blanc
- 20 cl de crème liquide
- 2 jaunes d'œufs
- 3 tranches de pain de mie
- Sel, poivre

40 min

30 min

LA RECETTE

1. Lavez soigneusement les champignons après en avoir retiré les pieds, et émincez-les. Dans une poêle contenant la moitié du beurre, faites-les revenir à feu vif puis coupez le jambon en petits dés. Versez le reste du beurre dans une casserole et faites fondre l'oseille que vous aurez, au préalable, soigneusement lavée et ciselée. Une fois étuvée, réservez. **(A)**

2. Incorporez maintenant les petits dés de jambon aux champignons. Salez, poivrez légèrement la préparation. **(B)**

3. Écaillez, videz et ébarbez la daurade ; réservez-la. Faites tremper les tranches de pain de mie avec trois cuillerées à soupe de crème liquide puis incorporez deux jaunes d'œufs, l'oseille et la préparation champignons-jambon. Mélangez énergiquement l'ensemble, salez et poivrez. **(C)**

4. Incorporez à la daurade la farce à l'oseille, et refermez délicatement l'ouverture avec du fil. Couchez le poisson dans un plat allant au four, préalablement beurré. Arrosez de vin blanc et faites cuire trente-cinq minutes en arrosant régulièrement votre daurade. Au bout de vingt minutes, ajoutez la crème liquide, terminez la cuisson à feu doux en arrosant régulièrement votre poisson. Déposez la daurade sur le plat de service, faites légèrement réduire la sauce, passez-la au tamis fin. Nappez la daurade et servez bien chaud. **(D)**

LES CONSEILS DU CHEF

Prenez une daurade bien fraîche pour réaliser ce type de recette.

Les amateurs pourront ajouter une pointe d'ail haché.

Si votre farce est trop liquide, rajoutez une demi-cuillerée à soupe de chapelure et mélangez bien la préparation.

N'omettez pas de passer la sauce au tamis fin ; vous pouvez également la lier avec un peu de beurre que vous fouettez dans la sauce au moment de servir.

Pour farcir plus facilement votre daurade, demandez à votre poissonnier de retirer une partie de l'arête centrale.

Vous pouvez aussi apprêter le pageot, moins cher que la daurade, de la même façon.

LES VINS OU LES BOISSONS

Un pouilly-fuissé

A

B

C

D

FILETS DE BARBUE DUGRELÉ

INGRÉDIENTS POUR 4 PERSONNES

- 1 barbue (1 kg environ)
- 250 g de champignons de Paris
- 4 tomates
- 2 échalotes
- 50 g de beurre
- 20 cl de vin blanc sec
- 20 cl de crème liquide
- Sel, poivre

25 min

25 min

LES CONSEILS DU CHEF

Demandez à votre poissonnier de vous lever les filets de la barbue, cela vous facilitera la tâche.

Avant de couper les tomates en deux, pelez celles-ci en les trempant successivement dans l'eau bouillante, puis dans l'eau froide.

Les amateurs rajouteront une pointe d'ail et une branche de thym effeuillée dans la concassée de tomates.

Accompagnez ce poisson de pleurotes.

LES VINS OU LES BOISSONS

Un sylvaner

LA RECETTE

1. Levez les filets de votre barbue et retirez-en la peau ; réservez-les. **(A)**

2. Épluchez les échalotes et hachez-les finement. Coupez le pied terreux des champignons, lavez-les abondamment, puis émincez-les. Coupez les tomates en deux, épépinez-les, et concassez-les. Dans une poêle contenant le beurre, faites revenir les échalotes ; laissez-leur prendre une légère coloration, puis ajoutez les champignons de Paris, et remuez. Laissez évaporer l'eau des champignons, puis incorporez les tomates concassées. **(B)**

3. Salez et poivrez la préparation précédente ; portez à ébullition, puis ajoutez les filets de barbue. Beurrez un plat allant au four, et posez-y le poisson, le côté blanc sur le dessus. Versez le vin blanc, et faites cuire une quinzaine de minutes à four moyen (170 °C). **(C)**

4. Retirez les filets de barbue et déposez-les sur le plat de service. Incorporez la crème liquide à la sauce tomate, puis mélangez. Amenez à ébullition, rectifiez l'assaisonnement. Laissez épaissir une ou deux minutes à feu doux. Nappez les filets de barbue de cette sauce et servez bien chaud. **(D)**

A

B

C

D

FILETS DE CABILLAUD PARMENTIER

INGRÉDIENTS POUR 4 PERSONNES

- 1 morceau de cabillaud (400 à 500 g)
- 500 g de pommes de terre
- 150 g de champignons de Paris
- 50 g de fromage râpé
- 50 cl de lait
- 1 cuillerée à soupe de farine
- 80 g de beurre
- 5 cl d'huile
- 1 œuf
- 1 pincée de muscade
- Sel, poivre

LA RECETTE

1. Épluchez les pommes de terre et faites-les cuire dans une casserole d'eau légèrement salée ; une fois cuites, réduisez-les en purée. Versez 15 cl de lait dans une casserole, ajoutez 40 g de beurre, chauffez et versez sur la purée de pommes de terre. Ajoutez un peu de muscade, le jaune d'œuf, salez, poivrez. Remuez énergiquement et réservez. Dans une poêle contenant l'huile et une noisette de beurre, faites revenir les champignons émincés, débarrassés de leur pied terreux et soigneusement lavés. Réservez l'ensemble. **(A)**

2. Versez le reste du beurre dans une casserole, ajoutez une cuillerée à soupe de farine. Remuez énergiquement et versez le reste du lait pour obtenir une sauce Béchamel. **(B)**

3. Levez les filets de votre cabillaud, taillez-les en lamelles et réservez. Beurrez un plat à gratin et tapissez-le de la purée. Disposez vos filets de cabillaud, et recouvrez avec les champignons émincés. **(C)**

4. Versez sur les filets la sauce Béchamel, saupoudrez de fromage râpé et passez une quinzaine de minutes à four chaud (180 °C) avant de servir votre gratin. **(D)**

LES CONSEILS DU CHEF

Préparez votre purée la veille et réservez-la au réfrigérateur, elle se réchauffera très bien le lendemain.

Si votre sauce Béchamel est trop épaisse, rajoutez un peu de lait pour la diluer.

N'omettez pas de bien poivrer les champignons pour relever cette préparation.

Pour obtenir un meilleur gratin, saupoudrez d'un peu de chapelure le fromage râpé.

Pour les amateurs, frottez le plat de cuisson avec une gousse d'ail avant de le beurrer.

Vous pouvez remplacer le cabillaud par du lieu ou du mulet.

25 min

30 min

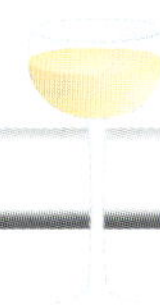

LES VINS OU LES BOISSONS

Un sauvignon blanc

A

B

C

D

FILETS DE JULIENNE EN RATATOUILLE

INGRÉDIENTS POUR 4 PERSONNES

- 1 morceau de julienne (600 à 700 g)
- 1 aubergine
- 2 courgettes
- 1 poivron rouge
- 1 poivron vert
- 1 oignon
- 3 tomates
- 2 gousses d'ail
- 1 branche de thym
- 10 cl d'huile d'olive
- 1 noisette de beurre
- Farine
- Sel, poivre

35 min

35 min

LES CONSEILS DU CHEF

Faites cuire vos filets de julienne avec la peau, votre recette en sera bien meilleure.

Si votre ratatouille devenait trop sèche, rajoutez un peu d'eau.

Accompagnez cette recette d'un petit jus de citron.

Vous pouvez tout aussi bien réaliser cette recette avec du filet de mérou ou du filet de thon qui est un poisson plutôt sec.

Plongez vos tomates dans de l'eau bouillante pour qu'il soit plus facile d'en retirer la peau.

LES VINS OU LES BOISSONS

Un rosé de Provence

LA RECETTE

1. Coupez l'ensemble des légumes en petits dés : aubergine, courgettes, poivron vert, poivron rouge et tomates. Pelez et hachez l'oignon et les gousses d'ail. Effeuillez le thym et levez les filets de votre julienne. **(A)**

2. Faites revenir dans une poêle dans de l'huile d'olive l'oignon haché et les petits dés de poivrons rouges et verts. Laissez mijoter à feu moyen trois à cinq minutes en remuant régulièrement ; ajoutez courgettes, aubergine, tomates pelées concassées, thym et ail haché. Salez légèrement, poivrez et laissez cuire à couvert une dizaine de minutes en remuant de temps à autre. **(B)**

3. Salez, poivrez et farinez vos filets de julienne. Déposez une poêle sur le feu, versez le reste de l'huile d'olive, le beurre, chauffez et faites poêler vos filets de julienne. **(C)**

4. Déposez les filets de julienne dans un plat allant au four, versez dessus la ratatouille et mettez à cuire environ dix minutes à four chaud (220 °C). Servez aussitôt. **(D)**

A

B

C

D

FILETS DE HARENGS AU VINAIGRE

INGRÉDIENTS POUR 4 PERSONNES

- 4 harengs
- 2 carottes
- 5 cornichons
- 1 oignon
- 2 gousses d'ail
- 1 branche de céleri
- 2 feuilles de laurier
- 2 branches d'estragon
- 3 branches de persil
- 2 branches de thym
- 20 cl de vinaigre de cidre
- 10 cl de vin blanc sec
- Sel, poivre

LA RECETTE

1. Levez soigneusement les filets des harengs, puis retirez-en le maximum d'arêtes ; réservez-les. **(A)**

2. Épluchez les carottes, l'oignon et l'ail, puis émincez le tout. Coupez également la branche de céleri. **(B)**

3. Dans une casserole, préparez votre court-bouillon : versez le vin blanc, le vinaigre et 40 cl d'eau. Incorporez l'ensemble de la garniture : carotte, cornichon, oignon, ail, estragon, laurier, céleri, persil et thym. Salez légèrement, poivrez, puis amenez la préparation à ébullition. **(C)**

4. Après cinq minutes d'ébullition, déposez les filets de hareng sur un plat légèrement beurré, arrosez-les du court-bouillon. Passez-les trois minutes au four chaud. Servez tiède, chaud ou froid. **(D)**

LES CONSEILS DU CHEF

En fin de cuisson, si votre court-bouillon est bien chaud, il ne vous faudra que quelques minutes au four pour terminer la cuisson des harengs.

Accompagnez ce plat de pommes de terre à l'anglaise.

Les amateurs rajouteront une pointe de piment de Cayenne et un jus de citron.

20 min

10 min

LES VINS OU LES BOISSONS

Un beaujolais-villages

A

B

C

D

FILETS DE TURBOT DUVERDON

INGRÉDIENTS POUR 4 PERSONNES

- 1 turbot (1 kg environ)
- 300 g de champignons de Paris
- 2 échalotes
- 30 g de beurre
- 2 branches d'estragon
- 30 cl de vin blanc sec
- 20 cl de crème liquide
- 2 œufs
- 6 cl de cognac
- Sel, poivre

35 min

20 min

LES CONSEILS DU CHEF

L'opération étant un peu délicate, demandez à votre poissonnier de vous lever les filets de turbot.

Ne laissez pas brûler les échalotes lorsque vous allez les faire revenir.

Avant d'incorporer la crème liquide, laissez réduire le cognac, et le vin blanc pour en enlever l'acidité.

Une fois les jaunes d'œufs incorporés, ne laissez pas bouillir votre sauce.

LES VINS OU LES BOISSONS

Un sancerre blanc

LA RECETTE

1. Levez les filets du turbot et retirez-en la peau ; réservez-les. Effeuillez l'estragon, puis hachez-le finement ainsi que les échalotes. Retirez le pied terreux des champignons, lavez-les soigneusement, puis émincez-les. **(A)**

2. Dans une poêle contenant le beurre, faites revenir les échalotes sans leur laisser prendre de coloration, puis ajoutez les champignons de Paris. Laissez revenir le tout à feu doux pour que les champignons rendent leur eau. **(B)**

3. Ajoutez l'estragon, le cognac, puis versez le vin blanc. Salez légèrement et poivrez. **(C)**

4. Déposez les turbots dans le plat de cuisson, ajoutez la préparation précédente, puis versez la crème liquide. Faites cuire une quinzaine de minutes au four à feu doux. Dressez les filets de turbot sur le plat de service, puis versez la sauce dans une casserole. Laissez-la réduire deux minutes, ajoutez les deux jaunes d'œufs hors du feu, puis fouettez énergiquement. Nappez les turbots de cette préparation, passez-les deux minutes sous le gril de votre four et servez bien chaud. **(D)**

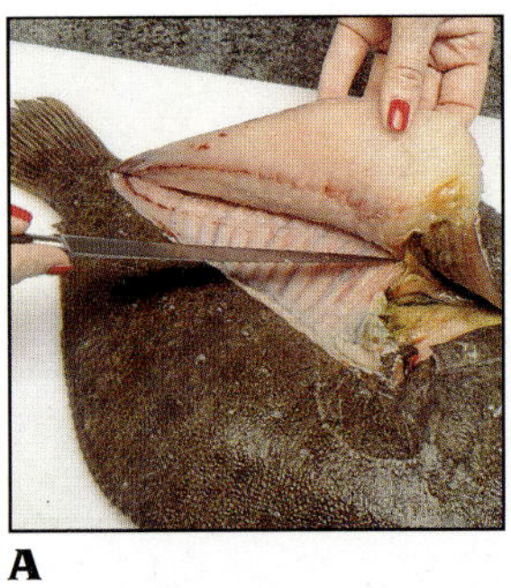

A

B

C

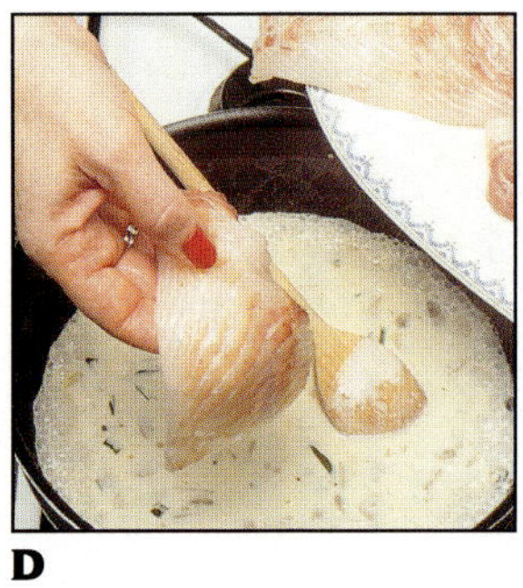

D

GALETTES D'ÉGLEFIN AUX HERBES

INGRÉDIENTS POUR 4 PERSONNES

- 500 à 600 g de filet d'églefin

Bouillon
- 1 oignon
- 1 carotte
- 1 bouquet garni
- 1 demi-cuillerée à café de poivre en grains
- 3 clous de girofle
- 10 cl de vin blanc
- Sel

Farce
- 3 œufs
- 8 biscottes
- 3 gousses d'ail
- 2 branches de persil
- Sel, poivre
- 1 cuillerée à soupe de farine
- 1 branche de céleri
- 8 cl de crème liquide
- 10 cl d'huile
- 1 petit bouquet de ciboulet

LA RECETTE

1. Épluchez oignon, carotte, et émincez finement. Déposez une marmite d'eau salée sur le feu, ajoutez le vin blanc, l'oignon et la carotte émincés, le bouquet garni, le poivre en grains, les clous de girofle et portez à ébullition. Plongez l'aiglefin, laissez cuire cinq minutes, égouttez et réservez. **(A)**

2. Faites la farce en mettant à tremper les biscottes dans la crème liquide. Coupez finement la branche de céleri, le persil et la ciboulette. Hachez l'ail que vous incorporez aux biscottes. Mélangez l'ensemble, puis ajoutez les jaunes d'œufs. **(B)**

3. Incorporez maintenant les filets d'aiglefin que vous émiettez. Salez légèrement, poivrez, ajoutez la farine et mélangez l'ensemble jusqu'à obtention d'une pâte assez ferme. **(C)**

4. Déposez une poêle sur le feu et ajoutez l'huile. Confectionnez des petites boulettes de farce que vous aplatissez dans la poêle. Laissez cuire deux à trois minutes de chaque côté, servez bien chaud. **(D)**

LES CONSEILS DU CHEF

Si votre pâte devenait trop liquide, ajoutez-y de la chapelure pour lui redonner un peu de consistance.

Égouttez bien le filet de poisson.

Les amateurs pourront rajouter une pointe de piment de Cayenne dans la préparation.

Vous pouvez également réaliser des petites boulettes avec cette farce, et les faire frire.

Accompagnez cette recette d'un coulis de tomates par exemple.

45 min

20 min

LES VINS OU LES BOISSONS

Un vin blanc de Provence

A

B

C

D

GRATIN DE ROUSSETTE AUX AUBERGINES

INGRÉDIENTS POUR 4 PERSONNES

- 600 à 700 g d'aubergine
- 800 g de roussette
- 15 cl d'huile d'olive
- 2 œufs
- 10 cl de crème liquide
- 3 cuillerées à soupe de fromage râpé
- Sel, poivre

Bouillon

- 1 carotte
- 1 oignon
- 1 bouquet garni
- 1 demi-cuillerée à café de poivre en grains
- 3 clous de girofle
- Sel

30 min

40 min

LES CONSEILS DU CHEF

Vous pouvez également réaliser cette recette avec tout type de poisson assez iodé comme la raie ou du requin.

Faites bien cuire les aubergines afin que la chair se décolle parfaitement.

Les amateurs rajouteront ail et persil hachés à la préparation d'aubergines.

Pour améliorer votre gratin, saupoudrez un peu de chapelure sur votre préparation.

LES VINS OU LES BOISSONS

Un saumur-champigny

LA RECETTE

1. Dans une casserole d'eau, ajoutez carotte et oignon émincés. Incorporez le bouquet garni, le poivre en grains, les clous de girofle, salez légèrement, et portez à ébullition. Ajoutez maintenant les morceaux de roussette, couvrez et laissez cuire à feu doux une quinzaine de minutes. Une fois cuits, égouttez-les et réservez. **(A)**

2. Coupez les aubergines en deux, salez légèrement et poivrez. Arrosez d'un peu d'huile d'olive, puis faites-les rôtir au four. Une fois cuites, retirez-en la chair à l'aide d'une cuiller et d'une fourchette. Réservez dans un bol. **(B)**

3. Émiettez les morceaux de roussette. Ajoutez-les dans les aubergines ; salez légèrement et poivrez. **(C)**

4. Incorporez deux cuillerées à soupe d'huile d'olive, la crème liquide et les œufs. Mélangez énergiquement la préparation, et versez dans un moule. Saupoudrez de fromage râpé et faites gratiner une vingtaine de minutes à four moyen avant de servir bien chaud. **(D)**

A

B

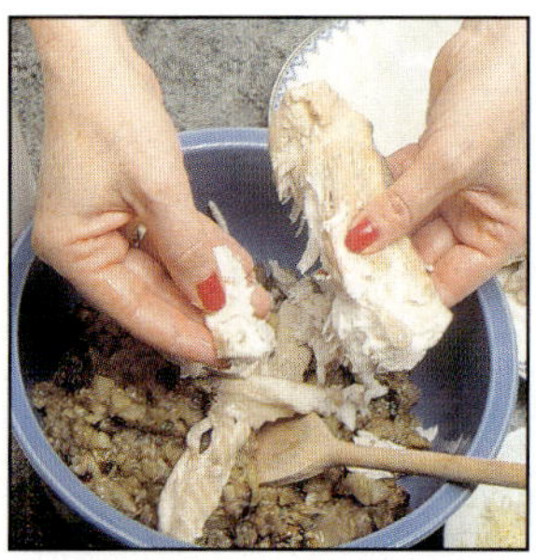

C

D

GRATIN DE LIEU AUX ÉPINARDS

INGRÉDIENTS POUR 4 PERSONNES

- 600 à 800 g de filet de lieu
- 1 kg d'épinards frais
- 50 g de beurre
- 4 œufs
- 50 g de fromage râpé
- 1 cuillerée à soupe de chapelure
- 20 cl de crème liquide
- 1 pointe de muscade
- Sel, poivre

LA RECETTE

1. Déposez dans un plat vos filets de poisson ; salez et poivrez. Faites pocher pendant quatre minutes vos filets. Une fois cuits, égouttez-les et réservez. **(A)**

2. Nettoyez soigneusement les épinards, retirez-en les côtes ; lavez-les et égouttez-les. Faites fondre dans une cocotte le beurre, et ajoutez les épinards. Salez et poivrez légèrement ; laissez-les juste étuver dans la cocotte, et réservez. **(B)**

3. Une fois les épinards refroidis, ajoutez-y les œufs, puis la crème fraîche ; salez légèrement, poivrez, puis incorporez une pointe de muscade. Mélangez énergiquement le tout. **(C)**

4. Émiettez maintenant le lieu dans la préparation précédente, et versez le tout dans un plat à gratin. Saupoudrez de fromage râpé, d'un peu de chapelure, puis faites cuire une vingtaine de minutes à four chaud. Servez. **(D)**

LES CONSEILS DU CHEF

Vous pouvez ajouter un bouquet garni pour cuire vos filets de poisson : ils n'en seront que meilleurs.

Laissez bien étuver les épinards après les avoir nettoyés, sans toutefois les laisser bouillir sinon ils perdraient leur couleur.

Incorporez les œufs aux épinards lorsque ceux-ci sont froids.

15 min

20 min

1 h

LES VINS OU LES BOISSONS

Un saint-véran

A

B

C

D

HADDOCK AU GRATIN

INGRÉDIENTS POUR 4 PERSONNES

- 600 à 700 g de filet de haddock
- 6 pommes de terre
- 2 branches de thym
- 2 échalotes
- 50 g de beurre
- 10 cl de vin blanc
- 20 cl de crème liquide
- 2 cuillerées à soupe de farine
- 3 cuillerées à soupe de fromage râpé
- 1 pointe de muscade
- Sel, poivre

LES CONSEILS DU CHEF

Attention à ne pas trop saler la sauce, car le haddock, lors de sa cuisson, dégagera suffisamment de sel.

Afin de rendre votre sauce plus homogène, diluez votre bouillon avec un peu d'eau.

Ne laissez pas trop bouillir la crème dans la sauce.

Vous pouvez préparer ce plat à l'avance en ayant soin de le tenir au réfrigérateur, et de le gratiner à la dernière minute.

25 min

30min

LES VINS OU LES BOISSONS

Un pouilly-fumé

LA RECETTE

1. Déposez une casserole sur le feu, faites cuire les pommes de terre avec leur peau préalablement lavées, salez légèrement. Dans un plat de cuisson, déposez une noisette de beurre et faites revenir les échalotes préalablement hachées. Ajoutez le thym, le vin blanc et faites pocher vos filets de haddock. **(A)**

2. Déposez une casserole sur le feu avec le reste du beurre, ajoutez la farine et confectionnez un roux que vous laissez cuire deux minutes à feu très doux. Versez sur le roux l'eau de cuisson des filets de haddock. Fouettez énergiquement, ajoutez la crème liquide, portez à ébullition ; salez légèrement, poivrez, ajoutez une pointe de muscade et réservez. **(B)**

3. Épluchez les pommes de terre, coupez-les en fines rondelles et déposez-les au fond d'un plat à gratin surmontées du haddock poché et légèrement émietté. **(C)**

4. Nappez la préparation de votre sauce. Saupoudrez de fromage râpé et faites gratiner au four chaud avant de servir. **(D)**

A

B

C

D

HADDOCK À L'ŒUF POCHÉ

INGRÉDIENTS POUR 4 PERSONNES

- 700 à 800 g de filet de haddock
- 4 œufs
- 10 cl de vinaigre
- 75 cl de lait
- 50 g de beurre
- 20 cl de crème liquide
- 2 cuillerées à soupe de farine
- 500 g de choux de Bruxelles
- 1 pincée de muscade
- Sel, poivre

LA RECETTE

1. Dans une casserole d'eau, versez le vinaigre, salez et portez à ébullition. Faites pocher les œufs dans la préparation. Une fois cuits, égouttez-les et déposez-les sur un papier absorbant. **(A)**

2. Pour la sauce à la crème : dans une casserole, faites fondre le beurre, ajoutez la farine, puis mélangez pour confectionner un roux. Versez ensuite la moitié du lait dans la préparation, fouettez énergiquement, puis ajoutez la crème liquide. Salez légèrement, poivrez, et ajoutez une pointe de muscade. Portez une dernière fois à ébullition et réservez. **(B)**

3. Déposez les filets de haddock dans un plat, et versez le reste du lait. Terminez de recouvrir avec de l'eau, et faites pocher vos filets de haddock dix minutes environ. **(C)**

4. Portez une casserole d'eau salée à ébullition ; faites cuire les choux de Bruxelles en les conservant légèrement fermes. Une fois cuits, égouttez, rafraîchissez et déposez sur le plat de service. Dans chaque assiette, déposez un filet de haddock surmonté d'un œuf poché, nappez de la sauce à la crème et servez ce mets bien chaud accompagné des choux de Bruxelles. **(D)**

LES CONSEILS DU CHEF

Mettez le haddock dans un plat creux, versez dessus le lait froid et laissez reposer quarante minutes environ.

Fouettez bien la sauce au départ pour éviter tout grumeau.

Vous pourrez donner un tour de mixeur à votre sauce pour l'alléger.

35 min

20 min

LES VINS OU LES BOISSONS

Un bourgogne blanc

A

B

C

D

HARENGS À L'ANVERSOISE

INGRÉDIENTS POUR 4 PERSONNES

- 4 harengs frais
- 2 citrons
- 1 bouquet de persil
- 1 cuillerée à soupe de moutarde
- 100 g de beurre
- 10 cl d'huile
- 1 demi-cuillerée à café de poudre de muscade
- 1 œuf
- Sel, poivre

10 min

10 min

LES CONSEILS DU CHEF

Vous pouvez réaliser cette recette en utilisant uniquement les filets de hareng ; demandez à votre poissonnier de vous les lever.

L'opération délicate consiste à incorporer le beurre dans la sauce : ne laissez pas bouillir votre sauce, sinon elle tournerait.

Rectifiez l'assaisonnement de la sauce avant de la servir avec les harengs.

Accompagnez ce plat de pommes cuites à la vapeur.

LES VINS OU LES BOISSONS

Un tavel rosé

LA RECETTE

1. Écaillez et videz soigneusement les harengs. Retirez-en les ouïes, lavez-les et essuyez-les. Déposez dans un plat l'huile ; ajoutez la muscade, salez, poivrez, et passez les harengs dans cette marinade. **(A)**

2. Pressez le jus des citrons dans une casserole ; ajoutez la moutarde, un jaune d'œuf, salez légèrement, poivrez, et fouettez la préparation au bain-marie. Coupez le beurre en petits cubes, puis incorporez-le progressivement dans la préparation. **(B)**

3. Dès que le beurre a entièrement fondu, rectifiez l'assaisonnement. Incorporez le persil finement haché, et réservez votre sauce au bain-marie. **(C)**

4. Déposez les harengs marinés dans un plat allant au four ; enduisez-les de la marinade et faites-les cuire sous le grilloir de votre four en les badigeonnant régulièrement de la marinade. Servez ce plat chaud accompagné de la sauce. **(D)**

A

B

C

D

LIMANDE AU RIESLING

INGRÉDIENTS POUR 4 PERSONNES

- 2 grosses limandes
- 2 poireaux
- 300 g de champignons de Paris
- 30 g de beurre
- 30 cl de riesling
- 15 cl de crème liquide
- 1 bouquet de ciboulette
- Sel, poivre

LA RECETTE

1. Retirez la peau, videz, et ébarbez les limandes ; lavez-les soigneusement, essuyez-les, et réservez. Épluchez les poireaux et coupez-les. Retirez le pied terreux des champignons, lavez-les soigneusement, et émincez-les. **(A)**

2. Dans une grande poêle contenant le beurre, faites revenir à feu vif les poireaux avec les champignons. **(B)**

3. Salez et poivrez votre préparation. Ajoutez le riesling, versez la crème liquide, et portez à ébullition. **(C)**

4. Beurrez un grand plat allant au four, déposez les limandes. Recouvrez de la préparation et faites cuire dix bonnes minutes à four chaud. Au moment de servir, saupoudrez de ciboulette finement hachée et servez bien chaud. **(D)**

LES CONSEILS DU CHEF

Prenez de grosses limandes : une pour deux, sinon quatre petites.

Attention, ce poisson cuit assez vite.

Vous pouvez accompagner ce plat d'un riz à la créole ou de tagliatelles au beurre.

20 min

20 min

LES VINS OU LES BOISSONS

Un riesling

A

B

C

D

LOTTE À L'ARMORICAINE

INGRÉDIENTS POUR 4 PERSONNES

- 1 queue de lotte de 700 à 800 g
- 2 carottes
- 2 échalotes
- 1 bouquet garni
- 3 gousses d'ail
- 2 tomates
- 50 g de beurre
- 5 cl d'huile
- 30 cl de vin blanc sec
- 5 cl de cognac
- 1 cuillerée à soupe de concentré de tomate
- 1 pincée de piment de Cayenne
- 1 cuillerée à soupe de farine
- Sel

LES CONSEILS DU CHEF

Prenez une lotte bien fraîche pour ce type de recette.

Avec les morceaux de lotte, incorporez l'arête à la sauce pour lui donner plus de saveur .

Ne laissez pas trop cuire vos queues de lotte dans la sauce : elles doivent être tendres, mais fermes.

25 min

20 min

LES VINS OU LES BOISSONS

Un pouilly-fumé

LA RECETTE

1. Épluchez l'ail, les échalotes et hachez-les finement. Coupez les carottes en julienne. Coupez les tomates en deux, épépinez-les et coupez-les en morceaux. Dans une cocotte contenant l'huile et le beurre, faites colorer à feu doux les échalotes et les carottes. Épluchez la lotte et retirez-en l'arête ; coupez la lotte en tranches épaisses et mettez-les à dorer dans le mélange huile et beurre de la cocotte, à feu modéré ; salez légèrement. **(A)**

2. Flambez les tranches de lotte avec le cognac puis saupoudrez la préparation de farine. Ajoutez le vin blanc, puis mélangez délicatement l'ensemble. **(B)**

3. Ajoutez le bouquet garni, le concentré de tomate, les tomates coupées en morceaux et l'ail. Ajoutez de l'eau et portez à ébullition. **(C)**

4. Ajoutez une pincée de piment de Cayenne, et portez à ébullition. Rectifiez l'assaisonnement. Laissez cuire pendant quinze minutes puis retirez les filets de lotte que vous réservez. Terminez la cuisson de la sauce à feu doux pendant une quinzaine de minutes, passez-la au tamis fin. Disposez les tranches de lotte sur un plat de service. Nappez-les de la sauce, accompagnez d'un riz blanc et servez bien chaud. **(D)**

A

B

C

D

LOTTE À LA FOURME D'AMBERT

INGRÉDIENTS POUR 4 PERSONNES

- 1 queue de lotte de 800 à 900 g
- 2 courgettes
- 150 g de fourme d'Ambert
- 2 échalotes
- 1 noisette de beurre
- 15 cl de vin blanc sec
- 1 cube de fumet de poisson
- 15 cl de crème liquide
- Sel, poivre

LA RECETTE

1. Levez les filets de lotte. Dans une poêle contenant du beurre, faites revenir les échalotes préalablement hachées. Une fois les échalotes légèrement ambrées, ajoutez les filets de lotte et laissez-les revenir quelques minutes à feu doux. Coupez les courgettes en bâtonnets et réservez. **(A)**

2. Versez maintenant le cube de fumet de poisson délayé dans 20 cl d'eau ; ajoutez le vin blanc, salez, poivrez, couvrez et portez à ébullition. **(B)**

3. Coupez la fourme d'Ambert en petits dés que vous déposez sur les filets de lotte dans la poêle. Remuez délicatement l'ensemble, laissez cuire dix minutes. Faites pocher les courgettes en les conservant légèrement croquantes. **(C)**

4. Égouttez les filets de lotte et réservez-les. Passez la sauce au mixeur puis au tamis fin. Ajoutez la crème liquide, portez à ébullition, rectifiez l'assaisonnement. Déposez vos filets de lotte sur le plat de service. Nappez de sauce et servez ce plat bien chaud. **(D)**

LES CONSEILS DU CHEF

Ne salez pas trop la préparation car la fourme d'Ambert s'en chargera.

N'omettez pas de bien émulsionner votre sauce au mixeur, elle n'en sera que meilleure.

20 min

15 min

VARIANTE

Faute de lotte, vous pouvez réaliser cette recette avec tout autre poisson à chair ferme, le thon par exemple. À défaut de fourme d'Ambert, choisissez du roquefort.

LES VINS OU LES BOISSONS

Un chablis

A

B

C

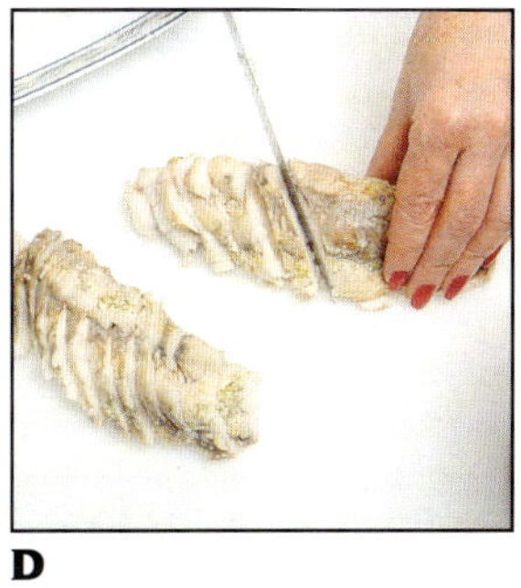

D

LOTTE EN GRATIN

INGRÉDIENTS POUR 4 PERSONNES

- 1 queue de lotte (900 g environ)
- 3 échalotes
- 400 g de champignons de Paris
- 1 demi-boîte de tomates pelées
- 30 g de beurre
- 15 cl de vin blanc sec
- 20 cl de crème liquide
- 1 œuf
- 50 g de fromage râpé
- Sel, poivre

30 min

25 min

LES CONSEILS DU CHEF

Incorporez le jaune d'œuf dans la sauce une fois celle-ci hors du feu.

Nappez votre plat de sauce et passez sous le gril de votre four en surveillant la cuisson.

Servez ce plat chaud accompagné d'un peu de riz créole.

A

B

C

D

LA RECETTE

1. Épluchez et hachez les échalotes, retirez le pied terreux des champignons, lavez-les soigneusement puis hachez-les. Déposez deux casseroles sur le feu avec la moitié du beurre dans chaque casserole. Ajoutez dans chacune d'elle la moitié des échalotes hachées et faites revenir à feu doux. Incorporez dans la première casserole, les champignons préalablement hachés, remuez et laissez cuire à feu doux. **(A)**

2. Dans la seconde casserole, une fois les échalotes légèrement colorées, ajoutez la lotte entière. Salez, poivrez légèrement, faites-la colorer à petit feu, puis recouvrez-la du vin blanc. Laissez cuire cinq minutes à feu doux. **(B)**

3. Une fois cuite, retirez la lotte et réservez-la. Faites réduire le jus de cuisson de moitié et ajoutez la crème fraîche. Fouettez énergiquement, laissez cuire deux à trois minutes à feu doux. Pendant ce temps, faites cuire les tomates, préalablement écrasées et réduisez-les en purée. **(C)**

4. Dressez les champignons hachés sur le pourtour de votre plat. Disposez au centre la purée de tomate. Escalopez la lotte que vous déposez sur la préparation et rectifiez l'assaisonnement de votre sauce. Ajoutez un jaune d'œuf, le fromage râpé, fouettez énergiquement, nappez vos escalopes de lotte de cette sauce et faites gratiner au four chaud deux ou trois minutes. **(D)**

LES VINS OU LES BOISSONS

Un tokay d'Alsace

LOUP GRILLÉ AU BEURRE BLANC

INGRÉDIENTS POUR 4 PERSONNES

- 2 beaux loups de 600 à 700 g

Beurre blanc
- 2 échalotes
- 10 cl de vinaigre
- 10 cl de vin blanc sec
- 120 g de beurre
- 10 cl de crème liquide
- 5 cl d'huile
- Sel, poivre

10 min

15 min

LA RECETTE

1. Épluchez et hachez finement les échalotes. Déposez une noisette de beurre dans une casserole, faites légèrement revenir les échalotes sans leur laisser prendre de coloration. Versez le vinaigre, le vin blanc et portez à ébullition. **(A)**

2. Après évaporation totale du vinaigre, versez la crème liquide, salez légèrement, poivrez. Portez à ébullition. **(B)**

3. Dès que la crème atteint l'ébullition, incorporez progressivement le beurre bien ferme coupé en petits morceaux. Remuez sans arrêt jusqu'à épuisement du beurre ; portez une dernière fois à ébullition, rectifiez l'assaisonnement et réservez le beurre. **(C)**

4. Écaillez, videz et ébarbez les loups. Salez-les, poivrez-les, badigeonnez-les d'huile et faites-les griller cinq à six minutes de chaque côté en les retournant régulièrement. Dressez sur le plat de service accompagnés du beurre blanc. **(D)**

LES CONSEILS DU CHEF

Faites écailler et vider les loups par le poissonnier.

Faites bien réduire le vinaigre et le vin blanc sans toutefois laisser brûler les échalotes.

La partie délicate consiste à réaliser le beurre blanc : il importe d'incorporer le beurre lorsque celui-ci est bien froid et de fouetter sans arrêt afin de lier parfaitement votre sauce.

Accompagnez ce plat de passe-pierres ou d'algues.

VARIANTE

Vous pouvez introduire à l'intérieur du loup quelques petites branches de fenouil : cela donnera un petit parfum à la chair du poisson. Utilisez de préférence un gril double, ce qui permet de retourner le loup pendant la cuisson sans risquer de l'endommager.

LES VINS OU LES BOISSONS

Un chablis

A

B

C

D

MAQUEREAUX AU CITRON ET À LA CRÈME

INGRÉDIENTS POUR 4 PERSONNES

- 4 maquereaux
- 2 oignons
- 2 citrons
- 20 g de beurre
- 6 branches de persil
- 1 petit bouquet de ciboulette
- 20 cl de crème liquide
- Sel, poivre

20 min

30 min

LES CONSEILS DU CHEF

Faites bien revenir les oignons en leur donnant une légère coloration pour parfumer vos maquereaux.

Les amateurs pourront rajouter une gousse d'ail et une pincée de piment de Cayenne.

Une fois cuits, vous pourrez servir vos maquereaux accompagnés d'un riz à la créole.

Ajoutez une pincée de paprika à la crème fraîche pour rehausser encore plus le goût de votre plat.

LA RECETTE

1. Videz, retirez les ouïes, ébarbez soigneusement les maquereaux ; lavez-les, essuyez-les et réservez-les. Épluchez les oignons, coupez-les en fines rondelles. Faites fondre la moitié du beurre dans une poêle et faites revenir les oignons coupés en rondelles. Ajoutez la moitié du persil, salez légèrement, poivrez et réservez. **(A)**

2. Beurrez votre plat de cuisson, garnissez les maquereaux de la préparation précédente refroidie et déposez-les dans le plat. **(B)**

3. Parsemez sur vos maquereaux le reste du persil et de ciboulette hachés. Arrosez-les de jus de citron. **(C)**

4. Salez légèrement, poivrez, versez la crème liquide et faites cuire une vingtaine de minutes à four moyen et servez chaud. **(D)**

LES VINS OU LES BOISSONS

Un entre-deux-mers

A

B

C

D

MAQUEREAUX AU VIN BLANC

INGRÉDIENTS POUR 4 PERSONNES

- 4 beaux maquereaux
- 3 échalotes
- 2 carottes
- 2 gousses d'ail
- 3 cornichons
- 2 branches de persil
- 1 petit bouquet garni
- 1 cuillerée à soupe de moutarde
- 20 cl de vin blanc sec
- 5 cl d'huile d'olive
- Sel, poivre

LA RECETTE

1. Épluchez ail, échalotes et carottes. Cannelez les carottes, émincez finement l'ensemble. Hachez l'ail et le persil. Coupez les cornichons en fine julienne. Nettoyez, videz, ébarbez les maquereaux et essuyez-en l'intérieur. (A)

2. Dans une poêle contenant l'huile d'olive, faites revenir les échalotes sans leur laisser prendre de coloration. Ajoutez l'ail, les carottes émincées, laissez de nouveau revenir deux minutes. **(B)**

3. Versez le vin blanc et la moutarde délayée dans 15 cl d'eau. Salez légèrement, poivrez, puis ajoutez le bouquet garni. Portez à ébullition pendant cinq à six minutes. **(C)**

4. Déposez les maquereaux dans un plat allant au four. Nappez-les de la préparation précédente, ajoutez la julienne de cornichons, et parsemez de persil. Passez le plat quatre à cinq minutes au four et laissez refroidir avant de servir avec des pommes de terre vapeur. **(D)**

LES CONSEILS DU CHEF

Vous pouvez également demander à votre poissonnier de lever les filets de maquereaux et ainsi réaliser la même recette avec les filets ; dans ce cas, prévoyez un peu moins de bouillon.

Il vous est possible de consommer ce plat chaud ou froid ; en été, il convient parfaitement comme entrée froide.

25 min

15 min

LES VINS OU LES BOISSONS

Un gros-plant

A

B

C

D

MATELOTE D'ANGUILLES

INGRÉDIENTS POUR 4 PERSONNES

- 1 kg d'anguilles
- 1 carotte
- 1 poireau
- 1 oignon
- 3 gousses d'ail
- 1 bouquet garni
- 50 g de beurre
- 5 cl d'huile
- 1 litre de bordeaux
- 5 cl de cognac
- 100 g d'oignons grelots
- 2 tranches de pain de mie
- 200 g de champignons de Paris
- 1 cuillerée à soupe de sucre
- 1 cuillerée à soupe de farine
- Sel, poivre

30 min

55 min

LES CONSEILS DU CHEF

Utilisez de grosses anguilles pour cette recette ; la cuisson variera selon leur grosseur.

Si toutefois la sauce était trop liquide, rajoutez un peu de farine mélangée à une noisette de beurre pour lier votre sauce.

Ne laissez surtout pas brûler les champignons et les oignons dans le caramel.

LES VINS OU LES BOISSONS

Un saint-estèphe

A

B

C

D

LA RECETTE

1. Nettoyez et coupez en tronçons les anguilles. Épluchez oignon, ail et carotte. Coupez l'oignon, la carotte et le poireau en morceaux ; hachez finement l'ail. Déposez la moitié du beurre dans une cocotte et faites revenir à feu doux l'ensemble de la garniture, excepté l'ail. Ajoutez le bouquet garni. Une fois l'ensemble légèrement revenu, ajoutez les tronçons d'anguille. Laissez étuver à feu vif pendant dix minutes. **(A)**

2. Saupoudrez votre préparation de farine. Flambez au cognac, mélangez, puis versez le bordeaux. Ajoutez l'ail haché, salez légèrement et poivrez ; couvrez et laissez cuire une quinzaine de minutes à feu doux. **(B)**

3. Pendant la cuisson des anguilles, coupez le pied terreux des champignons, et lavez-les soigneusement. Faites blanchir les oignons grelots une dizaine de minutes. Mettez une noisette de beurre dans la poêle et ajoutez le sucre ; laissez caraméliser, puis ajoutez les oignons et les champignons, que vous laissez cuire à feu doux. Dans une autre poêle, faites revenir les tranches de pain de mie, que vous aurez coupées en petits croûtons, dans de l'huile chaude. **(C)**

4. Retirez les tronçons d'anguille de la sauce ; déposez-les dans une cocotte. Faites de nouveau bouillir la sauce une dizaine de minutes, puis passez-la au tamis sur les anguilles. Ajoutez champignons et petits oignons ; amenez une dernière fois à ébullition et servez bien chaud avec les croûtons de pain de mie. **(D)**

MARMITE DIEPPOISE

INGRÉDIENTS POUR 4 PERSONNES

- 1 litre de moules
- 2 rougets
- 2 petits saint-pierre
- 1 morceau de queue de lotte
- 1 morceau de congre
- 200 g de grosses crevettes
- 1 carotte
- 3 échalotes
- 1 oignon
- 40 cl de vin blanc sec
- 1 demi-cuillerée à café de poivre en grains
- 200 g de champignons de Paris
- 1 cuillerée à soupe de farine
- 3 gousses d'ail
- 4 clous de girofle
- 2 jaunes d'œufs
- 50 g de beurre
- 1 bouquet de persil
- 1 bouquet garni
- 10 cl de crème liquide
- Sel, poivre

LA RECETTE

1. Grattez et lavez les moules. Pelez et hachez les échalotes ; déposez-en la moitié dans une casserole, et faites légèrement revenir avec une noisette de beurre. Ajoutez 10 cl de vin blanc, un bouquet de persil, et versez-y les moules. Laissez-les ouvrir et décortiquez-les ; réservez le jus de cuisson, que vous passez au tamis fin. **(A)**

2. Levez l'ensemble des filets de poisson ; réservez-les ainsi que les arêtes et les têtes. Pour réaliser le fumet de poisson : dans une cocotte contenant la moitié du beurre restant, faites revenir les échalotes hachées, un oignon émincé, la carotte ; ajoutez le bouquet garni, les clous de girofle, le poivre en grains, puis versez l'ensemble des têtes et arêtes de poisson soigneusement lavées. Faites revenir le tout, mouillez avec le vin blanc et recouvrez avec de l'eau. Salez légèrement, poivrez, et laissez cuire dix minutes. Ajoutez le jus des moules. **(B)**

3. Coupez le pied terreux des champignons, lavez-les soigneusement et émincez-les ; faites-les revenir dans une marmite. Arrosez-les du fumet de poisson, que vous passez au tamis fin ; ajoutez l'ail haché. Délayez la farine avec un peu de beurre et liez votre préparation. **(C)**

4. Ajoutez à la préparation précédente l'ensemble des poissons : queue de lotte, saint-pierre, rouget, morceau de congre et crevettes. Versez la crème fraîche, rectifiez l'assaisonnement si nécessaire ; laissez frémir pendant quinze minutes pour pocher les poissons. En fin de cuisson, mettez les deux jaunes d'œufs dans une jatte et versez-y une partie du bouillon en fouettant énergiquement. Ajoutez la préparation aux œufs dans la marmite. Ajoutez les moules et faites réchauffer doucement pendant deux minutes. Dressez dans une soupière et servez votre marmite dieppoise bien chaude. **(D)**

LES CONSEILS DU CHEF

Demandez à votre poissonnier de lever vos filets de poisson et de vous réserver les arêtes pour réaliser votre fumet.

Conservez le jus de cuisson des moules pour parfumer la marmite dieppoise. Évitez de trop lier votre sauce avec la farine car les jaunes d'œufs l'épaissiront. Dès que ceux-ci auront été incorporés dans votre marmite, ne laissez plus bouillir la préparation.

LES VINS OU LES BOISSONS

Un pouilly-fuissé

1 h

50 min

A

B

C

D

MERLANS BERCY

INGRÉDIENTS POUR 4 PERSONNES

- 4 merlans portion
- 2 échalotes
- 1 bouquet garni
- 20 g de beurre
- 30 cl de vin blanc sec
- 1 citron
- 4 branches de persil
- Sel, poivre

5 min

20 min

LES CONSEILS DU CHEF

Il est important de bien nettoyer vos merlans et surtout de bien les essuyer.

N'omettez pas de laisser bouillir le vin blanc avec les échalotes quelques minutes afin d'en enlever toute l'acidité.

Les amateurs pourront rajouter en fin de cuisson des échalotes et du vin, la valeur de 10 cl de crème et une pointe d'ail haché.

LA RECETTE

1. Videz, ébarbez, nettoyez soigneusement les merlans, essuyez-les et réservez. Épluchez les échalotes, hachez-les et mettez-les à cuire avec le vin blanc ; ajoutez le bouquet garni et laissez cuire doucement pendant dix minutes. Salez, poivrez. **(A)**

2. Beurrez abondamment le fond du plat de cuisson. Pressez le jus du citron. **(B)**

3. Déposez les merlans côte à côte dans le plat de cuisson, salez-les légèrement et poivrez-les. **(C)**

4. Versez la cuisson d'échalotes au vin blanc sur les merlans. Ajoutez le jus du citron et terminez la cuisson pendant cinq à six minutes à four chaud. Servez accompagnés de pommes de terre à l'eau. Parsemez le tout de persil haché. **(D)**

LES VINS OU LES BOISSONS

Un sauvignon blanc

A

B

C

D

MORUE À L'AÏOLI

INGRÉDIENTS POUR 4 PERSONNES

- 600 g de filet de morue demi-sel
- 4 œufs
- 1 bouquet garni
- 1 oignon
- 1 demi-cuillerée à café de poivre en grains

Légumes
- 250 g de carottes
- 2 navets
- 2 courgettes
- 3 morceaux de poivrons rouge, vert et jaune
- 500 g de pommes de terre
- 300 g de haricots verts

Sauce aïoli
- 5 gousses d'ail
- 1 cuillerée à soupe de moutarde
- 20 cl d'huile d'olive
- 2 jaunes d'œufs
- Le jus d'un citron
- Sel, poivre

LA RECETTE

1. Faites dessaler la morue la veille à l'eau froide, en changeant l'eau de temps en temps. Épluchez l'ensemble des légumes et coupez-les en petits bâtonnets ; réservez-les. **(A)**

2. Dans différentes casseroles contenant de l'eau légèrement salée, portez à ébullition et faites cuire l'ensemble des légumes séparément (vingt-cinq minutes) en les conservant légèrement croquants. **(B)**

3. Préparez un court-bouillon avec un litre d'eau ; ajoutez bouquet garni, oignons, poivre en grains et laissez frémir dix minutes. Faites pocher pendant quatre à cinq minutes la morue préalablement dessalée. Une fois cuite, égouttez-la et réservez-la. Faites cuire également quatre œufs durs. **(C)**

4. Déposez la moutarde dans un saladier, ajoutez les deux jaunes d'œufs. Salez, poivrez puis incorporez progressivement en fouettant sans cesse l'huile d'olive jusqu'à obtention d'une mayonnaise bien épaisse. Ajoutez-y le jus d'un citron et les gousses d'ail hachées. Dressez l'ensemble des légumes au fond d'un plat, déposez les filets de morue, les œufs durs et accompagnez la préparation de votre sauce aïoli. **(D)**

LES CONSEILS DU CHEF

N'oubliez pas de dessaler la morue avant de la faire cuire.

Il importe de cuire séparément les légumes pour que les parfums ne se mélangent pas.

Selon vos goûts, vous pouvez supprimer la moutarde dans la sauce aïoli.

1 h

40 min

24 h

LES VINS OU LES BOISSONS

Un tavel

A

B

C

D

MULET AUX CŒURS DE FENOUIL

INGRÉDIENTS POUR 4 PERSONNES

- 1 mulet (1 kg environ)
- 1 oignon
- 3 tomates
- 1 gousse d'ail
- 1 bouquet garni
- 1 citron
- 1 kg de gros cœurs de fenouil
- 1 cuillerée à soupe de concentré de tomate
- 5 cl d'huile
- 1 noisette de beurre
- Sel, poivre

20 min

1 h

LES CONSEILS DU CHEF

Vous pouvez également réaliser cette recette en utilisant uniquement les filets du mulet ; la cuisson sera beaucoup plus courte.

N'omettez pas d'arroser le mulet en cours de cuisson.

Si votre sauce est trop épaisse, rajoutez un peu d'eau ou de vin blanc.

Conservez les cœurs de fenouil légèrement al dente, pour en terminer la cuisson au four.

Vous pouvez passer sous le gril en fin de cuisson pour bien colorer le mulet et les légumes.

LES VINS OU LES BOISSONS

Un sancerre rosé

LA RECETTE

1. Ôtez les feuilles abîmées ou jaunes des cœurs de fenouil. Coupez-les en deux et faites-les pocher trente minutes dans de l'eau bouillante salée. Une fois cuits, égouttez-les et réservez. Épluchez et hachez finement l'oignon ; coupez les tomates en deux, épépinez-les et concassez-les. Dans une casserole, versez l'huile et faites revenir les oignons. Une fois qu'ils sont légèrement colorés, ajoutez les tomates concassées et laissez mijoter quelques minutes à découvert. **(A)**

2. Incorporez le bouquet garni, salez légèrement, poivrez, ajoutez l'ail haché et laissez cuire dix minutes. Nettoyez soigneusement le mulet, écaillez-le, videz-le et ébarbez-le ; frottez-le avec le citron, puis réservez. **(B)**

3. Beurrez légèrement le plat de cuisson, déposez le mulet dans le plat et entourez-le des cœurs de fenouil. Une fois cuite, mixez les tomates concassées, ajoutez la cuillerée à soupe de concentré. Rectifiez l'assaisonnement si nécessaire. **(C)**

4. Nappez le mulet de la sauce tomate, ajoutez un peu d'eau si elle est trop épaisse. Couvrez d'un papier aluminium et faites cuire une vingtaine de minutes à four moyen. Arrosez régulièrement le mulet de sauce tomate au cours de la cuisson. **(D)**

A

B

C

D

PAPILLOTES DE MAQUEREAUX AUX ANCHOIS

INGRÉDIENTS POUR 4 PERSONNES

- 8 petits maquereaux
- 40 g d'anchois
- 1 morceau de baguette de pain
- 100 g de champignons de Paris
- 2 œufs
- 1 oignon
- 1 branche de thym
- 1 feuille de laurier
- 2 branches de persil
- 5 cl d'huile
- 20 g de beurre
- 1 demi-verre de crème liquide
- 1 pincée de piment de Cayenne
- Sel

25 min

15 min

LA RECETTE

1. Retirez les ouïes des maquereaux, videz-les, et ébarbez-les ; lavez-les, essuyez-les soigneusement, puis réservez. Coupez le pied terreux des champignons, lavez-les soigneusement et émincez-les ; faites-les revenir dans une poêle contenant l'huile. Laissez-leur prendre une très légère coloration. **(A)**

2. Épluchez l'oignon, hachez-le finement ainsi que le persil. Faites tremper le pain avec la crème dans une jatte, puis malaxez-le. Ajoutez l'oignon, le persil, le piment de Cayenne, le thym effeuillé et la feuille de laurier finement hachée. Mélangez l'ensemble, puis ajoutez deux jaunes d'œufs. **(B)**

3. Salez légèrement la préparation, et incorporez les filets d'anchois finement écrasés. Ajoutez les champignons de Paris refroidis, et remuez énergiquement l'ensemble. Garnissez les petits maquereaux de cette préparation. **(C)**

4. Pliez une feuille de papier aluminium, déposez au centre deux petits maquereaux, salez-les légèrement, et ajoutez une noisette de beurre. Refermez votre papillote et faites cuire une dizaine de minutes à four chaud avant de servir. **(D)**

LES CONSEILS DU CHEF

Vous pouvez également utiliser des maquereaux portion pour cette recette ; il faudra toutefois les laisser cuire quelques minutes de plus.

L'important est d'utiliser des poissons bien frais.

Les amateurs rajouteront une pointe d'ail haché dans la farce.

Incorporez les champignons à la farce lorsque ceux-ci auront rendu leur eau.

LES VINS OU LES BOISSONS

Un bandol rosé

A

B

C

D

PAPILLOTES DE SARDINES MARINÉES

INGRÉDIENTS POUR 4 PERSONNES

- 12 sardines fraîches
- 1 petite branche d'estragon
- 2 branches de persil
- 2 feuilles de laurier
- 3 échalotes
- 2 gousses d'ail
- 1 demi-cuillerée à café de paprika
- 1 citron
- 1 cuillerée à soupe de sauce soja
- 10 cl d'huile
- Sel, poivre

20 min

20 min

3 h

LES CONSEILS DU CHEF

Utilisez des sardines bien fraîches pour cette préparation.

Les amateurs pourront rajouter une noisette de beurre avant de refermer la papillote et saupoudrer une pincée de piment de Cayenne.

Vous pouvez servir ce plat accompagné de pommes de terre en robe des champs.

LA RECETTE

1. Écaillez, videz, et ébarbez soigneusement les sardines ; lavez-les, essuyez-les, et réservez. Épluchez et hachez finement l'ail, les échalotes ; hachez également le persil, l'estragon et le laurier. **(A)**

2. Versez dans une terrine l'ail et l'échalote ; ajoutez le jus du citron, la sauce soja, le paprika ainsi que l'ensemble des herbes hachées. **(B)**

3. Salez, poivrez la préparation, ajoutez l'huile, puis incorporez les sardines. Mélangez et laissez macérer au moins trois heures. **(C)**

4. Pliez une feuille de papier aluminium en deux, puis disposez au centre trois sardines ; recouvrez d'une cuillerée de marinade. Refermez votre papillote, et faites cuire douze minutes au four à 240 °C. Servez aussitôt avec du pain grillé et du beurre frais. **(D)**

LES VINS OU LES BOISSONS

Un bordeaux blanc

A

B

C

D

POT-AU-FEU DE LA MER

INGRÉDIENTS POUR 4 À 6 PERSONNES

- 400 à 500 g de congre
- 400 à 500 g de lieu
- 2 branches de céleri
- 5 pommes de terre
- 3 carottes
- 2 poireaux
- 2 navets
- 1 bouquet garni
- 3 g de safran
- 1 demi-cuillerée à café de poivre en grains
- 2 clous de girofle
- 20 cl de vin blanc
- Sel

LA RECETTE

1. Écaillez soigneusement le lieu, lavez-le et coupez-le en darnes ; tronçonnez également le congre. Épluchez les pommes de terre ; coupez le céleri en bâtonnets ainsi que les navets, les carottes et les poireaux. Réservez l'ensemble. **(A)**

2. Portez une marmite d'eau légèrement salée à ébullition. Ajoutez le vin blanc. Incorporez le poivre en grains, les clous de girofle, le bouquet garni, et laissez bouillir l'ensemble quelques minutes. Ajoutez les carottes, les navets et les poireaux. Laissez cuire une quinzaine de minutes, puis ajoutez le céleri et les pommes de terre. **(B)**

3. Incorporez le safran, et rectifiez l'assaisonnement si nécessaire. **(C)**

4. Après dix minutes de cuisson, plongez vos darnes de poisson dans la préparation ; portez une dernière fois à ébullition pendant cinq à six minutes. Égouttez les darnes de poisson, mettez-les dans un plat creux avec les légumes, et servez bien chaud. **(D)**

LES CONSEILS DU CHEF

Faites cuire les légumes en fonction de leur temps de cuisson respectif ; ils doivent être cuits à point.

Les amateurs rajouteront un peu de chou dans cette préparation, ou encore une petite pointe d'ail en milieu de cuisson du pot-au-feu.

L'important est de cuire le poisson à la dernière minute pour en conserver la chair ferme.

N'omettez pas de retirer le bouquet garni du pot-au-feu avant de servir.

40 min

30 min

VARIANTE

Pour réaliser ce pot-au-feu de la mer, vous pouvez prendre une daurade, quatre grondins et un morceau de cabillaud, et garnir le plat de moules dont vous aurez retiré la coquille.

LES VINS OU LES BOISSONS

Un sylvaner

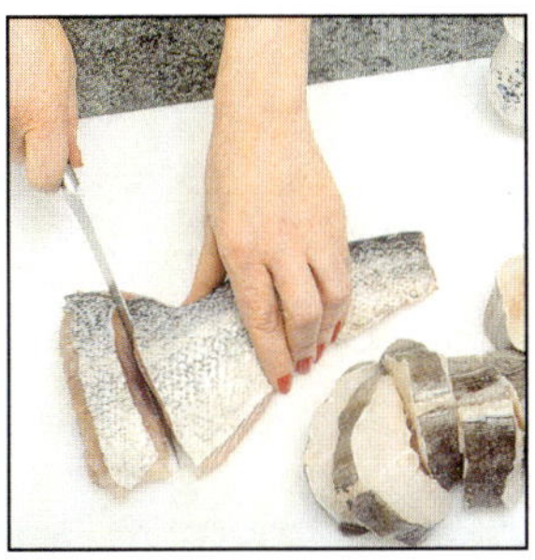

A

B

C

D

RAIE AU BEURRE NOIR

INGRÉDIENTS POUR 4 PERSONNES

- 700 à 800 g d'aile de raie

Court-bouillon
- 1 oignon
- 1 carotte
- 1 bouquet garni
- 1 demi-cuillerée à café de poivre en grains
- 3 clous de girofle
- 1 demi-citron
- 1 verre de lait
- Sel

Beurre noir
- 100 g de beurre
- 15 cl de vinaigre de vin
- 4 cuillerées à soupe de câpres
- 2 branches de persil
- 4 tranches de pain de mie
- Sel, poivre

20 min

25 min

LES CONSEILS DU CHEF

Faites cuire les raies dans le court-bouillon avec le lait : ainsi, vous conserverez vos raies blanches.

Ne laissez pas trop brûler le beurre, donnez-lui juste un aspect noisette.

Accompagnez ce plat de pommes de terre à l'anglaise.

LES VINS OU LES BOISSONS

Un pouilly-fumé

LA RECETTE

1. Préparez un court-bouillon avec un litre d'eau. Ajoutez le bouquet garni, l'oignon et la carotte émincés, le poivre en grains, les clous de girofle, le jus d'un demi-citron, salez et versez le lait. Portez le tout à ébullition. **(A)**

2. Nettoyez soigneusement votre raie et retirez-en la peau noire. Faites-la pocher dans le court-bouillon durant cinq minutes ; retirez la casserole du feu tout en y laissant la raie pendant dix minutes. **(B)**

3. Une fois cuite, sortez-la délicatement du récipient à l'aide d'une écumoire ; déposez les morceaux de raie dans un plat préalablement beurré. Faites fondre le beurre dans une casserole, remuez-le sans cesse jusqu'à ce qu'il prenne une couleur noisette. Versez les 15 cl de vinaigre de vin, laissez réduire trente secondes, puis ajoutez les câpres. **(C)**

4. Salez légèrement et poivrez la préparation précédente. Nappez les morceaux de raie avec le beurre noisette aux câpres. Parsemez de petits croûtons de pain frit et terminez la cuisson à four moyen pendant une dizaine de minutes. Parsemez de persil haché avant de servir. **(D)**

A

B

C

D

ROUGETS AU FENOUIL

INGRÉDIENTS POUR 4 PERSONNES

- 4 beaux rougets
- 2 bulbes de fenouil
- 2 courgettes
- 2 tomates
- 1 cuillerée à soupe de graines de fenouil
- 2 citrons
- 8 cl d'huile d'olive
- 15 cl de vin blanc
- Sel, poivre

LA RECETTE

1. Cannelez les courgettes, émincez-les et coupez les tomates en fines tranches ; coupez les bulbes de fenouil en fines tranches d'environ 1 cm d'épaisseur. **(A)**

2. Sur la plaque de votre gril, faites légèrement griller vos bulbes de fenouil tranchés. **(B)**

3. Nettoyez, écaillez soigneusement et videz les rougets ; salez, poivrez et saupoudrez-les de graines de fenouil ; disposez sur vos poissons une rondelle de courgette intercalée de rondelles de tomate. Déposez les rougets sur les bulbes de fenouil tranchés et préalablement arrosés de jus de citron. **(C)**

4. Versez maintenant l'huile d'olive sur chaque rouget, ajoutez le vin blanc et faites cuire une quinzaine de minutes à four moyen. Retirez les rougets, terminez la cuisson des bulbes de fenouil au four, déposez les rougets sur le fenouil et servez bien chaud. **(D)**

LES CONSEILS DU CHEF

Cette recette peut être préparée avec des daurades royales.

Il importe de trancher assez finement les bulbes de fenouil pour permettre une cuisson rapide au four.

Conservez votre fenouil légèrement croquant, il n'en sera que meilleur.

Pour les amateurs, saupoudrez un peu d'herbes de Provence et une pincée de piment de Cayenne.

20 min

30 min

LES VINS OU LES BOISSONS

Un bandol rosé

A

B

C

D

ROUGETS AUX POIS GOURMANDS

INGRÉDIENTS POUR 4 PERSONNES

- 4 rougets
- 8 gambas
- 600 g de pois gourmands
- 2 citrons
- 1 bouquet d'aneth
- 4 cuillerées à soupe d'huile d'olive
- 1 pincée de piment de Cayenne
- Sel

LES CONSEILS DU CHEF

Vous pouvez faire mariner les poissons la veille : ils n'en seront que meilleurs.

VARIANTE

Faute de pois gourmands, vous pouvez réaliser cette recette avec des haricots verts.

20 min

10 min

4 h

LES VINS OU LES BOISSONS

Un muscadet

LA RECETTE

1. Nettoyez l'aneth, ciselez-le, puis déposez dans un saladier ; ajoutez le jus des citrons, l'huile d'olive et une pincée de piment de Cayenne. Salez légèrement, mélangez et réservez. Levez soigneusement les filets de rouget, et retirez les arêtes. **(A)**

2. Déposez les filets de rouget dans la marinade, remuez délicatement. Décortiquez les gambas et mettez-les également à macérer au moins trois ou quatre heures. **(B)**

3. Portez une casserole d'eau salée à ébullition. Équeutez les pois gourmands et faites-les pocher trois à quatre minutes en les conservant légèrement croquants. **(C)**

4. Au moment de servir, déposez les pois gourmands sur le plat de service. Dans une poêle adhésive, faites cuire à sec pendant deux minutes de chaque côté l'ensemble des rougets et des queues de gambas. Nappez-les de la marinade et servez. **(D)**

A

B

C

D

ROUSSETTE À LA MEUNIÈRE

INGRÉDIENTS POUR 4 PERSONNES

- 800 g de roussette
- 200 g de poitrine de porc fumée
- 4 échalotes
- 1 bouquet de persil
- 3 gousses d'ail
- 3 cuillerées à soupe d'huile d'olive
- 20 g de beurre
- Farine
- Sel, poivre

LA RECETTE

1. Plongez les roussettes dans une casserole d'eau salée portée à ébullition. Puis grattez-les pour en éliminer la peau sablonneuse. Lavez-les soigneusement et coupez-les. Épluchez l'ail et le persil, hachez-les finement. **(A)**

2. Épluchez et hachez les échalotes. Coupez la poitrine de porc en petits dés que vous faites revenir dans une poêle contenant une cuillerée à soupe d'huile. Une fois les dés légèrement dorés, réservez. **(B)**

3. Versez le reste de l'huile dans la poêle. Salez, poivrez les morceaux de roussette et farinez-les. Faites-les revenir dans l'huile bien chaude. Une fois cuits, égouttez-les. **(C)**

4. Déposez le beurre dans une poêle, ajoutez l'ail, le persil et les échalotes ; faites revenir l'ensemble. Ajoutez maintenant les morceaux de roussette et les petits lardons. Laissez étuver le tout deux à trois minutes avant de dresser sur le plat de service et de servir bien chaud. **(D)**

LES CONSEILS DU CHEF

Saisissez les morceaux de roussettes afin qu'ils soient croustillants.

Ne laissez pas l'ail, le persil et les échalotes prendre de coloration.

Vous pouvez aussi, en fin de cuisson, rajouter le jus d'un citron sur la préparation.

Accompagnez ce plat de légumes verts, d'épinards ou d'une purée de céleri.

25 min

15 min

LES VINS OU LES BOISSONS

Un bourgogne rosé

A

B

C

D

SAINT-PIERRE AU COULIS DE TOMATES

INGRÉDIENTS POUR 4 PERSONNES

- 1 saint-pierre de 1,2 kg environ
- 2 échalotes
- 2 gousses d'ail
- 4 belles tomates
- 1 petit bouquet garni
- 10 cl de vin blanc
- 1 cuillerée à soupe de concentré de tomate
- 1 cube de fumet de poisson
- 20 g de beurre
- 1 petit bouquet de ciboulette
- Sel, poivre

20 min

25 min

LES CONSEILS DU CHEF

Demandez à votre poissonnier de vous lever les filets, cela vous facilitera la tâche.

Prenez des tomates bien mûres pour réaliser cette recette.

Ne laissez pas brûler les échalotes avant d'incorporer les tomates concassées.

VARIANTE

Vous pouvez réaliser cette recette avec des moules en confectionnant un coulis de moules, c'est-à-dire en liant légèrement le jus avec un peu de crème fraîche.

LES VINS OU LES BOISSONS

Un entre-deux-mers

LA RECETTE

1. Épluchez les échalotes et l'ail ; hachez-les finement. Épluchez les tomates, coupez-les en deux, épépinez-les et concassez-les. Levez maintenant les filets de votre poisson et retirez-en la peau. **(A)**

2. Dans une poêle contenant le beurre, faites revenir à feu doux les échalotes hachées sans leur laisser prendre de coloration, puis ajoutez les tomates concassées. **(B)**

3. Ajoutez l'ail haché, puis versez le vin blanc. Délayez le cube de fumet de poisson dans 10 cl d'eau, et versez sur le mélange. Salez, poivrez, ajoutez le bouquet garni et portez à ébullition pendant deux à trois minutes. **(C)**

4. Ajoutez les filets de saint-pierre, couvrez-les de tomates et laissez cuire cinq petites minutes à feu doux. Une fois cuits, retirez les filets de poisson et réservez. Ajoutez le concentré de tomate, remuez et terminez la cuisson pendant trois à quatre minutes avant de passer l'ensemble au mixeur. Portez une dernière fois à ébullition. Tapissez un grand plat de service avec le coulis de tomate ; déposez les filets et servez ce mets bien chaud recouvert d'un peu de ciboulette hachée. **(D)**

A

B

C

D

SAINT-PIERRE AUX TRUFFES

INGRÉDIENTS POUR 4 PERSONNES

- 1 saint-pierre de 1,2 kg environ
- 2 échalotes
- 100 g de champignons de Paris
- 20 g de beurre
- 1 cube de fumet de poisson
- 20 cl de vin blanc
- 20 cl de crème liquide
- 2 truffes en conserve
- Sel, poivre

20 min

20 min

LA RECETTE

1. Levez les filets du saint-pierre et retirez-en la peau. Épluchez les échalotes, hachez-les finement ; hachez les truffes. Lavez soigneusement les champignons ; une fois leur pied terreux retiré, hachez les champignons. Faites revenir les échalotes dans une poêle contenant du beurre, puis ajoutez les champignons hachés. Versez le jus des truffes et portez à ébullition. **(A)**

2. Ajoutez le vin blanc, déposez les filets de saint-pierre. Salez légèrement, poivrez, portez à ébullition, puis versez le cube de fumet de poisson délayé dans 10 cl d'eau. Laissez cuire une dizaine de minutes. **(B)**

3. Égouttez les filets de saint-pierre, et déposez-les sur le plat de service. Laissez réduire à feu doux le jus de cuisson. Déposez une casserole sur le feu, versez la crème, portez à ébullition. Ajoutez les truffes hachées et laissez cuire deux minutes. **(C)**

4. Passez maintenant le jus de cuisson des filets de saint-pierre au tamis fin sur la crème de truffes. Portez à ébullition, rectifiez l'assaisonnement si nécessaire. Dès que la sauce atteint une bonne consistance, nappez les filets de saint-pierre et servez ce plat bien chaud. **(D)**

LES CONSEILS DU CHEF

Faites lever les filets du saint-pierre par votre poissonnier.

Attention, ne laissez pas brûler les échalotes lorsque vous allez les faire revenir avec les champignons.

Évitez de trop réduire votre sauce : elle ne doit pas être trop épaisse.

Accompagnez ce plat de petites pommes de terre cuites à la vapeur.

LES VINS OU LES BOISSONS

Un corton-charlemagne

A

B

C

D

SARDINES GRILLÉES PANÉES

INGRÉDIENTS POUR 4 PERSONNES

- 8 sardines
- 3 branches de persil
- 3 gousses d'ail
- 3 échalotes
- 10 cl de vinaigre
- 15 cl d'huile
- 3 cuillerées à soupe de farine
- 2 œufs
- 5 cuillerées à soupe de chapelure
- Sel, poivre

20 min

5 min

LES CONSEILS DU CHEF

Préparez votre sauce la veille et réservez-la au réfrigérateur ; elle se conservera très bien.

Les amateurs peuvent rajouter un peu de ciboulette et d'aneth hachés dans cette vinaigrette.

N'omettez pas de saler et de poivrer les œufs avant de les battre pour paner vos sardines.

Faites cuire les sardines très brièvement sinon elles brûleraient.

LA RECETTE

1. Écaillez, videz, ébarbez, et lavez soigneusement les sardines et essuyez-les. Cassez les œufs dans une assiette, salez légèrement, poivrez, puis battez-les en omelette. Roulez les sardines successivement dans la farine, dans l'œuf battu, puis terminez dans la chapelure ; réservez-les. **(A)**

2. Dans une poêle contenant l'huile chaude mais non bouillante, faites saisir vos sardines ; laissez cuire deux à trois minutes de chaque côté et dressez sur votre plat de service. **(B)**

3. Épluchez et hachez finement l'ail et l'échalote ainsi que le persil. **(C)**

4. Versez ail, échalote et persil dans un bol, puis incorporez le vinaigre et l'huile ; salez légèrement et poivrez. Servez les sardines bien chaudes accompagnées de cette sauce. **(D)**

LES VINS OU LES BOISSONS

Un rosé de Touraine

A

B

C

D

SAUMON À LA SAUCE AUX ANCHOIS

INGRÉDIENTS POUR 4 PERSONNES

- 4 filets de saumon (800 g environ)
- 10 cl d'huile d'olive
- 1 pincée de gros sel
- Sel , poivre

Sauce

- 2 échalotes
- 1 noisette de beurre
- 10 cl de vin blanc sec
- 1 citron
- 3 jaunes d'œufs
- 150 g de beurre
- 1 cuillerée à café de moutarde
- 6 filets d'anchois à l'huile
- 10 cl de crème liquide

LA RECETTE

1. Épluchez, hachez finement les échalotes, faites-les revenir dans une casserole avec la noisette de beurre. Versez le vin blanc, portez à ébullition et laissez réduire de moitié. Ajoutez les jaunes d'œufs, déposez la casserole au bain-marie, ajoutez le jus du citron, émulsionnez trois à quatre minutes les jaunes. À l'aide d'une fourchette, écrasez bien les filets d'anchois. **(A)**

2. Faites fondre le beurre. Lorsqu'il est bien chaud, incorporez-le progressivement aux jaunes d'œufs comme pour une mayonnaise ; émulsionnez énergiquement l'ensemble et poivrez. **(B)**

3. Ajoutez la crème fraîche tiédie, les filets d'anchois, la moutarde, remuez énergiquement et réservez votre sauce. **(C)**

4. Poivrez légèrement les filets de saumon et faites-les cuire du côté de la peau avec l'huile d'olive sans les retourner ; faites cuire à feu doux. Dressez les filets de saumon sur le plat de service, nappez de sauce et servez bien chaud accompagnés de petits légumes et d'une pointe de gros sel. **(D)**

LES CONSEILS DU CHEF

Pour bien réussir la sauce, démarrez-la au bain-marie et émulsionnez bien les jaunes avant d'incorporer le beurre chaud hors du feu.

Il importe de cuire le saumon d'un seul côté, celui avec la peau.

Ne salez pas la sauce, les filets d'anchois s'en chargeront.

20 min

20 min

LES VINS OU LES BOISSONS

Un côtes-du-Jura

A

B

C

D

SAUMON EN CROÛTE

INGRÉDIENTS POUR 6 PERSONNES

- 1 filet de saumon (600 g environ)
- 400 g de pâte feuilletée
- 3 échalotes
- 60 g de beurre
- 2 cuillerées à soupe de farine
- 50 cl de lait
- 350 g de champignons de Paris
- 4 œufs
- 2 gousses d'ail
- 1 cuillerée à soupe de sauce Worcester
- Sel, poivre

35 min

35 min

LES CONSEILS DU CHEF

Vous pouvez également utiliser des bandes de pâte feuilletée et le servir en pâté individuel.

L'opération consiste surtout à ce que la béchamel soit très épaisse pour permettre une bonne tenue à votre tourte.

Laissez bien évaporer l'eau de cuisson des champignons avant de les incorporer à la béchamel.

Les amateurs pourront rajouter un jus de citron dans la marinade du saumon.

LA RECETTE

1. Épluchez et hachez finement les échalotes. Déposez une casserole sur le feu, incorporez la moitié du beurre et faites revenir la moitié des échalotes à feu doux. Dès que vos échalotes obtiennent une belle coloration, incorporez la farine et confectionnez un roux que vous laissez cuire deux minutes à feu doux. **(A)**

2. Dans une autre casserole, ajoutez le beurre, le reste des échalotes puis incorporez les champignons soigneusement lavés et émincés. Laissez revenir l'ensemble. Préparez une béchamel : versez le lait froid sur le roux chaud en fouettant énergiquement pour éliminer l'ensemble des grumeaux. Faites cuire trois œufs durs. **(B)**

3. Coupez le filet de saumon en escalopes, déposez-le dans un saladier, ajoutez l'ail haché, salez légèrement, poivrez, arrosez de sauce Worcester et laissez mariner une petite heure au réfrigérateur. Versez dans la béchamel épaisse les champignons, soigneusement revenus et débarrassés de leur eau de cuisson, ajoutez les œufs durs préalablement hachés, salez, poivrez, mélangez l'ensemble et laissez refroidir totalement. **(C)**

4. Tapissez une tourtière avec la moitié de la pâte feuilletée, piquez légèrement la pâte. Déposez au fond une couche épaisse de béchamel froide, recouvrez d'une couche de filet de saumon et renouvelez l'opération jusqu'à épuisement des ingrédients. Recouvrez la tourte de pâte feuilletée, badigeonnez à l'œuf battu et faites cuire une demi-heure à four chaud avant de démouler et de servir le saumon en croûte. **(D)**

A

B

C

D

LES VINS OU LES BOISSONS

Un muscadet-sur-lie

SOLE GRILLÉE AU BEURRE D'ANCHOIS

INGRÉDIENTS POUR 4 PERSONNES

- 2 grosses soles à filet
- 2 échalotes
- 8 filets d'anchois
- 120 g de beurre
- 20 cl de vin blanc sec
- 2 citrons
- 10 cl de crème liquide
- Sel, poivre

15 min

20 min

LA RECETTE

1. Retirez la peau noire des soles, et écaillez la peau blanche. Ébarbez, videz, lavez et essuyez vos soles ; réservez. Déposez une noisette de beurre dans une casserole, faites revenir sans leur laisser prendre de coloration les échalotes finement hachées. Incorporez les filets d'anchois, que vous aurez hachés finement. **(A)**

2. Laissez revenir l'ensemble à feu doux, puis ajoutez le jus d'un citron et les 20 cl de vin blanc sec. Laissez réduire de moitié la préparation. **(B)**

3. Ajoutez la crème fraîche, portez à ébullition, poivrez légèrement, puis incorporez le beurre froid coupé en petits morceaux. Fouettez jusqu'à la fonte complète du beurre, et amenez à ébullition. Passez la sauce au tamis fin, et réservez. **(C)**

4. Salez et poivrez légèrement vos soles ; badigeonnez-les à l'huile et faites-les griller sur votre barbecue. Servez-les accompagnées du beurre d'anchois et de pommes de terre pochées à l'anglaise. **(D)**

LES CONSEILS DU CHEF

Ne salez pas trop les soles et en aucun cas le beurre d'anchois.

Vous pouvez garnir vos soles grillées de petits filets d'anchois.

Surveillez bien vos soles sur le barbecue : elles ne doivent pas sécher.

Accompagnez vos poissons de demi-citrons.

LES VINS OU LES BOISSONS

Un pouilly-fumé

A

B

C

D

SOLE À LA NORMANDE

INGRÉDIENTS POUR 4 PERSONNES

- 2 grosses soles à filet
- 150 g de champignons de Paris
- 2 échalotes
- 1 petit bouquet garni
- 1 citron
- 1 cube de fumet de poisson
- 30 cl de vin blanc sec
- 150 g de crevettes grises
- 5 cl de calvados
- 20 g de beurre
- 20 cl de crème fraîche liquide
- 1 jaune d'œuf
- Sel, poivre

30 min

25 min

LES CONSEILS DU CHEF

Pour faciliter votre travail, demandez à votre poissonnier de vous lever les filets de sole et pensez à récupérer les arêtes pour confectionner votre fumet. Vous pouvez faire de même si vous achetez des soles portion.

Attention, une fois le jaune d'œuf incorporé, ne laissez plus bouillir votre sauce.

Vous pouvez accompagner ce plat de petits légumes pochés ou d'un riz à la créole.

Dans votre sauce aux crevettes grises, vous pouvez ajouter quelques moules dont vous aurez retiré la coque.

LA RECETTE

1. Levez les filets de vos soles et réservez-les. Épluchez les échalotes, hachez-les finement. Faites revenir la moitié des échalotes dans une casserole contenant 10 g de beurre ; laissez étuver. Réalisez un fumet en y incorporant les arêtes de la sole et le bouquet garni. Versez le vin blanc, le cube de fumet de poisson délayé dans 30 cl d'eau. Salez légèrement, poivrez et laissez cuire à couvert votre fumet de sole pendant environ dix minutes. **(A)**

2. Beurrez un plat allant au four, roulez les filets de sole et déposez-les sur ce plat. Saupoudrez-les du reste d'échalotes hachées ainsi que des champignons soigneusement lavés et émincés. Passez le fumet de sole au tamis fin sur les filets et faites cuire pendant dix minutes au four. **(B)**

3. Versez le jus de cuisson des filets de sole dans une casserole. Recouvrez les filets avec un papier sulfurisé beurré et réservez. Faites réduire de moitié le fumet. Ajoutez le jus d'un demi-citron et les 5 cl de calvados. **(C)**

4. Passez la sauce au tamis fin, ajoutez la crème fraîche, puis le jaune d'œuf et fouettez énergiquement. Incorporez les queues de crevettes et portez à ébullition. Nappez les filets de sole de cette préparation. Passez trente secondes sous le gril de votre four et servez ce plat bien chaud, décoré de quelques rondelles de citron. **(D)**

A

B

C

D

LES VINS OU LES BOISSONS

Un muscadet-sur-lie

SOLE MEUNIÈRE

INGRÉDIENTS POUR 3 PERSONNES

- 3 soles portion
- 60 g de beurre
- 5 cl d'huile
- 2 cuillerées à soupe de farine
- 1 citron
- Sel, poivre

LA RECETTE

1. Lavez soigneusement les soles, retirez la peau marron, écaillez la peau blanche, videz-les, ébarbez-les ; séchez-les correctement sur un papier absorbant, salez-les et poivrez-les. **(A)**

2. Passez les soles dans la farine et tapotez-les afin d'extraire le surplus de farine. **(B)**

3. Dans une poêle contenant l'huile et une noisette de beurre, faites cuire les soles en les retournant de temps à autre (trois à quatre minutes de chaque côté). **(C)**

4. Une fois cuites, dressez les soles sur le plat de service, débarrassez la poêle de la graisse de cuisson, faites fondre le reste du beurre, laissez-le légèrement mousser, incorporez le jus d'un citron, nappez les soles de ce beurre fondu au citron et servez bien chaud. **(D)**

LES CONSEILS DU CHEF

Séchez bien les soles avant de les enfariner.

Il est important de saisir les soles dans la matière grasse de cuisson afin qu'elles ne collent pas à la poêle, vous pouvez terminer leur cuisson au four si vous le souhaitez.

N'omettez pas de débarrasser la poêle de la graisse de cuisson et de faire fondre votre beurre dans une poêle propre ; laissez-le juste mousser avant de mettre le jus de citron.

Accompagnez vos soles de pommes de terre à l'anglaise, par exemple.

Prévoyez pour la garniture des rondelle de citron et du persil haché.

5 min

15 min

LES VINS OU LES BOISSONS

Un chablis ou un sancerre blanc

A

B

C

D

SOLE GRENOBLOISE

INGRÉDIENTS POUR 4 PERSONNES

- 4 soles
- 2 citrons
- 4 cuillerées à soupe de câpres
- 6 tranches de pain de mie
- 3 branches de persil
- Farine
- 60 g de beurre
- 8 cl d'huile
- Sel, poivre

15 min

15 min

LES CONSEILS DU CHEF

N'omettez pas de retirer la peau des soles et de bien les fariner : elles seront beaucoup plus colorées et plus croustillantes.

Attention, ne laissez pas brûler les croûtons, à feu trop vif.

Il est préférable d'épépiner les citrons.

LA RECETTE

1. Coupez les bords des tranches de pain de mie et taillez-les en petits dés. Épluchez les citrons, coupez-les en rondelles et taillez la chair en petits dés. **(A)**

2. Retirez la peau marron des soles, écaillez la peau blanche, ébarbez les soles. Salez, poivrez et roulez-les dans la farine. Déposez une poêle sur le feu, versez l'huile, une noisette de beurre et faites frire vos soles. Donnez-leur une belle coloration. **(B)**

3. Réservez les soles sur le plat de service, jetez la graisse de cuisson des soles. Déposez le beurre, incorporez les petits croûtons et faites-les dorer en remuant sans cesse. Ajoutez les petits dés de citron, puis mélangez énergiquement le tout. **(C)**

4. Ajoutez les câpres, le persil préalablement haché, remuez, nappez les soles de cette préparation et servez aussitôt bien chaud. **(D)**

LES VINS OU LES BOISSONS

Un vin blanc de Moselle

A

B

C

D

THON À L'ESTRAGON

INGRÉDIENTS POUR 4 PERSONNES

- 1 morceau de thon rouge (de 700 à 800 g)
- 10 fines tranches de poitrine fumée
- 1 carotte
- 2 échalotes
- 2 branches d'estragon
- 1 branche de thym
- 1 noisette de beurre
- 5 cl d'huile
- 1 cube de sauce poisson
- 20 cl de vin blanc sec
- 20 cl de crème liquide
- Sel, poivre

LA RECETTE

1. Prenez le morceau de thon, effeuillez une branche d'estragon, recouvrez le thon de feuilles d'estragon. Salez-le très légèrement, poivrez-le, enrobez-le de fines tranches de poitrine fumée et ficelez-le comme un rôti ; réservez. Épluchez la carotte les échalotes. Coupez la carotte en petits dés et hachez les échalotes. **(A)**

2. Sur une plaque de cuisson, huilée et beurrée, déposez le rôti de thon, faites-le revenir de chaque côté, ajoutez échalotes et carotte, et faites cuire l'ensemble au four moyen pendant une quinzaine de minutes. Surveillez la cuisson, retournez de temps à autre. **(B)**

3. En fin de cuisson, retirez le rôti, réservez-le, incorporez le reste de l'estragon finement haché et versez le vin blanc. Ajoutez le thym effeuillé, le cube de sauce de poisson délayé dans un verre d'eau, salez très légèrement, poivrez et laissez réduire de moitié cette préparation. **(C)**

4. Versez la crème fraîche, mélangez délicatement l'ensemble, laissez cuire une minute à feu doux, rectifiez l'assaisonnement. Tranchez le thon, nappez de cette sauce et servez bien chaud accompagné d'un riz à la créole. **(D)**

LES CONSEILS DU CHEF

Surveillez la cuisson pour que les échalotes ne brûlent pas au four ; si tel était le cas, versez quelques gouttes de vin blanc pour éviter qu'elles ne noircissent.

Les amateurs pourront ajouter une gousse d'ail dans cette sauce.

VARIANTE

Vous pouvez réaliser le même type de recette avec du thon blanc ou de l'espadon.

20 min

20 min

LES VINS OU LES BOISSONS

Un bourgogne aligoté

A

B

C

D

THON ROUGE EN BROCHETTE

INGRÉDIENTS POUR 4 PERSONNES

- 600 g de filet de thon rouge
- 1 yaourt
- 1 cuillerée à soupe de poudre tandoori
- 2 gousses d'ail
- 1 citron
- 1 pointe de Tabasco
- 3 poivrons rouge, jaune, vert
- 1 oignon
- 3 cuillerées à soupe d'huile d'olive
- 1 petit bouquet de coriandre
- Sel, poivre

LES CONSEILS DU CHEF

Accompagnez ce plat d'un riz à la créole.

L'important est de bien composer sa marinade pour parfumer avec soin le poisson.

Les brochettes au tandoori ne se font pas griller, elles se font cuire sur une plaque très chaude au four.

30 min

10 min

LES VINS OU LES BOISSONS

Un bordeaux blanc entre-deux-mers

LA RECETTE

1. Découpez le thon en tronçons et déposez dans un saladier. Saupoudrez de la poudre tandoori, salez légèrement, poivrez, ajoutez le Tabasco, incorporez le jus du citron, la pointe d'ail haché ainsi que le yaourt. Mélangez l'ensemble et laissez mariner de préférence une nuit au réfrigérateur. **(A)**

2. Épluchez l'oignon, coupez-le en quartiers et levez les alvéoles. Coupez également les poivrons en deux, épépinez-les et coupez-les en quartiers. (B)

3. Dans une poêle contenant l'huile d'olive, versez successivement les oignons, les poivrons jaune, rouge et vert ; salez légèrement, poivrez et faites revenir l'ensemble à feu doux. Égouttez et réservez-les. **(C)**

4. Après avoir égoutté le thon de sa marinade, enfilez chaque morceau sur une brochette en intercalant les poivrons jaune, vert, rouge ainsi que les oignons. Saupoudrez de coriandre finement hachée et faites cuire au four bien chaud pendant cinq à six minutes sur une plaque légèrement badigeonnée d'huile. **(D)**

A

B

C

D

TOURTE DE POISSON À LA SICILIENNE

INGRÉDIENTS POUR 6 PERSONNES

Pâte
- 400 g de farine
- 1 demi-cuillerée à café de sel fin
- 4 œufs
- 250 g de fromage blanc
- 8 cuillerées à soupe de lait
- 4 cuillerées à soupe d'huile d'olive

Garniture
- 400 g de filet de cabillaud
- 1 branche de céleri
- 50 g d'olives vertes dénoyautées
- 2 cuillerées à soupe de câpres
- 300 g de tomates pelées
- 5 cl d'huile
- 2 oignons
- 2 branches de persil
- 60 g de flocons d'avoine
- Sel, poivre

LA RECETTE

1. Tamisez la farine dans une jatte, ajoutez le sel fin et mélangez l'ensemble. Cassez les œufs dans une autre jatte et battez-les en omelette ; ajoutez le fromage blanc, le lait, quatre cuillerées à soupe d'huile d'olive puis fouettez énergiquement. Mélangez la moitié de cette préparation avec la farine et réservez le reste au frais. Mélangez petit à petit, travaillez jusqu'à obtention d'une pâte souple. Cessez de pétrir dès la formation d'une belle boule de pâte. Laissez reposer trente minutes avant de foncer votre moule à tourte. Coupez les olives vertes en petits morceaux, hachez le persil et les oignons, concassez les tomates et coupez le céleri en dés. Coupez ensuite le filet de cabillaud en petits cubes. **(A)**

2. Dans une poêle contenant l'huile, faites blondir les oignons hachés. Une fois légèrement colorés, ajoutez les olives dénoyautées, le persil haché, les câpres, les tomates concassées et laissez revenir le tout à feu doux. **(B)**

3. Ajoutez les cubes de cabillaud, le céleri, les flocons d'avoine, mélangez l'ensemble ; laissez revenir deux à trois minutes à feu doux, salez très légèrement et poivrez. Éteignez le feu puis versez le reste de la préparation œuf battu et fromage blanc. Mélangez le tout et laissez refroidir. **(C)**

4. Piquez le fond de votre tourte avec une fourchette puis garnissez l'intérieur avec la préparation précédente refroidie. Étalez le reste de la pâte à tourte, couvrez-en votre plat, décorez selon votre inspiration et faites cuire quarante minutes à four moyen. Laissez reposer votre tourte une bonne demi-heure avant de la servir. **(D)**

LES CONSEILS DU CHEF

Réalisez de préférence la pâte la veille, et laissez-la reposer une nuit au réfrigérateur.

Une fois la garniture complètement refroidie, mettez-la dans la tourte.

Badigeonnez la surface de votre tourte à l'œuf battu pour qu'elle soit bien brillante.

LES VINS OU LES BOISSONS

Un bourgogne aligoté

50 min

40 min

30 min

A

B

C

D

UNILATÉRAL DE SAUMON AUX FANES DE RADIS

INGRÉDIENTS POUR 4 PERSONNES

- 4 belles escalopes de saumon
- 1 botte de radis (avec leurs fanes bien vertes)
- 120 g de beurre
- 1 citron
- 20 cl de crème liquide
- 1 cuillerée à café de gros sel
- Sel, poivre

25 min

15 min

LES CONSEILS DU CHEF

Pour réaliser cette recette, utilisez des radis frais avec des feuilles bien vertes, afin d'en récupérer toute la chlorophylle.

Ne laissez pas trop bouillir votre sauce sinon elle prendrait une couleur marron, peu agréable à l'œil.

N'omettez pas de verser le beurre bien chaud sur les fanes de radis quand vous les mixerez.

Terminez la cuisson de votre saumon unilatéral au four pendant environ une minute.

Vous pouvez également faire poêler les radis qui restent avec un peu de beurre : ils serviront d'accompagnement à ce plat.

LA RECETTE

1. Retirez les fanes des radis, et réservez les radis. Équeutez les feuilles de radis et laissez-les tremper dans de l'eau bien glacée. **(A)**

2. Déposez une poêle sur le feu avec environ 20 g de beurre. Salez, poivrez légèrement les escalopes de saumon et déposez-les dans la poêle du côté de la peau. Laissez cuire à feu très doux sans les retourner. **(B)**

3. Versez dans un bol mixeur l'ensemble des fanes de radis. Ajoutez le jus de citron et 10 cl de crème liquide, puis mixez abondamment la préparation. **(C)**

4. Faites fondre le beurre dans une casserole. Lorsqu'il est bien chaud, versez-le avec le reste de crème liquide sur les fanes de radis. Salez légèrement la sauce, poivrez, puis portez à ébullition. Nappez le fond du plat avec la sauce aux fanes de radis. Déposez les escalopes de saumon surmontées de quelques grains de gros sel et servez bien chaud. **(D)**

LES VINS OU LES BOISSONS

Un chablis

A

B

C

D

CARPE À L'ÉTUVÉE

INGRÉDIENTS POUR 4 PERSONNES

- 1 carpe de 1 kg environ
- 5 échalotes
- 1 branche de céleri
- 3 carottes
- 1 poireau
- 1 branche d'estragon
- 5 tomates
- 1 branche de thym
- 1 citron
- 40 g de beurre
- 30 cl de vin blanc
- Piment de Cayenne
- 1 cuillerée à soupe de moutarde
- Sel

LA RECETTE

1. Videz, ébarbez, puis écaillez soigneusement la carpe. Lavez-la, essuyez-la et réservez-la. Épluchez les échalotes, les carottes, et émincez-les. Coupez les tomates en rondelles et hachez le céleri, le poireau et l'estragon. **(A)**

2. Rincez la carpe à l'eau légèrement vinaigrée. Beurrez abondamment le plat de cuisson, déposez-y l'ensemble des légumes coupés, puis la carpe salée et poivrée. **(B)**

3. Badigeonnez abondamment de moutarde l'intérieur et l'extérieur de votre carpe. Ajoutez l'estragon et le thym. **(C)**

4. Mouillez votre carpe de vin blanc, ajoutez le jus d'un citron et faites cuire au four à 200 °C pendant environ quarante-cinq minutes en arrosant régulièrement la préparation. Servez votre carpe bien chaude accompagnée de pommes à l'anglaise. **(D)**

LES CONSEILS DU CHEF

Demandez à votre poissonnier d'écailler la carpe pour vous faciliter la tâche.

Les amateurs pourront rajouter une pointe d'ail dans la préparation.

Vous pouvez également passer la garniture au mixeur, puis ajouter un soupçon de crème pour faire une sauce plus mousseuse.

Attention, c'est un poisson qui contient beaucoup d'arêtes.

Vous pouvez aussi garnir la carpe de cerneaux de noix grossièrement hachés.

35 min

45 min

LES VINS OU LES BOISSONS

Un vin blanc de Loire

A

B

C

D

TRUITE SAUMONÉE À LA PERSILLADE

INGRÉDIENTS POUR 4 PERSONNES

- 4 truites portion
- 60 g de beurre
- 5 cl d'huile d'olive
- 4 branches de persil
- 5 gousses d'ail
- 2 tomates
- 1 citron
- 2 cuillerées à soupe de farine
- 1 cuillerée à soupe de chapelure
- Sel, poivre

LES CONSEILS DU CHEF

Essuyez soigneusement les truites avant de les fariner.

Il est impératif de changer votre beurre de cuisson pour réaliser votre persillade.

Les amateurs rajouteront quelques brins de thym dans le beurre persillé et une pointe de piment de Cayenne sur les truites.

10 min

15 min

LES VINS OU LES BOISSONS

Un sylvaner

LA RECETTE

1. Épluchez l'ail, hachez-le finement. Hachez le persil. Coupez les tomates en deux, épépinez-les et coupez-les en petits dés. Réservez l'ensemble. **(A)**

2. Nettoyez soigneusement les truites, videz-les, écaillez-les, salez, poivrez et farinez-les ; faites-les cuire dans une poêle contenant 20 g de beurre et l'huile d'olive. Retournez-les délicatement de temps à autre, terminez éventuellement la cuisson au four. **(B)**

3. Une fois cuites, déposez les truites sur le plat de service, dégraissez la poêle, incorporez le reste du beurre. Déposez l'ail haché, ajoutez le persil haché, le jus du citron, mélangez et laissez revenir quelques secondes. **(C)**

4. Ajoutez les tomates coupées en petits dés, laissez revenir une minute, déposez la chapelure, mélangez puis nappez les truites avec cette préparation et passez deux minutes au four chaud avant de servir. **(D)**

A

B

C

D

TRUITE AUX PIGNONS DE PIN

INGRÉDIENTS POUR 4 PERSONNES

- 1 truite d'environ 1,2 kg
- 1 cuillerée à soupe de farine
- 20 g de beurre
- 5 cl d'huile
- 4 cuillerées à soupe de pignons de pin
- 2 échalotes
- Le jus d'un citron
- 10 cl de vin blanc
- 20 cl de crème liquide
- Sel, poivre

LA RECETTE

1. Videz la truite, retirez les ouïes, écaillez-la, lavez-la soigneusement et essuyez-la avec un papier absorbant. Salez, poivrez et roulez la truite dans la farine ; faites-la cuire dans une poêle contenant le beurre et l'huile chaude. Retournez-la de temps à autre et terminez la cuisson au four, si nécessaire. **(A)**

2. Épluchez, hachez finement les échalotes et réservez. Dans la poêle de cuisson, retirez la moitié de la graisse. Incorporez les pignons de pin et laissez-les colorer en remuant sans cesse à l'aide d'une cuiller en bois. Lorsqu'ils atteignent une belle couleur ambrée, ajoutez l'échalote hachée, mélangez l'ensemble et laissez revenir à feu doux. **(B)**

3. Versez le jus du citron, le vin blanc et laissez cuire trente secondes à feu doux. **(C)**

4. Ajoutez la crème, remuez, salez très légèrement, poivrez si nécessaire, nappez la truite de cette préparation et servez le tout bien chaud. **(D)**

LES CONSEILS DU CHEF

Essuyez bien la truite avant de la saler et de la fariner.

Surveillez la cuisson, la poêle ne doit pas être trop chaude pour éviter de brûler le beurre.

Utilisez la matière grasse de cuisson de la truite pour faire revenir les pignons de pin.

Si nécessaire, rajoutez un peu de vin blanc ou quelques gouttes d'eau dans votre sauce pour la diluer.

Demandez à votre poissonnier de vider, d'écailler le poisson, et d'en retirer les ouïes.

5 min

15 min

LES VINS OU LES BOISSONS

Un vin blanc d'Alsace

A

B

C

D

SANDRE AU FOUR SAUCE CHORON

INGRÉDIENTS POUR 6 PERSONNES

- 1 sandre de 1,2 kg à 1,4 kg environ
- 3 échalotes
- 250 g de champignons de Paris
- 2 courgettes
- 20 g de beurre
- 20 cl de vin blanc
- Sel, poivre

Sauce choron

- 2 échalotes
- 2 branches d'estragon
- 3 tomates
- 3 jaunes d'œufs
- 150 g de beurre
- 15 cl de vin blanc sec
- 10 cl de vinaigre
- Sel, poivre

35 min

25 min

LES CONSEILS DU CHEF

Vous pouvez préparer cette recette avec des filets de sandre.

L'opération délicate consiste à réaliser la sauce choron : dès que vous aurez incorporé les jaunes d'œufs, déposez la casserole dans un bain-marie pour éviter la cuisson des œufs.

Ne mettez pas le beurre trop chaud car il pourrait cuire vos œufs.

Ajoutez les tomates concassées à la dernière minute afin d'en garder toute la fraîcheur.

A

B

C

D

LA RECETTE

1. Videz, ébarbez, et écaillez le sandre ; retirez les ouïes, lavez-le soigneusement, essuyez-le et coupez-le en darnes. Beurrez copieusement un plat allant au four et déposez le sandre. Ajoutez les échalotes hachées, le vin blanc, salez, poivrez, puis mettez au four pendant environ dix minutes. **(A)**

2. Retirez le pied terreux des champignons, puis coupez-les en quartiers et lavez-les soigneusement. Coupez les courgettes en bâtonnets ; retirez le sandre du four et versez courgettes et champignons crus dans le plat de cuisson. Recouvrez d'un papier aluminium et terminez la cuisson à feu doux pendant une vingtaine de minutes. **(B)**

3. Pelez les tomates, coupez-les en deux, concassez-les, et faites-les revenir dans une casserole avec une noisette de beurre pour obtenir une bonne purée de tomates. Épluchez les échalotes, hachez finement l'estragon, puis déposez le tout dans une casserole. Versez le vin blanc, le vinaigre et laissez réduire la préparation. Ajoutez les jaunes d'œufs, déposez la casserole dans un bain-marie et émulsionnez la préparation avec un fouet pour que vos œufs triplent de volume. Faites fondre le beurre, que vous verserez progressivement sur la préparation en fouettant énergiquement. **(C)**

4. Terminez votre sauce choron en incorporant la concassée de tomates ; salez légèrement et poivrez. Dressez le sandre sur le plat de service, accompagnez-le de sa garniture champignons-courgettes et servez bien chaud avec la sauce choron. **(D)**

LES VINS OU LES BOISSONS

Un gros-plant

TRUITE AU BLEU

INGRÉDIENTS POUR 4 PERSONNES

- 4 truites portion de 200 g environ
- 2 carottes
- 1 oignon
- 2 citrons
- 2 gousses d'ail
- 1 branche de céleri
- 1 bouquet garni
- 1 branche d'estragon
- 4 clous de girofle
- 20 cl de vinaigre de vin
- 10 cl de vin blanc
- 1 demi-cuillerée à café de poivre en grains
- Sel

LA RECETTE

1. Épluchez carottes, oignon, ail, émincez finement l'ensemble. Cannelez un citron, coupez-le en tranches puis émincez la branche de céleri. Videz les truites et passez-les rapidement sous l'eau froide ; ne les essuyez pas. Mettez-les dans un plat creux et réservez-les au frais **(A)**

2. Portez le vinaigre à ébullition dans une petite casserole puis à l'aide d'un pinceau, badigeonnez les truites vidées. **(B)**

3. Portez à ébullition un litre d'eau dans une marmite, ajoutez le vin blanc, salez puis versez l'ensemble des légumes ainsi que les clous de girofle, le poivre en grains, l'estragon et le bouquet garni. Laissez cuire l'ensemble trois à quatre minutes. **(C)**

4. Ajoutez maintenant les truites égouttées du vinaigre, laissez-les cuire à feu vif six à huit minutes. Égouttez les truites, leur peau doit avoir viré au bleu. Servez chaud sur un plat garni de quartier de citron. **(D)**

LES CONSEILS DU CHEF

Il est indispensable que les truites soient utilisées trois heures au plus tard après avoir cessé de vivre : c'est le mucus dont elles sont recouvertes qui permet la cuisson au bleu. Je vous conseille de bien badigeonner les truites au vinaigre et de vous gardez de verser le vinaigre dans la cuisson.

Laissez cuire votre garniture trois à quatre minutes afin qu'elle parfu-

15 min

10 min

LES VINS OU LES BOISSONS

Un hermitage blanc

A

B

C

D

TRUITE FARCIE À LA MOUSSE DE ST-JACQUES

INGRÉDIENTS POUR 4 PERSONNES

- 4 truites portion de 200 g environ
- 20 g de beurre
- 2 échalotes
- 20 cl de vin blanc
- Sel, poivre

Farce
- 300 g de noix de saint-jacques
- 3 jaunes d'œufs
- 20 cl de crème liquide
- 4 biscottes
- Sel, poivre

20 min

20 min

LES CONSEILS DU CHEF

La partie délicate consiste à réaliser la farce. Pour une bonne réussite, mixez les noix de coquilles saint-jacques lorsqu'elles sont bien froides, il en va de même pour la crème, qui doit être très froide pour permettre une bonne liaison. N'omettez pas d'ajouter les biscottes préalablement écrasées.

En fin de cuisson, vous pouvez rajouter un peu de crème fraîche avant de porter une dernière fois à ébullition et servez vos truites nappées de cette sauce.

Accompagnez les truites de petites pommes de terre cuites à l'eau.

LA RECETTE

1. Nettoyez soigneusement vos noix de saint-jacques, déposez-les dans le bol du mixeur, puis ajoutez les trois jaunes d'œufs. Salez légèrement, poivrez et mixez la préparation. **(A)**

2. Ajoutez la crème liquide et les biscottes, mixez à nouveau l'ensemble jusqu'à l'obtention d'une pâte homogène. **(B)**

3. Retirez les ouïes des truites, écaillez-les, videz-les, nettoyez-les soigneusement et essuyez-les, enfin farcissez-les de la mousse de saint-jacques. **(C)**

4. Beurrez soigneusement le plat de cuisson, tapissez-le des échalotes finement hachées. Salez, poivrez, arrosez de vin blanc et faites cuire une vingtaine de minutes à four moyen (220 °C). **(D)**

LES VINS OU LES BOISSONS

Un sancerre rosé

A

B

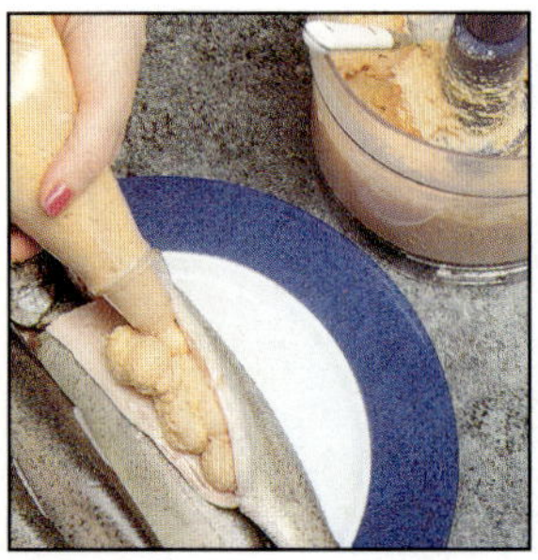
C

D

BROCHETTES DE ST-JACQUES AU GRISON

INGRÉDIENTS POUR 4 PERSONNES

- 12 belles noix de St Jacques
- 6 tranches de viande de grison
- 1 branche de thym
- 5 cl d'huile
- Sel, poivre

Sauce

- 2 échalotes
- 1 noisette de beurre
- 1 cuillerée à soupe de moutarde
- 15 cl de vin blanc sec
- 20 cl de crème liquide
- Sel, poivre

LA RECETTE

1. Nettoyez soigneusement les noix de St-Jacques. Saupoudrez-les des fleurs de thym effeuillées, salez légèrement, poivrez, arrosez d'huile et laissez-les mariner. Coupez la viande de grison en deux et roulez chaque noix de St-Jacques séparée du corail dans le grison. **(A)**

2. Enfilez sur une pique à brochette : une noix de St-Jacques intercalée avec les coraux. Salez légèrement, poivrez et réservez. **(B)**

3. Dans une casserole contenant le beurre, faites revenir les échalotes hachées. Dès qu'elles atteignent une coloration ambrée, versez le vin blanc, laissez réduire d'un quart ; ajoutez la moutarde et fouettez énergiquement. Portez à ébullition, ajoutez la crème liquide, salez légèrement, poivrez et laissez réduire à feu doux. Dès que la sauce atteint une belle consistance, passez au tamis fin et réservez. **(C)**

4. Chauffez votre barbecue, badigeonnez les brochettes avec l'huile de marinade et faites-les cuire deux à trois minutes de chaque côté. Dressez sur le plat de service accompagnées de la sauce moutarde et d'épinards au beurre. **(D)**

LES CONSEILS DU CHEF

Pour ce type de recette, procurez-vous de grosses coquilles St-Jacques.

Enveloppez bien la noix de St-Jacques et la viande de grison afin de les maintenir serrées par la pique à brochette.

Évitez de trop saler les noix de St-Jacques, car au cours de la cuisson la viande de grison s'en chargera.

Vous pouvez également rajouter un peu de piment de Cayenne sur ces brochettes, et les accompagner de salicornes.

15 min

10 min

LES VINS OU LES BOISSONS

Un sylvaner

A

B

C

D

BULOTS À L'ANTILLAISE

INGRÉDIENTS POUR 4 PERSONNES

- 2 kg de bulots

Court-bouillon
- 1 oignon
- 1 carotte
- 1 branche de céleri
- 1 bouquet garni
- 1 demi-cuillerée à café de poivre en grains
- 4 clous de girofle
- 15 cl de vin blanc
- 1 pincée de piment de Cayenne
- Sel

Assaisonnement
- 3 gousses d'ail
- 1 piment
- 1 oignon vert
- 2 citrons
- 1 bouquet de ciboulette
- 1 morceau de poivron jaune
- 8 cl d'huile
- Sel, poivre

LES CONSEILS DU CHEF

Nettoyez bien vos bulots une fois la coquille retirée pour en éliminer le sable.

Servez vos bulots bien chauds accompagnés de pommes de terre à l'anglaise.

Attention, le bulot risque de devenir coriace si on le fait cuire trop longtemps.

25 min

20 min

LA RECETTE

1. Dans une cocotte, préparez votre court-bouillon : ajoutez l'oignon, la carotte émincée, la branche de céleri, le bouquet garni, le poivre en grains, les clous de girofle, le piment de Cayenne, le sel et 15 cl de vin blanc. Portez à ébullition. Lavez soigneusement les bulots, plongez-les dans la préparation, couvrez et laissez cuire une vingtaine de minutes à feu moyen. **(A)**

2. Pendant la cuisson, épluchez ail, oignon vert et hachez finement. Hachez également la ciboulette, le poivron et le piment. Pressez le jus des citrons. Réservez l'ensemble. **(B)**

3. Une fois cuits, égouttez les bulots en en conservant le jus de cuisson, que vous faites légèrement réduire. Enlevez la coquille des bulots et retirez la petite écaille se trouvant sur le dessus ; ôtez également l'extrémité de la queue. Lavez-les soigneusement pour en retirer le maximum de sable. Égouttez-les et réservez. **(C)**

4. Passez au tamis fin 75 cl du jus de cuisson de bulots dans une casserole. Amenez à ébullition, puis ajoutez les bulots. Portez de nouveau à ébullition, puis ajoutez l'ensemble de l'assaisonnement : ail haché, piment, oignon vert, ciboulette, poivron jaune ; versez le jus de citron, 8 cl d'huile d'olive, puis salez légèrement et poivrez. Amenez une dernière fois à ébullition ; rectifiez l'assaisonnement et servez bien chaud. **(D)**

A

B

C

D

LES VINS OU LES BOISSONS

Un chinon rosé

CALAMARS FARCIS

INGRÉDIENTS POUR 4 PERSONNES

- 1 kg de petits calamars
- 1 boîte de filets d'anchois
- 3 tranches de pain de mie
- 50 g de parmesan râpé
- 2 œufs
- 10 cl d'huile d'olive
- 3 branches de persil
- 2 gousses d'ail
- 10 cl de vin blanc
- 1 citron
- Sel, poivre

LA RECETTE

1. Portez une casserole d'eau à ébullition, ajoutez le jus d'un citron, salez légèrement et poivrez. Nettoyez les calamars et retirez-en les tentacules. Plongez les calamars dans la préparation précédente, et laissez-les cuire une dizaine de minutes. **(A)**

2. Épluchez l'ail. Hachez-le finement ainsi que le persil, les filets d'anchois et les tentacules des calamars. Dans un saladier, déposez le pain de mie que vous aurez préalablement mixé. **(B)**

3. Ajoutez au pain de mie, le persil, l'ail, les tentacules, les œufs, salez légèrement, poivrez, puis ajoutez le parmesan. Malaxez énergiquement l'ensemble jusqu'à obtention d'une pâte. **(C)**

4. À l'aide d'une poche, remplissez de farce les calamars. Fermez-en les bouts avec une pique en bois ; rangez-les dans un plat allant au four, badigeonné d'huile d'olive. Arrosez les calamars d'un peu de vin blanc et faites-les cuire trente minutes environ à four moyen (180 °C). **(D)**

LES CONSEILS DU CHEF

Servez-vous de petits calamars pour cette recette : ils seront beaucoup plus tendres. Ne les laissez pocher que deux ou trois minutes.

L'important consiste à bien nettoyer les calamars pour enlever l'encre et les vider ; retournez-les pour bien réussir cette opération.

VARIANTE

Les amateurs pourront rajouter une pointe de piment de Cayenne dans la farce et quelques gouttes d'huile d'olive.

Vous pouvez saupoudrer les calamars de chapelure et les faire gratiner trois minutes.

20 min

25 min

LES VINS OU LES BOISSONS

Un rosé de Provence

A

B

C

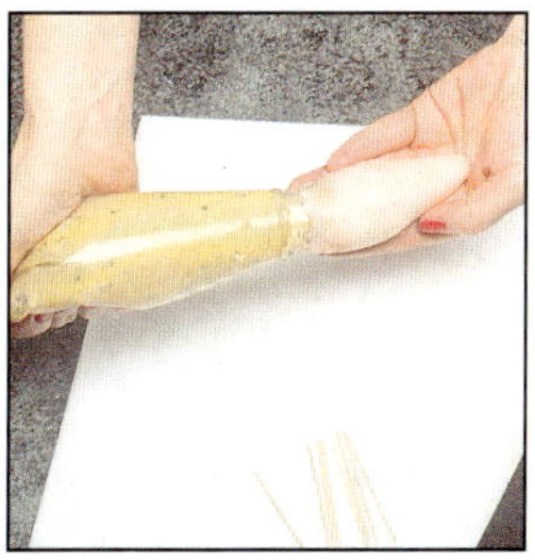

D

CREVETTES GRILLÉES À LA MEXICAINE

INGRÉDIENTS POUR 4 PERSONNES

- 24 grosses crevettes
- 5 citrons verts
- 3 cuillerées à soupe d'huile d'olive
- 2 belles tomates
- 4 branches de persil
- 1 petite boîte d'épis de maïs
- 1 pincée de sucre en poudre
- 1 pincée de piment de Cayenne
- Sel

25 min

10 min

2 h

LES CONSEILS DU CHEF

Choisissez vos crevettes fraîches (non cuites), beaucoup plus parfumées, que vous ferez mariner et griller directement.

VARIANTE

Vous pouvez réaliser cette recette avec des gambas.

Les amateurs pourront rajouter une pointe d'ail et de piment dans cette préparation.

Faute d'épis de maïs, choisissez du maïs en grains et garnissez votre plat de tomates coupées en deux.

LA RECETTE

1. Décortiquez vos crevettes. Pressez le jus du citron dans un bol, puis ajoutez le persil haché. **(A)**

2. Ajoutez le piment de Cayenne et le sucre dans le bol pour faire une marinade. Salez puis fouettez énergiquement. Rajoutez l'huile d'olive, les crevettes, les épis de maïs et laissez macérer la préparation au réfrigérateur au moins deux heures. **(B)**

3. Au moment de servir, égouttez les crevettes de la marinade, puis déposez-les sur la plaque de votre barbecue. Faites-les griller en les badigeonnant de la marinade. **(C)**

4. Égouttez les épis de maïs, et faites-les griller à feu doux ; réitérez cette opération avec les tomates. Dressez sur le plat de service, arrosez d'un peu de marinade et servez bien chaud. **(D)**

LES VINS OU LES BOISSONS

Une bière Corona

A

B

C

D

COQUES AU CITRON

INGRÉDIENTS POUR 4 PERSONNES

- 2 litres de coques
- 1 carotte
- 2 échalotes
- 3 gousses d'ail
- 1 bouquet garni
- 2 citrons
- 20 g de beurre
- 1 bouquet de persil
- 20 cl de vin blanc sec
- Sel, poivre

LA RECETTE

1. Épluchez les échalotes, la carotte, émincez-les, et hachez l'ail. Dans une casserole, faites revenir le tout avec le beurre, puis versez le vin blanc, ajoutez le bouquet garni, salez et poivrez. **(A)**

2. Ajoutez les coques bien lavées et grattées. Laissez bouillir pendant trois minutes la préparation. **(B)**

3. Égouttez les coques et réservez le jus de cuisson. Retirez la coquille des coques. **(C)**

4. Versez maintenant sur les coques le jus de citron. Ajoutez le persil haché, laissez réduire le jus de cuisson de moitié, que vous passerez au tamis fin sur les coques bien chaudes. **(D)**

LES CONSEILS DU CHEF

N'omettez pas d'incorporer le persil haché à la toute fin lorsque vous verserez le jus de citron sur la préparation.

VARIANTE

Les amateurs pourront rajouter un peu de coriandre fraîche hachée dans cette préparation ou encore une cuillerée à café de poudre de curry au début de la préparation.

Pour une recette encore plus riche, rajoutez 20 cl de crème fraîche.

25 min

10 min

LES VINS OU LES BOISSONS

Un muscadet

A

B

C

D

ÉCREVISSES À LA BORDELAISE

INGRÉDIENTS POUR 4 PERSONNES

- 32 écrevisses

Bouillon
- 5 cl d'huile
- 2 échalotes
- 1 carotte
- 1 bouquet garni
- 2 gousses d'ail
- 3 clous de girofle
- 1 cuillerée à soupe de farine
- 75 cl de bordeaux rouge
- Sel, poivre en grains

Garniture
- 20 g de beurre
- 300 g de girolles
- 250 g de poitrine de porc salée
- Sel, poivre

20 min

25 min

LES CONSEILS DU CHEF

Il est important de bien nettoyer les écrevisses et d'en couper la queue avant de les faire saisir.

En fin de cuisson des écrevisses, n'omettez pas de les retirer de leur sauce afin de passer celle-ci au tamis fin.

Si votre sauce est trop liquide, ajoutez une pointe de farine ; dans le cas contraire, ajoutez un peu d'eau.

LES VINS OU LES BOISSONS

Un pomerol

LA RECETTE

1. Lavez soigneusement les écrevisses, coupez la queue, retirez le filament noir, réservez. Épluchez carotte, échalotes, ail et coupez-les en morceaux. Dans une cocotte contenant l'huile, faites saisir à feu vif les écrevisses, puis incorporez carotte, échalotes, ail, bouquet garni. Laissez revenir l'ensemble en remuant régulièrement. **(A)**

2. Coupez la poitrine de porc salée en dés, faites-la revenir dans une poêle avec le beurre, à feu doux. Salez très légèrement, poivrez, ajoutez les girolles, laissez cuire cinq à six minutes et réservez. **(B)**

3. En fin de cuisson, décortiquez les écrevisses et saupoudrez l'ensemble (écrevisses et garniture) de farine ; mélangez délicatement puis versez le bordeaux. Ajoutez les clous de girofle, le poivre en grains, salez légèrement et faites cuire à couvert une bonne vingtaine de minutes. **(C)**

4. Retirez les écrevisses de la sauce. Déposez-les dans une autre marmite, versez la garniture girolles/lardons sur les écrevisses, passez la sauce de cuisson au tamis fin sur les écrevisses. Amenez une dernière fois à ébullition et rectifiez l'assaisonnement si nécessaire. Servez bien chaud. **(D)**

A

B

C

D

ÉCREVISSES À LA NAGE

INGRÉDIENTS POUR 4 PERSONNES

- 32 écrevisses
- 2 carottes
- 1 oignon
- 1 citron coupé en rondelles
- 1 poireau
- 2 gousses d'ail
- 1 piment fort
- 1 branche de thym
- 1 branche de céleri
- 2 feuilles de laurier
- 2 branches de persil
- 1 cuillerée à café de graines de coriandre
- 20 cl de vin blanc
- 10 cl de vinaigre blanc
- 4 clous de girofle
- 1 pincée de piment de Cayenne
- Sel

LA RECETTE

1. Épluchez oignon, carottes, ail et coupez en fines rondelles. Nettoyez soigneusement le poireau puis émincez-le ainsi que le piment fort et la branche de céleri. **(A)**

2. Dans une marmite, portez un litre d'eau à ébullition. Ajoutez l'oignon, les carottes, et le thym, le laurier et le persil ficelés. **(B)**

3. Ajoutez le poireau émincé, le piment fort ainsi que les rondelles de citron et la branche de céleri. **(C)**

4. Versez le vin blanc, le vinaigre, la coriandre, les clous de girofle, salez légèrement ; ajoutez le piment de Cayenne. Dès que la préparation arrive à ébullition, versez les écrevisses, laissez cuire dix minutes avant de stopper la cuisson. Servez bien chaud. **(D)**

LES CONSEILS DU CHEF

Nettoyez soigneusement les écrevisses, coupez les queues et retirez le filament noir.

C'est une recette qui se réchauffe très bien.

Vous pouvez accompagner ces écrevisses d'un petit beurre fondu.

VARIANTE

Les amateurs rajouteront quelques feuilles de marjolaine et du romarin dans la préparation.

15 min

15 min

LES VINS OU LES BOISSONS

Un chablis

A

B

C

D

FRICASSÉE DE COQUILLAGES AU SAFRAN

INGRÉDIENTS POUR 4 À 5 PERSONNES

- 1 litre de coques
- 1 litre de moules
- 300 g d'assortiment de fruits de mer surgelés
- 20 g de beurre
- 3 échalotes
- 2 gousses d'ail
- 3 g de safran
- 20 cl de vin blanc sec
- 20 cl de crème liquide
- Sel, poivre

20 min

10 min

LES CONSEILS DU CHEF

Évitez de trop cuire votre assortiment de fruits de mer : pas plus de deux minutes.

Pour un bon résultat, une fois cuite, servez immédiatement votre fricassée de coquillages dans un plat de service, décorée d'un peu de ciboulette hachée.

VARIANTE

Vous pouvez utiliser pour cette recette des praires ou des palourdes, voire des coquilles Saint-Jacques.

Les amateurs rajouteront une petite pointe de piment de Cayenne dans la préparation.

LES VINS OU LES BOISSONS

Un riesling

LA RECETTE

1. Épluchez et hachez finement l'ail et les échalotes. Versez le beurre dans une cocotte, et faites revenir les échalotes. Lorsqu'elles sont translucides, ajoutez les 300 g d'assortiment de fruits de mer préalablement décongelés et laissez-les revenir pendant deux minutes. **(A)**

2. Grattez et lavez soigneusement les moules et les coques, puis ajoutez-les dans la préparation précédente. Mélangez délicatement, et ajoutez l'ail haché. **(B)**

3. Délayez le safran dans 10 cl d'eau et versez-le avec le vin blanc sur vos crustacés. Salez légèrement, poivrez, remuez et laissez ouvrir vos coquillages pendant deux minutes. **(C)**

4. Ajoutez la crème liquide, portez à ébullition, et rectifiez l'assaisonnement si nécessaire. Terminez la cuisson pendant une ou deux minutes avant de servir ce plat bien chaud. **(D)**

A

B

C

D

MOULES MARINIÈRES

INGRÉDIENTS POUR 4 PERSONNES

- 2 kg de moules
- 3 échalotes
- 2 gousses d'ail
- 1 bouquet garni
- 20 g de beurre
- 30 cl de vin blanc
- 20 cl de crème liquide
- Poivre

10 min

4 min

LA RECETTE

1. Épluchez les échalotes, l'ail et hachez l'ensemble finement. Ficelez le bouquet garni. Dans une marmite contenant le beurre, faites revenir les échalotes sans leur laisser prendre de coloration, ajoutez le bouquet garni, l'ail haché et mélangez l'ensemble. **(A)**

2. Déposez les moules soigneusement nettoyées dans la marmite, poivrez et remuez. **(B)**

3. Versez le vin blanc sur l'ensemble des moules, couvrez la marmite et portez à ébullition pendant trois minutes. **(C)**

4. Ajoutez la crème liquide, mélangez l'ensemble, portez à ébullition pendant une minute et servez les moules bien chaudes. **(D)**

LES CONSEILS DU CHEF

Lavez les moules avec soin, préparez l'ensemble de votre garniture dans la marmite et faites cuire les moules au moment où les invités passent à table, en les plongeant trois minutes dans votre mélange liquide en ébullition.

Accompagnez les moules de pommes frites.

S'il vous en reste le lendemain, vous pourrez confectionner une omelette aux moules.

LES VINS OU LES BOISSONS

Un graves blanc

A

B

C

D

PAELLA

INGRÉDIENTS POUR 4 PERSONNES

- 8 langoustines
- 1 litre de moules
- 300 g de calamars
- 1 poignée de queues de gambas
- 4 pilons de poulet
- 1 morceau de chorizo
- 3 morceaux de poivron rouge, vert et jaune
- 1 oignon
- 3 gousses d'ail
- 2 belles tomates
- 1 bouquet garni
- 2 cuillerées à soupe de petits pois
- 5 cœurs d'artichauts
- 2 g de safran
- 8 cl d'huile d'olive
- 200 g de riz à grain long
- Sel, poivre

LES CONSEILS DU CHEF

Si votre paella devenait sèche, rajoutez de l'eau en cours de cuisson. Vous pouvez utiliser tout autre fruit de mer selon la saison.

Mélangez délicatement l'ensemble de la préparation avant de la mouiller avec l'eau additionnée de safran.

Servez la paella bien chaude.

60 min

VARIANTE

Les amateurs ajouteront une petite pointe de piment de Cayenne dans la préparation.

Si vous disposez de plus de temps, vous pouvez faire revenir le riz dans l'huile pendant un petit quart d'heure avant de l'incorporer dans la préparation.

40 min

LES VINS OU LES BOISSONS

Un vin rouge d'Espagne (rioja)

LA RECETTE

1. Grattez et nettoyez les moules. Lavez, nettoyez soigneusement l'ensemble de vos fruits de mer, puis réservez-les. Épluchez et émincez l'oignon. Hachez l'ail, émincez les morceaux de poivron. Coupez les tomates en deux, épépinez-les et coupez-les en dés. **(A)**

2. Dans une poêle contenant la moitié de l'huile d'olive, faites colorer les cuisses de volaille, puis ajoutez l'oignon et les poivrons, que vous faites revenir. **(B)**

3. Dans un grand plat à paella, faites chauffer le reste de l'huile. Ajoutez les calamars coupés en lanières, le chorizo, le bouquet garni, les tomates coupées en dés, les petits pois, les langoustines et les cœurs d'artichauts ; mélangez l'ensemble. Incorporez les cuisses de poulet, les poivrons et les oignons. **(C)**

4. Ajoutez les queues de gambas et le riz ; salez, poivrez et mélangez le tout. Délayez le safran dans environ 60 cl d'eau, puis versez sur l'ensemble de la paella. Couvrez d'un papier aluminium et faites cuire à four moyen pendant une vingtaine de minutes. Lorsque le liquide est presque entièrement absorbé, ajoutez les moules avec leurs coquilles en les enfonçant dans le riz. Dès que les coquilles sont ouvertes, servez dans le plat de cuisson. **(D)**

A

B

C

D

PALOURDES FARCIES

INGRÉDIENTS POUR 4 PERSONNES

- 36 grosses palourdes

Bouillon
- 1 branche de céleri
- 1 bouquet garni
- 1 échalote
- 10 cl de vin blanc

Beurre de palourdes
- 125 g de beurre
- 2 échalotes
- 3 gousses d'ail

- 1 petit bouquet de persil
- 5 cl de Ricard
- 1 cuillerée à soupe de chapelure
- Sel, poivre

LA RECETTE

1. Dans une marmite, versez le vin blanc, ajoutez la branche de céleri hachée, le bouquet garni et une échalote émincée. Portez à ébullition. Lavez et brossez soigneusement les palourdes. Dès que votre préparation bout, incorporez les palourdes, couvrez et laissez cuire pendant quatre à cinq minutes. **(A)**

2. Épluchez les échalotes, puis émincez-les. Hachez l'ail et le persil. Laissez refroidir les palourdes, puis retirez la coquille du dessus en conservant l'autre moitié. Montez le beurre au fouet électrique pour bien l'émulsionner, puis ajoutez les échalotes, le persil et l'ail ; salez et poivrez. Ajoutez l'alcool anisé et émulsionnez le tout. **(B)**

3. Dès que les palourdes sont refroidies, disposez-les dans deux plats allant au four. Garnissez-les du beurre composé. **(C)**

4. Saupoudrez les palourdes d'un peu de chapelure. Passez-les trois ou quatre minutes sous le grilloir de votre four et servez ce plat bien chaud. **(D)**

LES CONSEILS DU CHEF

Ne laissez pas trop griller les palourdes sous le gril : elles se dessécheraient. Les grosses palourdes sont meilleures pour cette recette ; avec des petites, songez à doubler la quantité.

VARIANTE

Vous pouvez réaliser cette recette en utilisant des praires, ou des amandes : ces coquillages sont toutefois plus coriaces.

Les amateurs pourront ajouter un soupçon de cognac dans ce beurre ainsi qu'une pincée de piment de Cayenne.

20 min

10 min

LES VINS OU LES BOISSONS

Un entre-deux-mers

A

B

C

D

SEICHE À LA NIÇOISE

INGRÉDIENTS POUR 4 PERSONNES

- 800 à 900 g de blanc de seiche
- 10 cl d'huile d'olive
- 3 tomates
- 4 gousses d'ail
- 10 cl de crème liquide
- 1 petit bouquet de persil
- Sel, poivre

Bouillon
- 1 bouquet garni
- 2 échalotes
- 3 clous de girofle
- 10 cl de vin blanc
- 1 demi-cuillerée à café de poivre en grains

20 min

40 min

LES CONSEILS DU CHEF

Vous pouvez utiliser des blancs de seiche pour réaliser cette recette : vous éviterez ainsi la corvée du nettoyage de la seiche entière.

En employant un autocuiseur, la cuisson sera plus rapide ; dans une casserole classique, doublez le temps de cuisson.

Faites bien saisir les seiches pour leur donner une légère coloration.

Servez avec du riz nature.

LES VINS OU LES BOISSONS

Un rosé de Provence

LA RECETTE

1. Nettoyez les seiches, retirez-en le cartilage et les poches d'encre. Lavez soigneusement les seiches et coupez-les en rondelles ; épluchez les échalotes. Dans un autocuiseur rempli d'eau salée, ajoutez le vin blanc, le bouquet garni, les échalotes, le poivre et les clous de girofle. Placez-y les seiches et laissez cuire environ vingt minutes. Une fois cuites, égouttez et réservez. **(A)**

2. Trempez les tomates dans l'eau bouillante, puis dans l'eau froide pour les peler ; coupez-les en deux, épépinez-les et concassez-les finement. Épluchez et hachez l'ail ainsi que le persil. Dans une poêle contenant l'huile d'olive, faites revenir vos seiches, en remuant jusqu'à ce que la chair soit opaque. **(B)**

3. Ajoutez le persil, l'ail et les tomates concassées. Laissez revenir le tout deux minutes à feu doux. **(C)**

4. Rectifiez l'assaisonnement, salez, poivrez, et versez la crème ; portez à ébullition. Déposez dans le plat de service, servez ce mets bien chaud. **(D)**

A

B

C

D

Les desserts

BABA AU RHUM

INGRÉDIENTS POUR 6 PERSONNES

Pâte
- 125 g de farine
- 2 œufs
- 1 cuillerée à soupe de sucre en poudre
- 1 demi-verre de lait
- 15 g de levure de boulanger
- 1 pincée de sel fin
- 70 g de beurre

Sirop
- 200 g de sucre semoule
- 1 cuillerée à café de vanille en poudre
- 6 cuillerées à soupe de rhum vieux
- 75 cl de thé

Fruits pour salade
- 500 g de fruits de saison

30 min

40 min

1 h

LES CONSEILS DU CHEF

Préparez votre gâteau la veille ou même plusieurs jours à l'avance et réservez-le ; vous n'aurez qu'à l'imbiber le jour où vous le servirez.

Vous pouvez remplacer la salade de fruits frais par une salade de fruits en boîte.

Il est préférable de faire gonfler la pâte du baba avant de le faire cuire : placez-la dans un endroit chaud, recouverte d'un torchon humide pendant quarante-cinq minutes ; la pâte aura doublé de volume.

VARIANTE

Vous pouvez aussi ajouter dans la pâte des raisins secs que vous aurez fait gonfler dans du rhum.

Pour un aspect lustré, vous pourrez napper votre baba d'une gelée d'abricot.

LES VINS OU LES BOISSONS

Un jus de fruit de la Passion

LA RECETTE

1. Faites tiédir le lait, puis délayez-y la levure. Déposez la farine tamisée dans une jatte, ajoutez une pincée de sel, le sucre puis versez les œufs battus en omelette ; rajoutez le lait tiédi, puis mélangez énergiquement l'ensemble. **(A)**

2. Faites fondre le beurre puis incorporez-le à la préparation précédente. Remuez énergiquement jusqu'à obtention d'une pâte bien homogène. **(B)**

3. Beurrez soigneusement votre moule, versez la préparation et faites cuire à four moyen pendant une trentaine de minutes. Une fois le baba cuit, démoulez-le. **(C)**

4. Déposez une casserole sur le feu, ajoutez-y le thé. Incorporez le sucre en poudre, la poudre de vanille et laissez cuire pendant environ dix minutes. Ajoutez le rhum vieux, laissez légèrement tiédir votre sirop, puis imbibez le baba de sirop à l'aide d'un pinceau. Préparez une salade de fruits que vous déposez au centre. Décorez d'un peu de crème Chantilly et servez le baba frais. **(D)**

A

B

C

D

BISCUIT AUX FRUITS DE LA PASSION

INGRÉDIENTS POUR 4 PERSONNES

- 16 boudoirs
- 70 cl de jus de fruit de la Passion
- 40 cl de crème liquide
- 7 feuilles de gélatine (grand modèle)
- 200 g de sucre semoule

LA RECETTE

1. Chauffez 50 cl de jus de fruit de la Passion bien corsé. Ajoutez le sucre semoule, puis faites fondre les feuilles de gélatine dans la préparation. Fouettez énergiquement et laissez refroidir. **(A)**

2. Imbibez les boudoirs avec le reste du jus et déposez-les au fond du moule. Montez la crème fraîche en chantilly bien ferme. **(B)**

3. Versez le jus refroidi mais non gélifié sur la crème fouettée. Mélangez harmonieusement l'ensemble et versez sur les boudoirs dans le moule. **(C)**

4. Trempez le reste des boudoirs dans le jus, déposez à la surface de votre biscuit. Laissez gélifier au réfrigérateur pendant au moins quatre heures. Démoulez, tranchez et servez. **(D)**

LES CONSEILS DU CHEF

Utilisez de grandes feuilles de gélatine pour cette recette.

Ne laissez pas bouillir le jus ; en effet, il s'agit simplement de dissoudre les feuilles de gélatine dans un liquide très chaud.

L'opération délicate consiste à incorporer le jus refroidi dans la crème fouettée ; il ne doit pas être gélifié.

Passez votre moule sous l'eau chaude pour faciliter le démoulage.

15min

3 min

4 h

LES VINS OU LES BOISSONS

Un jus de fruit de la Passion

A

B

C

D

BEIGNETS AUX POMMES

INGRÉDIENTS POUR 4 PERSONNES

- 3 pommes
- 125 g de farine
- 1 cuillerée à soupe d'huile d'arachide
- 10 cl de bière
- 1 verre de lait
- 2 œufs
- 1 pincée de sel fin
- 3 cuillerées à soupe de sucre en poudre
- 5 cl de calvados
- Sucre glace
- 1 bain de friture

20 min

4 min

2 h

LES CONSEILS DU CHEF

Vous pouvez préparer la pâte la veille et la laisser une nuit au réfrigérateur ; vous incorporerez les blancs d'œufs montés en neige le lendemain.

Il est possible de remplacer la farine par de la Maïzena.

Égouttez bien les pommes avant de les tremper dans la pâte à frire.

Vous pouvez accompagner cette recette d'un peu de sauce au chocolat, par exemple.

Pour un goût plus acide, prenez des pommes vertes.

LES VINS OU LES BOISSONS

Une bolée de cidre

LA RECETTE

1. Tamisez la farine dans un saladier. Ajoutez le sucre puis incorporez les jaunes d'œufs et la bière; mélangez bien. Ajoutez une pincée de sel, un verre de lait, puis remuez l'ensemble; laissez reposer pendant environ une heure. Réservez les blancs d'œufs. **(A)**

2. Pelez les pommes, retirez-en le cœur et coupez-les en rondelles. Arrosez-les de calvados, saupoudrez-les de sucre et laissez macérer l'ensemble. **(B)**

3. Ajoutez une cuillerée à soupe d'huile dans la pâte, montez les blancs d'œufs en neige puis incorporez-les progressivement à votre pâte. **(C)**

4. Trempez maintenant les rondelles de pommes égouttées dans la pâte à frire, plongez-les dans un bain de friture. Retournez-les de temps à autre. Une fois cuites, déposez-les sur un papier absorbant, saupoudrez-les de sucre glace et servez vos beignets bien chauds. **(D)**

A

B

C

D

BRIOCHE À LA PARISIENNE

INGRÉDIENTS POUR 5 PERSONNES

- 280 g de farine
- 150 g de beurre
- 3 œufs
- 3 cuillerées à café de sucre semoule
- 10 g de levure de boulanger
- 1 demi-verre de lait
- 1 pincée de sel fin

15 min

30 min

5 h

LA RECETTE

1. Versez le lait dans une casserole, ajoutez la levure, délayez afin de la faire dissoudre. **(A)**

2. Versez la farine tamisée dans une jatte, creusez un puits et versez le lait. Malaxez la pâte. **(B)**

3. Ajoutez une pincée de sel et cassez les œufs un à un en malaxant correctement. Rajoutez le sucre et travaillez la pâte en élastique en la frappant sur la table de temps à autre. **(C)**

4. Ajoutez le beurre à la préparation précédente, malaxez l'ensemble. Formez une boule, saupoudrez-la légèrement de farine et laissez-la reposer au frais pendant environ deux heures. Après le repos, retravaillez la pâte, déposez-la dans un moule à brioche préalablement beurré et légèrement fariné, puis laissez gonfler votre pâte à température ambiante pendant environ trois heures. Déposez-la près d'une source de chaleur. Une fois bien levée, passez-la au four à 180 °C pendant environ trente minutes. N'omettez pas de badigeonner le dessus de la brioche à l'œuf battu afin qu'elle soit bien dorée. **(D)**

LES CONSEILS DU CHEF

Cette pâte est délicate à réaliser, il vous suffit de suivre attentivement les opérations pour sa réussite.

N'omettez surtout pas de retravailler un peu la pâte à la sortie du réfrigérateur avant de la mettre dans le moule à brioche.

Très important : enfournez-la uniquement lorsqu'elle aura triplée de volume.

Pour ce faire, laissez-la pousser près d'une source de chaleur.

LES VINS OU LES BOISSONS

Une coupe de champagne

A

B

C

D

BROWNIES

INGRÉDIENTS POUR 8 PERSONNES

- 400 g de beurre
- 400 g de sucre semoule
- 400 g de chocolat à cuire
- 8 œufs
- 4 cuillerées à soupe de farine
- 1 sachet de sucre vanillé
- 1 poignée de noix de pécan

20 min

25 min

2 h

LES CONSEILS DU CHEF

Émulsionnez bien le beurre au départ ce qui permettra d'avoir des brownies moelleux.

N'omettez pas de tamiser la farine.

Attention, ne versez pas le chocolat chaud dans la préparation.

VARIANTE

Les amateurs parfumeront, selon leur goût, d'un peu de rhum vieux, par exemple.

LA RECETTE

1. Faire fondre le beurre dans une jatte. Versez le sucre dans le beurre et émulsionnez-le au fouet électrique jusqu'à ce qu'il double de volume et blanchisse. **(A)**

2. Cassez les œufs un à un et ajoutez-les à la préparation précédente. Fouettez jusqu'à absorption complète de l'œuf avant d'en remettre un deuxième. **(B)**

3. Incorporez la farine passée au tamis fin à l'aide d'une spatule en bois. **(C)**

4. Faites fondre délicatement le chocolat. Lorsqu'il est refroidi mais non solidifié, versez-le dans la préparation précédente. Ajoutez le sachet de sucre vanillé, la poignée de noix de pécan, mélangez l'ensemble. Beurrez une plaque à four, versez et faites cuire une vingtaine de minutes à four moyen. Une fois refroidi, découpez des rectangles. **(D)**

LES VINS OU LES BOISSONS

Un chocolat chaud

A

B

C

D

BÛCHE DE NOËL

INGRÉDIENTS POUR 6 PERSONNES

Génoise
- 4 œufs
- 125 g de sucre
- 100 g de farine
- 1 noisette de beurre

Crème de marron au beurre
- 150 g de crème de marron
- 4 jaunes d'œufs
- 125 g de sucre
- 150 g de beurre
- 10 cl de jus d'orange
- 5 cl de rhum vieux
- 1 cuillerée à café d'extrait de vanille

LA RECETTE

1. Cassez quatre œufs dans un bol, incorporez le sucre et montez l'ensemble au fouet dans un bain-marie. Dès que votre préparation a triplé de volume, incorporez en remuant délicatement la farine. Beurrez soigneusement la plaque de votre four, saupoudrez-la de farine, versez la préparation à génoise, lissez correctement la surface et faites cuire dix minutes à four chaud. À la fin de la cuisson, démoulez sur un torchon. **(A)**

2. Déposez quatre jaunes d'œufs dans un saladier, versez le sucre dans une casserole, ajoutez deux cuillerées d'eau et faites cuire jusqu'à l'obtention d'un sirop épais. Montez les jaunes d'œufs au fouet électrique pendant environ dix minutes en fouettant régulièrement puis incorporez lentement le sucre bouillant sur les jaunes d'œufs. Fouettez la préparation jusqu'au refroidissement complet. **(B)**

3. Ajoutez maintenant le beurre légèrement ramolli et coupé en petits morceaux. Fouettez pendant une dizaine de minutes pour bien émulsionner et aérer votre crème au beurre. À la fin, versez l'extrait de vanille, incorporez la crème de marron, fouettez à nouveau quelques minutes et réservez. **(C)**

4. Mélangez le jus d'orange et le rhum. Badigeonnez votre génoise de ce mélange et imbibez-la bien. Enduisez-la de crème au beurre de marron et roulez-la en forme de bûche dans un torchon. **(D)**

5. Coupez en biais chaque extrémité de la bûche. Nappez le pourtour de la bûche avec le reste de crème de marron. Striez la surface à l'aide d'une fourchette, décorez selon votre inspiration avec des petits sujets de Noël, des champignons en meringue et saupoudrez d'un peu de poudre de cacao.

LES CONSEILS DU CHEF

Réalisez votre plaque de génoise la veille et réservez-la enveloppée dans un torchon pour qu'elle ne sèche pas. N'imbibez pas trop votre bande de génoise sinon vous auriez des difficultés pour la rouler.

L'important est de verser le sucre bouillant sur les jaunes d'œufs en fouettant énergiquement pour qu'ils ne cuisent pas. Le sirop ne doit pas être trop cuit, sinon, il se transformerait en caramel. Servez votre bûche fraîche mais non glacée. Vous pouvez saupoudrer votre bûche de sucre glace pour imiter la neige.

LES VINS OU LES BOISSONS

Une coupe de champagne

60 min

10 min

1 h

A

B

C

D

CAKE AU CHOCOLAT

INGRÉDIENTS POUR 4 PERSONNES

- 200 g de beurre
- 200 g de sucre
- 200 g de farine
- 1 sachet de sucre vanillé
- 1 sachet de levure
- 1 pincée de sel
- Le zeste d'un citron
- 4 œufs
- 1 pincée de cannelle
- 5 cl de Grand Marnier
- 5 cuillerées à soupe de pépites de chocolat noir
- Sucre glace

20 min

40 min

2 h

LES CONSEILS DU CHEF

Pour la réussite de cette recette, émulsionnez bien au départ le beurre avec le sucre ; la partie délicate consistera à bien amalgamer un à un les œufs dans la pâte.

Attention ! Faites cuire le cake à four moyen.

VARIANTE

Les amateurs ajouteront des fruits confits dans cette préparation.

LES VINS OU LES BOISSONS

Un thé

LA RECETTE

1. Versez le beurre dans une jatte, ajoutez le sucre, émulsionnez la préparation au fouet électrique jusqu'à ce qu'elle prenne une couleur blanchâtre. Cassez et ajoutez un à un les œufs en fouettant régulièrement la préparation afin de bien amalgamer l'ensemble. **(A)**

2. Râpez le zeste du citron, incorporez-le à la pâte, versez les pépites de chocolat, la pincée de cannelle. **(B)**

3. Ajoutez progressivement en remuant sans cesse la farine tamisée avec la pincée de sel, le sachet de levure et le sachet de sucre vanillé. Versez également le Grand Marnier et fouettez énergiquement la préparation. **(C)**

4. Beurrez le moule, farinez-le légèrement, versez la préparation et faites cuire à four moyen pendant environ trente à quarante minutes. Démoulez, saupoudrez de sucre glace et servez. **(D)**

A

B

C

D

CAKE AUX POIRES

INGRÉDIENTS POUR 5 PERSONNES

- 3 poires (à chair ferme)
- 1 citron
- 1 demi-cuillerée à café de cannelle en poudre
- 1 pincée de muscade
- 200 g de beurre
- 200 g de sucre
- 4 œufs
- 1 sachet de sucre vanillé
- 1 sachet de levure chimique
- 200 g de farine
- 1 noisette de beurre pour le moule
- 1 pincée de sel

LA RECETTE

1. Épluchez les poires, coupez-les en quartiers. Râpez le zeste d'un citron, pressez le jus, arrosez les poires avec ce jus, saupoudrez-les de cannelle, d'une pointe de muscade, mélangez et réservez. Dans un saladier, émulsionnez le beurre avec le sucre pendant quatre à cinq minutes afin qu'il blanchisse. **(A)**

2. Ajoutez progressivement dans la préparation précédente un à un les œufs et fouettez jusqu'à leur absorption par le mélange sucre-beurre. Ajoutez la levure. **(B)**

3. Incorporez maintenant la farine tamisée, ajoutez le zeste du citron, une pincée de sel et le sachet de sucre vanillé. Mélangez énergiquement l'ensemble. **(C)**

4. Beurrez soigneusement le moule, saupoudrez-le d'un peu de farine, disposez une couche de pâte au fond, déposez sur cette couche les morceaux de poires et renouvelez l'opération jusqu'à hauteur du moule. Faites cuire pendant environ trente minutes à four moyen. Assurez-vous de la cuisson en piquant le cake, la lame du couteau devrait ressortir sèche. **(D)**

LES CONSEILS DU CHEF

Pour éviter que les quartiers de poires ne tombent au fond du moule, enroulez-les dans la farine avant de les mettre dans votre pâte.

Surveillez bien la cuisson du cake, la température ne doit pas dépasser 170°C ou thermostat 5.

Démoulez le cake lorsqu'il est légèrement refroidi.

Ce cake accompagnera à merveille des petits déjeuners ou mieux encore, servez-le en dessert avec une crème anglaise.

20 min

30 min

LES VINS OU LES BOISSONS

Un monbazillac

A

B

C

D

CHARLOTTE AU CHOCOLAT

INGRÉDIENTS POUR 4 PERSONNES

- 2 boîtes de boudoirs
- 300 g de chocolat noir
- 100 g de beurre
- 80 g de sucre semoule
- 20 cl de jus de fruit de la Passion
- 1 cuillerée à café d'eau de fleurs d'oranger
- 5 œufs

35 min

5 min

5 h

LES CONSEILS DU CHEF

Réalisez cette préparation la veille pour la servir le lendemain.

Pour faciliter le démoulage, passez le moule sous l'eau chaude. Une fois démoulée, vous pouvez la décorer de quelques pointes de chantilly et la servir accompagnée d'une sauce au chocolat.

VARIANTE

Vous pouvez également, si vous le souhaitez, rajouter quelques pépites de chocolat dans la préparation à charlotte.

Les amateurs pourront parfumer éventuellement le chocolat au Grand Marnier.

LES VINS OU LES BOISSONS

Un jus de fruit de la Passion

LA RECETTE

1. Déposez une casserole au bain-marie, versez le chocolat et laissez-le fondre. Ajoutez le sucre, le beurre, mélangez. Cassez les œufs, réservez les blancs et incorporez les jaunes au chocolat. Remuez énergiquement et laissez refroidir sans qu'il se solidifie. **(A)**

2. Versez le jus de fruit de la Passion dans un grand bol, ajoutez l'eau de fleurs d'oranger, mélangez. Trempez les boudoirs dans la préparation et tapissez un moule à charlotte de boudoirs imbibés. **(B)**

3. Montez les blancs d'œufs en neige bien ferme, puis incorporez le chocolat lorsqu'il est refroidi mais non solidifié. Mélangez délicatement la préparation. **(C)**

4. Versez dans le moule un quart de la préparation au chocolat puis ajoutez une couche de boudoirs imbibés. Renouvelez l'opération jusqu'à hauteur du moule. Déposez au réfrigérateur et laissez refroidir pendant environ quatre heures. **(D)**

A

B

C

D

CHARLOTTE AUX FRAISES ET FRAMBOISES

INGRÉDIENTS POUR 4 PERSONNES

- 250 g de fraises
- 200 g de framboises
- 10 cl de kirsch fantaisie
- 10 cl de sirop de fraises
- 1 boîte de biscuit à la cuillère
- 1 pot de gelée de fraises
- 1 petit pot de gelée de framboises
- 20 cl de crème liquide
- 2 cuillerées à soupe de sucre glace

LA RECETTE

1. Versez le sirop de fraises et le kirsch dans un bol, remuez. Trempez les biscuits dans ce sirop et tapissez le pourtour de votre moule à charlotte. **(A)**

2. Lavez soigneusement les fraises, déposez une couche au fond du moule. **(B)**

3. Montez la crème fraîche en chantilly avec le sucre glace puis déposez une couche sur les fraises. **(C)**

4. Faites légèrement fondre la gelée de fraises et framboises au micro-ondes, versez une couche sur la crème chantilly. Renouvelez l'opération jusqu'au bord du moule en intercalant fraises, framboises, chantilly et gelée de fruits. Terminez par une couche de fruits. Déposez l'ensemble au réfrigérateur pendant au moins cinq heures avant de démouler et servez bien frais. **(D)**

LES CONSEILS DU CHEF

Montez votre crème chantilly bien ferme pour réaliser cette recette et surtout laissez-la au minimum quatre heures au réfrigérateur.

Pour un meilleur maintien, vous pourrez ajouter une ou deux feuilles de gélatine dans la gelée de fraises et de framboises.

Si cette charlotte est destinée aux enfants, diminuez la quantité de kirsch.

40 min

5 h

VARIANTE

Cette recette pourra être réalisée avec des abricots, des pêches, des poires ou tout autre fruit de saison.

LES VINS OU LES BOISSONS

Un muscat

A

B

C

D

CHOUX À LA CHANTILLY

INGRÉDIENTS POUR 4 PERSONNES

Pâte à choux
- 50 g de beurre
- 1 cuillerée à soupe de sucre semoule
- 100 g de farine
- 3 œufs
- 1 pincée de sel

Garniture
- 25 cl de crème liquide
- 1 sachet de sucre vanillé
- 2 cuillerées à soupe de sucre glace
- 1 jaune d'œuf

15 min

15 min

2 h

LES CONSEILS DU CHEF

Aplatissez bien la tête de vos choux à l'œuf battu afin qu'ils soient bien dorés.

Pour la réussite de votre chantilly, le bol doit être bien glacé et votre crème également bien froide ; réservez l'ensemble au réfrigérateur.

Ne remplissez surtout pas avec la chantilly lorsque les choux sont encore chauds.

LES VINS OU LES BOISSONS

Une coupe de champagne

LA RECETTE

1. Pour confectionner la pâte à choux, faites bouillir 25 cl d'eau froide dans une casserole, puis ajoutez le beurre, le sel et le sucre semoule. Lorsque le beurre est complètement fondu, retirez la casserole du feu, puis ajoutez la farine. Remettez sur le feu et remuez énergiquement en plein feu jusqu'à ce que la pâte se détache de la casserole. Retirez du feu puis cassez trois œufs et incorporez-les à la pâte un à un. Remplissez une poche à douille de cette préparation et déposez des petits choux sur la plaque du four. **(A)**

2. Écrasez légèrement la tête de vos choux avec une fourchette trempée dans l'œuf battu et faites cuire pendant une quinzaine de minutes à four chaud. **(B)**

3. Montez votre crème fraîche en chantilly, ajoutez le sachet de sucre vanillé et la moitié du sucre glace, fouettez énergiquement et réservez au réfrigérateur. **(C)**

4. Une fois cuits, retirez les choux du four, découpez un chapeau, laissez-les bien refroidir puis garnissez-les de crème chantilly à l'aide d'une poche à douille. Recouvrez du petit chapeau, saupoudrez de sucre glace et servez bien frais. **(D)**

A

B

C

D

COMPOTE DE FRUITS FRAIS

INGRÉDIENTS POUR 4 PERSONNES

- 300 g de fraises
- 300 g de cerises
- 8 abricots
- 4 pêches
- 1 citron
- 1 orange
- 1 gousse de vanille
- 1 pincée de muscade en poudre
- 1 pincée de cannelle
- 300 g de sucre semoule

LA RECETTE

1. Versez un litre et demi d'eau dans une casserole. Ajoutez le sucre, le zeste de l'orange, le zeste du citron, la pincée de poudre de muscade, la gousse de vanille et la pincée de cannelle. Ajoutez le jus du citron, le jus de l'orange et laissez cuire à feu doux pour réaliser un sirop. **(A)**

2. Lavez soigneusement les fraises et équeutez-les ; retirez la queue des cerises et dénoyautez-les ; pelez les pêches et coupez-les en quatre, puis coupez les abricots en deux. **(B)**

3. Dès que le sirop est cuit, passez-le au tamis et versez-le dans quatre casseroles différentes, que vous portez à ébullition. **(C)**

4. Incorporez chaque variété de fruit dans une casserole différente. Faites pocher les cerises pendant environ deux minutes, les fraises pendant une minute, les oreillons d'abricots pendant trois minutes et les pêches pendant cinq minutes. Laissez refroidir chaque fruit dans son sirop. Au moment de servir, mélangez l'ensemble. Décorez de quelques feuilles de menthe et servez la préparation bien glacée. **(D)**

LES CONSEILS DU CHEF

Séparez les fruits pour les cuire car la cuisson variera selon la variété du fruit.

Vous pourrez réaliser cette recette avec des fruits secs (pruneaux, abricots, etc.) que vous aurez préalablement fait gonfler.

L'important est de servir cette compote de fruits bien fraîche.

VARIANTE

Vous pouvez également mettre des pommes ou des poires dans ce type de préparation.

LES VINS OU LES BOISSONS

Un coteaux-du-layon

25 min

15 min

A

B

C

D

COMPOTE DE POMMES AU CARAMEL D'ORANGE

INGRÉDIENTS POUR 4 PERSONNES

- 5 pommes
- 150 g de sucre en poudre
- 60 g de beurre
- 20 cl de jus d'orange
- 1 pincée de cannelle
- 1 pincée de muscade
- 1 citron

LES CONSEILS DU CHEF

Il est important de ne pas laisser brûler le caramel sinon votre compote serait amère.

Faites bien fondre le sucre avec le jus d'orange avant d'incorporer les pommes.

Servez cette compote bien glacée ou légèrement tiède.

15 min

15 min

LA RECETTE

1. Épluchez l'ensemble des pommes, râpez le zeste du citron, pressez le jus et arrosez les pommes de jus de citron pour qu'elles ne noircissent pas. Dans une casserole, faites fondre le beurre, ajoutez le sucre et remuez sans cesse jusqu'à obtention d'un caramel. **(A)**

2. Lorsque le caramel atteint une belle couleur ambrée, versez le jus d'orange et de citron, remuez jusqu'à dissolution complète de tous les petits cristaux de sucre. Ajoutez une pointe de cannelle, une pointe de muscade ainsi que les zestes de citron râpés. **(B)**

3. Versez maintenant dans le caramel les quartiers de pommes, couvrez et laissez cuire à feu doux. **(C)**

4. Une fois la compote cuite, passez-la au moulin à légumes et servez. **(D)**

LES VINS OU LES BOISSONS

Un jus d'orange

A

B

C

D

CORNES DE GAZELLES

INGRÉDIENTS POUR 6 PERSONNES

- 250 g de farine
- 250 g de beurre
- 1 pincée de sel
- 150 g d'amandes en poudre
- 150 g de sucre semoule
- 1 œuf
- 2 cuillerées à soupe d'eau de fleurs d'oranger
- 1 pincée de cannelle
- Sucre glace

LA RECETTE

1. Coupez le beurre en petits morceaux et laissez-le ramollir. Tamisez la farine dans une jatte, ajoutez le sel fin, incorporez le beurre et commencez à pétrir la préparation. **(A)**

2. Ajoutez progressivement un demi-verre d'eau glacée, pétrissez bien. Roulez la pâte en boule, saupoudrez de farine et laissez-la reposer environ deux heures. **(B)**

3. Déposez les amandes en poudre dans un saladier, puis ajoutez le sucre, l'œuf entier, l'eau de fleurs d'oranger, une pincée de cannelle et pétrissez bien le tout. Réservez. **(C)**

4. Étalez la première pâte et coupez-la en petits rectangles. Avec la seconde pâte, roulez dans la paume de la main de petites quenelles de pâte d'amande que vous déposerez au centre de chaque petit rectangle. Roulez chaque rectangle en leur donnant la forme d'un croissant. Déposez sur une tôle à pâtisserie. Faites cuire au four à 150°C pendant vingt-cinq minutes , saupoudrez de sucre glace et servez. **(D)**

LES CONSEILS DU CHEF

Si vous disposez d'un petit batteur, utilisez-le pour réaliser la pâte de base ; saupoudrez d'un peu de farine afin qu'elle se décolle parfaitement. N'omettez pas de fariner votre table pour confectionner vos petits carrés de pâte.

Attention, veillez à travailler cette pâte dans un endroit frais.

Vous pouvez rouler les petites quenelles d'amande la veille et les réserver au réfrigérateur.

Cette pâtisserie se conservera très bien dans une boîte hermétique une fois cuite.

1 h

20 min

2 h

LES VINS OU LES BOISSONS

Un thé à la menthe

A

B

C

D

COURONNE DES ROIS AUX FRUITS SECS

INGRÉDIENTS POUR 5 PERSONNES

Pâte à brioche
- 250 g de farine
- 10 g de levure de boulanger
- 3 cuillerées à soupe de lait tiède
- 190 g de beurre extrafin
- 3 œufs
- 30 g de sucre semoule
- 10 g de sel fin

Garniture
- 50 g de raisins secs
- 15 pruneaux
- 10 bigarreaux
- 2 cuillerées à soupe de fruits confits hachés
- 1 œuf
- 1 demi-cuillerée à café d'eau de fleurs d'oranger
- 1 demi-cuillerée à café d'amande amère liquide

20 min

20 min

2 h

LES CONSEILS DU CHEF

Si vous craignez de ne pas réussir cette recette, achetez directement de la pâte à brioche chez votre boulanger.

Il ne vous restera qu'à parfumer cette pâte et à incorporer l'ensemble des fruits confits.

Attention, il est important que votre couronne soit bien gonflée avant de la mettre au four.

Pour la faire monter, elle doit être placée impérativement près d'une source de chaleur.

LES VINS OU LES BOISSONS

Une coupe de champagne

LA RECETTE

1. Pour confectionner la pâte à brioche, versez la farine dans un saladier. Délayez la levure de boulanger dans le lait. Malaxez le beurre à la spatule pour le réduire en crème ; il ne doit pas être fondu. Faites un puits dans la farine, versez-y le beurre, la levure diluée, les œufs entiers, le sucre et le sel. Incorporez peu à peu les ingrédients à la farine, puis ramassez la pâte en boule au milieu du saladier. Malaxez votre pâte, ajoutez l'eau de fleurs d'oranger, l'amande amère liquide, puis incorporez l'ensemble des raisins et fruits confits hachés. **(A)**

2. Malaxez votre pâte, roulez-la, incorporez progressivement des bigarreaux et quelques pruneaux. Roulez en forme de couronne et faites-la se rejoindre. **(B)**

3. Déposez votre couronne des rois sur une tôle à pâtisserie. Décorez de pruneaux, bigarreaux et fruits confits et laissez lever à température ambiante d'une cuisine ou à la porte de votre four pendant environ deux heures afin que votre galette double de volume. **(C)**

4. Une fois que votre galette des rois a gonflé, badigeonnez-la à l'œuf battu et faites-la cuire trente minutes à four moyen. **(D)**

A

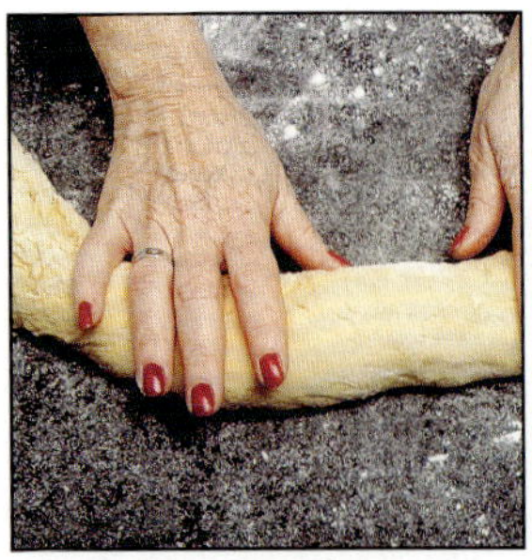

B

C

D

CRÊPES FOURRÉES AU FROMAGE BLANC

INGRÉDIENTS POUR 4 PERSONNES

Pâte à crêpes
- 250 g de farine
- 3 œufs
- 2 verres de lait
- 2 cuillerées à soupe de sucre semoule
- 2 cuillerées à soupe d'huile
- 1 pincée de sel

Garniture
- 200 g de fromage blanc
- 1 cuillerée à soupe de noisettes décortiquées
- 1 cuillerée à soupe de raisins secs
- 1 cuillerée à soupe de pistaches
- 15 cl de crème liquide
- 100 g de fruits confits hachés
- 1 cuillerée à café d'extrait de vanille
- 80 g de sucre cassonade

20 min

2 h

LA RECETTE

1. Pour confectionner la pâte à crêpes, versez la farine dans un saladier, faites un puits, cassez les œufs, ajoutez le sucre semoule et le sel. Mélangez bien. Mouillez avec le lait, puis ajoutez l'huile en continuant de mélanger. Laissez reposer la pâte pendant une heure. Confectionnez huit crêpes et laissez-les refroidir. **(A)**

2. Hachez les noisettes, les pistaches et les raisins secs, ajoutez l'extrait de vanille. **(B)**

3. Versez l'ensemble des fruits confits hachés, noisettes, pistaches et raisins secs dans le fromage blanc et mélangez l'ensemble. **(C)**

4. Montez les 15 cl de crème liquide en chantilly très épaisse, ajoutez le sucre cassonade, mélangez au fromage blanc et garnir vos crêpes de cette préparation. Laissez rafraîchir et servez. **(D)**

LES CONSEILS DU CHEF

Préparez vos crêpes la veille afin qu'elles soient bien froides le lendemain.

Vous pouvez également confectionner la préparation chantilly et fromage blanc la veille, vous n'aurez qu'à la fouetter énergiquement le lendemain avant d'en garnir vos crêpes.

LES VINS OU LES BOISSONS

Une bolée de cidre bouché

A

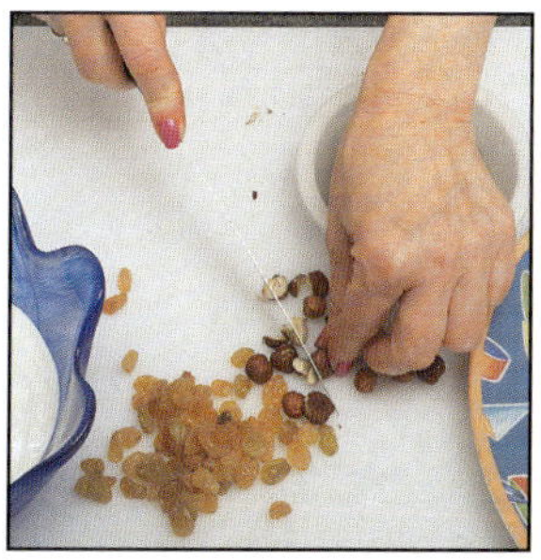

B

C

D

CRÊPES SOUFFLÉES

INGRÉDIENTS POUR 4 PERSONNES

Pâte à crêpes
- 250 g de farine
- 3 œufs
- Le jus d'une orange
- 2 cuillerées à soupe de sucre semoule
- 2 verres de lait
- 1 pincée de sel
- 2 cuillerées à soupe d'huile

Garniture
- 50 cl de lait
- 6 œufs
- 200 g de sucre semoule
- 75 g de farine
- 1 cuillerée à café d'extrait de vanille
- 1 orange
- 8 cl de Grand Marnier
- Sucre glace

25 min

10 min

1 h

LES CONSEILS DU CHEF

Vous pouvez réaliser vos crêpes à l'avance et les réserver au réfrigérateur.

Attention, lorsque vous transviderez la crème dans votre casserole, fouettez-la énergiquement jusqu'à la première ébullition, puis retirez-la immédiatement du feu.

La partie délicate consiste à mélanger délicatement les blancs d'œufs à la crème.

VARIANTE

Ces crêpes peuvent être confectionnées avec du rhum.

LES VINS OU LES BOISSONS

Un coteaux-du-layon

LA RECETTE

1. Pour confectionner la pâte à crêpes, versez la farine dans un saladier, faites un puits, cassez les œufs, ajoutez le jus d'une orange pressée, le sucre semoule et le sel. Mélangez bien. Mouillez avec le lait, puis ajoutez l'huile en continuant de mélanger. Laissez reposer une heure. Confectionnez les crêpes dans une grande poêle, puis laissez-les refroidir. **(A)**

2. Cassez six œufs et déposez les jaunes dans un bol, réservez les blancs. Ajoutez le sucre, fouettez énergiquement jusqu'à ce que la préparation blanchisse. Ajoutez le jus d'une orange, la farine. Portez le lait à ébullition, versez sur la préparation. Transvidez dans la casserole. Portez à nouveau à ébullition en fouettant sans cesse et réservez votre crème. **(B)**

3. Montez les six blancs d'œufs en neige bien ferme et incorporez-les délicatement à la préparation précédente lorsqu'elle est encore chaude. Mélangez délicatement, ajoutez un peu d'extrait de vanille et le Grand Marnier. **(C)**

4. Déposez au centre de chaque crêpe une louche de crème à soufflé. Refermez la crêpe en la pliant en quatre. Déposez-la sur une plaque beurrée et enfournez quinze minutes à 220 °C avant de servir bien chaud. Saupoudrez de sucre glace. **(D)**

A

B

C

D

CRÊPES SUZETTE

INGRÉDIENTS POUR 4 PERSONNES

Pâte à crêpes
- 250 g de farine
- 3 œufs
- 2 verres de lait
- 2 cuillerées à soupe de sucre semoule
- 2 cuillerées à soupe d'huile
- 1 pincée de sel

Garniture
- 3 oranges
- 2 citrons
- 150 g de sucre semoule
- 60 g de beurre
- 5 cl de cognac
- 10 cl de Grand Marnier

LA RECETTE

1. Pour confectionner la pâte à crêpes, versez la farine dans un saladier, faites un puits, cassez les œufs, ajoutez le sucre semoule et le sel. Mélangez bien. Mouillez avec le lait, puis ajoutez l'huile en continuant de mélanger. Laissez reposer la pâte pendant une heure. Confectionnez douze crêpes dans une poêle et réservez-les. **(A)**

2. Dans une grande poêle, versez le sucre, allumez le feu et laissez caraméliser. Dès que le caramel atteint une belle couleur ambrée, incorporez immédiatement le beurre que vous laissez fondre en remuant énergiquement. **(B)**

3. Pressez le jus d'orange et le jus de citron, puis versez-le dans le caramel. Ajoutez le zeste de l'orange et le zeste du citron, remuez énergiquement. **(C)**

4. Laissez réduire une minute puis trempez les crêpes dans ce sirop, pliez-les en quatre, retournez-les dans la préparation et déposez-les dans le coin d'une poêle. Dès que toutes les crêpes sont placées, versez le cognac et le Grand Marnier. Flambez-les et servez aussitôt. **(D)**

LES CONSEILS DU CHEF

Soyez très rapide lorsque le caramel aura atteint sa belle couleur ambrée, il faudra aussitôt incorporer le beurre afin qu'il ne soit pas amer.

Ayez soin de préparer vos jus et zestes respectifs avant la préparation du caramel.

L'opération délicate consistera à faire cuire quelques instants les crêpes dans le sirop avant de les plier et de les ranger dans le coin de la poêle.

N'omettez surtout pas de flamber vos crêpes.

15 min

1

1 h

LES VINS OU LES BOISSONS

Une coupe de champagne

A

B

C

D

DIPLOMATE AUX ABRICOTS

INGRÉDIENTS POUR 4 PERSONNES

- 1 boîte de biscuits à la cuillère
- 1 grosse boîte d'abricots
- 1 verre de liqueur d'abricot

Crème

- 6 œufs
- 1 litre de lait
- 200 g de sucre semoule
- 1 cuillerée à soupe d'extrait de vanille

Chantilly

- 200 g de crème fraîche
- 1 sachet de sucre vanillé

40 min

1 h

1 h

LES CONSEILS DU CHEF

Laissez votre diplomate une nuit complète au réfrigérateur.

L'important est de cuire cette préparation au bain-marie.

Fouettez abondamment les œufs afin qu'ils blanchissent bien avant d'incorporer le lait bouillant.

VARIANTE

Dans votre sauce, vous pouvez ajouter une goutte de rhum.

Vous pouvez aussi remplacer les biscuits par du pain brioché (500 g environ).

LES VINS OU LES BOISSONS

Un vin blanc de Banyuls

LA RECETTE

1. Égouttez les abricots et réservez le sirop. Beurrez un moule à charlotte. Disposez au fond du moule une rangée d'abricots. Mélangez le sirop d'abricot au verre de liqueur d'abricot. Imbibez les boudoirs et tapissez le fond de votre moule avec une rangée de boudoirs. Réservez l'ensemble au réfrigérateur. **(A)**

2. Cassez les œufs dans une jatte ; ajoutez l'extrait de vanille, versez le sucre et fouettez abondamment la préparation à l'aide d'un fouet électrique jusqu'à ce que le mélange blanchisse. **(B)**

3. Portez le lait à ébullition et versez sur la crème en fouettant énergiquement. Laissez refroidir la préparation. **(C)**

4. Versez la crème refroidie sur la première couche de boudoirs. Ajoutez maintenant une nouvelle couche d'abricots et de boudoirs et renouvelez l'opération jusqu'à hauteur du moule. Terminez par une couche de crème. Faites cuire votre diplomate au bain-marie pendant environ une heure, four moyen (180 °C). Laissez refroidir une nuit au réfrigérateur. Montez la crème fraîche et le sachet de vanille en chantilly. Décorez votre diplomate de chantilly et d'oreillons d'abricots restants et servez bien frais. **(D)**

A

B

C

D

DARTOIS AUX POMMES

INGRÉDIENTS POUR 6 PERSONNES

- 6 pommes
- 400 g de pâte feuilletée prête à étaler
- 1 œuf
- 150 g de sucre
- 40 g de beurre
- 1 pincée de cannelle
- 1 pincée de muscade
- 5 cl de calvados

LA RECETTE

1. Épluchez les pommes, coupez-les en quartiers. Placez la poêle sur le feu, versez le beurre, incorporez les pommes, ajoutez le sucre et faites revenir l'ensemble à feu vif en laissant prendre une légère coloration aux pommes. **(A)**

2. Ajoutez la pincée de cannelle, la muscade, le calvados, flambez la préparation et laissez refroidir. Étalez une large bande de pâte feuilletée sur votre plaque de four, disposez au centre les pommes confites refroidies. Badigeonnez le pourtour à l'œuf battu. **(B)**

3. Refermez la bande de feuilletée sur elle-même, pincez bien les bords. **(C)**

4. Badigeonnez la surface de votre dartois à l'œuf battu. Rayez le dessus avec la lame d'un couteau. Pointez légèrement les bords et faites cuire à four chaud pendant environ trente-cinq minutes. **(D)**

LES CONSEILS DU CHEF

Il est préférable d'utiliser pour cette recette des pommes qui ne rendent pas beaucoup d'eau.

Laissez bien évaporer l'eau de cuisson des pommes lorsque vous les ferez revenir.

N'omettez pas de flambez le calvados pour en retirer l'acidité.

Une fois cuit, ce dessert peut s'accompagner d'un coulis de pommes et peut être servi froid ou tiède.

20 min

30 min

LES VINS OU LES BOISSONS

Une bolée de cidre brut

A

B

C

D

FORÊT-NOIRE

INGRÉDIENTS POUR 4 PERSONNES

- 200 g de chocolat à cuire
- 125 g de beurre
- 4 œufs
- 2 cuillerées à soupe de Maïzena
- 30 cl de crème liquide
- 2 cuillerées à soupe de rhum vieux
- 2 cuillerées à soupe de sucre glace
- 1 demi-cuillerée à café d'orange amère
- 1 boîte 4/4 de bigarreaux rouges confits
- 5 cuillerées à soupe de copeaux de chocolat

30 min

20 min

4 h

LES CONSEILS DU CHEF

Confectionnez ce biscuit la veille afin qu'il soit complètement froid le lendemain avant de le garnir de votre préparation.

Vous pouvez réaliser cette recette en utilisant tout simplement une génoise au chocolat.

Pour éviter que votre forêt-noire ne soit trop sèche, imbibez bien votre biscuit.

Pour réussir la chantilly, montez-la lorsqu'elle est bien froide.

VARIANTE

Vous pouvez réaliser le même gâteau en remplaçant les bigarreaux confits par de la confiture d'orange.

LES VINS OU LES BOISSONS

Une coupe de champagne

LA RECETTE

1. Séparez les blancs des jaunes d'œufs, réservez les blancs. Faites fondre le chocolat au four à micro-ondes puis incorporez les jaunes d'œufs, remuez énergiquement et ajoutez la Maïzena et le beurre fondu. Égouttez les bigarreaux. **(A)**

2. Montez les blancs d'œufs en neige et incorporez-les à la préparation précédente, ajoutez l'orange amère. Versez le mélange obtenu dans un moule à génoise préalablement beurré et faites cuire vingt minutes à four moyen à 180 °C. Une fois cuit, laissez refroidir et démoulez. **(B)**

3. Coupez votre gâteau en trois disques d'égale épaisseur. Imbibez chaque disque de sirop de bigarreaux mélangé au rhum vieux. **(C)**

4. Montez la crème fraîche en chantilly, ajoutez deux cuillerées à soupe de sucre glace. Disposez le disque du dessous sur un grand plat de service. Étalez une couche de chantilly sur ce disque, puis ajoutez une couche de bigarreaux rouges confits. Renouvelez l'opération avec les trois disques. Terminez en recouvrant d'une mince couche de chantilly, saupoudrez de copeaux de chocolat, décorez selon votre inspiration et servez frais mais non glacé. **(D)**

A

B

C

D

GALETTE DES ROIS À LA FRANGIPANE

INGRÉDIENTS POUR 4 PERSONNES

- 400 g de pâte feuilletée prête à étaler (2 fois 200 g)
- 2 œufs
- 100 g d'amandes en poudre
- 100 g de sucre semoule
- 200 g de beurre
- 1 cuillerée à soupe de rhum vieux
- 1 jaune d'œuf
- 1 fève

LA RECETTE

1. Versez l'amande en poudre dans un bol. Ajoutez le sucre semoule, mélangez l'ensemble. Incorporez deux œufs et les 200 g de beurre ramolli. Malaxez énergiquement l'ensemble. **(A)**

2. Ajoutez le rhum vieux, remuez à nouveau énergiquement et réservez votre crème frangipane. **(B)**

3. Étalez deux disques de feuilletage de même dimension. Déposez au centre votre crème. **(C)**

4. Badigeonnez le pourtour du premier disque au jaune d'œuf battu, déposez la deuxième couche de pâte feuilletée et fermez hermétiquement les bords. Badigeonnez l'ensemble à l'œuf battu. Striez à l'aide de la lame d'un couteau la surface de votre galette des rois et faites cuire à four moyen pendant environ quarante minutes. N'omettez pas d'ajouter la fève. **(D)**

LES CONSEILS DU CHEF

Vous pouvez réaliser la pâte d'amandes la veille et la réserver au réfrigérateur afin qu'elle soit froide.

Étalez votre feuilletage sur environ un demi-centimètre d'épaisseur.

N'omettez pas de badigeonner votre galette des rois à l'œuf battu, sinon elle manquerait de couleur. Striez-la selon votre inspiration.

VARIANTE

Les amateurs rajouteront un peu d'extrait d'amande amère dans la préparation de frangipane aux amandes.

20 min

40 min

2 h

LES VINS OU LES BOISSONS

Une coupe de champagne

A

B

C

D

GÂTEAU À LA NOIX DE COCO

INGRÉDIENTS POUR 6 PERSONNES

- 1 rouleau de pâte brisée prête à étaler
- 200 g de noix de coco râpée
- 80 g de sucre semoule
- 60 g de beurre
- 3 œufs
- 1 cuillerée à soupe d'extrait de vanille
- 5 cl de rhum vieux

Crème pâtissière

- 50 cl de lait
- 2 œufs
- 100 g de farine
- 125 g de sucre semoule
- 30 g de beurre

Gâteaux, crêpes et beignets

25 min

30 min

2 h

LES CONSEILS DU CHEF

Si vous le souhaitez, vous pouvez utiliser de la noix de coco fraîche pour réaliser ce gâteau, il sera bien meilleur.

Vous pouvez également utiliser de la pâte feuilletée, mais prenez soin de bien piquer le fond de votre tarte.

LES VINS OU LES BOISSONS

Un punch à la noix de coco

LA RECETTE

1. Pour préparer la crème pâtissière, faites chauffer le lait dans une casserole. Cassez les œufs dans un saladier, battez en omelette. Ajoutez le sucre et continuez à mélanger jusqu'à ce que le mélange soit blanc. Incorporez la farine, versez ensuite le lait bouillant sans cesser de remuer. Versez toute la préparation dans une casserole et posez sur feu doux. Faites cuire sans cesser de remuer à la spatule d'un mouvement régulier jusqu'au premier bouillon. Retirez la casserole du feu et laissez refroidir. Ajouter alors le beurre en petits morceaux. Versez la crème pâtissière dans un grand bol. **(A)**

2. Ajoutez les œufs un à un, le rhum vieux et l'extrait de vanille. Fouettez énergiquement la préparation. **(B)**

3. Incorporez la noix de coco râpé, mélangez et réservez. **(C)**

4. Foncez votre moule à tarte avec la pâte brisée, piquez abondamment le fond, versez la préparation et faites cuire trente minutes à four moyen. En fin de cuisson, saupoudrez d'un peu de noix de coco râpée que vous aurez réservée. Passez deux minutes sous le grilloir du four et servez tiède ou froid. **(D)**

A

B

C

D

GÂTEAU BRETON

INGRÉDIENTS POUR 6 PERSONNES

- 250 g de farine
- 150 g de sucre semoule
- 150 g de beurre
- 3 œufs entiers
- 1 jaune d'œuf
- 5 cl de rhum vieux
- 1 pincée de sel

LA RECETTE

1. Déposez le beurre ramolli dans une jatte et remuez énergiquement. Ajoutez le sucre et mélangez, au fouet électrique, jusqu'à ce que la préparation blanchisse. **(A)**

2. Ajoutez une pincée de sel et cassez un à un les œufs dans la préparation, laissez-les bien s'amalgamer. **(B)**

3. Incorporez la farine, le rhum vieux et mélangez. Beurrez soigneusement le moule et farinez-le. **(C)**

4. Versez la préparation dans le moule, tapotez-le afin qu'elle soit bien uniforme, badigeonnez la surface de votre gâteau breton avec le jaune d'œuf. Striez la pâte et faites cuire quarante minutes à four moyen à environ 180 °C. **(D)**

LES CONSEILS DU CHEF

La réussite de cette recette dépendra de la qualité et de la façon d'émulsionner le sucre et le beurre.

Pour donner un peu plus de volume à cette préparation, vous pouvez ajouter à votre gâteau un demi-sachet de levure, il sera ainsi moins compact.

N'omettez pas de le badigeonner d'œuf battu afin qu'il soit bien doré.

15 min

40 min

LES VINS OU LES BOISSONS

Une bolée de cidre

A

B

C

D

GÂTEAU AU YAOURT

INGRÉDIENTS POUR 4 PERSONNES

- 1 yaourt nature
- 1 pot à yaourt rempli de sucre en poudre
- 3 pots à yaourt rempli de farine
- 1 demi-pot à yaourt rempli d'huile
- 2 œufs
- 2 cuillerées à soupe de rhum vieux
- 1 sachet de levure chimique
- 1 noisette de beurre pour le moule

10 min

25 min

VARIANTE

Si vous souhaitez parfumer votre gâteau à la vanille, utilisez un yaourt à la vanille. Vous pouvez aussi, la veille, faire macérer dans un verre un quart de bâton de vanille avec les deux cuillerées à soupe de rhum.

Les amateurs peuvent rajouter dans ce gâteau quelques petits morceaux de pommes ou quelques raisins secs pour agrémenter le gâteau aux yaourts, et le saupoudrer d'un peu d'amandes effilées avant la cuisson.

LA RECETTE

1. Tamisez la farine dans un bol, ajoutez les œufs. **(A)**

2. Versez le yaourt, la levure, l'huile et mélangez. **(B)**

3. Incorporez le rhum vieux, le sucre en poudre et mélangez énergiquement la préparation jusqu'à obtention d'une pâte très homogène. **(C)**

4. Beurrez soigneusement le moule, versez la pâte dans le moule et faites cuire environ vingt-cinq minutes à four moyen. Saupoudrez d'un peu de sucre glace. **(D)**

LES VINS OU LES BOISSONS

Un monbazillac

A

B

C

D

GÂTEAU DE SAVOIE

INGRÉDIENTS POUR 5 PERSONNES

- 6 œufs
- 200 g de sucre semoule
- 100 g de farine
- 1 noix de beurre

LA RECETTE

1. Cassez les œufs, séparez le blanc du jaune. Réservez le blanc et déposez les jaunes dans un saladier. Versez le sucre puis émulsionnez la préparation jusqu'à ce qu'elle double de volume en blanchissant. **(A)**

2. Tamisez la farine sur la préparation précédente en remuant délicatement. **(B)**

3. Montez les six blancs d'œufs en neige, puis incorporez-les à la préparation précédente en aérant bien le mélange. **(C)**

4. Beurrez soigneusement votre moule, farinez-le, tapotez-le pour en extraire un maximum de farine. Versez la pâte et faites cuire à four moyen à 180 °C pendant trente minutes. **(D)**

LES CONSEILS DU CHEF

Au départ, émulsionnez bien les jaunes d'œufs avec le sucre pour la réussite de votre gâteau.

Prenez soin de tamiser la farine, le gâteau sera plus léger.

La partie délicate consistera à mélanger les blancs d'œufs à la préparation, il faut donc les manier avec souplesse.

Vous pouvez ajouter un peu de poudre de chocolat dans la pâte.

15 min

20 min

LES VINS OU LES BOISSONS

Un chocolat chaud

A

B

C

D

GÂTEAU DE RIZ

INGRÉDIENTS POUR 5 PERSONNES

- 250 g de riz
- 1 litre de lait
- 1 gousse de vanille
- 100 g de sucre semoule
- 10 morceaux de sucre
- 150 g de beurre
- 4 œufs
- 1 pincée de sel
- 1 sachet de raisins secs
- 8 cl de rhum vieux

20 min

45 min

45 min

LES CONSEILS DU CHEF

Utilisez pour cette recette du riz long américain.

Il est important de bien faire bouillir le riz avant de l'incorporer dans le lait.

Attention, incorporez les œufs au riz hors du feu afin qu'ils ne cuisent pas.

Il est important de bien faire tremper les raisins secs dans le rhum vieux.

LES VINS OU LES BOISSONS

Un sauternes

LA RECETTE

1. Versez le lait dans une casserole. Coupez la gousse de vanille en deux et faites chauffer le lait à petit feu. Dans une autre casserole contenant de l'eau, versez le riz, portez à ébullition pendant environ trois minutes. Égouttez-le, lavez-le. **(A)**

2. Versez le riz lavé dans la casserole de lait et laissez cuire. Dès que tout le lait est absorbé par le riz, versez le sucre, mélangez énergiquement et terminez la cuisson deux minutes à feu doux. **(B)**

3. Faites tremper les raisins dans le rhum pendant environ quarante-cinq minutes. Une fois gonflés, égouttez-les et versez le rhum dans le riz. Battre les œufs en omelette et versez-les dans le riz en remuant énergiquement l'ensemble. Hors du feu, ajoutez une pincée de sel et le beurre fondu. **(C)**

4. Confectionnez un caramel avec les morceaux de sucre, versez-le au fond de votre moule. Incorporez maintenant les raisins secs au riz, remuez. Garnissez le moule de la préparation et faites cuire une bonne demi-heure à four chaud au bain-marie. Une fois cuit, laissez refroidir avant de démouler. **(D)**

A

B

C

D

GÂTEAU TUNISIEN AUX FIGUES

INGRÉDIENTS POUR 4 PERSONNES

- 250 g de figues sèches
- 400 g de semoule de blé (grosseur moyenne)
- 1 zeste de citron
- 1 zeste d'orange
- 1 gousse de vanille
- 1 cuillerée à café d'extrait d'amandes amères
- 25 cl d'huile
- 2 pincées de cannelle
- 250 g de sucre en poudre
- 1 cuillerée à café d'eau de fleurs d'oranger
- 50 g d'amandes effilées

LA RECETTE

1. Retirez la queue des figues, coupez-les grossièrement, puis déposez-les dans un bol mixeur. Ajoutez les amandes effilées. Râpez le zeste d'un morceau de citron et d'un morceau d'orange. Mélangez l'ensemble jusqu'à obtention d'une pâte homogène. **(A)**

2. Versez la semoule dans un grand récipient. Chauffez l'huile. Lorsqu'elle est moyennement chaude, versez sur la semoule en mélangeant pour bien répartir l'huile. Remuez énergiquement puis arrosez avec 25 cl d'eau, la cuillerée à café d'eau de fleurs d'oranger. Travaillez la semoule de manière à obtenir une pâte ; si nécessaire, ajoutez un peu d'eau. **(B)**

3. Beurrez le fond du moule et tapissez-le avec une couche de semoule. Répartissez au milieu une couche de pâte de figue en étalant régulièrement la préparation. Recouvrez le tout de semoule et faites cuire à four moyen pendant environ trente minutes. **(C)**

4. Pendant ce temps, confectionnez un sirop avec les 250 g de sucre. Ajoutez une gousse de vanille, la cannelle et l'extrait d'amandes amères. À la sortie du four, arrosez votre gâteau du sirop et servez de préférence tiède. **(D)**

LES CONSEILS DU CHEF

Huilez ou beurrez bien votre moule pour faciliter le démoulage du gâteau.

L'important est de bien malaxer la préparation : semoule, huile, eau ; vous pouvez éventuellement rajouter un œuf dans celle-ci.

VARIANTE

Vous pouvez remplacer les figues par des dattes ou des pruneaux bien secs.

20 min

30 min

LES VINS OU LES BOISSONS

Un thé à la menthe

A

B

C

D

GÂTEAU DE SEMOULE AUX FRUITS CONFITS

INGRÉDIENTS POUR 4 PERSONNES

- 1 litre de lait
- 3 œufs
- 250 g de fruits confits
- 150 g de semoule de blé fine
- 50 g de beurre
- 150 g de sucre en poudre
- 1 sachet de sucre vanillé

10 min

35 min

2 h

LES CONSEILS DU CHEF

Utilisez de la semoule fine pour cette recette.

N'omettez pas de bien beurrer le moule avant de verser votre préparation à semoule.

Et, surtout, surveillez bien la cuisson au four.

Démoulez votre gâteau à chaud, cela vous facilitera la tâche.

VARIANTE

Les amateurs rajouteront une petite pointe de kirsch dans la semoule juste avant de mettre le gâteau au four.

Vous pouvez également rajouter quelques raisins secs préalablement trempés dans du rhum vieux.

LA RECETTE

1. Versez le lait dans une casserole et faites-le bouillir. Ajoutez le sucre vanillé, le beurre, le sucre en poudre, remuez, portez à nouveau à ébullition. **(A)**

2. Coupez finement les fruits confits, puis versez la semoule dans le lait en ébullition. Fouettez énergiquement au début et remuez sans cesse à l'aide d'une cuillère en bois pendant la cuisson de votre semoule. **(B)**

3. Aux trois quarts de la cuisson, incorporez les fruits confits coupés finement et terminez la cuisson à feu doux. **(C)**

4. Battez les œufs en omelette, puis incorporez-les dans votre semoule. Versez dans un moule et faites cuire au bain-marie pendant environ vingt-cinq minutes. **(D)**

LES VINS OU LES BOISSONS

Un coteaux-du-layon bien glacé

A

B

C

D

KISSEL

INGRÉDIENTS POUR 6 PERSONNES

- 300 g de fraises
- 200 g de cerises
- 200 g de framboises
- 1 boîte 4/4 de bigarreaux au sirop
- 120 g de sucre en poudre
- 2 citrons
- 20 g de fécule de pommes de terre
- 5 cl de cognac
- 3 cl d'extrait d'amande amère

LA RECETTE

1. Ouvrez la boîte de bigarreaux, égouttez-les et réservez le jus. Faites tremper les fraises dans de l'eau, nettoyez-les ainsi que les framboises. Pour faire un sirop, versez le jus des bigarreaux dans une casserole, ajoutez le jus des deux citrons, le sucre et portez à ébullition. Laissez cuire à feu doux. **(A)**

2. Une fois nettoyés, mélangez l'ensemble des fruits puis versez le cognac. **(B)**

3. Délayez la fécule de pommes de terre avec un peu d'eau et versez dans le sirop bouillant en remuant constamment. Retirez du feu lorsque la sauce est bien liée. Ajoutez l'extrait d'amande amère, mélangez. **(C)**

4. Versez la préparation sur les fruits rouges, mélangez délicatement. Laissez refroidir puis mettez au réfrigérateur. Servez cette préparation bien glacée. **(D)**

LES CONSEILS DU CHEF

Utilisez de préférence des bigarreaux dénoyautés pour cette recette.

Vous pouvez aussi mettre quelques feuilles de menthe pour la préparation et ajouter quelques mûres bien fraîches.

Vous pourrez accompagner ce dessert d'une boule de glace à la vanille.

Il est important de servir cette préparation bien glacée.

LES VINS OU LES BOISSONS

Un verre de kirsch

A

B

C

D

20 min

5 min

4 h

ÎLE FLOTTANTE

Gâteaux, crêpes et beignets

INGRÉDIENTS POUR 4 PERSONNES

- 6 œufs
- 1 litre de lait
- 2 citrons
- 200 g de sucre semoule
- 1 cuillerée à soupe d'amandes en poudre
- 1 cuillerée à soupe d'amandes effilées
- 1 gousse de vanille
- 10 morceaux de sucre

25 min

30 min

LES CONSEILS DU CHEF

Faites attention de ne pas brûler le caramel, car votre préparation serait amère.

Pochez les blancs d'œufs dans une casserole d'eau, ils seront beaucoup plus légers que si vous le faites dans du lait.

N'omettez pas de retirer la gousse de vanille avant de terminer votre crème.

LES VINS OU LES BOISSONS

Un verre d'eau

LA RECETTE

1. Cassez les œufs, déposez les jaunes dans un bol, réservez les blancs. Versez 150 g de sucre sur les jaunes d'œufs et fouettez-les jusqu'à ce qu'ils blanchissent et deviennent mousseux. **(A)**

2. Faites bouillir le lait avec la gousse de vanille. Préparez une crème anglaise. Retirez la gousse de vanille du lait bouillant. Versez celui-ci peu à peu sur le mélange sucre-œufs. Procédez très doucement au début afin de ne pas coaguler les œufs. Remettez tout le mélange dans la casserole et laissez épaissir sur feu doux en remuant sans arrêt avec une cuillère en bois. La crème est cuite dès que le mélange nappe la cuillère. Versez la crème dans un récipient froid. **(B)**

3. Montez les blancs d'œufs en neige, ajoutez le reste du sucre à la fin et les amandes en poudre. Fouettez à nouveau énergiquement et faites pocher des écumoires de blancs d'œufs dans une casserole d'eau en ébullition. Retournez-les et égouttez-les sur un papier absorbant. **(C)**

4. Déposez les blancs d'œufs pochés sur la crème anglaise refroidie. Confectionnez un caramel avec les morceaux de sucre dans lequel vous incorporerez les amandes effilées. Nappez les blancs d'œufs de ce caramel, laissez refroidir et servez. **(D)**

A

B

C

D

MARQUISE AU CHOCOLAT

INGRÉDIENTS POUR 8 PERSONNES

- 250 g de chocolat à cuire
- 200 g de beurre
- 200 g de sucre
- 6 œufs
- 10 cl de crème liquide
- 2 cuillerées à soupe de cacao amer
- 1 verre de Grand Marnier

LA RECETTE

1. Cassez les œufs, séparez les jaunes des blancs d'œufs, réservez les blancs. Dans un saladier, déposez le beurre, ajoutez la moitié du sucre et émulsionnez abondamment l'ensemble au fouet électrique. Ajoutez les jaunes d'œufs, émulsionnez à nouveau trois à quatre minutes et réservez votre préparation. **(A)**

2. Versez le chocolat dans une casserole, ajoutez un peu d'eau, le reste du sucre et le Grand Marnier. Laissez fondre à feu très doux puis laissez refroidir. **(B)**

3. Ajoutez au mélange beurre-sucre-œufs la poudre de cacao amer, puis le chocolat refroidi mais non solidifié. Montez les blancs d'œufs en neige. Montez la crème fraîche en chantilly. **(C)**

4. Incorporez la crème chantilly au mélange chocolat, ajoutez les blancs d'œufs, mélangez délicatement l'ensemble avec une spatule en bois. Garnissez votre moule, puis placez-le au réfrigérateur pendant au moins cinq heures. Démoulez et servez aussitôt. **(D)**

LES CONSEILS DU CHEF

Émulsionnez bien au départ le beurre et le sucre et laissez doubler de volume votre préparation, votre marquise n'en sera que plus légère.

Veillez à ne mettre le chocolat dans la préparation que lorsque celui-ci sera refroidi mais non solidifié.

Pour faciliter la montée de la crème chantilly, veillez à ce qu'elle soit bien froide et incorporez délicatement à la fin avec les blancs d'œufs montés en neige.

Petite astuce : pour faciliter le démoulage, plongez le fond du moule dans une cuvette d'eau chaude.

20 min

5 min

5 h

LES VINS OU LES BOISSONS

Une coupe de champagne

A

B

C

D

MADELEINES

INGRÉDIENTS POUR 4 PERSONNES

- 150 g de farine
- 150 g de sucre en poudre
- 125 g de beurre
- 3 œufs
- 1 pincée de sel
- 1 cuillerée à café d'extrait de vanille
- 1 zeste de citron

10 min

10 min

LES CONSEILS DU CHEF

Votre beurre doit être fondu mais non brûlant.

Pour des madeleines au chocolat, ajoutez dans la préparation un peu de poudre de cacao.

Vous pouvez aussi tremper la face bombée de la madeleine dans un peu de chocolat fondu et laisser durcir avant de servir.

VARIANTE

Les amateurs peuvent rajouter un soupçon de kirsch pour parfumer les madeleines.

Vous pouvez faire des madeleines au citron en ajoutant un zeste de citron à la place de la vanille.

Pour des madeleines pralinées, remplacez la vanille par 60 g d'amandes en poudre ; pour des madeleines à la crème de riz, remplacez 150 g de farine par 125 g de crème de riz.

LES VINS OU LES BOISSONS

Un chocolat chaud

LA RECETTE

1. Cassez les œufs dans une jatte ; ajoutez la pincée de sel, le sucre et fouettez énergiquement l'ensemble pour obtenir un mélange mousseux et blanchi. **(A)**

2. Faites fondre le beurre puis incorporez-le progressivement à la préparation précédente. Fouettez énergiquement. Ajoutez le zeste de citron et une cuillerée à café d'extrait de vanille. **(B)**

3. Incorporez progressivement la farine tamisée avec précaution, remuez et laissez reposer quelques minutes. **(C)**

4. Beurrez soigneusement les moules à madeleines, garnissez-les avec la préparation et faites cuire à four chaud pendant huit à dix minutes. Démoulez et servez. **(D)**

A

B

C

D

MOKA

INGRÉDIENTS POUR 5 PERSONNES

Génoise
- 4 œufs
- 125 g de sucre semoule
- 140 g de farine
- 80 g de beurre
- 1 pincée de sel fin

Garniture
- 150 g de beurre
- 150 g de sucre en poudre
- 3 jaunes d'œufs
- 1 cuillerée à soupe d'extrait de café
- 15 cl de jus d'orange
- 5 cl de fine champagne
- 1 sachet d'amandes hachées
- 50 g de grains de café-sucre
- 20 cerises confites

LA RECETTE

1. Coupez le beurre en petits morceaux, laissez-le ramollir. Versez le sucre dans une casserole, ajoutez deux cuillerées à soupe d'eau et laissez cuire afin d'obtenir un sirop épais. Cassez les œufs, versez les jaunes dans une jatte, puis émulsionnez-les au fouet électrique pour qu'ils blanchissent. Ajoutez ensuite progressivement le sirop bouillant sur les œufs. Fouettez énergiquement la préparation et tournez jusqu'à refroidissement complet de la préparation. **(A)**

2. Réduisez le beurre en pommade dans une autre jatte. Lorsqu'il est onctueux, incorporez-le peu à peu dans la préparation précédente, émulsionnez abondamment pendant au moins dix minutes puis ajoutez l'extrait de café, mélangez et réservez votre crème au beurre. **(B)**

3. Pour confectionner la génoise, cassez les œufs dans une jatte, ajoutez une pincée de sel et le sucre semoule. Mettez à chauffer la jatte au bain-marie tout en battant le mélange au fouet jusqu'à ce qu'il triple de volume (l'eau du bain-marie ne doit jamais bouillir). Retirez la jatte du bain-marie, versez la farine en pluie, puis mélangez délicatement avec une spatule en bois. Faites fondre le beurre dans une petite casserole ; laissez-le tiédir. Versez le beurre fondu et terminez le mélange. Beurrez un moule de 22 cm rond ou carré. Versez la pâte dans le moule et laissez cuire 30 minutes à four chaud à 180 °C. Séparez votre génoise en trois disques, mélangez la fine champagne au jus d'orange et imbibez légèrement vos disques de génoise. **(C)**

4. Tartinez largement chaque couche de génoise de crème au beurre, puis superposez vos génoises. Terminez l'opération en nappant le pourtour de votre gâteau de crème au beurre, également à la surface. Faites griller les amandes hachées sous le grilloir de votre four ; une fois refroidies, collez-les sur le pourtour de votre gâteau. Décorez de grains de café sucre et de cerises confites, selon votre inspiration. **(D)**

LES CONSEILS DU CHEF

Réalisez la génoise la veille pour qu'elle soit froide lors du nappage de crème au beurre. L'opération délicate consiste à incorporer le sirop bouillant dans les œufs : cela doit se faire progressivement en fouettant énergiquement. Ne laissez pas trop cuire le sucre de peur qu'il se caramélise, il se collerait au fouet. Incorporez le beurre dans la crème lorsque le mélange œuf-sucre a totalement refroidi. Passez le moka pendant une heure au réfrigérateur avant de le servir.

LES VINS OU LES BOISSONS

Un gewurztraminer

1 h

10 min

2 h

A

B

C

D

ŒUFS À LA NEIGE DE CAFÉIÈRE

INGRÉDIENTS POUR 4 PERSONNES

- 6 œufs
- 1 litre de lait
- 2 cuillerées à soupe de Nescafé
- 1 sachet de sucre vanillé
- 200 g de sucre
- 1 citron
- 10 morceaux de sucre

20 min

15 min

4 h

LES CONSEILS DU CHEF

Faites attention de ne pas brûler le caramel, car vos œufs à la neige risqueraient d'être amers.

Vous pouvez, à la place du caramel, utiliser du chocolat en poudre pour cette même préparation.

Les amateurs du « tout-café » rajouteront du Nescafé en poudre dans les blancs d'œufs.

LES VINS OU LES BOISSONS

Un sauternes

LA RECETTE

1. Portez le lait à ébullition. Ajoutez le Nescafé délayé dans une partie du lait, incorporez le sucre vanillé et fouettez énergiquement. **(A)**

2. Cassez les œufs et versez les jaunes dans une autre casserole, réservez les blancs. Incorporez 150 g de sucre aux jaunes d'œufs et fouettez afin de bien émulsionner la préparation. Versez sur cette préparation le lait bouillant au café. Remuez bien, transvidez dans la casserole, faites frémir votre crème sur le feu en la remuant sans cesse, puis laissez-la refroidir dans un plat de service. **(B)**

3. Montez les blancs d'œufs en neige, ajoutez quelques gouttes de jus de citron et le reste du sucre. Portez une casserole d'eau à ébullition puis disposez vos blancs d'œufs sur l'eau. Retournez de temps à autre, retirez à l'aide d'une écumoire. Déposez sur du papier absorbant et réservez. Disposez les blancs d'œufs sur la crème. **(C)**

4. Confectionnez un caramel avec les dix morceaux de sucre, recouvrez les blancs d'œufs de caramel et servez votre préparation bien glacée. **(D)**

A

B

C

D

POIRES AU SIROP

INGRÉDIENTS POUR 4 PERSONNES

- 4 poires
- 1 citron
- 1 orange
- 2 gousses de vanille
- 250 g de sucre semoule
- 1 pincée de cannelle
- 1 pincée de muscade
- 1 bouquet de feuilles de menthe
- 25 cl de vin blanc liquoreux

LA RECETTE

1. Épluchez les zestes du citron et de l'orange, pressez les jus. Épluchez les poires, ôtez-en le cœur et déposez-les dans un bol d'eau. **(A)**

2. Versez le sucre dans une casserole, ajoutez les gousses de vanille et versez le vin blanc. **(B)**

3. Ajoutez les jus de l'orange et du citron ainsi que leur zeste. Incorporez une pincée de cannelle, une pincée de muscade, ajoutez 20 cl d'eau et portez à ébullition jusqu'à l'obtention d'un sirop. **(C)**

4. Une fois le sirop cuit, plongez-y les poires et laissez-les cuire à feu doux pendant environ vingt minutes. Une fois cuites, laissez-les refroidir dans le sirop et servez avec de la menthe ciselée. **(D)**

LES CONSEILS DU CHEF

Utilisez de préférence des poires bien fermes pour cette recette.

En fin de cuisson du sirop, passez-le pour en extraire les zestes d'orange et de citron.

Vous pouvez accompagner à merveille cette recette d'une boule de glace à la vanille.

Servez cette recette bien fraîche.

10 min

20 min

LES VINS OU LES BOISSONS

Un sauternes

A

B

C

D

QUATRE-QUARTS AU CHOCOLAT

INGRÉDIENTS POUR 4 PERSONNES

- 200 g de beurre
- 200 g de sucre
- 200 g de farine
- 3 œufs
- 1 pincée de sel
- 150 g de chocolat à cuire

25 min

40 min

2 h

LES CONSEILS DU CHEF

Émulsionnez bien au départ le beurre avec le sucre.

La réussite de votre quatre-quarts dépendra de l'intégration du chocolat dans la pâte, celui-ci doit être froid mais non solidifié, sinon il ferait fondre le beurre.

Vérifiez la cuisson en enfonçant la lame d'un couteau au milieu du gâteau : elle doit ressortir sèche.

Ce quatre-quarts se conservera parfaitement dans une boîte hermétique.

Vous pouvez le servir nature ou accompagné de confiture ou d'une compote tiède.

LA RECETTE

1. Faites ramollir le beurre que vous verserez dans une jatte, ajoutez le sucre et émulsionnez l'ensemble afin d'obtenir une préparation blanche. **(A)**

2. Cassez les œufs, réservez les blancs, puis incorporez les jaunes à la préparation précédente en fouettant énergiquement. **(B)**

3. Ajoutez ensuite la farine tamisée, remuez avec une cuillère en bois. Faites fondre le chocolat au bain-marie et incorporez-le à la préparation lorsqu'il est froid mais non solidifié. **(C)**

4. Montez les blancs d'œufs en neige avec une pointe de sel, incorporez-les à la préparation précédente. Beurrez soigneusement un moule à manqué, versez la pâte et faites cuire au four pendant trente minutes à 160°C. Une fois cuit, démoulez et servez tiède ou froid. **(D)**

LES VINS OU LES BOISSONS

Un thé

A

B

C

D

SAVARIN AUX FRAISES

INGRÉDIENTS POUR 6 PERSONNES

- 250 g de farine
- 350 g de sucre en poudre
- 3 œufs
- 100 g de beurre
- 1 petit verre de lait
- 1 sachet de levure
- 250 g de crème fraîche
- 50 g de sucre glace
- 1 sachet de sucre vanillé
- 1 demi-verre de rhum
- 1 kg de fraises
- 1 pincée de sel

LA RECETTE

1. Cassez les œufs, réservez les blancs. Mélangez dans un saladier les jaunes avec 150 g de sucre en poudre, émulsionnez l'ensemble au fouet électrique. Ajoutez le lait tiédi dans lequel vous aurez délayé la levure. Mélangez énergiquement. **(A)**

2. Faites ramollir le beurre, ajoutez la farine tamisée et le sel. Mélangez la préparation. Montez vos blancs d'œufs en neige. **(B)**

3. Beurrez soigneusement le moule à savarin, farinez-le. Mélangez délicatement à la préparation précédente les blancs d'œufs montés en neige, garnir votre moule et faites cuire à environ 220 °C pendant vingt-cinq minutes. Une fois cuit, démoulez et laissez refroidir. **(C)**

4. Confectionnez un sirop en faisant bouillir pendant cinq minutes 200 g de sucre dans un demi-litre d'eau. Ajoutez le rhum hors du feu. Arrosez votre savarin de ce sirop jusqu'à imprégnation complète. Préparez la chantilly en fouettant la crème fraîche, le sucre glace et le sucre vanillé. Versez au centre une couche de crème, une couche de fraises et ceci jusqu'au remplissage complet de votre savarin. Décorez selon votre inspiration. Réservez au moins une heure au réfrigérateur avant de servir bien frais. **(D)**

LES CONSEILS DU CHEF

Faites cuire la veille le biscuit du savarin de manière à ce qu'il soit froid le lendemain avant d'incorporer la chantilly.

Vous ne l'imbiberez de sirop qu'une fois refroidi.

Les amateurs ajouteront une larme d'eau de fleurs d'oranger dans le sirop.

Pour donner un aspect brillant, vous pourrez napper votre savarin d'un peu de sirop d'abricotine.

35 min

25 min

5 h

LES VINS OU LES BOISSONS

Une vendange tardive d'Alsace

A

B

C

D

CLAFOUTIS AUX CERISES

INGRÉDIENTS POUR 6 PERSONNES

- 800 g de cerises
- 1 rouleau de pâte brisée
- 1 zeste de citron
- 25 cl de lait
- 25 cl de crème liquide
- 8 cl de kirsch fantaisie
- 4 œufs
- 100 g de farine
- 180 g de sucre
- 1 pincée de sel
- 50 g de beurre

15 min

45 min

LES CONSEILS DU CHEF

Le fait de rouler les cerises dans la farine permet qu'elles restent à la surface de votre clafoutis.

Prenez des cerises bien mûres ; les cerises noires sont bien meilleures.

Surveillez la cuisson de votre clafoutis qui doit cuire très lentement, jusqu'à ce que le dessus commence à dorer.

Vous pouvez également laisser les cerises avec les noyaux, cela ne changera pas la qualité de votre plat.

Vous pouvez ajouter un sachet de sucre vanillé en même temps que le sucre et les œufs.

LA RECETTE

1. Tapissez le fond d'un moule à tarte avec la pâte brisée. Piquez le fond. Équeutez et lavez soigneusement les cerises ; dénoyautez-les. Roulez-les dans un peu de farine et déposez-les au fond du moule. **(A)**

2. Versez la farine tamisée dans une jatte. Ajoutez le sucre, les œufs, le kirsch et mélangez jusqu'à obtention d'une préparation lisse. **(B)**

3. Râpez le zeste d'un citron dans un bol, puis versez le lait et la crème liquide. Ajoutez le beurre préalablement fondu et une pincée de sel. Remuez énergiquement l'ensemble. **(C)**

4. Versez la préparation sur les cerises presque à ras bord, et faites cuire environ quarante minutes à four moyen. En fin de cuisson, saupoudrez de sucre glace et servez bien chaud. **(D)**

LES VINS OU LES BOISSONS

Un sauternes

A

B

C

D

TARTE AU CITRON MERINGUÉE

INGRÉDIENTS POUR 4 À 6 PERSONNES

- 200 g de farine
- 4 œufs
- 130 g de beurre
- 250 g de sucre
- 3 citrons
- 20 g de fécule de pommes de terre
- 1 verre de gin
- 1 pincée de sel

LA RECETTE

1. Préparez votre pâte brisée en mélangeant dans un saladier : farine, un œuf entier, 100 g de beurre, une pincée de sel. Ajoutez un demi-verre d'eau pour faciliter le mélange et une cuillerée à soupe de sucre ; pétrissez le tout. Étalez votre pâte et foncez votre moule, réservez l'ensemble. **(A)**

2. Cassez les trois œufs restants, placez les jaunes dans une casserole, réservez les blancs. Ajoutez 150 g de sucre en poudre, un peu d'eau et fouettez énergiquement afin de faire blanchir la préparation. L'opération doit se faire à feu excessivement doux. Dès que le mélange a doublé de volume, incorporez le jus des citrons. Ajoutez ensuite la fécule délayée dans un peu d'eau. **(B)**

3. Ajoutez à la crème 30 g de beurre fondu, le gin et le zeste des citrons. Faites cuire votre tarte à blanc au four pendant environ dix minutes puis garnissez-la de la préparation. Enfournez, laissez cuire à four moyen pendant environ vingt-cinq minutes. **(C)**

4. Montez les blancs d'œufs en neige, nappez votre tarte au citron. Décorez selon votre inspiration. Passez à nouveau cinq à six minutes à four moyen afin de cuire votre meringue. **(D)**

LES CONSEILS DU CHEF

Préparez la pâte à l'avance afin qu'elle repose.

N'omettez pas de piquer le fond de la tarte et de déposer du papier sulfurisé avec des haricots pour éviter qu'elle ne gonfle lors de sa cuisson à blanc.

L'opération délicate consiste à réaliser la crème en émulsionnant les jaunes d'œufs et le sucre sur un feu excessivement doux ; pour plus de sécurité, utilisez un bain-marie.

Ne mettez pas le four trop chaud au passage de la tarte avec la meringue.

LES VINS OU LES BOISSONS

Une coupe de champagne

35 min

40 min

1 h

A

B

C

D

TARTE AUX POMMES

INGRÉDIENTS POUR 4 PERSONNES

- 300 g de pâte brisée (surgelée)
- 3 pommes vertes
- 4 cuillerées à soupe de compote de pommes
- 2 cuillerées à soupe d'abricotine

LES CONSEILS DU CHEF

Vous pouvez réaliser cette recette avec toute autre variété de pommes.

Accompagnez votre tarte aux pommes d'un vin liquoreux bien glacé.

Si vos pommes prenaient un peu trop de coloration dans le four, déposez à la surface un papier aluminium pour qu'elles ne brûlent pas.

15 min

25 min

LA RECETTE

1. Foncez votre moule à tarte avec la pâte, puis piquez le fond. Épluchez soigneusement les pommes, retirez le cœur et coupez-les en fines lamelles. Versez l'abricotine dans une casserole et réservez. **(A)**

2. Tapissez le fond de la tarte avec la compote de pommes. **(B)**

3. Disposez de façon harmonieuse les rondelles de pommes dans le fond de tarte et faites cuire environ vingt-cinq minutes à four moyen. **(C)**

4. Laissez refroidir la tarte, faites fondre l'abricotine et badigeonnez la surface de votre tarte avec celle-ci. Servez la tarte tiède ou froide. **(D)**

LES VINS OU LES BOISSONS

Un monbazillac

A

B

C

D

TARTE TATIN

INGRÉDIENTS POUR 4 PERSONNES

- 300 g de pâte brisée (surgelée)
- 800 g de pommes
- 80 g de beurre
- 150 g de sucre

LA RECETTE

1. Dans votre moule à tarte, faites fondre le beurre, versez le sucre puis remuez jusqu'à l'obtention d'un caramel. **(A)**

2. Pendant ce temps, épluchez les pommes, retirez le cœur et coupez-les en quartiers. **(B)**

3. Dès que le caramel atteint une belle couleur ambrée, éteignez le feu et déposez rapidement les quartiers de pommes. **(C)**

4. Recouvrez l'ensemble avec la pâte brisée, et fermez bien les bords. Faites cuire au four moyen pendant vingt-cinq minutes. Démoulez la tarte lorsqu'elle est encore chaude. **(D)**

LES CONSEILS DU CHEF

Il est très important de cuire le caramel sans le laisser brûler sinon votre tarte serait amère.

L'opération délicate consiste à déposer rapidement les pommes de façon à stopper la cuisson du caramel.

Vous pouvez badigeonner votre tarte d'abricotine.

10 min

25 min

LES VINS OU LES BOISSONS

Un monbazillac

A

B

C

D

ANANAS ÎLE ÉMERAUDE

INGRÉDIENTS POUR 4 PERSONNES

- 1 ananas (700 à 800 g)
- 25 cl de crème patissière
- 10 cl de sirop de menthe verte
- 50 g de sucre en poudre

Crème pâtissière

- 25 cl de lait
- 2 œufs
- 50 g de farine
- 75 g de sucre semoule
- 15 g de beurre

Entremets, desserts aux fruits

20 min

2 h

LES CONSEILS DU CHEF

Utilisez un ananas bien mûr pour réaliser cette recette.

Vous pouvez également servir en coupe l'ananas île d'émeraude (de manière traditionnelle) : épluchez l'ananas, coupez celui-ci en petits dés et servez dans une coupe en verre en prenant soin de bien égoutter les dés d'ananas.

Attention, mélangez le sirop de menthe uniquement lorsque la crème pâtissière est bien glacée.

Vous pouvez accompagner cette recette de crème Chantilly.

LES VINS OU LES BOISSONS

Un cocktail de jus de fruits

LA RECETTE

1. Coupez l'ananas sur le côté et videz-le à l'aide d'une cuiller, puis taillez-en la chair en petits morceaux. Réservez. **(A)**

2. Pour préparer la crème pâtissière, faites chauffer le lait dans une casserole, cassez les œufs dans un saladier, battez en omelette. Ajoutez le sucre et continuez à mélanger jusqu'à ce que le mélange soit blanc. Incorporez la farine, versez ensuite le lait bouillant sans cesser de remuer. Versez toute la préparation dans une casserole et posez sur feu doux. Faites cuire sans cesser de remuer à la spatule d'un mouvement régulier jusqu'au premier bouillon. Retirez la casserole du feu et laissez refroidir. Ajouter alors le beurre en petits morceaux. Versez la crème pâtissière dans un grand bol. Versez le sirop de menthe dans la crème pâtissière et fouettez énergiquement pour bien mélanger. Ajoutez les dés d'ananas. **(B)**

3. Incorporez le sucre semoule, puis mélangez l'ensemble. **(C)**

4. Garnissez le creux de l'ananas avec la préparation précédente et servez-le bien glacé. **(D)**

A

B

C

D

BANANES FLAMBÉES

INGRÉDIENTS POUR 4 PERSONNES

- 4 belles bananes de Guadeloupe bien mûres
- 100 g de beurre
- 5 cuillerées à soupe de sucre
- 2 oranges
- 1 citron
- 1 pincée de cannelle
- 10 cl de rhum vieux

LA RECETTE

1. Épluchez les bananes, déposez une cuillerée à café de beurre dans une poêle et faites légèrement dorer les bananes de chaque côté. Une fois bien colorées, retirez-les de la poêle et réservez-les. Dégraissez la poêle. **(A)**

2. Versez le sucre dans la poêle et laissez caraméliser ; lorsque le sucre atteint une belle couleur ambrée, incorporez très rapidement le beurre restant, mélangez. Pressez les oranges et le citron. **(B)**

3. Versez maintenant le jus du citron et le jus d'orange dans le caramel, ajoutez un petit zeste d'orange et de citron avec un peu de cannelle râpée. Mélangez et laissez réduire la préparation quelques instants. **(C)**

4. Ajoutez à votre préparation précédente les bananes précuites, laissez-les cuire dans le sirop pendant deux ou trois minutes de chaque côté, versez le vieux rhum, flambez les bananes, dressez-les sur le plat et servez bien chaud. **(D)**

LES CONSEILS DU CHEF

Utilisez des bananes un peu fermes pour cette recette.

Il est important de bien les ramollir lors de la première cuisson. Préparez aussi vos jus de citron et d'orange avant de commencer la recette.

L'opération délicate consistant à ne pas laisser brûler le caramel, incorporez le beurre dès que le caramel atteint sa couleur ambrée, sinon il serait amer.

5 min

10 min

LES VINS OU LES BOISSONS

Un jus de fruit de la passion
ou un vieux rhum

A

B

C

D

CRÈME RENVERSÉE AU CARAMEL

INGRÉDIENTS POUR 4 PERSONNES

- 6 œufs
- 60 cl de lait
- 300 g de sucre semoule
- Le jus d'un demi-citron
- 1 sachet d'extrait de vanille ou de sucre vanillé

LES CONSEILS DU CHEF

Il est important de cuire au bain-marie la crème renversée au caramel, à four doux pour éviter la parution de petites bulles dans la crème lorsque vous la démoulerez. Évitez toute ébullition.

Évitez aussi que le caramel ne soit trop cuit, sinon il donnerait un goût amer à votre préparation.

Démoulez votre crème avant de la servir une fois refroidie (au moins trois heures d'attente).

15 min

20 min

3 h

LA RECETTE

1. Déposez 120 g de sucre semoule dans une casserole, ajoutez le jus d'un demi-citron et laissez caraméliser à feu doux en remuant de temps à autre. **(A)**

2. Cassez les œufs dans un saladier, ajoutez le lait, le sucre vanillé, le reste du sucre semoule et fouettez énergiquement la préparation. Passez-la au tamis fin et réservez. **(B)**

3. Dès que le caramel atteint une belle couleur ambrée, versez une couche de caramel au fond de chaque moule. Déposez les moules sur une plaque. **(C)**

4. Remplissez maintenant les moules de la préparation et faites cuire l'ensemble une bonne vingtaine de minutes au bain-marie et à four doux. **(D)**

LES VINS OU LES BOISSONS

Un jus d'orange

A

B

C

D

CRÈME BRÛLÉE AU LAIT DE COCO

INGRÉDIENTS POUR 4 PERSONNES

- 8 œufs
- 40 cl de lait de noix de coco en boîte
- 20 cl de crème fleurette
- 150 g de sucre semoule
- 130 g de cassonade
- 1 pincée de muscade en poudre

10 min

25 min

2 h

LA RECETTE

1. Clarifiez les œufs, c'est-à-dire séparez les blancs des jaunes. Déposez les jaunes d'œufs dans un saladier et réservez les blancs pour une autre recette. **(A)**

2. Versez le sucre semoule et fouettez énergiquement la préparation jusqu'à ce qu'elle blanchisse légèrement. Ajoutez la muscade en poudre. **(B)**

3. Ajoutez maintenant la crème fraîche et le lait de noix de coco ; mélangez énergiquement l'ensemble. **(C)**

4. Déposez vos moules à crème brûlée sur une plaque, versez la préparation et faites cuire au bain-marie une bonne demi-heure, à four très doux. En fin de cuisson, laissez-les refroidir. Au moment de servir, saupoudrez vos crèmes d'un peu de cassonade et passez-les sous le grilloir de votre four très chaud, ou brûlez-les à l'aide d'un chalumeau. **(D)**

LES CONSEILS DU CHEF

Il est important de cuire les crèmes brûlées au bain-marie et à four doux sans porter à ébullition.

Laissez bien refroidir les crèmes avant de les passer sous le grilloir de votre four.

Les amateurs rajouteront éventuellement une pointe de cannelle râpée.

LES VINS OU LES BOISSONS

Un coteau du Layon

A

B

C

D

FLAN AUX PRUNEAUX

INGRÉDIENTS POUR 4 PERSONNES

- 50 cl de lait
- 4 œufs
- 100 g de farine
- 100 g de sucre en poudre
- 12 pruneaux d'Agen
- 40 g de beurre
- 2 cuillerées à soupe de rhum vieux
- 1 demi-cuillerée à café de levure chimique
- 10 cl de vin blanc

10 min

20 min

3 h

LES CONSEILS DU CHEF

Vous pouvez verser la pâte dans de petits moules individuels, le flan sera plus facile à démouler.

Faites tremper les pruneaux la veille et réservez-les au réfrigérateur. Les amateurs pourront rajouter une petite pointe d'extrait de vanille dans la pâte à flan.

Si toutefois votre flan manque de coloration, allumez le gril de votre four quelques minutes avant la fin de cuisson.

Inclinez le plat pour que la pâte pénètre bien entre les fruits.

VARIANTE

À défaut de pruneaux, cette recette peut être préparée avec des mirabelles.

LES VINS OU LES BOISSONS

Un pinot des Charentes

LA RECETTE

1. Tamisez la farine, déposez-la dans un saladier, ajoutez la levure chimique puis incorporez les œufs un à un. **(A)**

2. Versez le sucre en poudre sur la préparation précédente et faites tremper les pruneaux dans du vin blanc légèrement tiédi. **(B)**

3. Incorporez maintenant le lait, fouettez énergiquement et versez le rhum vieux. **(C)**

4. Beurrez soigneusement votre moule, déposez les pruneaux préalablement gonflés et égouttés, puis recouvrez avec la pâte à flan et faites cuire une vingtaine de minutes à four moyen. Démoulez et servez tiède ou froid. **(D)**

A

B

C

D

FLAN NATURE

INGRÉDIENTS POUR 4 PERSONNES

- 75 cl de lait
- 6 œufs
- 120 g de farine
- 90 g de sucre en poudre
- 1 cuillerée à café d'extrait de vanille

LA RECETTE

1. Cassez les œufs dans un saladier, fouettez-les énergiquement puis incorporez la farine, remuez pour bien éliminer l'ensemble des grumeaux. **(A)**

2. Ajoutez le sucre en poudre et fouettez énergiquement. **(B)**

3. Versez maintenant le lait, remuez de nouveau. **(C)**

4. Ajoutez l'extrait de vanille, versez dans un moule et faites cuire pendant environ vingt-cinq minutes au bain-marie à four moyen. Réservez le flan au réfrigérateur pendant au moins deux heures pour le servir très frais. **(D)**

LES CONSEILS DU CHEF

Caramélisez le fond de votre moule pour obtenir un flan au caramel.

Vous pouvez aussi foncer un moule à flanc avec de la pâte brisée. Après en avoir piqué le fond pour éviter le gonflement de la pâte, versez la préparation du flanc, que vous parfumerez à la liqueur, ou avec le zeste d'un citron ou d'une orange.

Avant de verser votre préparation sur le fond de pâte brisée, disposez quelques amandes grillées.

VARIANTE

Il est possible de remplacer la farine par de la Maïzena, mais il faudra en réduire la quantité.

LES VINS OU LES BOISSONS

Un pinot des Charentes

5 min

25 min

2 h

A

B

C

D

FRAISES AU VIN

INGRÉDIENTS POUR 4 PERSONNES

- 800 g de fraises bien mûres
- 50 cl de vin rouge de Bordeaux
- 180 g de sucre semoule
- 1 pincée de cannelle
- 1 pincée de muscade
- 1 bouquet de menthe

10 min

2 h

LES CONSEILS DU CHEF

Choisissez de préférence des gariguettes, car elles sont plus parfumées. Coupez-les en deux si ce sont de grosses fraises.

Pour les amateurs de chantilly, versez la crème sur les fraises une fois celles-ci dans votre assiette de façon à éviter le mélange de la crème avec le vin.

VARIANTE

Vous pouvez utiliser du vin de Bourgogne pour cette recette, mais aussi du pinot des Charentes, du ratafia ou tout autre vin liquoreux ; il vous suffira simplement de diminuer la quantité de sucre dans votre recette.

LA RECETTE

1. Versez les fraises dans une jatte en verre avec de l'eau, lavez-les soigneusement, retirez la queue, égouttez-les et réservez-les. **(A)**

2. Versez le sucre dans un saladier, ajoutez une pincée de cannelle, une pincée de muscade et remuez l'ensemble. **(B)**

3. Ajoutez maintenant la menthe ciselée, versez le vin rouge, mélangez pour bien dissoudre le sucre, laissez votre préparation une heure au réfrigérateur. **(C)**

4. Incorporez maintenant les fraises, remuez délicatement, laissez de nouveau rafraîchir l'ensemble une bonne heure avant de servir la préparation bien fraîche. **(D)**

LES VINS OU LES BOISSONS

Un verre d'eau

A

B

C

D

POIRES AU SAINT-AMOUR

INGRÉDIENTS POUR 4 PERSONNES

- 4 poires fermes
- 250 g de sucre semoule
- 1 gousse de vanille
- 1 pincée de cannelle
- 1 pincée de muscade
- 1 citron
- 1 orange
- 2 branches de menthe fraîche
- 70 cl de saint-amour

LA RECETTE

1. Épluchez soigneusement vos poires puis frottez-les avec le citron coupé en deux afin qu'elles ne noircissent pas. Déposez-les dans un saladier avec de l'eau. **(A)**

2. Versez le saint-amour dans une casserole, ajoutez le sucre semoule, la vanille et portez à ébullition. **(B)**

3. Laissez cuire votre sirop pendant une vingtaine de minutes, ajoutez une pincée de cannelle, une pincée de muscade, deux zestes d'orange, deux zestes de citron et la moitié du jus de l'orange. **(C)**

4. Égouttez les poires, déposez-les dans le sirop de vin, couvrez et laissez cuire à feux doux pendant une bonne demi-heure. En fin de cuisson, retirez les poires, laissez légèrement épaissir votre sirop de vin, passez au tamis fin. Laissez refroidir une nuit au réfrigérateur avant de servir les poires nappées du sirop de vin, accompagnées de quelques feuilles de menthe. **(D)**

LES CONSEILS DU CHEF

Frottez les poires avec le demi-citron afin qu'elles ne noircissent pas.

Vous pouvez stoppez la cuisson des poires plus tôt si vous souhaitez un sirop léger. Par contre, pour confectionner un coulis de vin, laissez réduire afin d'obtenir un sirop plus épais.

Les amateurs peuvent également ciseler quelques feuilles de menthe dans le coulis de vin.

10 min

50 min

1 nuit

LES VINS OU LES BOISSONS

Un saint-amour

A

B

C

D

POMMES AU CARAMEL DE GINGEMBRE

INGRÉDIENTS POUR 4 PERSONNES

- 4 pommes golden
- 1 morceau de gingembre frais
- 200 g de sucre semoule
- 10 cl de vinaigre de cidre
- 1 citron
- 20 g de beurre

10 min

20 min

LES CONSEILS DU CHEF

Vous pouvez réaliser cette recette avec des poires que vous aurez préalablement fait blanchir pendant deux ou trois minutes et en mettant un morceau de boudoir au fond de la poire afin d'éviter que le caramel ne coule sur la plaque lors de la cuisson.

Ne laissez surtout pas brûler le caramel, ce qui donnerait un goût amer à votre préparation.

Vous pouvez servir ce dessert accompagné d'un sorbet aux pommes.

LA RECETTE

1. Épluchez les pommes, retirez-en le cœur, frottez-les avec le citron et laissez-les tremper dans de l'eau. Épluchez le gingembre et taillez-le en tout petits dés ou hachez-le. **(A)**

2. Faites blanchir le gingembre dans deux eaux successives, égouttez-le et réservez. Versez le sucre et le vinaigre dans une casserole et portez à ébullition. **(B)**

3. Ajoutez maintenant le gingembre blanchi et remuez jusqu'à obtention d'un caramel ambré. **(C)**

4. Déposez les pommes dans un plat allant au four, préalablement beurré. Garnissez l'intérieur des pommes avec le caramel de gingembre bouillant et faites cuire une vingtaine de minutes à four moyen. Nappez du reste du caramel et servez froid ou tiède. **(D)**

LES VINS OU LES BOISSONS

Un cidre

A

B

C

D

BANANA SPLIT

INGRÉDIENTS POUR 4 PERSONNES

- 4 bananes
- 8 boules de glace à la vanille
- 25 cl de crème liquide
- 2 cuillerées à soupe de sucre glace
- 4 cuillerées à soupe de gelée de groseille
- 50 g d'amandes effilées

Glace à la vanille
- 50 cl de lait
- 4 jaunes d'œufs
- 125 de sucre semoule
- 1 gousse de vanille

Sauce chocolat
- 150 g de chocolat noir
- 20 g de beurre
- 5 cl de crème liquide

LA RECETTE

1. Versez le lait dans une casserole, fendez la gousse de vanille en deux, déposez-la dans le lait et portez à ébullition. Isolez les jaunes d'œufs dans un bol, versez le sucre et émulsionnez abondamment la préparation. Versez le lait bouillant sur les œufs et fouettez énergiquement. Transvasez la préparation dans la casserole et remuez jusqu'à ébullition. Au premier bouillon, retirez et laissez refroidir dans un bac d'eau glacé. Retirez la gousse de vanille, versez dans votre sorbetière et laissez tourner environ quarante minutes. Réservez au congélateur pendant quarante minutes.

2. Déposez une casserole sur le feu au bain-marie, ajoutez le chocolat noir, après l'avoir coupé en petits morceaux, incorporez les 5 cl de crème liquide et les 20 g de beurre. Laissez fondre à feu doux en remuant régulièrement votre sauce chocolat et réservez. **(A)**

3. Faites griller les amandes sur la plaque du four. Pelez les bananes, coupez-les en deux dans le sens de la longueur, disposez-les sur les assiettes de service. **(B)**

4. Montez les 25 cl de crème fraîche en chantilly très ferme avec les deux cuillerées à soupe de sucre glace. Placez les bananes dans des coupes de service en mettant au milieu deux belles boules de glace à la vanille. **(C)**

5. Nappez la glace à la vanille de sauce chocolat, ajoutez une bonne cuillerée à soupe de gelée de groseille, décorez de crème chantilly, parsemez d'amandes effilées. Mettez au réfrigérateur jusqu'au moment de servir. **(D)**

LES CONSEILS DU CHEF

Réalisez d'abord la sauce chocolat que vous conserverez sur le coin du feu au bain-marie.

Prenez des bananes bien fraîches que vous éplucherez à la dernière minute afin qu'elles soient bien blanches.

Évitez de trop chauffer le chocolat car il ferait fondre la glace.

Pour réussir votre crème chantilly, vous devez monter la crème lorsque celle-ci est bien froide dans un récipient également bien glacé.

Vous pouvez remplacer le chocolat par un coulis de fraise ou de framboise.

LES VINS OU LES BOISSONS

Un planteur punch

30 min

10 min

80 min

A

B

C

D

CHARLOTTE GLACÉE

INGRÉDIENTS POUR 6 PERSONNES

- 30 biscuits boudoirs
- 150 g de chocolat noir
- 3 œufs
- 40 g de beurre
- 2 cuillerées à soupe de sucre glace
- 1 tasse de café
- 5 cl d'amaretto
- 1 demi-litre de glace à la vanille surgelée

40 min

5 min

4 h

LES CONSEILS DU CHEF

Mélangez bien les blancs d'œufs montés en neige avec le chocolat lorsque ce dernier est refroidi.

N'imbibez pas trop les biscuits de café et d'amaretto sinon ils s'écraseraient au fond du moule.

Ne démoulez surtout pas votre préparation avant de l'avoir fait séjourner au moins quelques heures au congélateur.

À la sortie, vous saupoudrerez votre charlotte de sucre glace ou de vermicelles au chocolat.

LA RECETTE

1. Cassez le chocolat en petits morceaux. Faites fondre dans une casserole au bain-marie le chocolat, ajoutez le beurre, une cuillerée à soupe de sucre glace puis versez les trois jaunes d'œufs. Remuez énergiquement et réservez. Versez l'amaretto dans le café. Imbibez légèrement les boudoirs de café et tapissez votre moule à charlotte de boudoirs. **(A)**

2. Montez les trois blancs d'œufs en neige bien ferme, ajoutez le reste du sucre glace puis mélangez au chocolat fondu refroidi et mettez au frais. **(B)**

3. Versez une bonne couche de mousse au chocolat au fond de votre moule à charlotte. Laissez durcir environ vingt minutes au congélateur puis ajoutez une couche de glace vanille. **(C)**

4. Versez maintenant le reste de la mousse chocolat sur la glace vanille. Laissez durcir au moins quatre ou cinq heures au congélateur avant de démouler et servez. **(D)**

LES VINS OU LES BOISSONS

Une coupe de champagne

A

B

C

D

GLACE CASSATA

INGRÉDIENTS POUR 4 PERSONNES

- 1 demi-litre de glace au chocolat surgelée
- 1 demi-litre de glace à la vanille surgelée
- 1 demi-litre de glace à la fraise surgelée
- 15 cl de crème liquide
- 100 g de fruits confits hachés
- 5 cl de kirsch
- 1 cuillerée à soupe de sucre glace
- 1 petit pot de vermicelles au chocolat

25 min

4 h 10

LA RECETTE

1. Prenez un moule rond, déposez du film transparent étirable au fond et tapissez d'une couche de glace au chocolat. Placez votre moule au congélateur et laissez durcir au moins une demi-heure. **(A)**

2. Tapissez maintenant sur le chocolat une couche d'environ 1 cm de glace à la vanille. Déposez à nouveau le moule au congélateur pendant une bonne demi-heure. **(B)**

3. Montez les 15 cl de crème fraîche en chantilly, ajoutez le sucre glace, les fruits confits hachés qui auront trempés pendant environ une heure dans le kirsch. Mélangez délicatement l'ensemble. **(C)**

4. Ressortez le moule du congélateur. Tapissez d'une couche de glace à la fraise et finissez de garnir l'intérieur avec la crème fouettée aux fruits confits. Lissez bien la surface, laissez reposer au moins deux heures au congélateur. Au moment de servir, démoulez, retirez le film étirable, laissez deux minutes ramollir la glace chocolat. Saupoudrez de vermicelles au chocolat, décorez de quelques petites noisettes, de crème chantilly et servez. **(D)**

LES CONSEILS DU CHEF

Toutes les fois que vous déposerez une couche de glace, laissez durcir celle-ci au moins une demi-heure au congélateur afin de permettre à la deuxième couche d'adhérer correctement. Faites bien macérer les fruits confits hachés avec le kirsch.

Montez votre crème fraîche en chantilly bien ferme, pour cela utilisez un récipient bien glacé et votre crème doit être bien froide.

LES VINS OU LES BOISSONS

Une coupe de champagne

A

B

C

D

GLACE AU CHOCOLAT

INGRÉDIENTS POUR 4 PERSONNES

- 50 cl de lait
- 4 jaunes d'œufs
- 125 de sucre
- 100 g de chocolat

15 min

5 min

40 min

VARIANTE

Pour réaliser toutes les glaces que vous souhaitez (à la pistache, au café, praliné, etc.), il vous suffit de remplacer le chocolat de votre base de crème anglaise par le parfum correspondant vendu dans le commerce en sachets en poudre.

LA RECETTE

1. Déposez les jaunes d'œufs dans un bol, versez le sucre et émulsionnez la préparation. Déposez le lait dans une casserole, cassez la plaque de chocolat dans le lait, portez à ébullition en fouettant énergiquement pour bien dissoudre le chocolat. **(A)**

2. Versez le lait au chocolat sur le mélange jaunes d'œufs-sucre, fouettez l'ensemble pour bien éliminer les petits grumeaux. **(B)**

3. Transvidez dans la casserole et remuez à l'aide d'une cuiller en bois jusqu'à un soupçon d'ébullition. Laissez refroidir en fouettant votre crème anglaise au chocolat. **(C)**

4. Versez votre crème anglaise au chocolat complètement refroidie dans votre sorbetière et faites tourner environ quarante minutes. Réservez votre glace au chocolat au congélateur avant de la servir à vos convives. **(D)**

LES VINS OU LES BOISSONS

Une coupe de champagne

A

B

C

D

GLACE AUX FRUITS DE LA PASSION

INGRÉDIENTS POUR 4 PERSONNES

- 15 fruits de la Passion
- 80 g de sucre semoule
- 1 citron
- 10 cl d'eau
- 50 cl de crème anglaise

Crème anglaise

- 1 litre de lait
- 1 gousse de vanille
- 5 jaunes d'œufs
- 150 g de sucre semoule

LA RECETTE

1. Pour la préparation de la crème anglaise, fendez la gousse de vanille dans le sens de la longueur. Versez le lait dans une casserole à fond épais, ajoutez la vanille, portez lentement à ébullition une minute. Baissez le feu et laissez infuser la vanille dans le lait pendant trois minutes. Dans une jatte, mettez les jaunes d'œufs, versez le sucre en pluie et mélangez avec une spatule jusqu'à ce qu'il devienne mousseux. Retirez la gousse de vanille du lait bouillant. Versez celui-ci sur le mélange sucre-œufs. Remettez le mélange dans la casserole et laissez épaissir tout en remuant sans arrêt, surtout ne laissez pas bouillir. La crème est cuite lorsque la mousse qui s'est formée à la surface a disparu. Versez la crème dans un récipient froid et réservez. Coupez ensuite les fruits de la Passion en deux, retirez la pulpe qui se trouve à l'intérieur. Déposez-la dans un bol. **(A)**

2. Ajoutez le jus du citron, 10 cl d'eau, le sucre semoule et mixez la préparation pendant environ trente secondes. **(B)**

3. Passez la préparation précédente au tamis fin sur la crème anglaise bien froide et remuez énergiquement. **(C)**

4. Une fois complètement refroidie, versez la préparation obtenue dans votre sorbetière et laissez tourner environ quarante minutes. **(D)**

LES CONSEILS DU CHEF

Gardez les écorces du fruit de la Passion dans lesquels vous pourrez servir vos sorbets accompagnés d'une crème anglaise nature.

Évitez de trop mixer les grains de fruits de la Passion sinon ils se casseraient et donneraient un vilain aspect à votre glace.

Mettez de préférence la préparation obtenue dans la sorbetière lorsque celle-ci est bien glacée.

20 min

3 min

40 min

LES VINS OU LES BOISSONS

Un jus de fruit de la Passion

A

B

C

D

SORBET ANANAS

INGRÉDIENTS POUR 6 PERSONNES

- 1 ananas
- 300 g de sucre semoule
- 40 cl d'eau

LES CONSEILS DU CHEF

Vous pouvez réaliser cette recette en le servant dans des coupes. Vous pouvez aussi parfumer votre jus d'ananas d'eau de fleurs d'oranger.

Il s'agit d'un sorbet, donc difficile à prendre, réservez le jus au congélateur avant de le tourner.

20 min

40 min

LA RECETTE

1. Coupez la tête de l'ananas et videz-le de sa chair à l'aide d'une cuillère et d'un petit couteau. Déposez la chair dans un mixeur, ajoutez le sucre et mixez abondamment la préparation. Ajoutez l'eau, mixez à nouveau. **(A)**

2. Passez la préparation obtenue au tamis fin, déposez au congélateur pour bien laisser refroidir votre jus. **(B)**

3. Versez la préparation dans votre sorbetière et faites tourner une quarantaine de minutes. Réservez l'écorce d'ananas au congélateur. **(C)**

4. Dès que le sorbet est prêt, garnissez l'ananas de sorbet. Déposez votre sorbet au congélateur en attendant de le servir à vos convives. **(D)**

LES VINS OU LES BOISSONS

Un jus d'ananas

A

B

C

D

INDEX